U0850760

普通高等教育“十二五”规划教材

管理信息系统

——IT管理导向的理论与实践

周　鸿　刘丙午　编著

北　京
冶　金　工　业　出　版　社
2013

内 容 简 介

本书分四个部分共12章。第一部分主要介绍了管理信息系统的基本概念，信息系统、组织、管理和战略，利用信息技术获取竞争优势，数字化企业利用信息技术从事电子商务。第二部分主要介绍了职能信息系统，层次信息系统与企业管理，行业信息系统。第三部分主要介绍了管理信息系统的规划与调研，系统生命周期方法论，面向对象的系统分析与设计。第四部分主要介绍了管理信息系统开发的项目管理，信息系统的监理、审计与评价，信息技术中的伦理。

本书不仅可作为信息管理与信息系统、电子商务、工商企业管理等专业本科生的教材，也可作为相关专业硕士生、MBA、管理干部培训班、技术人员，特别是信息技术人员的教材和参考资料。

图书在版编目（CIP）数据

管理信息系统：IT管理导向的理论与实践/周鸿，刘丙午编著.—北京：冶金工业出版社，2013.7

普通高等教育“十二五”规划教材

ISBN 978-7-5024-6282-6

Ⅰ.①管… Ⅱ.①周… ②刘… Ⅲ.①管理信息系统—高等学校—教材 Ⅳ.①C931.6

中国版本图书馆CIP数据核字(2013)第160220号

出版人 谭学余
地　址 北京北河沿大街嵩祝院北巷39号，邮编100009
电　话 (010)64027926 电子信箱 yjcbs@cnmip.com.cn
责任编辑 郭冬艳 美术编辑 吕欣童 版式设计 孙跃红
责任校对 石 静 责任印制 李玉山
ISBN 978-7-5024-6282-6
冶金工业出版社出版发行；各地新华书店经销；北京印刷一厂印刷
2013年7月第1版，2013年7月第1次印刷
787mm×1092mm 1/16；23.5印张；569千字；357页
48.00元

冶金工业出版社投稿电话：(010)64027932 投稿信箱：tougao@cnmip.com.cn
冶金工业出版社发行部 电话：(010)64044283 传真：(010)64027893
冶金书店 地址：北京东四西大街46号(100010) 电话：(010)65289081(兼传真)

（本书如有印装质量问题，本社发行部负责退换）

前　言

本书以管理信息系统学科体系为基础，从管理信息系统的理论体系及基础开始，阐述了管理信息系统相关管理知识体系；从管理信息系统的基本知识出发，阐述了管理信息系统的规划、分析、设计、实施、运营、管理、维护、评价、控制与审计的原理与方法，介绍了管理信息系统一些新的应用；从用户和管理者的角度出发，强调管理，强调积极主动地以信息技术创造组织的价值，以信息技术获取企业的竞争优势，从管理的角度阐述了管理信息系统的基本概念、信息系统的竞争优势理论、企业中的信息系统分类、信息系统开发方法、信息系统建设中项目管理、信息系统监理及IT审计，管理者了解这些知识可以更好地面对信息技术带来的管理变革，更好地利用管理信息系统决策。

本书力图通过阐释管理信息系统的管理思想、应用、建设和管理方面的相关内容，使读者获得对管理信息系统的整体认识，即从IT管理视角了解管理信息系统的概念及其对管理的影响，认识管理信息系统的战略性地位以及对组织变革的作用；从应用视角认识企业中的信息系统及其主要应用，理解用户在管理信息系统建设过程中的责任和作用；从建设视角了解管理信息系统的建设过程和管理要点。

本书分4个部分共12章，系统地阐述了管理信息系统的概念体系、应用系统、开发方法和系统建设。第一部分为基础知识篇，包括第1～第3章，主要介绍了管理信息系统的概念、作用、在企业中的应用，以及全书的基本框架与特点。第二部分为应用系统篇，包括第4～第6章，就管理信息系统中的职能、层次、行业三个方面展开，针对目前企业常用的电子商务、办公自动化、船舶自动识别系统、人力资源信息系统、企业管理软件、主管信息系统、决策支持系统、供应链和客户管理系统等几类系统，详细地介绍了各系统的特点、功能架构、实施的关键问题、应用的现状及产品的发展趋势等相关内容；对我国的交通业、制造业、电子政务、物流等行业的管理信息系统进行了详尽的知识介绍。第三部分为系统开发篇，即第7～第9章，主要介绍管理信息系统的系统生命周期开发方法，系统规划的主要理论方法，系统开发的结构化开发方法，面向对象的系统分析与设计的基本理论和方法。第四部分为建设管理篇，系统介绍了信息系统建设过程的管理方法、质量管理、风险管理、人员管理等知识，把信息系统监理和审计作为主要内容进行了重点阐述；最后针对目前电子商务、网络安全、隐私等热点话题，介绍了信息技术伦理的重要性以及企业伦理文化。

本书适合作为经济管理类和信息管理类学生的教科书，特别适合作为信息管理、电子商务、管理信息系统、管理科学与工程等专业的本科生、研究生的教科书、教学参考书和研究资料，也可供相关专业的工作人员和计算机软件开发人员参考。

由于时间仓促，加之作者水平有限，书中不妥和疏漏之处，恳请各位专家、学者和读者批评指正。

作 者

2013 年 2 月

目　录

第1部分　管理信息系统的基础知识

第2部分 企业中的信息系统

第3部分　管理信息系统的开发方法

第4部分 管理信息系统的管理方法

第 1 部分

管理信息系统的基础知识

20 世纪 60 年代，美国经营管理协会及其事业部第一次提出了建立管理信息系统的设想，试图在企业内建立一个全面管理的信息系统。但当时由于硬件、软件水平的限制和开发方法的落后，并没有取得明显效果。70 年代后，随着科学技术特别是计算机等信息技术的迅速发展，以及经济管理模型得到实际应用，管理信息系统得到了较大发展，并逐渐发展成一门新科学。

管理信息系统（Management Information System，MIS）是一门新兴学科，它是近年来随着管理科学（management science）、系统理论（system theory）和计算机科学（compute science）的不断发展和相互交换，逐步形成的一门综合性边缘学科。就管理信息系统的功能而言，它是由人、计算机等组成的进行信息收集、传递、存储、加工、维护和使用的系统。该学科的诞生和发展标志着计算机在管理中的应用达到了一个新的高度，它已成为管理领域内一门极其重要的应用性科学。

随着人类社会向信息时代迈进，人们越来越清楚地认识到，信息资源是一种财富，在社会生产和人类生活中日益发挥重要的作用。信息作为一种资源的必要条件是能对其进行有效的管理。没有信息管理，信息有可能带来意想不到的问题。对信息及其相关活动因素进行科学的计划、组织、控制和协调，实现信息资源的充分开发、合理配置和有效利用，是管理活动的必然要求。

1　管理信息系统的基本概念

1.1　信息的定义和分类

组织总是为一定的目标存在的。管理的四要素：计划、组织、领导、控制。企业生产需要人、财、物的投入。对于现代企业来说，如果把人才比做企业的支柱，信息则可看做是企业的血液。

1.1.1　信息的定义和性质

1.1.1.1　信息的概念

信息（information）是客观世界固有的，人类自古对其有一定的认识，但从来没有像现代社会这样引起如此广泛、深入、持久的影响，以至于要为信息给出一个定义，十分困难。现在各种有关信息的定义达几十种之多。

一般认为：信息是关于客观事实的可通信的知识。其理由：

（1）信息是客观世界各种事物特征的反映。这些特征包括事物的有关属性状态，如时间、地点、程度和方式等等。

（2）信息是可以通信的。大量的信息需要通过各种仪器设备获得。

（3）信息形成知识。人们正是通过人类社会留下的各种形式的信息来认识事物、区别事物和改造世界的。

信息广义上讲是物质和能量在时间、空间上定性或定量的模型或其符号的集合。而在经济生活中，信息通常指的是与企业的生产、经营、销售相关的商业消息、情报、数据、密码、知识等，称为经济信息（商务信息）。

信息是反映客观世界中各种事物的特征和变化并可借某种载体加以传递的有用知识，是经过加工后的数据，它对接受者的行为能产生影响，它对接受者的决策具有价值。

如：行驶着汽车的里程表上的数据不是信息，只有当司机看了里程表作了加速或减速的决策的那个数据才是信息。

信息与其他商品一样，具有价值和使用价值。因为信息的收集、加工和传递等工作都要付出劳动，都要消耗一定的人、财、物资源，因而信息是具有劳动价值的。有效信息在传递给接收者并被接收、理解和应用后，能够产生相应的社会效益或经济效益，因而信息又具有使用价值。所以说，信息本质上也是商品，是一种特殊的商品。

信息的其他定义：信息是加工数据所得到的结果；信息是能够帮助我们决策的知识；信息能关于客观世界某一方面的知识；信息能减少人们决策时的不确定性，增加对外界事务的了解；信息是一种经过加工出的数据，且对其接收者的行为有一定影响；信息是以符号形式存在的及其行为的源泉等，各种关于信息的定义估计有四五十种之多。

1.1.1.2　信息与数据

数据（data）又称资料，是对客观事物的性质、状态以及相互关系等进行记载的物理符号或是这些物理符号的组合。它是可识别的、抽象的符号。

例如，在某处有5个人，我们可以用多种符号来描述或记载：5，五，伍，正，101，five，☆，V等。这些符号不仅指数字，而且包括字符、文字、图形等。

数据经过处理后，其表现形式仍然是数据。处理数据的目的是为了便于更好地解释其包含的定义。只有经过解释，数据才有意义，才成为信息。因此，信息是经过加工以后，并对客观世界产生影响的数据。

对同一数据，每个信息接受者的解释可能不同，其对决策的影响也可能不同。决策者利用经过处理的数据作出决策，可能取得成功，也可能得到相反的结果，关键在于对数据的解释是否正确。这是因为不同的解释往往来自不同的背景和目的。

这些符号不仅指数字，而且包括字符、文字、图形等。其表现形式如表1-1所示。

表1-1　数据表现形式

数据类型	表现形式	数据类型	表现形式
数值数据	数、字母和其他符号	视觉数据	动画或影视
图形数据	图形或图片	模糊数据	高、胖、干净等
语音数据	声音、噪声或音调		

从表1-1中可以看出：数值数据使得客观世界严谨有序；其他类型的数据使得客观世界丰富多彩。

信息与数据既有联系，又有区别。数据是信息的表达形式，信息是数据表达的内容。数据是对客观事物状态和运动方式记录下来的符号（数字、字符、图形等），不同的符号可以有相同的含义。

数据经过处理后仍是数据，处理数据是为了便于更好地解释数据，只有经过解释，数据才有意义，才能成为信息。

信息与数据的联系：信息是数据的内在逻辑关系的体现；数据是信息的表现形式。

信息与数据的区别：信息是经过加工之后所得到的数据，是逻辑性或观念性的；数据是记载客观事物的符号，是物理性的。见图1-1。

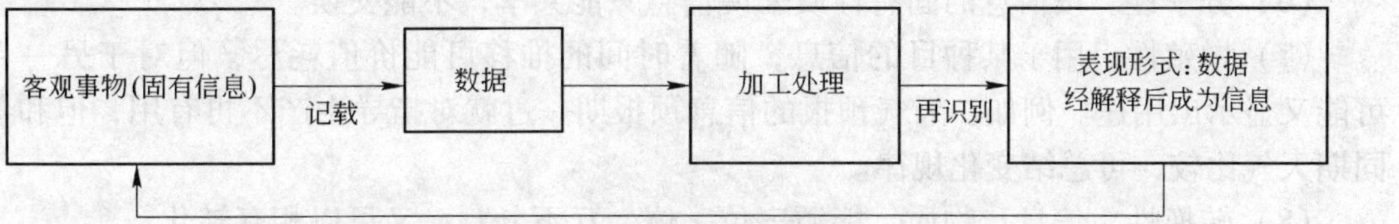

图1-1　数据如何转换为信息

举例：驾驶员开车时速度指示盘上指针指向80km/h，这是数据，驾驶员采取加速或减速后，则成为信息。

比如领料有领料单，给工人分派工作有派工单，工人完成工作以后，在派工单上记录了具体的工作报告，像这些都是记录下来的事实。

这些记录下来的事实都称为数据。数据经过加工以后就可以得到信息，所以信息还可以称为加工以后的数据。

把工人的工作单收集起来，就可以了解整个工作完成的情况，一共完成了多少零部件的加工？用了多少工时？用了多少材料？有多少废品、多少合格品？再同计划相比较得出结论：计划要完成的工作量；实际完成量；计划完成合格品数量；实际完成合格品数量；废品的数量，所用的工时和材料的数量……通过这些我们就可以了解计划的完成情况及加工这些零部件的成本。

这些是生产中非常有意义的信息。所以信息是加工以后的数据，它是数据的含义，数据是信息的一个表现形式。

1.1.2　信息的分类与属性

1.1.2.1　信息的分类

信息的分类方式，见表1-2。

表 1-2 信息的分类方式

信息分类角度	信 息 类 型
按照管理层次	战略信息、战术信息和作业信息
按照应用领域	管理信息、社会信息和科技信息等
按照加工顺序	一次信息、二次信息和三次信息等
按照反映形式	数字信息、文字信息、图像信息和声音信息等

注：信息还可以从其他不同角度进行分类。

1.1.2.2 信息的基本属性

(1) 事实性。信息的第一属性。举例，由于信息导致决策失误。

(2) 等级性。管理一般分为高、中、低三层，信息分为战略级、策略级和执行级。

(3) 可压缩性。信息可以进行浓缩、集中、概括以及综合，而不至于丢失信息的本质。例如：把一些现象用一个公式来表示。

(4) 扩散性。信息的扩散是其本性。信息的扩散存在两面性，一方面有利于知识的传播，另一方面扩散可能造成信息的贬值，不利于信息的保密，例如：软件盗版。

(5) 传输性。利用电话、电报、卫星等传输手段。

(6) 分享性。按信息的固有性质来说信息只能共享，不能交换。

(7) 增殖性。用于某种目的信息，随着时间的推移可能价值耗尽，但对于另一目的可能又显示出用途。例如：天气预报的信息预报期一过就对指导生产不再有用，但和各年同期天气比较，可总结变化规律。

(8) 转换性。信息、物质、能源三位一体，互不分割，又可以相互转化。

1.1.3 信息与信息管理

1.1.3.1 管理的四要素

管理是指导工作、组织资源以达到组织目标的过程。管理的主要职能是计划、组织、领导和控制。管理的第一个职能计划决定组织应该做什么，包括评估组织的资源和环境条件，建立一系列组织目标。而一旦确立了组织目标，管理者必须采取相应的战术实现这些目标，并建立监督运行结果的决策制定过程。

管理的第二个职能是组织，组织是决策目标如何实现的一种技巧，这种决策适合的组织结构并训练专业人员、组建通讯网络。在上例中，办公设备代理公司的管理者必须组织好它的资源以实现公司的目标。计算机部门也许会配备销售人员、技术支持代理、培训小组和系统分析员，从而支持市场策略的推行。在这一新的计划中，管理者必须建立起与客户、制造商、销售人员和技术专家之间的沟通渠道。

领导是管理的第三个职能，包括管理者为实现组织目标对员工的指导和激励。办公设备代理公司的管理者可能要制订一项计划来激励公司的销售人员，组织员工们努力工作，保持良好的士气。

第四个管理职能是控制，它帮助管理者确认组织的运行是否正常。管理者也许会建立并使用一套指标体系，来评估公司员工的活动。信息系统也能提供如何利用资金、物料达到经营目标的反馈数据。在销售统计报告中，计划费用与实际费用的比较为管理者提供了控制组织资源所用的信息。

除了担负计划、组织、领导和控制等基本管理职能外，管理者同时也负责确保组织适应内外环境的变化。当有新的竞争者意外地进入了市场或某位关键的管理者突然退出公司时，办公设备代理公司的管理者必须研究选择可行的解决方案。

1.1.3.2 管理信息的定义

管理信息是反映与控制管理活动的经过加工的数据，是管理上一项极为重要的资源。对工厂来说，管理信息就好像人体的血液，通过循环把有效信息传达到必要的地方。一方面是物质流的表现和描述，另一方面又是用于掌握、指挥和控制社会和企业生产过程的软资源。信息流的巨大数量和复杂的高度组织，是生产社会化程度的重要标志和重要组织部分。

管理信息又称企业信息，是以从企业生产经营活动中收到的原始数据为依据，经过加工处理、分析解释、明确意义后，对其后的企业管理决策产生影响的信息资料。它可以通过实物指标、劳动指标、价值指标和文字图表等形式反映企业所进行的生产经营活动以及与之相关的外部环境状况，是现代企业管理工作的依据。

管理信息的特点：

(1) 离散性。多部门、多环节导致信息源的分散性。

(2) 时效性。时间价值。

(3) 动态连续性。信息的收集、加工、存储、传递、反馈是一个连续往复的动态过程。

(4) 共享性。信息的非消耗性决定其可多次利用，但其价值会发生变化。

(5) 可压缩性。可按特定的需要进行压缩归纳和整理，但应用价值不变。

(6) 不完全性。成本和能力等因素决定了可获得信息的不完全性。

(7) 增殖性。信息在不同的时间段内可能被重复使用，时效期内可获得当前效益；时效期后可作为经验数据。

1.1.3.3 管理信息的内容及其分类

(1) 按信息的稳定程度分：

1) 固定信息：在一定时期内相对稳定，且可重复利用的信息，如法规、流程。

2) 流动信息：在生产经营中不断产生和变化的信息，时效性强。

(2) 按信息的作用分：

1) 决策信息：指企业在制定发展战略、经营决策时所依据的信息，主要包括企业自身的经营要素、供销产现状与变化趋势，以及企业外部的政治经济环境、自然资源状况、人文环境、市场供求状况、竞争对手情况、政策法规等信息。

2) 控制信息：指组织与控制生产经营过程所依据的信息，主要包括各种计划指令、定额、标准、规章制度、动态统计数据、报表以及新的调整指令等。绝大多数来自企业内部职能部门和生产部门。

3) 作业信息：指反映企业生产经营活动过程动态状况的信息，主要包括原始记录、台账、凭证、基层报表等，主要用于考核评价作业岗位、基层部门的工作成果，并为控制信息和决策信息提供基础性依据。

(3) 按信息的来源分：

1) 内部信息：主要包括计划指令信息、质量信息、核算信息、业务管理信息等。

2）外部信息：主要包括政治信息、经济信息、法律信息、人文信息、地理信息、供求关系信息、竞争对手信息、本企业的市场地位信息、行业科技发展趋势信息、资源供应信息、客户信息等。

1.1.3.4 管理信息的生命周期

信息从它的生成、收集、加工、储存、使用、维护直到失效退出的过程称为信息的生命周期。信息的生命周期中的几个主要阶段是信息的生成与收集、传输、加工、储存、使用和维护。

(1) 信息的生成与收集。生成的信息分两类：一类是原始信息，由于原始信息是分散化的信息，所以原始信息的生成是分散生成的；另一类是通过信息的积累或其他方式，将信息进行加工处理后生成新的信息。信息收集过程也是信息获取的过程，在信息收集过程中主要是确定信息需求、信息源和收集信息的方法。

信息收集的方法主要有集中化收集、有目的的专项收集和随机积累法等。集中化收集有明确的收集目标，有固定的收集程序、内容、路径和方式。例如，国家的人口统计、经济指标的统计等，企业的各种定期报表等，都是采用集中化收集的方法。有目的的专项收集是针对组织的某一方面决策收集信息的方法，如针对企业战略制定收集的本行业中各企业的利润、成本等指标或数据。随机积累法是由专人或专门的机构随时将与企业经营有关的信息进行分类和记录，以供企业各类人员查询使用。

(2) 信息的传输。企业中部分信息流是通过信息传输形成的。信息的传输受信息系统的规模、时空分布约束、所采用的信息传输技术与设备等因素的影响。

(3) 信息加工。信息并不等于数据，数据经过加工后，通过人们的解释用于决策活动中才成为信息。一次信息是由现场直接采集的信息，一次信息可以变换为数据并按照存储规则进行存储，也可以按照加工规则进行加工，按照解释规则进行解释后成为二次信息并用于决策，还可以直接按照解释规则进行解释后用于决策。二次信息是文件或数据库中存贮的数据经过加工、解释后形成的决策信息。二次信息是与所描述的实体在时空上已经分离的信息。

(4) 信息存储。信息存储是根据确定信息需求，将有用的信息保存起来以备将来使用。信息存储主要解决的问题是确定存储信息的种类，以及确定信息存储的时间、方式、介质与设备。

(5) 信息的维护。信息的维护是保持信息处于合用状态进行的所有活动，其主要目的是保证信息的准确可靠性、及时性和安全保密性。

(6) 信息使用。信息使用包括技术和实现信息价值转换两个方面。技术方面主要解决的问题是如何快速及时、高质量地向信息用户提供信息服务。实现信息价值转化是分配目的，信息使用的深度大体可分提高效率分阶段、及时转化阶段和寻找机会阶段。

提高效率阶段对应于信息系统的数据处理分阶段，其主要目的是提高信息处理，如将手工作业进行机械化或自动化处理，达到省人、省时的效果。

及时转化阶段已经认识到信息的价值只有通过转化才能实现，因为信息的寿命有限，所以信息必须及时转化。在实际经营中，许多企业获得对企业经营有重大影响的战略信息后，不能及时转化，失去了企业发展的良好机遇。在这个阶段信息主要用于管理控制。

寻找机会阶段对于信息商品化阶段，信息产业的发展给现代经济系统的运行带来了深刻的变化，信息商品化使得信息成为易于存取和流通的商品，使之不被某些组织局部占用。此时，企业可以利用先进的技术得到充分的信息，较充分的信息可以提高企业经营决策的准确性，缺乏及时的信息可能会失去企业发展的有利时机。

1.1.3.5 企业的信息管理

A 信息管理的概念

所谓信息管理是指为了满足企业管理需要而进行的信息产生、识别、遴选、收集、加工、传递、储存、检索、输出等各项工作的总称。包括从信息产生到丧失应用价值为止的整个信息寿命周期的全部工作。基本要求有迅速、广泛、准确、经济。

B 信息管理的基本理论

(1) 层次理论。把管理信息分为战略计划层、管理控制层、运行控制层和业务处理层。

认为各类信息应按其不同作用和管理要求在不同管理层间合理分流，避免信息的无效传递。

1) 战略计划层：少而精。

2) 管理控制层：全面、准确、及时。

3) 运行控制层和业务处理层：详尽、及时、准确、连续。

(2) 反馈控制理论。认为管理过程应从信息输入到输出、经过反馈和修正，再形成新信息输入的不断循环的过程，每次循环的延续时间就是管理周期；延续时间的长短则反映了管理工作效率的高低。要缩短管理周期、提高管理效率，不仅要保证信息正向传递渠道的畅通，还要确保信息反馈控制的实现。

(3) 流速时效理论。信息管理的目的并不是要完全消除事实上不可能消除的信息流与物流之间的时滞，而是要尽一切可能加快信息流速，使这种客观存在的时间差尽可能缩短。具体来说，就是要从管理体制、组织机构、人员素质、信息管理手段、工具、方法等多方面作出最大的努力，以缩短信息收集、加工、传递、储存、检索、输出等环节的时间，促使信息更快、更准、更高效地流动。

1.1.3.6 信息管理的基本内容和要求

A 信息管理的主要内容

信息管理工作主要包括原始数据收集（包括识别、遴选）、信息加工、传递、储存、检索、输出等六大基本内容。

B 实现有效信息管理的途径

(1) 信息管理标准化：

1) 原始数据收集制度化：有利于确保低成本、及时、有效获取信息。

2) 信息载体规范化：有助于信息失真，方便二次加工利用。

3) 信息加工程序化：迅速、避免失真。

4) 信息传递工艺化：省时、有效、无差错。

5) 信息分类代码化：按照国际化或国家标准。

(2) 信息管理高效化：

1) 及时：两层含义：一是采集及时，一是处理和利用及时。

2）准确：不失真。

3）适用：具有针对性和计划性。

4）经济：成本低，质量高。

（3）信息管理现代化：包括合理完善的队伍建设，合理高效的信息管理机构、信息传递网络及健全的信息管理机制；引进先进的信息处理工具和方法；建立计算机管理信息系统，形成现代化的数据处理中心及传输网络。

1.2 系统方法

1.2.1 系统的概念与特性

系统（system）指在一定环境中，为了达到某一目的而相互联系、相互作用的若干个要素组成的有机整体。

系统的分类方法很多，其中系统按其组成可分为自然系统、人造系统和复合系统三大类，见表 1-3。

表 1-3 系统类型

系统类型	实 例
自然系统	血液循环系统、天体系统和生态系统等
人造系统	计算机系统、生产系统和运输系统等
复合系统	自然系统和人造系统相结合而形成的，如人机系统（管理信息系统）

（1）自然系统：客观世界自然形成的、不以人的意志为转移的系统。

（2）人造系统：人类为了达到某种目的而对一系列的要素作出有规律的安排，使之成为一个相关联的整体。

（3）复合系统：自然系统和人造系统相结合的系统。大多数系统属于复合系统，其重要特征是人的参与。

系统是一个为达到特定功能或目标而相互作用的组成部分或实体的集合。系统由系统边界、输入和输出、输入到输出的转换方法、系统接口等组成，它也是由相互关联而又各自独立的子系统组成的。例如教室系统中的课堂环境的组成包括教师、学生、课本和设备，所有成分相互影响都是为达到学习的目标，如图 1-2 所示。

图 1-2 教室系统

关于系统的含义，我们可以从以下三个方面理解：

（1）系统是由若干部分（要素）组成的。这些要素可能是一些个体、元件、零件，也可能本身就是一个系统（称为子系统）。销售、生产、财务、人事、后勤等元素组成了企业管理系统。而这些元素本身又都是一个系统，如财务管理子系统中包含资金、出纳、成本等部分。另外，企业管理系统本身又是企业的一个子系统，这就说明系统和子系统是相对的。

（2）系统具有一定的结构。所谓结构是指系统的各要素之间相对稳定地保持某种秩序，是系统组成各要素间相互联系、相互作用的内在方式。例如，钟表系统是由齿轮、发条、指针等零部件按一定方式装配而成的，把它们随意堆放在一起是不能构成钟表的。企业系统中的人、财、物等各资源必须按照某种秩序协调动作，才能保证生产活动的正常进行。

结构是系统之间相互区别的一个重要标志，即使系统的构成要素完全相同，但其组合方式存在区别，那么它们也会呈现出不同的特征和属性。比如，拥有同样数量的工人、设备等资源条件的企业，会因人员结构、设备布置等分工协作方式的不同，呈现出不同的生产和竞争能力。

（3）系统有一定的功能。要实现某一目的，就需要一定的功能。功能是指系统在存在和运动中所表现的功效、作用和能力。从某种意义上讲，功能是系统存在的社会理由。在自然界和社会中，某一系统之所以能存在，或更准确地说，能够被允许存在，是因为它表现出某种功能，对自然界或社会的其他系统发挥着某种作用。可以认为，没有功能的系统是不存在的。如呼吸系统的功能是进行体内外的气体交换；管理信息系统的功能是进行信息收集、传递、储存、加工、维护和使用，辅助管理和决策，帮助企业实现目标。

1.2.2 系统的特征

根据系统的含义可归纳得出系统应具有：集合性、相关性、层次性、整体性、目的性和环境适应性等特征。

（1）整体性：一个系统由多个要素组成，所有要素的集合构成一个有机整体，缺一不可。

（2）目的性：系统的发生和发展有着强烈的目的性，是系统的主导，决定着系统要素的组成和结构。

（3）关联性：各要素之间存在着密切的联系，这种联系决定了整个系统的机制，它在一定时期相对稳定。

（4）层次性：一个系统被包含在更大的系统（environment）内；其要素本身也可能是一个小系统（subsystem）。

（5）环境适应性：系统与环境相互作用、相互影响，进行物质、能量、信息交换，不适应环境变化的系统没有生命力。

在信息系统建设中，系统的观点是进行信息系统开发的基础。它揭示出在一定目标下系统的开发首先必须从整个系统出发，追求整体最优而不是局部最优，然后将整个系统由上到下，由表及里地分解，分析系统每个部分应完成的功能，搞清楚系统各个组成部门之间以及与环境间的关系，同时还应考虑系统的发展变化，为将来系统的发展留有接口。

以系统的思维方式来观察企业和公司的运作，将企业和公司看作嵌入大系统（或环境）中的一个系统。这是一种抽象的思维方式，但却对经理们具有潜在的价值。系统思维方式可：

（1）防止经理们在错综复杂的组织结构和琐碎庞杂的工作中茫然不知所措；

（2）根据整天的需要来设定正确的目标；

（3）强调各部门协调运作的重要性；

（4）认识到系统与环境间要相互沟通和联系；

（5）由闭环系统得到的反馈信息具有很高的价值。

1.2.3 物质系统和概念系统

物质系统是企业系统的一部分，资源里面的人、资金、原料、能源、设备，这些都是物资。如：在企业的生产或者服务过程中有物流的过程。生产企业通过物料输入，最后转换变成产品就是输出；商业企业的输入可能是从批发商那儿来的，大包装的物资，通过转换分成小包装的或者进行加工摆上货架，再出售给顾客，这也是输出。这些都是物流的过程，也就是物质系统的过程。

跟物流相联系的还有信息流，只要有物质的流动就有相应的信息流动，在手工处理的过程中，也有相应的信息跟随着物流的流动。比如，采购物资，订货会有订货单，发货有发票，物资进入仓库有入库单，从仓库里发出来到车间有领料单。我们把这些信息都存到计算机里。所以凡是发生物流的地方都有相应的信息流，管理人员通过信息来了解物流的情况，并控制物流。物流的流动速度、方向、流量都是通过信息流来控制的。

管理人员的作用就是通过概念系统了解物流、控制物流，并对概念信息系统进行信息处理。

1.3 管理信息系统的概念

1.3.1 管理信息系统的历史和发展

计算机在管理中应用的发展与计算机技术、通讯技术和管理科学的发展紧密相关。虽然，信息系统和信息处理在人类文明开始就已存在，但直到电子计算机问世、信息技术的飞跃以及现代社会对信息需求的增长，才迅速发展起来。信息系统经历了由单机到网络、由低级到高级、由电子数据处理到管理信息系统，再到决策支持系统，由数据处理到智能处理的过程。

（1）电子数据处理系统：20世纪50年代中期~70年代初期。电子数据处理系统（Electronic Data Processing Systems，EDPS）的特点是数据处理的计算机化，目的是提高数据处理的效率。从发展阶段来看，它可分为单项数据处理和综合数据处理两个阶段。单项数据处理阶段是电子数据处理的初级阶段，主要是用计算机部分地代替手工劳动，进行一些简单的单项数据处理工作，如工资计算、统计产量等。随着计算机技术的发展，进入综合数据处理阶段后，各类信息报告系统应运而生，其特点是按事先规定要求提供各种状态报告，如生产状态报告、服务状态报告、研究状态报告等。

（2）管理信息系统：20 世纪 60 ~ 70 年代。随着数据库技术、网络技术和科学管理方法的发展，计算机在管理上的应用日益广泛，管理信息系统逐渐成熟起来。管理信息系统的最大特点是高度集中，能将组织中的数据和信息集中起来，进行快速处理，统一使用。有一个中心数据库和计算机网络系统是 MIS 的重要标志。MIS 的处理方式是在数据库和网络基础上分布式处理。随着计算机网络和通讯技术的发展，不仅能把组织内部的各级管理联结起来，而且能够克服地理界限，把分散在不同地区的计算机网互联，形成跨地区的各种业务信息系统和管理信息系统。

管理信息系统的另一特点是能够充分利用定量化的科学管理方法，通过预测、计划优化、管理、调节和控制等手段来支持决策。

（3）决策支持系统：20 世纪 70 ~ 80 年代。由于 MIS 能够提供大量报告，但这些信息并非经理决策所需，使得大部分被丢进废纸堆。决策支持系统（Decision Support Systems，DSS）不同于传统的管理信息系统，它是在人和计算机交互的过程中帮助决策者探索可能的方案，为管理者提供决策所需的信息。

由于支持决策是 MIS 的一项重要内容，DSS 无疑是 MIS 的重要组成部分；同时 DSS 以 MIS 管理的信息为基础，是 MIS 功能上的延伸。从这个意义上，可以认为 DSS 是 MIS 发展的新阶段，而 DSS 是数据库处理与经济管理数学模型的优化计算结合起来，具有管理、辅助决策和预测功能的管理信息系统。

EDPS、MIS 和 DSS 各自代表了信息发展过程中的某一阶段，至今它们仍各自不断地发展着，而且是相互交叉的关系。EDPS 是面向业务的信息系统，MIS 是面向管理的信息系统，DSS 则是面向决策的信息系统。同时，随着信息技术和管理科学技术的不断发展，新的信息系统不断涌现，特别是应用于管理领域的信息系统，如专家系统（Expert Systems，ES）、电子数据交换（Electronic Data Interchange，EDI）、企业资源规划系统（Enterprises Resource Planning，ERP）等。

1.3.2 管理信息系统的定义

管理信息系统是信息系统在管理领域应用发展起来的一个重要分支，是继电子数据处理系统（EDPS）之后信息系统发展的一个新阶段。它是用系统的思想建立起来的，为一个组织（企业）的各级领导提供管理决策服务的信息系统。

1.3.2.1 定义

广义定义：指存在于任何组织内部、为管理决策服务的信息收集、加工、存储、传递、检索和输出系统。

狭义定义：指按照系统思想建立起来的以计算机为基础、为管理决策服务的信息系统。

（1）从组织的角度来看，管理信息系统是组织的一个组成部分或者是组织的自然延伸。

（2）从管理的角度来看，管理信息系统是企业的管理人员应付环境挑战的一种解决方案。

（3）从技术的角度来看，管理信息系统是企业的管理人员为了解决面临的问题而采用的一种集成了计算机硬件和软件的工具。

管理信息系统定义的相关表述：

（1）Walter T. Kennevan 最早下的定义：1970 年他提出了管理信息系统的概念并给出了管理信息系统的初始定义：管理信息系统是以口头或书面的形式，在合适的时间向经理、职员以及外界人员提供过去的、现在的、将来的有关企业内部及其环境的信息，以帮助他们进行决策。

（2）Davis 的定义：1985 年，明尼苏达大学卡尔森管理学院教授 Gordon B. Davis 给出了较完整的管理信息系统定义：管理信息系统是一个利用计算机硬件、软件、手工作业步骤和分析、计划、控制、决策模型以及数据库集成的用户-机器系统，它能够向企业或组织提供信息以支持其运行、管理以及决策支持功能。

（3）劳顿（K. C. Laudon）认为："管理信息系统是一个基于计算机的信息系统，它通过收集、处理、存储和扩散信息，来支持组织的管理、决策、合作、控制、分析活动，并使之可视化。"

（4）哈佛管理丛书《企业管理百科全书》中将管理信息系统定义为：管理信息系统为制作、处理及精炼资料，以便产生组织内各阶层为达成管理上目的（计划、指导、评估、协调、管制）所需信息的整体体系。

（5）20 世纪 80 年代初，中国学者在《中国企业管理百科全书》中给出了管理信息系统的定义：管理信息系统是由人、计算机等组成的能进行信息的收集、传递、储存、加工、维护和使用的系统；管理信息系统能实测企业的各种运行情况，利用过去的数据预测未来，从企业全局出发辅助企业进行决策，利用信息控制企业的行为，帮助企业实现其规划目标。

管理信息系统是一个以人为主导、利用计算机硬件、软件、网络通信设备以及其他办公设备，进行信息的收集 、传输、加工、储存、更新和维护，以企业战略竞优、提高效益和效率为目的，支持企业高层决策、中层控制、基层运作的集成化的人机系统。

管理信息系统是一门多学科交叉的科学，基本学科主要包括管理科学、系统科学、运筹学、统计学、社会学、心理学、政策科学、计算机技术、通信技术。从一个交叉学科的角度，管理信息系统的三要素为系统的观点、数学的方法、计算机的应用。

1.3.2.2 管理信息系统的特征

（1）面向管理决策：管理信息系统是继管理学的思想方法、管理与决策的行为理论之后的一个重要发展，它是一个为管理决策服务的信息系统，它必须能够根据管理的需要，及时提供所需要的信息，帮助决策者做出决策。

（2）综合性：从广义上说，管理信息系统是一个对组织进行全面管理的综合系统。一个组织在建设管理信息系统时，可根据需要逐步应用个别领域的子系统，然后进行综合，最终达到应用管理信息系统进行综合管理的目标，管理信息系统综合的意义在于产生更高层次的管理信息，为管理决策服务。

（3）人机系统：管理信息系统的目的在于辅助决策，而决策只能由人来做，因而管理信息系统必然是一个人机结合的系统。在管理信息系统中，各级管理人员既是系统的使用者，又是系统的组成部分，因而，在管理信息系统开发过程中，要根据这一特点，正确界定人和计算机在系统中的地位和作用，充分发挥人和计算机各自的长处，使系统整体性能达到最优。

（4）现代管理方法和手段相结合的系统：人们在管理信息系统应用的实践中发现，只简单地采用计算机技术提高处理速度，而不采用先进的管理方法，管理信息系统的应用仅仅是用计算机系统仿真原手工管理系统，充其量只是减轻了管理人员的劳动，其作用的发挥十分有限。管理信息系统要发挥其在管理中的作用，就必须与先进的管理手段和方法结合起来，在开发管理信息系统时，要融进现代化的管理思想和方法。

1.3.3 信息服务组织

1.3.3.1 组织类型

管理信息系统必须要有一个组织对它进行管理和服务，这个组织在企业中应处于什么样的地位？通常分为下列几种情况：

（1）当管理信息系统只是完成某一部分简单的电子数据处理时。这时用管理信息系统做一个工资表，或者进行某一方面的统计，打印统计报表等这样一些简单的职能。属职能部门底下的具体业务部门所领导。

（2）当管理信息系统的应用范围扩大到可以协助某一个职能部门完成其全部信息管理时。如财务的信息系统可对财务处的整个职能进行全面的信息支持，它就属于这个职能部门领导，财务的信息系统其财务管理软件，能处理财务处管理的整个部门的信息支持和管理。

（3）当管理信息系统范围更加扩大时。为了支持对于整个企业的高、中、低三个层次的全面管理，应该有一个企业副经理主管几个方面的工作，其中之一就是信息中心和信息服务组织。

（4）当信息系统的应用范围不仅在管理上用计算机，而且在生产控制、技术部门都用计算机时。如用计算机辅助设计、辅助工艺、辅助制造，在管理中运用管理信息系统来支持整个管理工作。在这种情况下，企业中的信息组织应该有一个副经理直接负责这一方面的工作。

1.3.3.2 信息专家

信息组织中的工作人员包括：系统分析员、数据库管理员、网络工程师、程序员、操作员，他们之间的关系见图 1-3。

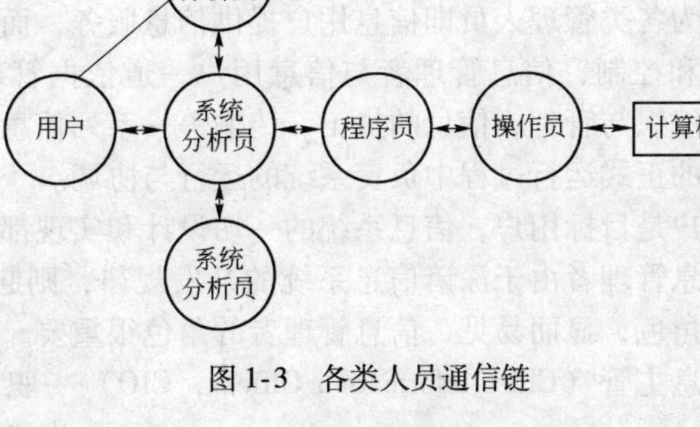

图 1-3 各类人员通信链

（1）系统分析员。系统分析员是同信息系统的使用者一起来开发新的系统并改进现有系统的，其职责是确定系统的目标和需求，并带领其他人员分析系统的现状，进行可行性分析和提出实施方案。

（2）数据库管理员。数据库管理员是协同信息系统使用者和系统分析员创建含有信息系统所需的数据和信息数据库。

（3）网络工程师。网络工程师同系统分析员和信息系统使用者一道建立各种计算资源连接在一起的数据通信网络。网络工程师需同时具备计算机领域和通信领域的专业技能。

（4）程序员。程序员根据系统分析员设计的系统模块，具体编写和操作计算机程序，计算机程序能使计算机中的数据转换成有用的信息。

（5）操作员。操作员负责操作大规模的计算机设备，如大型机和微型机。操作员要负责监控计算机的控制系统，负责计算机的外部设备例如打印机、扫描仪等运行。

1.4 管理信息系统的结构与类型

管理信息系统的结构是指管理信息系统的组成及其各组成部分的相互关系。由于可以从不同的角度理解管理信息系统的各组成部分，所以就形成了不同的管理信息系统的结构。

1.4.1 管理信息系统的组成

从概念上管理信息系统由四大部分组成，即信息源、信息处理器、信息用户和信息管理者，如图1-4所示。

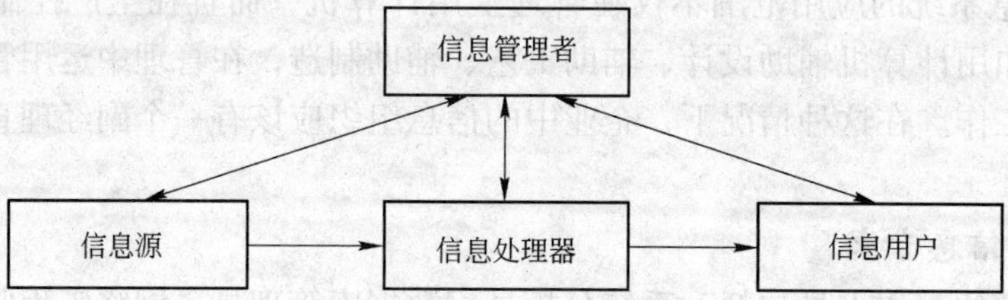

图1-4　管理信息系统的组成

信息源是信息的产生地，包括组织内部和外界环境的信息，这些信息通过信息处理器的传输、加工、存储，为各类管理人员即信息用户提供信息服务，而整个的信息处理活动由信息管理者进行管理和控制，信息管理者与信息用户一道依据管理决策的需求收集信息，并负责进行数据的组织与管理、信息的加工、传输等一系列信息系统的分析、设计与实现，同时在信息系统的正式运行过程中负责系统的运行与协调。

由此可见，信息用户是目标用户，信息系统的一切设计和实现都要围绕信息用户的需求而做；另一方面，信息管理者由于深谙信息系统的开发规律，则起到了一个明确需求、协调资源和分配资源的角色，显而易见，信息管理者的角色很重要。现在许多国内外的企业和组织都设立首席信息主管（Chief Information Officer，CIO）一职，既反映了企业对信息资源的重视，也反映了企业家开始重视信息系统的开发规律和运行规律。

根据处理的内容及决策的层次来看，可以把管理信息系统看成一个金字塔式的结构，如图 1-5 所示。

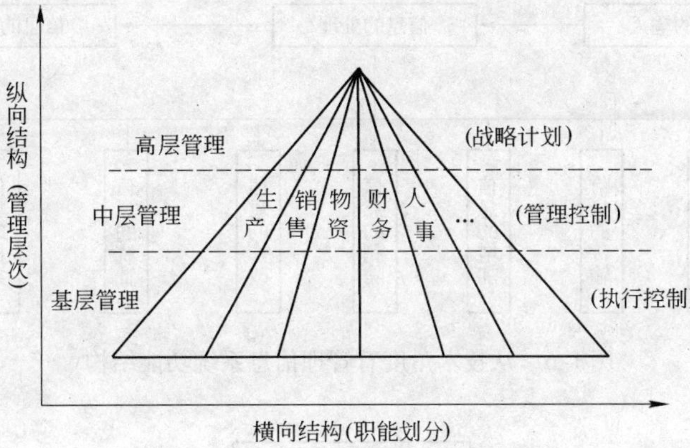

图 1-5 管理信息系统的金字塔结构

由于一般的组织管理均是分层次的，例如分为战略计划、管理控制、运行控制三层，为它们的信息处理与决策支持也相应分为三层，并且还有最基本的业务处理（打字、算账、制表等）。这样信息系统也就可以分为销售与市场、生产、财务与会计、人事及其他等。一般来说，下层的系统处理量大，上层的处理量小，所以就组成了纵横交织的金字塔结构。

1.4.2 管理信息系统的结构

管理信息系统是企业信息系统的核心，它贯穿于企业管理的全过程，同时又覆盖了管理业务的各个层面，因而其结构也必然是一个包含各种子系统的广泛结构。

1.4.2.1 管理信息系统的功能结构

管理信息系统的功能结构描述了管理信息系统的功能组成以及各子功能之间的联系。

从信息技术的角度来看，信息系统无非是信息的输入、处理和输出等功能。因此，管理信息系统的功能结构从技术上看可以表示成如图 1-6 所示的形式。所以，在开发信息系统时必须考虑这些具体的功能实现。有时还必须考虑细节，如信息的检索有指定检索和模糊检索；信息的统计有时要考虑按常规时间段（如月、季）统计，有时还要考虑按非常规时间段统计，如上月 13 号到本月 13 号的统计等；信息的存储既要考虑实时存储，又要考虑定期转存；信息的增加有时还要考虑让系统自动记录增加的时间点，以便对系统的操作进行追踪等。

从信息用户的角度来看，信息系统应该支持整个组织在不同层次上的各种功能。各种功能之间又有各种信息联系，构成一个有机的整体及系统的业务功能结构。例如，一个企业的内部管理系统可以是如图 1-7 所示的结构。企业的信息系统划分为 7 个子系统，除了完成各自的特定功能外，这 7 个子系统又有着大量的信息交换关系，其子系统之间的主要数据交换关系构成子系统之间的信息流，使得企业中的各类信息得到充分的共享，从而为企业的生产活动和管理、决策活动提供支持。

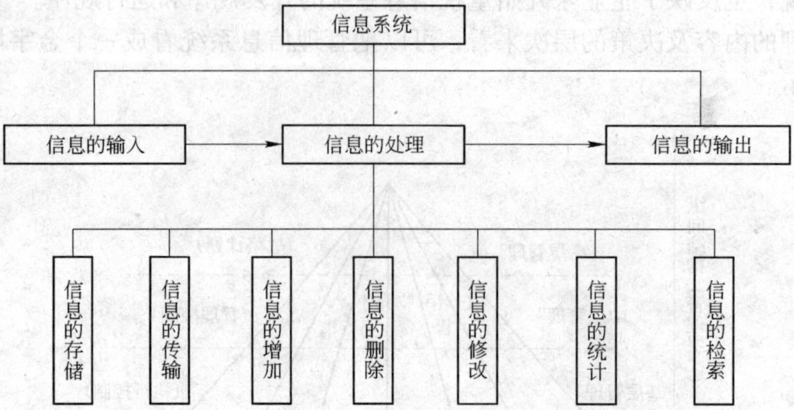

图 1-6　从技术角度看管理信息系统功能结构

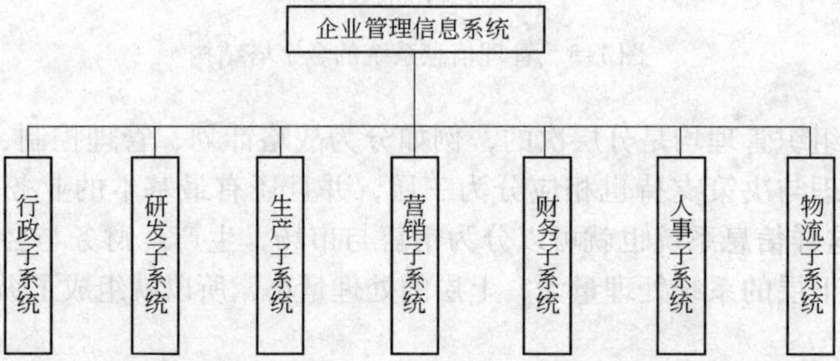

图 1-7　从业务角度看管理信息系统的功能结构

一个完整意义的管理信息系统应当包括业务处理、运行控制、管理控制、战略计划四个层次的资源管理和过程管理职能，至少应包括生产计划、技术管理、运作质量控制、市场营销、财务、物流管理、人力资源、信息处理、高层管理等 9 个子系统。

通过管理信息系统的功能结构，我们可以知道，信息系统的实现不是一朝一夕的事情，必须经过长期的努力才能得以实现。因此，在信息系统的建设过程中必须首先进行总体规划，划分出子系统，规划出各子系统的功能及其相互之间的联系，然后逐步予以实现，其中特别要重视子系统之间的联系。只有这样才能实现信息的共享，发挥信息资源的重要作用。

1.4.2.2　管理信息系统软件结构

管理信息系统的概念结构是按照对决策的支持、管理活动和组织的职能描述的，将关于这三方面的研究综合到管理信息系统的结构中，形成一个基本的概念框架。该概念框架描述了组织现有的或未来的管理概念结构。图 1-8 描述了某公司管理信息系统软件结构。

管理信息系统的软件结构是反映管理信息系统结构的一般的、本质的特征。从基于组织职能的管理信息系统结构和管理信息系统的概念结构可知，在不同的组织活动层次和不同的职能子系统中所需要的信息、所处理的信息是不同的。管理信息系统是一个集成的系统，这就存在管理信息系统的综合问题。管理信息系统的软件结构由生产计划、技术管理、

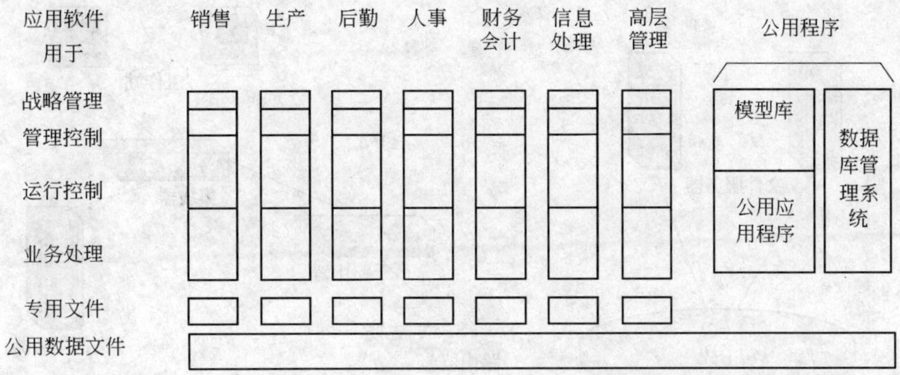

图 1-8 某公司管理信息系统的软件结构

运作质量控制、市场营销、财务、物流管理、人力资源、信息处理、高层管理等子系统组成。同时，每个子系统都涉及到业务处理、运行控制、管理控制和战略计划四个层次的信息管理活动。

管理信息系统的综合包括横向综合、纵向综合、横向与纵向综合。横向综合，就是把同一层次的各种职能综合在一起，比如把运行控制层次的人事、工资等子系统可以综合在一起，使基层的业务处理一体化。横向综合正向着资源综合的方向发展，如按人把人员的信息综合到一个系统，按物料把采购、进货、库存控制综合到一体。纵向综合，即把不同层次的管理业务按职能综合起来。这种综合沟通了上下级之间的关系，便于决策者掌握情况，进行正确分析。如各部门和总公司的各级财务系统可以综合起来，构成综合财务子系统。纵横综合，是一个完全一体化的系统，能够做到信息集中统一，程序横向共享，各子系统功能无缝集成。

1.4.2.3 管理信息系统的硬件结构

管理信息系统的硬件结构描述了管理信息系统的硬件系统组成以及各硬件设备之间的相互连接关系。某企业管理信息系统的硬件结构如图 1-9 所示。

1.4.3 管理信息系统的类型

一个组织的管理可以分为高层管理、中层管理和底层管理三个层次。高层管理者是企业组织的高级执行官，其主要作用是确立企业组织的目标。他们主要负责与外部环境进行联系，如同金融机构、政界要员、重要供应商或客户等沟通。

中层管理人员负责分配资源以实现高层管理人员确立的目标，主要通过在其职权范围内执行计划并监督底层管理者来完成。例如，销售主管通过分配销售人员的时间、培训预算来取得与顶层管理人员的增长计划相一致的销售成果，如果没有达到这些目标，那么销售经理就需要对现有促销活动的规模和层次进行调查研究，重新进行资源分配。产品研究开发主管、生产主管、市场研究主管和信息系统主管都是中层管理者。

底层管理者负责监督日常业务活动，他们通常监督指导譬如记录订货、收取支票、控制存货和维修设备之类的活动。一旦出现如定价错误或日常设备损坏等问题，底层管理者就应出面解决这些问题。为保证企业正常运转，在对其负责的业务活动进行指导时，底层

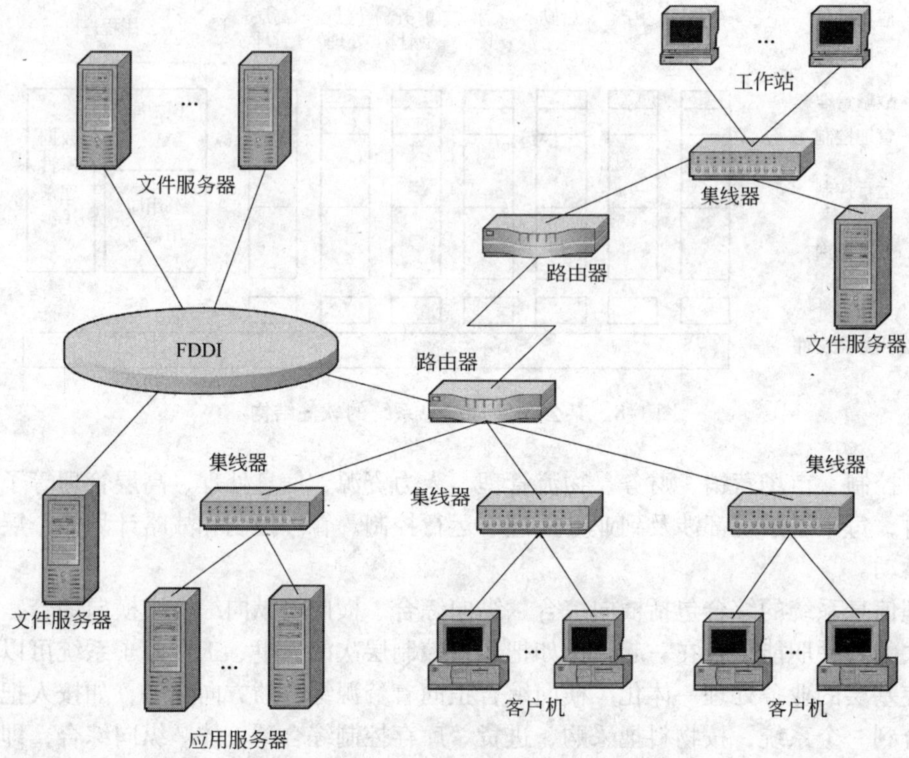

图1-9　某企业管理信息系统的硬件结构

管理者需要质量控制报告、存货转交报告等所提供的信息。

与管理层次相对应的组织活动分为作业活动、战术活动和战略计划，管理信息系统则相应地分为企业作业级信息系统、企业战术信息系统、企业战略信息系统。针对我国目前组织中的不同应用，也就是说按照职能又可将管理信息系统分为会计信息系统、财务信息系统、营销信息系统、生产信息系统、人力资源信息系统等。

1.5　综合案例——中国中小企业信息化调查报告（2007）

2005年3月，国家发改委中小企业司委托《每周电脑报》、《中国中小企业杂志》、中国中小企业信息网联合开展了对中国中小企业信息化状况的调查，本次调查涉及IT、制造、能源、交通、贸易、服务等众多行业，其中IT高科技企业占10.9%、制造业企业占76.8%、能源行业企业占1.8%、交通行业企业占2.3%、贸易行业企业占1.4%、服务行业企业占5.5%、其他行业企业仅占1.3%，共收到调查表1572份，有效调查表为1093份。

从被调查企业的所有制形式看，私营企业和有限责任公司占了近60%；从员工数量看，员工低于500人的企业占了近81%；从收入规模看，收入超过1000万的企业占了70%，其中收入过亿的企业占24.4%。所选调查样本企业多为规模小、盈利能力强、发展迅速的非公有制中小企业。

1.5.1 信息化在中小企业发展中的地位

（1）企业信息化部门设置和负责人的行政级别。调查结果显示，60.8%的中小企业设有专门的信息化部门，其中有31%的企业由首席信息官或副总经理主管信息化工作，39%的中小企业专门设置了主管信息化的部门经理。

（2）企业IT技术人员的比例。调查结果显示，80.9%的中小企业只配有5名以下IT技术人员，技术力量较为薄弱。

（3）企业非技术员工的计算机应用水平。调查显示，中小企业中可以熟练使用计算机的员工只占总数的38.1%，一半员工停留在一般应用计算机的水平。

（4）企业相关IT制度的建立。调查显示，29.1%的中小企业将信息化建设规划单列为企业的专项规划，34.7%的企业将信息化建设规划分散在企业发展总体规划中。有30.4%的中小企业单列了信息化建设预算，35.2%的企业将信息化建设预算分散在总体预算中。为配合信息化实施工作，许多中小企业建立相应的管理制度。22.2%的中小企业将系统设计编码标准化；76.6%的中小企业建有完善的信息化设备管理制度；50.8%的中小企业建立有完善的信息化安全管理制度；而且有47.1%的企业还单列有专门的信息化培训制度。

（5）对实施信息化的满意程度。调查显示，有32.5%的中小企业对实施信息化的成果表示满意，而12%的中小企业对信息化成果不满意，5.5%的中小企业对信息化成果没有达到满意的程度，但基本认可信息化对企业发展有益。

（6）信息化应用效果分析。调查显示，仅有2.8%的企业认为信息化没有明显的应用效果。34.6%的中小企业认为信息化降低了企业的物流、配送成本；37.1%的中小企业认为信息化降低了库存资金占用率；46.9%的中小企业认为信息化提高了企业商品流通效率；62.5%的中小企业认为信息化降低了人工成本；49.5%的中小企业认为信息化降低了决策成本；高达68.1%的中小企业享受到了信息资源带来的市场机会。

1.5.2 企业信息化设备配备情况

调查显示，中小企业在计算机拥有量、服务器拥有量、网络设备拥有量、存储设备拥有量、打印机拥有量等方面都达到了较高水平。

1.5.3 企业网络平台建设

（1）内部网建设。多数企业都利用已有的IT资源，不同程度地建立了内部网络。在接受调查的企业中，仅有17.3%没有建设局域网，其中50.6%的企业局域网已覆盖了企业的所有部门。

（2）企业管理信息化系统。财务管理系统普及率最高，为69.0%；其次是OA系统，有49.5%的企业在使用；ERP系统有34.6%的企业在使用，两成企业打算建设。

（3）主干网带宽。从调查结果看，企业上网需求正在迅速上升，大多数企业通过宽带主干网接入互联网。12.7%的受访企业通过100M以上宽带接入互联网，48.3%的企业通过100M以下，10M以上宽带接入互联网，通过10M以下带宽接入互联网的企业仅占39%。

（4）联网率。从调查结果看，34.8% 的中小企业计算机联网率超过 90%，42.5% 的企业内部计算机联网率低于 70%。

（5）顶级域名企业网站建设和分布。在被调查企业中，只有 23.9% 的企业没有自己的独立网站，51.4% 的被调查企业已经建成了网站，并有独立的顶级域名。

1.5.4　信息化建设的投入状况

调查结果显示，中国中小企业信息化投入存在较大差距，近两年，投入占年销售收入的比重呈上升趋势，但统计结果表明，35.9% 企业的信息化没有稳定、持续的投入。以 2004 年为例，74.3% 的中小企业信息化投入占销售收入比重不超过 1%，7.1% 的中小企业信息化投入占销售收入的比重超过 5%。但从 2003 年、2004 年信息化投入占年销售收入的比重看，2003 年该比重均值为 1.16%，2004 年为 1.35%，比 2003 年增长 16.4%。而国外中小企业信息化投入占销售收入的比重通常在 2% ~3% 之间。

从中小企业信息化投入结构来看，中小企业硬件、软件、服务三部分投入的比重均值依次为 49.7%、30.2%、25.5%。

1.5.5　信息化建设的阻力分析

调查结果显示，技术人才缺乏、资金匮乏、内部业务流程不规范是中小企业信息化建设的三大阻力。值得欣喜的是，中小企业经营管理者对信息化建设的重要性已基本达成一致，只有不到 15% 被访者认为企业经营管理者是信息化建设的阻力（见图 1-10）。

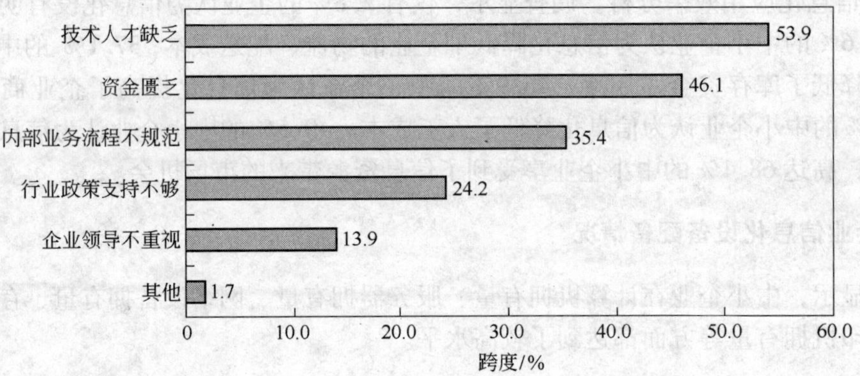

图 1-10　中国中小企业信息化建设阻力分析

1.5.6　地方政府对中小企业信息化的支持情况

中小企业的快速发展离不开政府的大力支持。调查结果表明，20% 的企业对地方政府在信息化方面的支持不清楚，5% 的企业明确表示地方政府对信息化建设没有优惠措施（见图 1-11）。

1.5.7　案例分析

本案例对我国中小企业信息化情况作了总体介绍，通过需求深入分析得知中小企业信

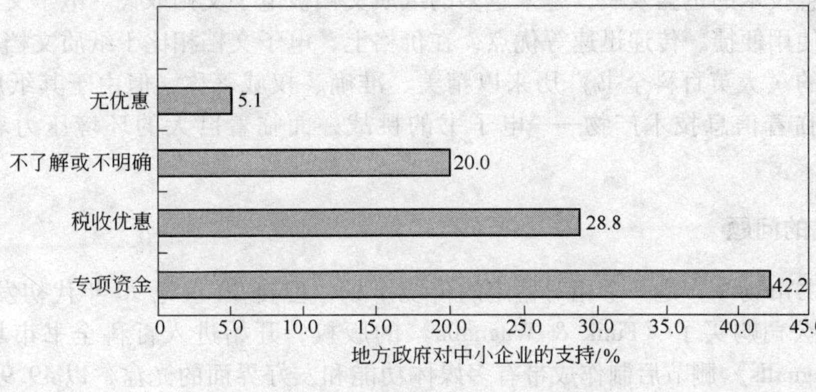

图 1-11 地方政府对中小企业信息化的支持

（资料来源：《2007 全国中小企业信息化调查报告》，中国发改委中小企业司）

息化需求的特点为：

（1）中小企业迫切需要通过信息化了解市场信息，增强销售能力。

（2）在客观管理方面，与大企业普遍关注如何留住优质客户相比，中小企业最关心的是怎么样通过信息化应用发现更多的新客户，可能有些中小企业也是存在"一锤子买卖"的情况，做了一个再找一个新的。

（3）在生产和研发方面与大企业关注创新等长期发展要素相比，中小企业把提高产品质量和降低生产成本作为最需要通过信息化解决的问题。产品质量可能跟发展有关系，生产成本直接和盈利、生存相关。

（4）在企业管理方面，与大企业重视加强集团管控能力和提高决策水平相比，中小企业列在首位的需求是掌握企业经营情况，其次是提高工作效率，最主要是对本企业的经营情况掌握信息化的手段。

1.6 热点话题——《大英百科全书》如何生存?

1.6.1 案例背景

《大英百科全书》诞生于 1768 年，迄今已有两百多年的历史，《大英百科全书》是世界上最权威的综合性百科全书，它的品牌地位是全球公认的。人们在写作中对一些词语的定义和解释，对重要事件的叙述和评论，一般都引用《大英百科全书》中的内容。

《大英百科全书》由 32 册组成，共有 33000 页，4.4 亿个词。为满足各个层次读者的需求，在产品系列方面，该参考书有完整版、学生版、初级版及简明版等多种版本，为保持内容的全面和完整，每年还出版一本年鉴，若干年后发行新版本。该全书的条目均由世界各国著名的专家学者撰写，对主要学科、重要人物事件都有详尽介绍和叙述，其客户是大型图书馆、跨国大公司、专业研究机构及一些有实力的家庭。这些机构和家庭购置的目的主要有两个，一是参考引用，二是文化象征。《大英百科全书》原先的市场定位是高档用户，因此它的质量是绝对保证的，价格也是很高昂的。

随着信息技术的迅猛发展，越来越多的纸质文档被电子文档取代。电子文档具有易组织易检索、使用便捷、传递迅速等优点，在价格上，电子文档相比于纸质文档也有很大的优势。经典的《大英百科全书》历来以精美、准确、权威著称，但由于其纸质的性质也不例外地面临着信息技术产物——电子书的挑战，面临着巨大的环境压力和被淘汰的风险。

1.6.2 面临的问题

百科全书市场一直是一个相对稳定的传统市场，但自20世纪90年代初发生了变化。1992年微软公司购买了《Funk & Wagnalls》的版权，开始进入百科全书市场。微软将《Funk & Wagnalls》删节后制作成带有多媒体功能和友好界面的光盘，以49.95美元的价格在超级市场出售，还以优惠的价格出售给电脑制造商，让他们将该光盘作为免费赠品捆绑销售。《Funk & Wagnalls》是一个二流的百科全书，但对普通消费者来说，已足够。实际上，每一个消费者对百科全书的使用，都只是其中极小的一部分，百科全书的很多内容几乎不会被普通消费者阅读和采用。微软公司发挥其信息技术的优势，进军和占领百科全书的大众市场，也意味着以后向高端市场拓展的趋势。

面对信息技术的挑战，《大英百科全书》很快意识到生存的风险，也开始制定电子出版战略，1994年正式发布了《大英百科全书（网络版）》（Encyclopedia Britannica Online），该版本成为互联网上第一部百科全书，可检索词条达到98000个，以每年2000美元的订阅费为网上图书馆提供服务，但这只能吸引大型图书馆。对小图书馆、企业和家庭来说，微软公司那样简化的光盘版已够用了。因此《大英百科全书》在电子出版市场无竞争优势，销售额大幅下滑，到1996年只有3.25亿美元，跌去一半。

《大英百科全书》对此景况也有预计，1995年决定进军家庭市场，提供每年订阅费为120美元的在线版本，1996年推出标价为200美元的光盘版本，但市场效果不佳，因为这样的价格是微软产品价格的四倍。另外，在使用上不如微软同类产品那么流畅，多媒体资料不够丰富，阅读软件也有专门的要求。

1996年早期，瑞士银行家雅格布·萨弗拉购买大英公司后，裁减了110名代理人和300名独立承包商，实施大胆的减价策略，每年的订阅费降至85美元，尝试差异价格的直接邮购销售。尽管《大英百科全书》被《电脑杂志》评为质量最好的多媒体百科全书，获得多项电子出版物奖项，受到多方好评，当时也只吸引了11000名付费订阅者。1998年，大英推出由3张光盘构成的《大英百科全书》（CD98），其中包含了32卷印刷版的全部内容，还提供了多媒体信息和快速搜索功能，邮购价为125美元。与1500美元的纸版相比，价格已是极其便宜。

1.6.3 未来的启示

21世纪初，《大英百科全书》的版权卖给了美国。但光盘版百科全书市场竞争还在延续，价格仍在下跌，《大英百科全书》能否夺回原有市场，收回成本。更为严峻的问题是能否再生存下去。

过去《大英百科全书》是传统的纸质出版企业，属于传统的信息服务业。《大英百科全书》在信息时代面临的问题具有普遍性，许多传统的信息服务业，如专业的或综合的出版社、有一定历史的律师事务所、会计事务所、咨询服务公司等，都带有传统的观念，形成了旧时代的经营模式。这些企业面临着现代信息服务业的挑战，面临着生存与发展的危机。传统的工业企业与信息服务业，在产品的生产和服务上有显著的差别，但在观念上、在经营模式上是有共同之处的，他们面临着类似的挑战问题和生存与发展问题。

《大英百科全书》的案例告诉我们，现代信息技术对传统企业的影响是巨大的和革命性的，保守的和不能跟上时代发展的企业即将被淘汰。传统企业要生存与发展，就必须在战略层面和战术层面进行全面的变革，而变革的依靠就是现代信息技术。传统企业如何正视信息时代，如何结合信息技术进行变革，将决定他们的未来。

1.6.4 案例分析与讨论

本案例从以下两个方面进行7个问题的分析与讨论。

1.6.4.1 信息产品的价格问题

信息产品具有原始拷贝成本的特征，即成本的大部分发生在第1份产品之前，第1份产品生产出来后，再生产1份的成本非常低，以光盘等为介质，或在网上传送的产品，之后的产品成本几乎为零。从经济学角度考察，信息产品的固定成本高，复制的可变成本低，信息产品的固定成本绝大部分为“沉没成本”。

(1) 纸质出版业是传统的信息服务业，与现代信息服务业相比，在产品成本、产品价格和销售方式等方面的区别有哪些?

(2) 今天的《大英百科全书》，应该如何看待和处理原来的顶级地位和现在的价格制定之间的矛盾?

(3) 在产品成本和价格等方面，传统制造企业与传统信息服务业面临的问题在本质上有何异同?

1.6.4.2 《大英百科全书》的生存与发展问题

《大英百科全书》所处的环境已发生巨大的变化，其面临的问题实质上是生存与发展的战略问题。从系统的环境适应性与生存的关系来分析，可以发现其问题具有普遍性，能给我们带来有益的启示。

(1)《大英百科全书》现在所处的市场、面对的竞争对手和面向的客户等与过去相比，发生了哪些变化?

(2)《大英百科全书》也推行了信息化战略，但为何还是很被动，处于竞争的不利地位?

(3) 请为《大英百科全书》的信息化提出你的建议，如通过信息技术的应用和信息资源的开发和利用，从经营模式和市场定位等战略层面，产品设计和服务方式等战术层面等角度提出你的见解和可能的方案。

(4)《大英百科全书》的处境，对你所在的单位有何启示？如果你所在单位是近年来新创建的企业，或是已经成功地进行了变革的企业，请介绍该单位是如何开展信息化建设的。

1.7 扩展学习模块——管理信息系统理论基础

1.7.1 管理信息系统体系概述

（1）管理信息系统开发过程涉及学科理论。

1）开发过程。管理信息系统是现代组织系统组成中不可或缺的重要部分。为了开发符合组织实际情况，能够最大限度提高管理工作效率，提高组织竞争力的管理信息系统软件，开发人员必须了解组织具体的信息管理状况。从系统的角度，管理科学为基础，信息技术及计算机技术，管理工作优化；遵从软件工程的原则，开发运行稳定、质量可靠、互动性好的软件系统，配置合适的硬件环境，从而构建新的管理信息系统。涉及硬件技术、软件技术、网络技术、数据库技术和管理开发过程的项目管理、质量管理和网络技术。

项目管理包括配置管理、质量管理和人力资源管理等。

2）规划阶段，进行可行性研究，涉及技术经济学方面的指示，如投资分析。

3）分析阶段，涉及管理信息系统、系统论、管理学、组织行为学等方面的知识。

4）设计阶段，涉及管理信息系统、系统论、管理学和通信网络技术。

5）实施阶段，设计软件技术、数据库技术、网络技术和配置管理、测试管理。

（2）管理信息系统应用推广涉及学科理论。

应用推广。应用主要是在系统交付用户以后的环境研究，为系统制造一个良好的运营环境，使系统在企业生根、开花、结果。

这个阶段涉及学科是环境研究方面和推广中的咨询、监理和服务等。环境方面主要研究企业体制、制度、企业文化、管理理念、管理基础和流程、组织等，构筑适应 MIS 运行的整体环境。

1.7.2 管理信息系统与管理科学

1.7.2.1 管理学科与管理信息系统的联系

管理信息系统与管理科学有着密不可分的联系。体现在三个方面：

（1）管理信息系统的研究开发对象是管理，服务目标也是管理，即提高品质，发展生产力。

（2）成功开发管理信息系统，必须深刻理解管理对象与管理过程。

（3）项目开发和运行维护需要运用管理。

管理是管理信息系统学科体系的基石，也是管理信息系统成功的前提。在整个管理信息系统生命周期，都在研究管理，也离不开管理。

1.7.2.2 管理学科在管理信息系统开发过程中的影响

管理是一门怎样建立目标，用最好的方法来达到目标的艺术。艺术性体现在团队建设与项目沟通方面。

团队建设和团队精神的培养是团队完成目标的保证。重视团队作用是管理信息系统项目的特征之一。团队（team）是一组个体成员为实现一个共同目标而相互依赖、协同工作的项目组织。

沟通对目标的共识和凝聚力的形成是很重要的。从项目开始的那刻起，就要运用网络计划等工具编制项目开发计划，对进度进行安排、控制，对资源进行合理配置，对成本和绩效进行控制管理；在给定资源条件下，在规定的时间和成本范围内达到预定的系统目标。

1.7.3 管理信息系统与数理知识

（1）管理信息系统与数学。管理信息系统与数理知识有着密不可分的关系。管理中的许多问题需要进行优化处理，需要建立数学模型才能解决。

数学是关于数与形的科学，传统数学包括：概率和统计，随机过程。数学是系统开发的基本功，也是程序设计的基本功。

（2）管理信息系统与运筹学。运筹学是一种适用于系统运行的方法和工具，它是一种科学方法，能对运行管理人员的问题提供最合适的解答。

常用的模型也就是管理信息系统常用的模型，有预测模型、决策模型、竞争模型、分配模型、制定模型、库存模型、排队模型、更新模型、路线模型、运输模型、规划模型、动态规划模型、搜索模型、模拟模型以及混合模型等。

1.7.4 管理信息系统与系统论、信息论及控制论

（1）管理信息系统与系统论。系统论是研究系统的一般模式、结构和规律的学问，它研究各种系统的共同特征，用数学方法定量地描述其功能，寻求并确立适用于一切系统的原理、原则和数学模型，是具有逻辑和数学性质的一门新兴科学。

管理信息系统的开发必须遵循系统方法。系统方法或称系统方法论是研究系统工程的思考问题和处理问题的方法论。系统工程是组织管理系统的规划、研究、设计、制造、试验和使用的科学方法，是一种对所有系统具有普遍意义的科学方法。系统工程也是一门组织管理的技术。系统方法的要点是系统的思想，数学的方法，计算机的技术。系统的思想即把研究对象作为整体来考虑，着眼于整体最优运行；数学的方法就是用定量技术，即数学方法研究系统通过建立系统的数学模型和运行模型，将得到结果进行分析，再用到原来的系统中；计算机技术是求解数学模型的工具，在系统的数学模型上进行模拟，以实现系统的最优化。

（2）管理信息系统与信息论 。信息论是关于信息的本质和传输规律的科学理论，是研究信息的计量、发送、传递、交换、接收和储存的一门新兴学科。

信息流伴随着物流而产生，引导物流做有规律的运动，对物流的方向、数量、速度和目标等实行控制。先进的信息观念、敏锐的信息意识及较强的信息管理能力是一个管理者步入管理岗位的前提条件。管理信息系统最基本的研究对象是管理工作中产生、加工、使用的信息——管理信息。

（3）管理信息系统与控制论。控制论（cybernetics）是研究各类系统调节和控制规律的科学。它是自动控制、通讯技术、计算机科学、数理逻辑、神经生理学、统计力学、行为科学等多种科学技术相互渗透形成的一门横断性学科。它研究生物体和机器以及各种不同基质系统的通讯和控制的过程，探讨它们共同具有的信息交换、反馈调节、自组织、自适应的原理和改善系统行为、使系统稳定运行的机制，形成了一大套适用于各门科学的概

念、模型、原理和方法。

控制论是关于生物系统和机器系统中控制和通信科学的思想，为控制论提供了一个框架。按照这一框架，控制与信息问题可以纳入统一的形态来考虑。由于技术、生产及管理的需要，要求解决工程实践中的许多问题，要求设计的系统是稳定的，过渡过程要快，稳定精度要高。

作为管理信息系统，也要研究系统稳定性和生命周期，MIS 稳定性的控制难度更大。控制论与数学、运筹学有着密切的关系，信息模型、系统测定和反馈原理在管理信息系统中有着广泛的应用，尤其在项目计划控制和项目变动控制方面具有重要意义。

1.7.5 管理信息系统与协同论、耗散结构论及突变论

（1）管理信息系统与耗散结构论 。耗散结构论是研究开放系统的理论，而管理信息系统本身就是开放系统。

其认为一个远离平衡的非线性系统，通过与外界交换物质、能量和信息，当控制参量越过某一阈值后，系统可能失稳，由无序状态变为一种时间、空间或功能有序的新状态。

（2）管理信息系统与突变论。突变论是研究由于结构不稳定而产生突变现象的数学分支。突变论通过对结构稳定性的分析，说明和预测形态变化的发生。有两种含义：

1）当某一参数达到一个界限时，系统就被破坏，这就是普通的突变。

2）一种突变并不是原系统的解体，而是系统的生存手段，通过状态的大的变化，维持系统本质不变。

（3）管理信息系统与协同论。协同论（synergetic）集中研究自组织现象，寻找支配自组织过程的一般原理和普遍规律。

自组织是在没有外力的干预下，通过少数变量控制，通过子系统合作能够达到宏观有序结构。当代的企业和企业联盟，在网络支持下的管理信息系统实际上都是自组织系统。协同论的思想对管理的应用一定会有广阔的前途。

1.7.6 管理信息系统与软件工程

软件工程（software engineering）是指导软件开发和维护的学科。

软件领域中出现了许多新方法和新工具，最终目标就是力图通过这些新手段得到高质量的软件产品。

软件工程中最重要的一点就是软件质量的保证工作必须渗透到软件工程的各个方面。它应该包括以下一些方面：

解决软件的分析、设计、编码和测试的方法和工具问题；对软件工程项目进行严格的阶段评审，以利于及时发现和解决存在的质量问题；进行多层次的测试检验；加强文档的管理，对文档的编写和修改应特别引起注意；保证软件工程项目严格遵循某个指定的标准或规范；建立软件质量的度量标准。

管理信息系统的开发必须严格遵循软件工程的基本要求进行，从而提高软件质量，保证新的管理信息系统软件具有很高的稳定性和可靠性，最大限度地减少 BUG 的出现。减轻后期的维护工作。

管理信息系统与其他学科之间的关系见图1-12。

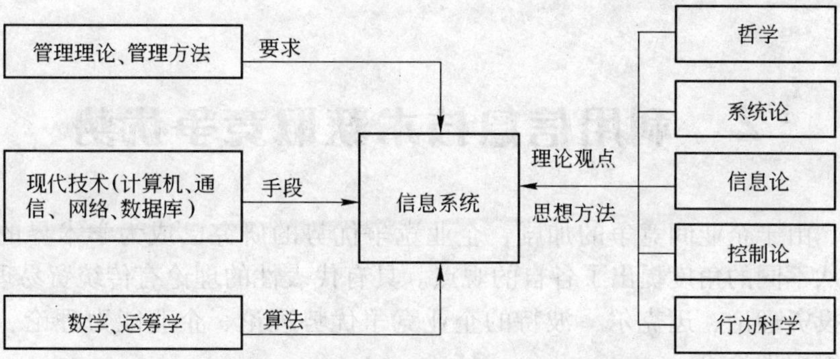

图 1-12　管理信息系统与其他学科之间关系

管理学科理论对管理信息系统提出要求；数理知识为管理信息系统提供科学严密的算法；计算机（网络）为管理信息系统提供技术手段；其他学科为管理信息系统提供理论观点和思想方法。

学习管理信息系统课程所需建立的知识结构见图 1-13。

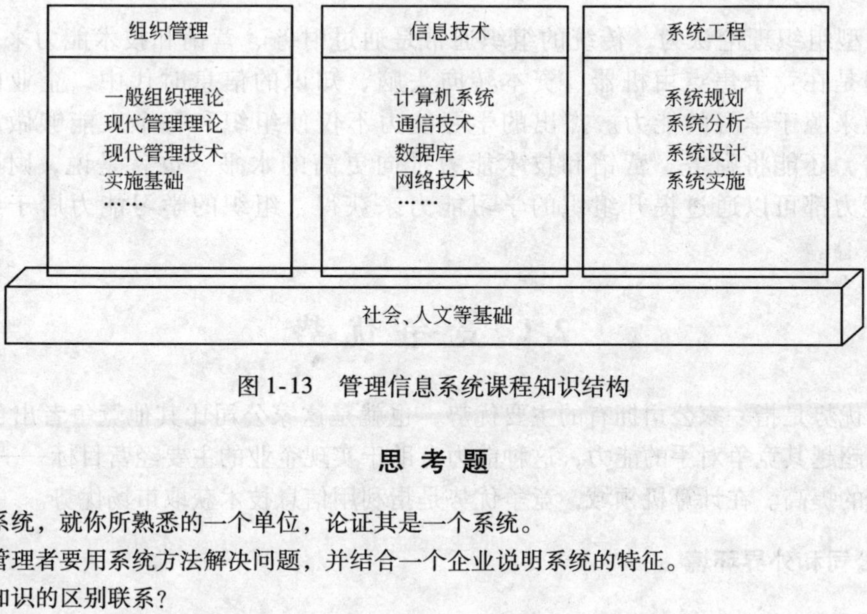

图 1-13　管理信息系统课程知识结构

思 考 题

1. 什么是系统，就你所熟悉的一个单位，论证其是一个系统。
2. 为什么管理者要用系统方法解决问题，并结合一个企业说明系统的特征。
3. 信息与知识的区别联系？
4. 什么是数据，什么是信息，结合实例，简述信息和数据的区别。
5. 什么是管理信息系统，它的功能和特点是什么？
6. 你认为在企业里实行信息化处理的主要障碍是什么？
7. 作业级信息系统的本质是什么，收集和处理何种数据？
8. 操作层、战术层和战略层规划信息系统在定位上有何区别？

2　利用信息技术获取竞争优势

近年来，由于企业间竞争的加剧，企业竞争优势的研究已成为学术界的一大研究热点，学者们从不同的角度提出了各自的观点。具有代表性的理论有传统贸易理论和新贸易理论、跨国投资理论、迈克尔·波特的企业竞争优势理论、企业能力理论、企业资源理论、学习型组织理论等。

美国战略学家迈克尔·波特认为，企业在行业中的定位决定了它的盈利能力是高于还是低于行业的平均水平，而长时间维持优于平均水平的经营业绩，其根本基础是持久性的竞争优势。企业可以拥有的两种基本竞争优势为：低成本优势和差异化优势。企业竞争优势的两种基本形式与企业寻求获取这种优势的活动范围相结合，可产生在企业所在行业中获得竞争优势的三个基本竞争战略：成本领先、差异化、目标聚集。同时对一些企业进行了实证分析，证明了一个成功的企业可以通过这三种中的任何一种或它们的组合来获得竞争优势。

学习型组织理论认为，传统的组织通常是通过财务、营销和技术能力来获得竞争优势。但是在竞争焦点由机器、资本转向头脑、知识的信息时代中，企业的竞争优势更多地来源于学习的能力。杰出的学习能力不仅使组织和每个人能够做以前不能做的事情，还能将财务、营销和技术能力推向更高的水平。也就是说，财务、营销和技术能力都可以通过提升组织的学习能力来获得，组织的学习能力居于组织各种能力的核心。

2.1　竞 争 优 势

竞争优势是指一家公司拥有的主要优势，也就是这家公司比其他竞争者出色的特质，是指企业超越其竞争对手的能力，这种能力有助于实现企业的主要经营目标——盈利与市场占有率的提高。在计算机领域，竞争优势是指利用信息技术获取市场优势。

2.1.1　公司和外界环境

2.1.1.1　宏观环境分析

宏观环境又称一般环境，指影响一切行业和企业的各种宏观力量。对宏观环境因素作分析，不同行业和企业根据自身特点和经营需要，分析的具体内容会有差异，但一般都应对政治（political）、经济（economic）、技术（technological）和社会（social）这四大类影响企业的主要外部环境因素进行分析。

（1）政治法律环境（political factors）。政治环境包括一个国家的社会制度，执政党的性质，政府的方针、政策、法令等。不同的国家有不同的社会性质，不同的社会制度对组织活动有着不同的限制和要求。即使社会制度不变的同一国家，在不同时期，由于执政党的不同，其政府的方针特点、政策倾向对组织活动的态度和影响也是不断变化的。如专利数量、环境保护法、产业政策、投资政策、政府补贴水平、反垄断法规与重要大国关系地区关系等环境因素。

(2) 经济环境（economic factors）经济环境主要包括宏观和微观两个方面的内容。宏观经济环境主要指一个国家的人口数量及其增长趋势，国民收入、国民生产总值及其变化情况以及通过这些指标能够反映的国民经济发展水平和发展速度。微观经济环境主要指企业所在地区或所服务地区的消费者的收入水平、消费偏好、储蓄情况、就业程度等因素。这些因素直接决定着企业目前及未来的市场大小。如一些重要监视的关键经济变量：GDP及其增长率、通货膨胀率、规模经济、政府预算赤字、消费模式失业趋势劳动生产率水平、汇率等因素。

(3) 社会文化环境（sociocultural factors）。社会文化环境包括一个国家或地区的居民教育程度和文化水平、宗教信仰、风俗习惯、审美观点、价值观念等。文化水平会影响居民的需求层次；宗教信仰和风俗习惯会禁止或抵制某些活动的进行；价值观念会影响居民对组织目标、组织活动以及组织存在本身的认可与否；审美观点则会影响人们对组织活动内容、活动方式以及活动成果的态度。

(4) 技术环境（technological factors）技术环境除了要考察与企业所处领域的活动直接相关的技术手段的发展变化外，还应及时了解：

1）国家对科技开发的投资和支持重点；

2）该领域技术发展动态和研究开发费用总额；

3）技术转移和技术商品化速度；

4）专利及其保护情况，等等。

2.1.1.2 八大环境要素

外界环境对公司举足轻重，环境是公司生存的真正理由。公司所有者看到了提供满足特定环境需求的产品和服务的必要性，并为此投资，环境则提供用于生产产品和提供服务的资源。

一个公司的外界环境不会完全等同于另一个公司的外界环境。例如，一家银行和一家运动品商店有着不同的外界环境。然而，我们可以在这些不同的环境中找出8种存在于所有公司外界环境中的主要环境类型，这些环境要素是公司之外的组织和个体，对公司有直接或间接的影响。这8种环境要素存在于一个更大的被称作社会的系统中。公司在周围环境中的状态描述如图2-1所示。

供应商，即卖主，提供公司用以生产产品和提供服务的原材料、机器、服务和信息。这些产品和服务销售给公司的客户，包括现有的和潜在的客户。工会是技术工人和非技术工人的组织。金融界由影响公司资金来源的机构组成，例如银行、存贷款组织、信贷组织以及其他借款机构和投资公司等。股东或所有者是对公司投资并代表最高管理层的人。竞争者包括公司所在市场与公司竞争的所有组织。政府，包括国家、州或省、地方的政府，用以法律、法规形式约束公司行为，并以购买、信息和资金形式对公司提供帮助。全球社会是公司运作的地理区域。公司通过保护自然环境、提高生活质量的产品和服务，以及以道德方式运作来对全球负责。

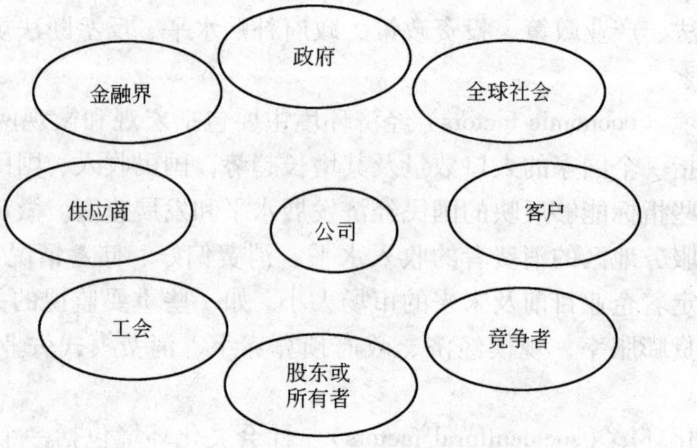

图2-1 企业八种环境要素

2.1.2 波特的五力模型

哈佛大学商学院教授迈克尔·波特是最具影响力的商业理论思想家之一，被誉为竞争战略之父。波特五力分析属于外部环境分析中的微观环境分析，主要用来分析本行业的企业竞争格局以及本行业与其他行业之间的关系（见图2-2）。

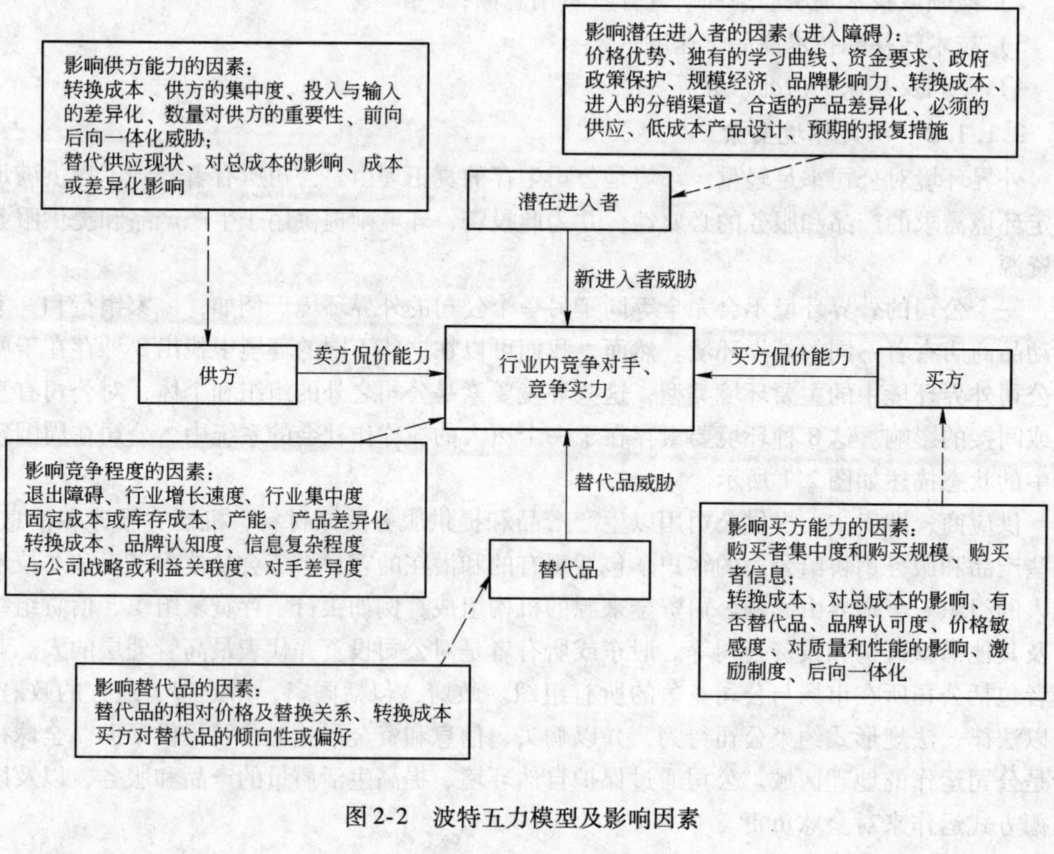

图2-2 波特五力模型及影响因素

波特五力分析模型由迈克尔·波特提出，是区别于宏观环境分析的微观环境（行业环境）分析工具，该模型的主要思想是：企业获取竞争优势的关键是企业所处行业的盈利能力（行业吸引力）和企业在行业内的相对竞争地位。五种力量模型确定了竞争的五种主要来源，即供应商和购买者的议价能力，潜在进入者的威胁，替代品的威胁，以及最后一点，来自目前在同一行业的公司间的竞争。因此，企业战略管理的首要任务是分析供应商（卖方）、购买者（买方）、当前竞争对手、替代产品和潜在进入者等五种因素，选择具有潜在高利润的行业。选定行业后，企业应根据自身力量与五种力量的对比情况来选择低成本、差异化或集中化等三种战略之一作为自己的竞争战略。波特五力模型及五力影响因素如图 2-2 所示，波特五力模型及竞争研究指标见表 2-1。

表 2-1　波特五力模型及竞争研究指标

五力模型的分析指标	转换成信息搜集指标
1. 进入威胁	投资力度、资本需求；
（1）本行业已出现大规模的生产和经营企业；	商标专有性、经营特色；
（2）本产品具有很高的顾客忠诚度；	资源共享、销售渠道；
（3）进入本行业需要投入大量的资金；	规模经济、绝对成本优势；
（4）顾客更换提供商的成本很高；	政府政策、产品差异化情况；
（5）获得分销渠道很困难；	预期的反击；
（6）政府对进入本行业实行限制；	进入壁垒、资金来源；
（7）本行业与规模无关的成本优势（如专有技术、原材料来源、地理、政府、行业经验等）	成本优势； 进入者弱点、劣势
2. 替代威胁	盈利能力、经营策略；
（1）与本企业产品功能相同的产品很少；	与被替代品或服务的差别；
（2）替代品的成本比本企业高；	用户的转换成本；
（3）替代品生产者在其他市场盈利较低；	价格、用户满意程度；
（4）本企业很关心与我们产品功能相同的其他类产品	当前产品与可能的替代品的相对价值/价格比
3. 现有竞争队友的竞争强度	竞争者数量、实力、分布；
（1）本行业内竞争者较少；	市场大小、增长、价格趋势；
（2）产品市场增长迅速；	产品、服务的差异及发展方向；
（3）本行业固定成本或库存成本较低；	产品特色、品牌与新产品开发；
（4）本行业具有较高的歧异性和转换成本；	新技术、新工艺引进；
（5）本行业退出壁垒较小；	销售力量、历史情况；
（6）本行业生产能力尚未饱和	进入与退出壁垒
4. 供应商砍价能力	供应商集中程度；
（1）本企业有许多供应商可以选择；	投入的差异；
（2）本企业所需原材料有许多替代品；	替代品投入的现状；
（3）本企业是供应商的主要客户；	产品可替代程度；
（4）没有一个供应商对本企业是关键性的；	与供应商的合作或依赖程度；
（5）与本企业相比，没有一家供应商是很大的；	批量大小对供方的重要性；
（6）本企业很容易变换大多数原材料供应商；	投入对成本和特色的影响；
（7）供应商没有表现出前向整合的威胁	供方和企业的转换成本

续表 2-1

五力模型的分析指标	转换成信息搜集指标
5. 买方砍价能力 （1）购买本企业产品的顾客比较分散，没有大批量购买和集中的顾客； （2）本行业大多数企业产品具有歧异性，标准化程度不高； （3）顾客对本企业产品具有较高的忠诚度； （4）买方转换成本高； （5）本企业的产品对买方具有重大影响； （6）买方从本企业购买的产品仅占其成本的很小一部分； （7）买方没有表现出后向整合的威胁	用户集中程度； 相对企业集中程度； 用户从本行业购买产品的标准化程度； 用户的转换成本； 用户信息； 本产品对用户影响程度； 与用户的关系； 用户客服危机的能力

2.1.3 信息系统如何影响组织和商业企业

波特五力模型是在工业文明背景下提出的，随着信息技术和信息系统的广泛应用，企业的外部环境和内部流程已经不同当年，但是，作为框架性分析基准，波特的五力模型仍然被学术界所沿用，以此来解释信息系统对企业竞争优势的影响。

信息系统的引进对企业竞争优势的影响主要包括以下几个方面。

2.1.3.1 新进入者的威胁

当企业所属行业的进入障碍相对较低时，新企业会对现有企业构成较大威胁，而作为企业管理的基础，信息系统的应用可以增加这种进入障碍，信息系统的投入，已经成为新进入者的“技术壁垒”。一方面，业内企业可以通过加大信息系统投资和应用水平来保持优势地位，阻止新进入者。反过来，新进入者需要足够的信息技术才能支撑复杂的信息系统运作，此外，新进入者必须考虑庞大的信息系统投资带来的沉没成本和机会成本。由此看来，信息系统在一定程度上起到了阻止新进入者的作用。

以超市的会员管理为例，先进的会员管理信息系统是超市阻止新进入者进行市场瓜分的有效手段。在超市行业，信息系统是进行竞争的基础，没有一套有效的信息系统，很难与行业领先者进行竞争，没有武器的战争注定是失败的。沃尔玛对信息系统的投入与它的行业领先地位是相辅相成的。

2.1.3.2 替代品的威胁

替代品威胁的决定因素是产品的价格性能比、顾客的转移成本和消费偏好，具有这三方面优势的替代品往往会造成企业利润的损失和市场份额的缩减。信息系统和信息技术可以帮助企业改进产品的性能，降低产品成本，提高产品的价格性能比，从而消除替代品的威胁。企业应该时刻审视技术市场，一方面利用信息系统提供新的服务，另一方面要关注市场是否有替代品的产生，给企业生存带来威胁。企业必须关注顾客需求的变化，注重技术创新，才能在市场竞争中处于优势地位。第一个利用信息系统使用 ATM 机为客户提供方便服务的银行，毫无疑问比其他银行在一定的时间内获取了竞争优势。

2.1.3.3 买方的讨价还价能力

买方的讨价还价能力取决于信息的拥有量，优势信息的拥有者必然拥有更强的讨价还价能力，对顾客而言，Internet 等快速、廉价的信息传递工具无疑大大降低了顾客收集信息的成本，信息可靠性增强，渠道拓宽，削弱了企业的信息优势，因此，激烈的市场竞争使企业比过去任何时候都更加重视顾客的需求，企业要提升自身的竞争力就必须更快、更准的发现并满足顾客的需求。使用信息系统与信息技术可以提高买方的转移成本，使其转向其他供应商的成本提高，从而降低买方讨价还价的能力。越来越多的企业开始确立“以顾客为中心的经营理念和管理流程”，而离开信息系统，这些理念和流程都将是空中楼阁。因为企业需要利用数据挖掘和数据仓库技术对不同的顾客群体进行分析，发掘客户的消费模式，了解顾客的深层次需求，设计出满足顾客需求的产品，从而更好的调整经营策略。

比如，设备制造厂商可以利用专家系统，为顾客提供远程维修指导与服务。再如，航空公司推出的累计积分奖励免费的飞行公里数可以锁定部分客户群体，而没有信息系统，这种运行机制将无法实现。

2.1.3.4 供方的讨价还价能力

信息系统的应用降低了寻找供应商的搜寻成本，扩大了供应商的搜寻范围，可以给业务人员提供与供应商相关的全部进、销、存信息，通过对历史信息的对比分析，削弱供应商的讨价还价能力。将供应商按照销售、毛利、促销能力、库存控制能力进行评价和判断，帮助业务人员针对不同类别的供应商采用不同的管理手段，有效降低企业的库存、提高资金的使用效率。

如基于 JIT 系统的库存系统可以减少汽车制造等行业的库存成本，利用信息系统与信息技术，将企业与零部件供应商联系起来，其本质上就是利用信息代替企业的零部件库存成本。另一方面，行业利润的透明化也增强了供应商的讨价还价能力。两者之间的动态均衡，将是企业与供应商实现双赢的共同选择，这种“共赢”的效果是一种更高层次的竞争优势。比如，信息系统可以帮助企业与其供应商之间建立联盟伙伴关系，戴尔公司和其供应商组成了虚拟企业，供应商变成了戴尔的一个零件提供部门。戴尔接到客户订单后，其控制中心会把整张订单分解成一张张零件采购订单，通过网络发给配件供应商，供应商接到订单后马上组织生产，在指定的时间内把货发给戴尔。除了发送订单外，戴尔还与供应商在网上共享戴尔所掌握的信息，如配件需求信息、库存信息，以及新产品资料、技术计划等。而这种合作关系建立的前提条件是必须有信息系统和信息技术的支持。

2.1.3.5 现有竞争者的竞争能力

信息系统是现有企业的行业标准，当行业内部竞争企业的规模大致相当的时候，企业间的竞争是很残酷的，如果企业不具备业内通行的信息系统，就会被无情淘汰，或者说，企业只有利用信息系统创造出差异化的产品和服务，提高效率，才能取得行业竞争优势。像网络银行、戴尔集团的网上批量订购系统、航天公司的订票系统等都是借助于信息技术获得了先动者的竞争优势。另外，信息系统还可以帮助企业收集对手产品设计情况、市场营销情况等信息，并加以分析，将分析结果与本企业的运营情况进行对比，获得成本优势或差异化优势，从而改变竞争基础，在竞争中处于有利地位。

沃尔玛之所以能够提供“每日低价”和“最周到的服务”，得益于其从天空到海洋、从无线到有线无所不包的信息网络。沃尔玛利用最先进信息系统的有效调配，实现了全球范围的资源配置，以最低廉的价格服务于顾客，赢得在市场竞争中的优势地位。

2.1.4 企业核心竞争力

企业核心竞争力是建立在企业核心资源基础上的企业技术、产品、管理、文化等的综合优势在市场上的反映，是企业在经营过程中形成的不易被竞争对手仿效，并能带来超额利润的独特能力。在激烈的竞争中，企业只有具有核心竞争力，才能获得持久的竞争优势，保持长盛不衰。企业核心竞争力的识别标准有以下四个：

(1) 价值性。这种能力首先能很好地实现顾客所看重的价值，如能显著地降低成本，提高产品质量，提高服务效率，增加顾客的效用，从而给企业带来竞争优势。

(2) 稀缺性。这种能力必须是稀缺的，只有少数的企业拥有。

(3) 不可替代性。竞争对手无法通过其他能力来替代它，它在为顾客创造价值的过程中具有不可替代的作用。

(4) 难以模仿性。核心竞争力还必须是企业所特有的，并且是竞争对手难以模仿的，也就是说它不像材料、机器设备那样能在市场上购买到，而是难以转移或复制。这种难以模仿的能力能为企业带来超过平均水平的利润。

识别核心竞争力的三个测试：

(1) 为企业提供通向广阔的多样化市场的潜在通道。

(2) 使企业能够从生产顾客所需产品中获得巨大回报。

(3) 竞争者难以复制。

2.2 IT对管理决策的影响

随着IT的发展，企业的管理者都已认识到IT对企业发展的重要性，因此他们都全力支持企业IT的发展。每一个企业都在尽量利用IT，以获得更多的竞争优势，但事实上，想要利用IT获得竞争优势，不是只像别人那样利用IT就可以了，而是要比别人利用得更好，与企业自身的管理机制、组织结构、业务流程相适应，才能充分发挥IT的潜在作用。

2.2.1 IT管理工具

传统的IT管理工具一般按照管理对象的不同划分为：网络管理、系统管理、数据库管理、应用管理、存储管理和桌面管理等。从管理功能上，IT管理又可以分为：事件管理、性能管理、资产管理、安全管理和计费管理。

2.2.2 IT部门的服务价值

对改进IT服务的迫切需求，以及许多IT部门缺少良好的客户服务技能，又进一步使业务部门感到怀疑和失望。尽管业务部门事实上就是IT部门的客户，但他们通常没有被当成客户来对待。一旦这种不信任的恶性循环开始，那么将需要付出巨大的努力才能修复IT部门与其内部客户之间的关系。

大多数IT部门不能定义他们所提供的关键业务系统的服务级别，并核算成本和服务质量。正如很少有企业知道IT部门提供的关键业务服务，如ERP系统和企业级电子邮件系统的真实成本一样。由于没有详细的管理数据，IT部门向企业提供的服务价值变得模糊不清，偶然事件和主观印象仍然在业务部门考察 IT 部门的服务时占据主导地位。

与这种不断发展的 IT 平台、应用程序以及服务的互联和相关不同的是，大多数信息技术部门的组织形式仍然是专业技能和本地支持小组的组合，很少有人负责端到端的服务提供。IT 专业人员通常是分散的，各自的重点在于其特定的专业技能，例如服务器或网络设备。在一家分支机构遍布全国的企业，邮件系统作为关键业务系统，每一名本地系统管理员都关心其自己的单一邮件服务器，但可能没有人负责提供端到端的邮件服务。如果没有一个整体的和服务级别的视角，那么最终用户仍然无法理解这样的 IT 服务。

2.2.3 IT 服务及组织需要被重新认识

传统的销售和客户服务部门正在利用 ERP、CRM、SCM 等增加新的业务内容，许多关键应用依赖于不同的外部服务平台、Internet 服务供应商（ISP）等，而企业的 IT 部门经理正逐步感觉到越来越难以控制整个端到端的关键应用系统（包括终端、网络、系统、数据库、应用及服务）。

IT 基础构架与办公自动化方面的必需投资很少得到 IT 部门以外人员的支持，这些项目通常首先被封杀或延迟，而且一般需要不断提供彻底的详细论证。业务用户与 IT 专业人员之间的信任鸿沟日益加大。IT 经理的决策会受到质疑，而每一次故障都进一步造成关系的紧张。

许多企业 IT 部门的管理流程是分段的和隔离的，这通常会反映在支持部门与开发部门间的分离上。

技术变化的快节奏还造成了大多数企业 IT 技能的短缺和人才的培养和流失问题。在当今复杂的 IT 环境中，传统系统仍然存在，新的服务大量增加，往往不断增加企业 IT 预算也不能够使内部专家提供所有需要的技术。IT 机构越来越依赖外部服务供应商、专家和专业技能供应商。要对这些不同服务供应商进行管理及集成，就需要管理他们的技能、流程和报告。

2.2.4 管理决策对 IT 的依赖性不断增强

随着信息化的不断深入，企业业务迁移到信息系统下运作是业务对 IT 的依赖不断增强，如电信、银行、保险和证券行业等。在这种情况下，企业不仅要求 IT 服务持续不间断地支持业务运营，而且要求 IT 服务能够创造更多的机会，使得业务部门能够更好地达到业务目标。

因此，向企业提供 IT 服务的服务提供者，无论是企业内部的 IT 部门，还是外部的服务供应商，都要求依照企业信息化运营、维护和管理的要求，以适当的成本和可控的运营风险，保障 IT 服务的质量。此外，IT 服务提供者还要根据企业核心业务的发展要求，不断推出新的 IT 服务以满足业务部门的需要。

在这种新的要求下，IT 服务提供者不仅要提供和支持与产品相关的增值和延伸服务，还要按照企业所需要的服务水平、参照一定的服务体系和框架，提供符合用户满意度要求的全程 IT 服务，并对这些服务提供可管理的指导框架。

2.3　信息系统和企业战略

企业战略是根据内外环境和可获得资源的情况，为求得长期生存和持续发展而进行的总体性规划。战略管理是企业管理的一个重要领域。它致力于对市场营销、生产作业、财务会计、人事管理、研究与开发及计算机信息系统进行综合的管理，以实现企业的成功。现代企业经营环境已发生了重大变化，企业开始从生产型、经营型向战略型发展，其生存和发展不仅仅取决于企业目前的经营状况，更多地取决于企业的战略管理。

企业制定战略首先要进行战略分析，即企业环境分析，包括企业外部环境分析和企业内部环境分析。其中，企业外部环境分析又包括宏观环境分析（政治、经济、社会、技术环境分析等）和行业环境分析（行业内企业竞争、供方议价能力、买方议价能力、潜在进入者威胁、替代品威胁等），并通过外部环境分析，找出企业面临的机会和威胁；而企业内部环境分析则包括企业资源和能力的分析，并通过内部环境分析，明白自己的优势和劣势。在此基础上，制定企业的战略。

2.3.1　信息系统与企业战略

信息系统不仅给企业内部运营和管理带来竞争优势，同时也会给企业外部环境带来战略优势。但是，当一个企业通过信息系统获得竞争优势时，由于信息的开放性，竞争对手很容易得知该企业采取的方法和策略，并加以模仿，或者采取进一步的策略，这样企业的优势将不复存在，这就要求企业要随时保持对市场环境的高度敏感，不断地对变化作出反应，将信息系统的应用上升到战略层面，使企业通过创新不断获得持续竞争优势。企业的信息化战略应直接支持和配合企业竞争战略，只有明确了企业的总体战略目标、企业给客户带来的价值、企业在市场中形成的特色以及企业产品或服务的差异化优势，并将其运用在指导信息化战略和战略配置上，才能体现信息系统应用的战略意义。企业的信息化战略主要有：成本主导战略、创新战略、质量主导战略、服务主导战略。

（1）成本主导战略。成本主导战略关注的是以最低的价格提供高质量的商品和服务。使用成本主导战略的公司包括 Wal-Mart 和 SouthwestAirlines。这些公司的产品价格低于竞争对手，以此获得较多的市场份额。

该战略要求企业能够高效的整合运作，信息系统在提高信息的收集、处理、共享速度方面，整合企业内、外部信息方面，提高企业内、外各部门之间的合作效率方面，降低产品成本和供应链总成本方面都起着非常关键的作用。

（2）创新战略。以创新为差异化战略的企业，皆专注于发展品牌杀手，像索尼、耐克等企业似乎总能激发消费者的购买欲望，迅速推出消费者渴望的产品，获得消费者溢价。这类企业竞争力的独门武器，就是企业无可比拟的创新的市场营销和产品开发。对于新开发的产品和服务来说，CAD 等工具的应用，可以极大地提高研发速度和效率，降低产品的研发成本，帮助企业抢占市场先机；CAM 技术的应用，提高了生产线的柔性，根据客户的需求，可以迅速改变生产流程；CAPP、APS 等工具可以将企业产品设计数据迅速地转换为产品制造数据，提高新产品的投入生产速度。

（3）质量主导战略。以质量竞争的企业，因为其产品的高质量而为人所知，同时也以一致性和可靠性而闻名遐迩。而随着产品复杂程度的提高，越来越多的企业采用外包的形式进行生产，使得传统的信息处理方式不能满足质量管理的要求。只有采用新的IT技术，提高产品生产全过程中相关信息的采集、存储、处理效率，才能完成对产品质量信息的记录和处理，进而满足消费者对于可追溯性等产品质量的要求。

（4）服务主导战略。服务主导战略就是依据客户的特殊需求而量身定制的服务，通过提供独特的服务吸引新客户，建立客户忠诚度，并留住老客户。

为了在服务方面胜出一筹，企业与客户直接接洽的所有流程与信息系统，诸如订单接收、订单履行及发票等，都必须以快速、一致、准确为标准。将企业内部流程与关键客户的内部流程与信息系统进行整合，正是企业必须专注的核心技能所在。

2.3.2 信息化战略与规划概述

企业信息化战略包括3个方面的内容：信息管理项目及服务、信息管理职能范围和信息管理能力。信息管理的核心在于对企业业务战略和管理需求的充分理解，制定全面的信息化战略，即主要确定信息管理建设总体方向。

一般来说，企业的信息化可以根据自身的不同情况和需求，采用分阶段实施的战略：

（1）初级阶段——提高效率，降低成本，减少人力投入，节省时间、资金。该阶段必备条件：计算机广泛应用，企业内外部联网，完善信息管理机制，业务流程进行微小调整。

（2）中级阶段——加强管理，控制风险，规范业务流程，控制业务风险，改善管理方式，加强管理力度，辅助决策和危机管理。该阶段必备条件：计算机广泛应用，企业内部联网，完善信息管理机制，核心业务流程梳理和规范运作，引进部分联机分析（OLXP）和决策支持（DSS）工具。

（3）高级阶段——建立IT核心能力，形成独特的竞争优势。该阶段必备条件：企业内外部联网，进一步完善信息管理机制，应用先进的信息技术，业务流程再造和规范核心业务运作，确定战略性信息化项目。企业决策由业务责任者制订，将IT部门作为战略顾问，技术部门为企业决策者提供支持。

明确了阶段战略，可以进行具体的信息化规划。企业信息化规划包括3个方面的内容，即需求分析、项目制定和组织制度规划。利用CSF、BSP和信息管理等方法对企业的现状进行分析，确定信息化需求；然后据此确定企业信息化项目，并对信息化项目进行价值分析，制订实施计划和控制预案等；最后是确定信息化的组织机模式和职能的界定，制定信息管理和流程等内容。

2.4 信息资源战略规划

企业战略资源是流淌在企业动脉的血液，它支撑着企业的运作，维系着企业的命运，决定着企业的未来。战略信息资源是信息资源总量中最重要和最具增值潜力的部分，是与企业战略相关或是企业战略管理过程中所需要及所产生的信息资源的总和，是那些决定企业命运的、为企业决策所必需的、关系到企业发展全局和远期规划的信息资源。

2.4.1 信息资源管理

信息资源管理与规划起源于“信息工程”方法论。“信息工程”（Information Engineering，IE）是美国管理与信息技术专家詹姆斯·马丁（James Martin）在20世纪80年代初提出的一整套建立“计算机化企业”的理论与方法。

信息资源管理是20世纪70年代末、80年代初开始在美国出现的新概念，其后，发展很快。到80年代末、90年代初，信息资源管理在理论研究和实践方面均已走向成熟，其重要表现是企业决策层里设立了专门负责信息资源管理的岗位——信息主管（Chief Information Officer，CIO）。霍顿（F. W. Horton）和马钱德（D. A. Marchand）等人是美国信息资源管理学家，是IRM理论奠基人、最有权威的研究者和实践者。他们关于IRM的论著很多，其主要观点有：

（1）信息资源（information resources）与人力、物力、财力和自然资源一样，都是企业的重要资源，因此，应该像管理其他资源那样管理信息资源。IRM是企业管理的必要环节，应该纳入企业管理的预算。

（2）IRM包括数据资源管理和信息处理管理。前者强调对数据的控制，后者则关心企业管理人员在一定条件下如何获取和处理信息，且强调企业中信息资源的重要性。

（3）IRM是企业管理的新职能，产生这种新职能的动因是信息与文件资料的激增、各级管理人员获取有序的信息和快速简便处理信息的迫切需要。

（4）IRM的目标是通过增强企业处理动态和静态条件下内外信息需求的能力来提高管理的效益。IRM追求“3E”——Efficient、Effective和Economical，即高效、实效、经济；“3E”之间关系密切，相互制约。

（5）IRM的发展具有阶段性。到20世纪90年代，IRM的发展大约可分为物理控制、自动化技术管理、信息资源管理和知识管理四个阶段。每个阶段的发展情况，可用推动力量、战略目标、基本技术、管理方法、组织状态等因素进行比较。

信息资源规划着重继承信息工程的核心和体现其基本原理部分的总体数据规划技术方法，也大量引入了数据管理和信息资源管理等相关理论，并伴随许多国内大中型信息系统建设的符合中国国情的实践而处在不断发展中。信息资源规划关联了理论、方法和软件工具，是用来解决信息化建设中信息资源开发、整合共享的关键技术，主要用以弥合“信息孤岛”，使企业信息化建设走信息资源共享的道路。

2.4.2 信息资源管理规划方法

自20世纪60年代起，随着信息系统在组织中越来越广泛的应用，许多学者开始了对信息资源的管理与规划方法的探索与研究。多年的研究和实践，逐渐形成了一些应用较普遍的信息资源管理规划方法：

（1）企业系统规划法（Business Systems Planning，BSP）；

（2）战略集合转移法（Strategy Set Transformation，SST）；

（3）关键成功因素法（Critical Success Factors，CSF）；

（4）企业信息特征法（Business Information Characterization Study，BICS）；

（5）信息分析与集成技术（Business Information Analysis & Integration Technique，BI-

AIT)；

(6) 应用系统组合法（Application Portfolio Approach，APA）；

(7) 信息工程法（Information Engineering，IE）；

(8) 战略系统规划法（Strategic Systems Planning，SSP）；

(9) 假设前提法（Assumption Surfacing，AS）；

(10) 战略栅格法（Strategic Grid，SG）；

(11) 信息质量分析法（Information Quality Analysis，IQA）；

(12) 客户资源生命周期法（Customer Resource Life Circle，CRLC）；

(13) 扩展的应用系统组合模型（Extended Application Portfolio Model，EAPM）；

(14) 价值链分析法（Value Chain Analysis，VCA）；

(15) 战略一致性模型（Strategy Alignment Model，SAM）。

上述每种战略规划方法都有自身的特点和适用范围。与信息技术和信息系统发展相对应，IT 资源的管理与规划也可相应划分成三个时期。下面对一些比较重要的方法进行介绍。

2.4.2.1 电子数据处理时期的信息资源管理规划

20 世纪 50 年代早期计算机在企业中只有少量应用，但其应用推广却是从 60 年代中后期开始的。六七十年代强调计算机软硬件技术，当时主要是主机和小型机，成本昂贵，信息系统大部分是数据处理系统（Data Processing，DP）其主要职能是数据处理。通过信息处理的自动化来提高操作效率，这就是该阶段 IT 规划理论与实践所要达到的主要目标。这一时期，IT 规划方法论体系有了较大的发展，涌现了一批非常有影响的方法论，如 IBM 的企业系统规划法、战略集合转移法、关键成功因素法，直到现在还指导着大多数企业的 IT 规划。

(1) IBM 企业系统规划法。企业系统规划法是 IBM 公司于 20 世纪 70 年代初将其作为内部系统开发的一种方法。它主要是基于用信息支持企业运行的思想。其全过程是将企业目标转化成信息系统战略，其步骤是自上而下进行规划、自下而上实施。BSP 方法通过分析企业的使命、目标和职能，来识别企业的流程；根据企业实体和企业流程来识别数据类，最后按照数据库分析与设计的原则对数据类进行归纳合并。最终的 BSP 规划报告将提供一个全局的信息系统结构和各子系统的实施方案。BSP 方法强调，高层管理人员的支持和参与是规划成败的关键。BSP 方法的不足之处在于，虽然它强调目标，但没有明显的目标确定流程，即必须先获取企业目标，才能得到信息系统目标。

(2) 关键成功因素法。关键成功因素法是 MIT 教授 John Rockart 于 20 世纪 70 年代末提出的一种信息系统规划方法。该方法的步骤首先是通过与高级管理者的交流，了解企业的发展战略及其相关的企业问题，然后识别企业的关键成功因素、定义关键成功因素的性能指标，最后定义企业的数据字典。根据企业的关键成功因素来确定信息资源分配的优先级别，并能够帮助企业利用信息技术发掘新的机遇。CSF 方法能够直观地引导高级管理者纵观整个企业与信息技术之间的关系，这一方面是 CSF 方法的优点；但是，在进行较低一层次的信息需求分析时，效率却不是很高。

2.4.2.2 MIS 和 DSS 时期的信息系统规划

从 20 世纪 70 年代末 ~80 年代中后期，微型计算机的普及与应用有着惊人的发展，计算机硬件成本大大降低，操作系统和数据库技术有了很大发展，企业的计算环境得到大大改善，信息系统在组织中的应用越来越受到重视，信息技术和信息系统发展到管理信息系统以及决策支持系统时期，其主要目标也从提高数据处理效率逐步转移到满足对信息的需求、支持决策、提高管理效率，满足职业群体的需求，从而实现组织的目标。

（1）信息工程法。信息工程法是James Martin在对信息系统成功和失败多年研究的基础之上，进行了一系列实际考察和理论分析，并综合了多种信息系统规划方法，于20世纪80年代初提出的一套IT规划理论和方法。信息工程法提供了建立企业模型、数据模型和流程模型的技术手段，其基础和核心是战略数据规划。这种方法首先进行业务分析来建立企业模型；其次是进行实体分析来建立主题数据模型；最后进行的是数据的分布分析，并结合数据的存储地点，确定主题数据库的内容和结构，制定数据库的开发策略。信息工程法在很大程度上是一种面向技术的方法。

（2）战略系统规划法。战略系统规划法是Holland系统公司于20世纪80年代中期提出的一种IT规划方法，它首先通过分析企业的主要功能部分来定义企业的功能模型；再结合企业的信息需求，生成数据实体和主题数据库，从而获取企业全局数据结构；然后进行全局信息系统体系结构的识别，最后提交信息系统的实施方案和计划。在IT规划的具体步骤上，SSP与BSP有许多类似之处。

2.4.2.3 战略信息系统时期的信息系统规划

从20世纪80年代末至今，由于微电子技术革命的结果，由计算机、自动化和通信技术组成的信息技术高速发展，信息系统在企业和组织中得到非常广泛的应用，并且发展日趋成熟，信息系统在企业和组织中已经不可或缺。于是人们越来越强调信息系统的目标与组织目标的集成，甚至将ISP纳入到组织战略之中，并为组织发展提供战略支持，为组织创造战略竞争优势。

在这一时期，一些学者通过对组织的内外部环境分析，论证了信息系统能够给组织带来潜在的机会和长远的竞争优势，研究了企业战略规划与信息系统战略规划集成的方法，并进行了大量的实例研究与论证。

在这一时期，IT规划方法论体系与实施方法，是在吸收前期方法优点的基础之上，着重强调与组织战略的集成，以及如何为组织创造战略竞争优势，主要包括Ives & Learmonth的客户资源生命周期法（Customer Resource Life Circle，CRLC）、Wiseman的扩展应用系统组合法（Extended Application Portfolio Model，EAPM）。这一时期IT规划最重要的特点就是将组织外部环境作为一个要件加以考虑，并融入到信息系统的战略规划过程之中，借以获取潜在的竞争优势。如客户资源生命周期法就是以客户为中心进行规划，价值链分析法（VCA）就是以企业的价值链为核心，综合考虑企业内外部环境进行信息系统的规划，以期利用信息技术获取战略竞争优势。

信息资源管理规划已经成为一些IT咨询公司的主要业务之一。许多国内外大的咨询公司，如IBM、AMT、HP、Gartner Group等，都积极参与到企业信息资源管理与规划的研究当中。各家咨询机构的信息化规划，工作各有侧重点和自己的强项。如人力资源咨询、营销咨询、战略咨询、IT战略咨询、业务流程重组等。

［案例 2-1］**Gartner Group 的 IT 战略规划**

Gartner 公司成立于 1979 年，总部位于美国康涅狄格州斯坦福，纽约证券交易所上市公司。2001 年，Gartner 年度营运收入 9.52 亿美元，公司员工 4300 多名，包括 1200 多位高级分析专家，在全球设有 90 多个分支机构。在全球的 IT 资讯界，Gartner 有相当的权威性，拥有包括供应商、生产厂商、系统集成商、咨询公司，金融、电信、能源、交通部门，政府部门及各领域共约 3.5 万客户。其中，中国客户包括首都信息发展公司、中国建行、用友集团、上海联合投资公司等。Gartner 的研究范围，覆盖全部 IT 产业，就 IT 的研究、发展、评估、应用、市场等领域为客户提供论证报告及市场调研报告，协助客户进行市场分析、技术选择、项目论证、投资决策及制定谈判方案，为项目决策者在投资风险和管理、营销策略、发展方向等方面提供依据。

Gartner 提供以下 4 项服务：

综合研究顾问服务（Gartner Advisory）。这是 Gartner 公司的重要研究服务，范围覆盖整个 IT 行业，就市场发展方向、新兴技术研究、公司策略制定、主要厂商背景分析等等进行研究，给客户提供战略研究报告、研究纪要，并根据客户提出的问题进行回答。

市场研究服务（Gartner Dataquest）。Gartner 市场研究服务，对全球 IT 行业及市场、各领域、国家地区 IT 市场进行全面分析，为厂商、服务提供商、投资者和政府政策制定者提供行业分析和战略建议。市场研究服务共分为多个研究主题，涉及电信、半导体、IT 服务、电子商务及网络、计算机及软件等。

项目咨询服务（Gartner Consulting）。它按照客户的具体情况实施特定的项目咨询，尤其是 IT 管理咨询（IT Management Consulting）。由于 Gartner 公司具有 20 多年 IT 行业的专业研究经验，因此 Gartner Consulting 可以为客户提供关于 IT 应用、实施、购买、谈判、市场开拓、销售等领域的专业咨询。

IT 实施评测服务（Gartner Measurement）。它对客户的 IT 应用情况和 IT 管理情况进行测评，帮助客户认清自身的条件，并通过与相关的国际水准企业的对比分析提出战略和战术建议，使客户最大限度地获取 IT 投资收益。评测服务同时提供总体拥有成本（Total Cost of Ownership，TCO）服务。

2.4.3 CIO 与企业信息资源规划

信息资源规划自然是 CIO 的首要职责，信息化的第一步应该是信息资源规划而不是具体的产品选型。首先需要确定的是企业的信息资源产生于企业的采购周期、生产周期和销售周期各个阶段；信息资源产生于企业内部，也产生于与伙伴之间的合作，也就是供应链及客户两个方面；从更广泛的角度来看，信息资源还包括因特网所传递的无限信息。

2.4.3.1 对 CIO 的基本要求

经过这几年的发展，企业对 CIO 的认识已逐渐增强，对 CIO 这支队伍进行全面定位，完善其知识结构，形成了交流环境。包括对 IT 潮流的领悟、丰富的管理知识、自我学习能力等等。企业信息化对 CIO 的要求主要有以下几个方面：

（1）对 IT 潮流的领悟。中国是信息技术的输入国，特别是在加入 WTO 后，我们的企业因为要与国际跨国公司合作，在信息化方面产生强烈的需求。

CIO 的这一任务和信息技术的高技术含量表明，CIO 必须具有对信息技术发展趋势的领悟能力，越是能准确地预见到信息技术的发展方向，将信息化的价值及时发挥出来，就越能增强企业的核心竞争力，信息化带动工业化才能落到实处。

管理中经常遇到“外行领导内行”的现象也不容忽视，因此要强调 CIO 的技术能力背景，开发经验、实施经验、规划经验都是非常重要的。

（2）丰富的现代企业管理知识。分析企业的信息流、物流、资金流也不是简单地从业务部门找到报表，需要理解企业的生产特点，企业内外各环节上的价值链是如何形成的，它们的依赖关系如何。这些理解需要的是企业运行的管理知识，价值分析更是最为重要的分析工具，CIO 所需要的这些素质仅仅来自于理解和设计系统是不足够的，更需要全面学习和掌握现代企业管理知识。

企业信息化过程伴随的不仅仅是 IT 部门日常维护任务的完成，许多建设任务需要详尽地规划，与生产、采购、销售等部门协同才能完成，也有许多需要外包的任务。作为企业的 CIO 特别需要具备项目管理、目标管理和价值管理的经验和能力。可以为企业发展“把脉”。

CIO 为企业规划信息化战略方案时，同样要能发展地看问题，具有企业发展的综合分析能力，不仅要静态地观察企业当前的情况，更要分析企业外来的发展机会，如何将信息化与企业的发展战略密切联系起来。

CIO 的这种综合分析能力当然更体现在对信息化系统的价值评估上面，比较过硬的方面包括对企业流程重组的理解，企业联盟战略的理解，企业购并运作的理解，新产品开发策略的理解。这些方面正是企业发展的动力所在，信息化永远是一种平台工具的作用，要帮助企业在这些战略行动中建立适宜的信息化系统。

（3）熟悉决策论和方法论。许多未知的状况都可能突然出现在 CIO 的办公桌上。CIO 在解决规划和项目实施问题的过程中，严密的决策论和方法论才是保证信息化成功的基础。因此，CIO 必须要熟悉决策论和方法论，能够通过周密的研究、分析和判断确定企业信息化的发展方向，并具体确定信息化项目的投资取向，甚至包括选择优良的外部合作伙伴。在具体的工作中，则会更多地体现出方法论的重要性。

比如企业的 ERP 项目选型，需要判断投资规模、效益预测、风险评估，需要选择产品、顾问服务和合作伙伴，需要进行大量决策。

同样是 ERP 项目实施，不是把系统安装起来就能为企业发挥作用，需要进行系统配置、人员培训、数据准备、模拟运行等多个阶段，这个项目的实施在科学的方法论指引下，才能避开风险，推动项目的成功。

2.4.3.2 CIO 的职责

（1）制定企业信息化战略。时至今日，业界已经普遍认识到企业信息化的两个关键点是信息规划和 CIO 工作机制，战略规划、整合信息资源、跟踪信息化发展是 CIO 的工作内容，只有学会从战略高度思考问题，与 CEO 平等对话，CIO 的价值和作用才会发挥出来。

（2）整合信息资源。信息之所以受到如此广泛重视，关键是信息对决策的贡献。企业的任何经营活动、战略方向都离不开信息。随着信息化水平的提升，全面的系统进入企业：ERP 为企业建立起更高效的决策体系和执行体系；SCM 为企业处理对外关系提供来自于合作层面的信息；CRM 帮助企业关注客户方面的信息，总结销售成效。这些系统的应用帮助企业建立更全面的信息框架，整合信息的任务范围更为广泛。

（3）跟踪市场发展。企业在进行信息化规划和选型中开始产生诸多迷惑，一方面要借助第三方的咨询服务来把握企业信息化进程，另一方面 CIO 必须要在企业信息化规划中发挥作用，为企业理解市场上的各种技术发展趋势，跟踪市场发展是 CIO 的又一个重要职责。

（4）推动流程重组。在企业管理上面的参与程度是区别 CIO 和 IT 负责人的重要标志，在信息化建设普遍受到重视的时代里，设立 IT 负责人来解决信息化的技术和产品问题是非常普遍的，但只有安排其参与到企业的管理与运作之中，对信息流、物流、资金流的整合上负起责任来，才能符合 CIO 的地位。

流程重组观念的建立是基于对新的管理思想、管理理念的理解和接受上的，CIO 对管理的影响正在这个方面，一个称职的 CIO 需要关注的不仅仅是技术方面或产品方面，更要关注到企业的管理方面，我们甚至可以把业务流程重组看成是管理改造过程。

如果只是把眼光放在 ERP、SCM、CRM 的选型上面，而不关注企业的状况和流程重组的压力，就没有完成工作职责，信息化仍然会拖企业的后腿。

（5）项目选型决策。CIO 不仅仅是企业的战略顾问，更要负责和参与具体的项目，如产品的选型，包括 ERP 项目、SCM 项目和 CRM 项目等。

（6）管理能力。CIO 工作不是单枪匹马来完成的，许多日常的事务需要通过建立 IT 团队来完成。同样要通过时刻检查反应信息化水平的各种 KPI 指标来跟踪企业的运作，一旦出现业务上的调整变化，就需要与之配合，这种反应能力是建立在日常管理之上的。

（7）管理竞争情报。当企业都非常关注信息，对信息的价值有新的认识时，CIO 所管理的信息还包括许多竞争性情报的内容，其实任何一套信息管理系统中的数据，都具有非常高的竞争性情报价值。因此，我们要把 CIO 的一个可能被人遗忘的工作职责特别提出来，CIO 应该能够注意开发获得竞争性情报的渠道，也要负责保护好企业的竞争性情报。

2.5 综合案例——信息系统的不断创新（银行业竞争优势的源泉）

2.5.1 花旗银行专利一

“数据管理的计算机系统和操作该系统的方法”是花旗银行在我国申请的商业方法类专利，专利号为 96191072.0。

“数据管理的计算机系统和操作该系统的方法”，简单地说，就是一种银行代理客户进行证券买卖的计算机系统和方法。它通过改进银行的电子业务处理平台，克服了由政策规定银行不能直接进入网络进行询价和报价活动而带来的时间滞后和信息滞后的问题。许多国家的法律都禁止银行直接从事证券自营和证券经纪业务，在证券交易所中没有银行的席位，在各种自动撮合的交易系统中，银行也不允许直接接入网络进行询价和报价活动。银行的客户希望能通过银行进行证券买卖时，银行首先是要找出与客户的综合理财要求相符的证券，告知客户。客户决定购买时，银行再通过电话、传真等方式与有关的证券商联系，下单买卖。在这一过程中会产生两个问题：一是交易时滞的问题，即客户决定买卖并告知银行、银行再与券商联系、再下单买卖，这之间存在一个时滞，此时交易价格可能已经发生变化，而导致交易失败；二是信息滞后问题，即银行本身没有与证券实时交易行情联机，要从券商那里获得有关信息，因而可能出现银行推荐某一证券时所依据的价格，与客户买卖时实际的市场价格出现差异，产生市场风险。

花旗银行的这项专利主要是通过改进银行的电子业务处理平台，增加有关数据处理模块来解决上述问题，实现提高数据处理准确性、及时性和安全性的目的。其基本原理如下：

(1) 在银行的电子平台上增加了显示相关证券的行情模块，当客户输入特定证券信息时，显示该证券的行情信息。

(2) 增加了时间控制模块，当客户输入的有关交易信息在一定时间内确认就予以执行，否则重新读取有关数据。

(3) 增加了安全控制模块，对数据读取、传送与报表生成进行加密技术处理。

花旗银行的这项专利从原理和技术层面上看，并不复杂。但由于涉及的是银行电子平台如何处理证券市场信息这样一个大项目，其所主张的权利就比较广泛，具体有28项，大致可分为四类：

(1) 在电子银行系统中证券行情数据的显示、读取与储存的格式与方法。

(2) 证券交易数据的读取、储存和处理的格式与方法。

(3) 交易数据传输过程中的安全与验证处理方法。

(4) 将以上系统扩展应用到其他交易处理（如衍生交易、外汇兑换）中的方法。

在金融市场十分活跃的今天，该系统对高端客户的吸引力是毋庸置疑的，一旦技术成熟，全面应用到实际操作中对它在中国市场占据的份额十分有利。

银行业专家指出，面对像花旗这样在国内网点不多，但多种业务手段相结合的强大竞争对手，中资银行显然应该奋起直追，外资银行先进的信息化技术和管理水平给国内银行带来巨大挑战的同时，也将带来先进的技术和模式。

2.5.2 花旗银行专利二

"电子货币系统"是美国花旗银行在我国申请并获得授权的商业方法类专利。

"电子货币系统"和"数据管理的计算机系统与操作该系统的方法"明显不同。国内银行对"数据管理的计算机系统与操作该系统的方法"中所描述的技术方法比较容易理解，一些银行也开始着手类似业务处理流程的尝试，因而其影响是比较现实或者说是可以预见的；而"电子货币系统"对国内银行来说，基本上没有涉及，其影响还难以预见。这反映了外资企业和外资金融机构对在全球范围内实施商业方法专利战略的重视。花旗银行在难以预见电子货币在中国发展前景的情况下，按照其全球同步申请的策略，在美国申请了相关专利后，迅速在其他国家也提出类似申请，依据专利保护优先申请的原则，占据有利地位。除此之外，这个案例中的电子货币系统原理上并不复杂，但在其专利说明书和权利要求书中使用了大量显得很"技术性"的语言，体现了在国内申请商业方法专利时撰写申请书的技巧。这两点都是值得我们注意的。

花旗银行的“电子货币系统”是一个关于电子货币的发行、支付、转账与管理的系统，是20世纪90年代后期出现的一种新型支付工具。电子货币是电子媒介手段，是一种特殊的“货币”。电子货币同时兼有“货币”和“电子支付工具”属性的混合物，是计算机技术和网络经济发展的产物。

要使用电子货币，就必须有电子货币的发行者。电子货币的发行与纸币不同，纸币一般都是由中央银行或特定机构垄断发行，中央银行承担其发行的成本与收益；而电子货币的发行，从目前的情况看，既有中央银行，也有一般金融机构，甚至非金融机构，而且更多的是后者。电子货币发行的这种市场化、商业化机制，不能强制性地被接受和流通，由此产生了电子货币流转、支付、会计处理和赎回等方面的问题。解决这些问题，需要建立一个有机的发行与管理系统，花旗银行的“电子货币系统”就是一个涉及电子货币发行、支付、清算，其他支付工具（如通货、支票、银行卡等）的替代，以及账务处理等方面内容的综合系统。按照花旗银行“电子货币系统”专利说明书的描述，该“电子货币系统”是一个可以在无银行系统介入的情况下，付款人和收款人可以进行一般支付结算的“经济性汇兑交易”作业，并且又能控制对个人付款程序的一种系统。换句话说，该系统是允许交易双方在“离线”的情况下（也就是说不需要联接银行的计算机进行一系列的身份、账户验证）就能实现支付结算的系统。同时，该系统也可以被大型组织用作任何数额的商业付款，且比现行的“电子资金转账”（EFT）系统更具优越性。

2.5.3 各国银行商业方法专利申请比较

据学者统计，各国银行商业方法专利的申请主要集中在以下类别上：

（1）G06F13/00：信息或其他信号在存储器、输入与输出设备或者中央处理机之间的互联。

（2）G06F15/00：通用数据处理设备。

（3）G06F15/30：交易模式。

（4）G06F17/00：特别适用于特定功能的数字计算设备或数据处理设备或数据处理方法。

（5）G06F17/30：信息检索；数据库结构。

（6）G06F17/60：行政管理、商业、经营、监督或预测目的。

（7）G06F19/00：特别用于特定应用的数字计算或数据处理设备或数据处理方法。

（8）G06F11/00：错误检测、错误校正、监控。

（9）H04L9/00：保密或安全通信装置。

（10）H04L9/32：用于检验系统用户的身份和凭证的装置。

（11）H04L9/30：公共密匙。

（12）H04M342：向用户提供特种业务或设备的系统。

银行在我国专利申请情况如表2-2所示。

表2-2 银行在我国专利局申请专利情况

申请日	公开日	申请人	名 称	申请人地址
20010622	20031105	JP摩根大通银行	处理因特网支付的方法与系统	美国纽约

续表 2-2

申请日	公开日	申请人	名 称	申请人地址
20000111	20020403	大通银行	电子账目数据或交易传递系统	美国纽约
19991223	20030827	大通银行	包括生成、处理和跟踪在内的贸易运作及贸易单证的集成系统和方法	美国纽约
20000331	20020612	美国大通银行	投资组合投资导则遵从和金融基金管理系统	美国纽约
20000505	20020724	美国大通银行	全球投资者客户访问系统	美国纽约
19960419	19980624	国有花旗银行	电子货币系统	美国纽约
19960311	19980708	国有花旗银行	电子货币开放式分发的信托代理机	美国纽约
19960322	19980923	国有花旗银行	用信托代理机进行商业支付的系统和方法	美国纽约
19970207	20000524	国有花旗银行	发票购货单系统	美国纽约
19970411	19990609	花旗银行	内部货币	美国纽约
19961212	20000419	花旗银行全国协会（N. A.）	执行信贷与负债申请的联机审批系统与方法	美国纽约
20000212	20000913	花旗银行全国协会（N. A.）	用于实现银行卡交易的方法和系统	美国纽约
19960606	19980826	花旗银行全国协会（N. A.）	集成全方位服务的客户银行系统及用于开启账户的系统和方法	美国纽约
19960723	19981021	花旗银行全国协会（N. A.）	用于在账户之间传递资金的面向用户的自动系统	美国纽约
19961017	19990106	花旗银行全国协会（N. A.）	销售处理支持系统和方法	美国纽约
19960910	19971126	花旗银行有限公司	数据管理的计算机系统和操作该系统的方法	德国弗兰克福特
20040910	20050316	日本瑞穗实业银行股份有限公司	现金管理系统	日本东京都
20021225	20040728	日联银行	对应于担保评价的融资管理系统、融资管理装置及融资管理的方法	日本爱知县
20040326	20041006	电子银行株式会社	电子结算服务器、电子结算系统、电子结算方法及程序	日本东京
19991203	20000614	富士通株式会社，株式会社泉州银行	事务支持系统和与其相连的信息终端装置	日本神奈川
20010309	20030702	株式会社新韩银行	用于管理公司间结算的系统及其方法	韩国汉城
20010806	20040121	株式会社新韩银行，三星物产	通过在线核证合约付账的方法及装置	韩国汉城
19951208	19980304	因多苏伊士卢森堡银行	内部投资组合的资产选择分配系统	卢森堡
20020516	20031203	敦阳科技股份有限公司，联邦商业银行股份有限公司	处理金融数据的系统与方法暨相关的金融交易系统	中国台湾省新竹县

续表 2-2

申请日	公开日	申请人	名　　称	申请人地址
20020821	20040225	建华商业银行股份有限公司	投资管理账户	中国台湾省台北市
20021127	20040609	建华商业银行股份有限公司	台、外币作业中心	中国台湾省台北市
20021126	20040609	建华商业银行股份有限公司	基金系统	中国台湾省台北市
20021126	20040609	建华商业银行股份有限公司	电子化房贷系统	中国台湾省台北市
20030919	20050119	深圳发展银行	一种基于密码的信用卡数据处理方法	广东省深圳市
20031229	20041208	兴业银行股份有限公司	实现银行不间断服务的数据处理方法和系统	福建省福州市
20030716	20050126	招商银行	一卡两地通银行卡系统和处理方法	广东省深圳市
20030716	20050413	招商银行	实现一卡两地通的装置	广东省深圳市
20041209	20050525	中国工商银行	一种用于网上支付的卡数据交易系统及方法	北京市
20040315	20041222	中国工商银行	对网上银行数据进行加密、认证的装置和方法	北京市
20040722	20050302	中国工商银行	收银机，卡服务器，数据传输系统	北京市
20040804	20050302	中国工商银行	一种基于网络对集团用户资金数据进行处理的方法及系统	北京市
20040701	20050302	中国工商银行	一种自助补打发票的方法和系统	北京市
20040713	20050302	中国工商银行	一种基于网络的统一认证方法及系统	北京市
20040727	20050302	中国工商银行	智能终端，包括该智能终端的系统以及数据交换方法	北京市
20040916	20050302	中国工商银行	终端机和服务器	北京市
20040205	20050406	中国工商银行	一种支票实时支付系统	北京市
20040205	20041229	中国工商银行	一种支票实时支付方法及系统	北京市
20040108	20041229	中国工商银行	网上银行利用USBKey加密、认证的装置	北京市
19980520	19990407	中国工商银行南昌市分行	信用卡代缴税款综合网络系统	工行南昌分行信用卡部

续表 2-2

申请日	公开日	申请人	名　　称	申请人地址
20040105	20041222	中国建设银行	基于自助签约和密码重置的网络银行系统	北京市西城区金融大街25号
20040326	20050112	中国建设银行	一种总资金账户控制和管理子资金账户的网络银行系统及方法	北京市西城区金融大街25号
20031017	20041027	中国建设银行	网上银行办理转账的方法及系统	北京市西城区金融大街25号
20000621	20020102	中国建设银行新疆维吾尔自治区分行	客户、银行直通系统	新疆维吾尔自治区乌鲁木齐市民主路36号
19950619	19961225	中国农业银行四川省分行	电子密押机	四川省成都市红星中路二段十八号
20031031	20041027	中国人民银行南京分行	国际收支非现场智能核查方法	江苏省南京市建邺路88号

从以上的数据可以看出，在我国申请的G06F1760类专利截至2005年5月，约50项，其中申请人为总部设在境外的银行共有28项，境内共有22项，就国外的专利来看，美国的银行占了15项，花旗银行就有11项，国内的中国工商银行有11项。就专利的技术含量而言，50项专利中发明专利为46项，实用新型为4项。这四项实用新型的申请人均为国内银行。从专利的名称看，国外申请人的专利应用面非常广，如JP摩根大通银行的“处理因特网支付的方法与系统”几乎涵盖了网上支付的全部范围，花旗银行全国协会（N. A.）的“用于实现银行卡交易的方法和系统”也涉及到银行卡交易的方方面面，就花旗银行已授权的专利来看，电子货币系统及数据管理的计算机系统和操作该系统的方法对中国银行业的未来影响不可低估。而国内银行申请的专利“对网上银行数据进行加密、认证的装置和方法”、“一种支票实时支付方法及系统”则涉及到某一个方面，其影响力与国外相比还有较大的差距。

2.5.4 案例目的及分析

本案例列举了银行业的一些专利，这些专利大多是关于电子支付、电子货币方面的，这说明了大多银行都已经非常重视电子银行业务，并且在该领域的竞争也非常激烈。而拥有电子支付方法、电子货币技术专利将使得该银行具有更多的竞争力，而缺少在信息系统、电子业务平台方面创新的银行在以后的竞争中将会受制于人。

2.5.4.1 电子银行成为打造银行核心竞争力的主力军

无论是金融市场竞争的必然趋势还是现代商业银行自身发展的需要，电子银行都将成为打造银行核心竞争力的主力军。

目前，我国各商业银行的电子银行业务正在快速发展。一些银行成立了电子银行部，并把发展电子银行放在重要的战略位置。在国外，花旗银行在面向全球客户的“花旗在线银行”的基础上，建立了针对人民币付款的“花旗中国电子银行平台”，并将其作为推进中国市场的核心手段。汇丰银行则制定了通过电子银行以较低的成本快速进入中国地区的市场策略。可以说，电子银行已经由银行业最初的“点缀”逐渐成为现代商业银行的一种必然选择，成为改变金融业竞争格局的新型服务渠道。

如此迅猛的发展之势，为我国商业银行带来的不仅仅是更庞大的客户群，更多的是巨大的利润和随之提高的核心竞争力，这无疑预示着未来电子银行业大发展的趋势。电子银行充分展现了核心竞争力建设的三个关键要素：

（1）电子银行具有能够极大的降低经营成本、培育新的利润增长点等特点，有力诠释了核心竞争力的“价值性”。

（2）电子银行产品创新的巨大优势体现了核心竞争力的“异质性”。电子银行作为与电子技术、信息技术结合最为紧密的银行服务渠道，已经成为了产品创新的良好平台。

（3）电子银行的服务渠道优势体现了核心竞争力的“延展性”。中国工商银行电子银行中心在2004年针对利用电子银行渠道分流柜面压力的市场调研显示，一方面网点的业务结构不尽合理，70%的客户仍在办理存取款、代缴费、汇款等简单业务；另一方面存在低端客户驱逐高端客户的问题，年龄在25～40岁之间，本科以上学历的客户有34%会因网点排队而选择他行。而大力发展电子银行业务，能强化“网点+鼠标”的经营模式，一是分流业务量大、低效高耗业务，减轻柜面压力；二是替代办理业务量小、增加经营成本又占用柜台资源的业务，提高综合利润率；三是利用电子银行产品本身创造的超值服务，提升客户忠诚度。

总之，无论是金融市场竞争的必然趋势还是现代商业银行自身发展的需要，电子银行都将成为打造银行核心竞争力的主力军。

电子银行的发展是建立在高速发展的信息化网络的基础之上，依托于强大的电子信息化平台。几年来，随着电子银行业务的迅猛发展，电子银行系统建设也显得越来越重要。同时，电子银行的技术发展也有了突飞猛进的变化。就中国工商银行而言，从2000年的CB2000大型机系统，只支持本地业务的实时处理，到2002年底成为了国内唯一一家实现数据大集中的银行，实现了全国范围内的业务实时处理，资金实时到账。到2003年年底，又投入使用了Nova1.0大型机系统，进而实现了跨行支付的实时处理。今天，工商银行的系统已经升级到Nova1.6版本，足以保证大量的电子银行业务及时准确的处理。中国工商银行的数据大集中是通过在北京和上海建立的覆盖全国所有网点、所有业务的超大规模数据中心来实现的。两座大型数据中心7×24小时同步运转，互为备份，保障了银行数据的准确性和安全性。数据中心的建立，为工商银行电子银行业务的开展提供了有利的技术保证和坚强支持。

另一方面，为确保电子银行业务的安全，需要采用先进的安全技术和系统的安全管理，从网络安全和业务安全两方面构建了完备的电子银行安全系统，能够有效的防范黑客的非法入侵，保证客户的资金安全。就网络安全而言，各家银行都采取了一系列措施，包括：设置防火墙，有效地防止对网上银行服务器的非法入侵，有效地实现内外网的隔离与访问控制；同时对网络进行24小时安全监控检测和审计监控，以便对网络实施检查、监控、报警和阻断。从业务安全角度，采用了CA1024位证书认证和128位SSL加密的公钥证书安全体系等等，以确保客户资金安全。

电子银行的发展又依托于电子银行产品的创新。我国商业银行的电子银行只有不断地将产品推陈出新，满足客户的不同需要，才能在市场上长盛不衰，进而有效地保证商业银行的核心竞争力。

而电子银行新产品的开发和推广应用，依赖于与电子银行有关的商业方法专利。

2.5.4.2 商业方法专利具有极高的战略价值

为提高银行的盈利水平，越来越多的银行将收费业务作为一个重点发展方向。银行通过开展大量的表外业务和收费业务，一方面可以提高客户的收益水平，增强高端客户对银行的忠诚度；另一方面，银行可以收取相当可观的代理费用，从根本上改善银行的经营状况和竞争能力。

在这些业务中，综合理财业务往往是开展其他代理业务的基础，在理财业务中代理客户投资各种有价证券又是业务重点。近年来，随着混业经营趋势的日益明显，加重了银行代理客户买卖证券在银行业务中的地位。

银行要为客户提供及时、准确的证券买卖服务，最简单的办法就是在银行的电子业务平台中加入证券行情显示和交易系统，直接参加证券交易所的电脑自动撮合。从技术上讲，增加这一系统并非难事。但从法律上讲，为防止银行同时兼任商业银行和证券经纪商两种角色，有效控制风险，大多数国家的法律都明文禁止银行对系统进行这样的改造。如何在法律规定的范围内，使客户利用银行的电子平台进行证券交易，就成为许多银行力图解决的问题。对于大多数银行来说，最经济和最有效率的做法，就是在其电子平台中增加有关行情数据的显示和客户指令的时间控制与确认模块。

要对银行的电子平台实施上述改造，可以使用不同的计算机软硬件和不同的嵌入方式，但是其所依赖的基本原理和基本方法并无明显差异。花旗银行的专利“数据管理的计算机系统和操作该系统的方法”之所以重要就在于这个专利已将上述大家可能都绕不过去的方法列为花旗银行的主张权利。花旗银行受保护的权利不仅包括了相关的数据显示、读取、储存、处理和传输等各个方面，而且将其扩展到衍生产品和外汇交易活动之中。更重要的是，这个专利已在我国获得授权，我国商业银行今后在利用电子平台开展有关证券代理业务时，必然会受到这些权利的困扰。

花旗银行“电子货币系统”的发明是一个非常典型的“圈地”式的专利，传统意义上不可能获得专利授权。

但是，由于电子货币在网络经济和现实生活中的运用面临一些问题，其发展并不像在20世纪90年代初期人们预计的那样快。花旗银行在设计其“电子货币系统”时，假定电子货币会在更大的范围内使用，该系统的各个组成部分会逐步应用起来。但是，由于电子货币的发展不尽如人意，该系统的许多组成部分在现实中并不存在。也就是说，这种“电子货币系统”是一个如何管理电子货币的综合思路框架或一个综合设想。传统上，这种主要体现为“思路”或“设想”的发明，被认为是“抽象的思维”，不属于可专利的对象。但商业方法专利出现后，这种思路或设想与各种技术性手段结合在一起，就构成了可专利对象，被授予了专利。

由于主要的权利要求涉及的是各类有关电子货币发行、运营和管理的商业方法，其覆盖范围之广不难想象，涉及到了电子货币流通的方方面面。

设计该系统和该系统中所应用的各类商业方法的理论基础和依据，大部分不是花旗银行的“发明”，主要有两个来源：一是现实生活中人们使用、处理和管理包括通货、支票等在内的支付工具的方法，该系统中电子货币的发行、流通、支付、清算等方法，与纸币和支票的管理方法和流程并无本质差异；二是计算机技术理论，包括数据加密、数据认证和数据库等方面的理论。

花旗银行将传统的商业方法与现代计算机技术结合起来，运用到网络经济活动中，就使得这些方法产生了许多新的技术性特点。由于其设计基础是许多公知的理论成果和商业方法，有了这些新的技术特征也并不一定使其能获得专利授权。花旗银行为解决这一问题采取在专利申请书中充分体现“技术性”，而将大量的商业方法隐含在各种技术流程和技术手段背后其说明书和权利要求书中使用了大量“技术性”语言，有些用语从金融专业的角度来看似是而非，不仅非专业人员感到困惑，即使金融专业方面的专家学者，如果缺乏对电子货币的深入研究，也很难弄明白其“技术性”语言背后隐含的各种商业方法的实质。客观上讲，将专利申请书撰写的更“技术化”，对该专利申请最终获得授权起到了至关重要的作用。

商业方法专利具有极高的战略价值。花旗银行通过“电子货币系统”发明获得了许多有关电子货币的方法专利，其中部分方法实质上是人们在长期金融实践中经验与知识的积累和升华，同样是网络经济和金融活动中最有效率和操作性的方法。花旗银行获得了这些方法的垄断权利后，如同“跑马圈地”一样，即使其自身不使用，也奠定了其在电子货币领域中的战略竞争优势。

将与商业软件有关的发明纳入专利法的保护已成大势所趋，商业方法专利保护不仅仅是一个法律问题，它的背后隐藏着巨大的国家利益，国家利益和经济扩张是目前专利大国扩大商业方法软件专利的深层次原因。对于中国的银行业来说，这也是一个不得不考虑的问题。对中国的银行来说，应该主要从以下两个方面来考虑这个问题：

首先，从中国国内的金融市场来说，由于商业方法专利并没有一个明确的政策，因此，政府可以制定适当的策略来保护中国自己的银行业，但是，我们也要看到，国外的诸多银行对中国的市场已经蓄谋已久。

其次，如果中国的银行要进入国际金融市场，则银行业的商业方法专利问题就尤为突出，因为首先不同的国家对商业方法专利所持态度不同，并且一些国家如美国、日本等的本国银行都已经在其本国申请了大量的商业方法专利。我们的银行要想进入这些国家的市场，则不得不考虑其所运用的方法是否已经落入了别人的专利之中。

2.6 热点话题——IT还是不是企业核心竞争力的来源?

《哈佛商业评论》的一篇文章《当IT的战略优势已成往事》曾经引起了广泛的关注。这篇文章指出：当IT成为企业的基础性设施后，它正成为如同铁路、电力一样的大众化商品，这时企业以IT为基础获得的优势将失去。这篇文章认为：“随着信息技术大众化的趋势的继续，铺张浪费所带来的惩罚只会加重。要想以信息技术投资获得竞争优势越来越难，而招致成本劣势倒是容易得多”。

而《财富》杂志上一篇文章对此观点进行了批驳，认为上述文章仅仅谈到了硬件，但是软件以及对软件的应用仍然在不同企业中差别非常大，仍然是企业核心竞争力源泉之一。

2.6.1 背景材料一

1968年，一个年轻的英特尔公司的工程师Ted Hoff发现了一种将计算机处理所必需的电路放在一片薄薄的硅片上的方式。他发明的这种微处理器引发了一系列的技术突破——台式机，局域网和广域网，企业软件，以及因特网——它改变了商业世界。今天，没有人会质疑信息技术已经成为商业的支柱。它巩固了单个企业的经营，把分散的供应链联系起来，并且也日益将企业和它所服务的顾客联系了起来。要是没有计算机系统的支持，美元和欧元的交易将无法进行。

随着 IT 能力的扩展，公司开始把它看做一种成功的关键的资源，这在它们的支出习惯中反映得非常清楚。1965 年，根据美国商务部经济分析局所作的一项调查，美国企业中投向信息技术的花费不多于 5%。随着 20 世纪 80 年代初期个人电脑的应用，这个比例上升到 15%，到 90 年代早期，它已经达到了 30% 多，而 90 年代末，这个数字已经接近 50%。即使是最近技术支出比较缓慢的情况下，全球商业领域每年花在 IT 方面的费用依然高达 2 万亿。

但是对 IT 的崇拜还不仅仅停留在金钱的花费上，它还明显地表现在高层管理者态度的转变上。20 年前，大部分管理者都认为电脑是无产阶级的工具而轻视它，认为它就是更高级一点的打字机和计算器而已，是低层职员如秘书、分析员和技工使用的东西。要让一个管理者来碰一下键盘，那几乎就是不可能的，更不会将信息技术考虑进它的战略思考中了。今天，这种情况已经得到彻底改变。CEO 们例行要谈的东西就是信息技术的战略价值，如何利用 IT 来获取竞争优势以及商业模式的数字化。许多公司在高层领导团队中还设立了 CIO 的职位，有的请战略咨询公司做咨询，为它们提供如何通过 IT 投资的杠杆作用来实现差异化和竞争优势的建议。

在这个变化的背后，隐藏着一个简单的假设：随着 IT 力量的增强和 IT 的普遍存在，它的战略价值也增加了。这是一个合理的假设，甚至是一个直觉。但是它是错误的。使一项资源真正具有战略性，也就是使它成为持续竞争优势的基础，不是普遍存在，而是稀缺性。你只能通过拥有一项对手不拥有的东西，或者做一件对手做不了的事情，来获得优势。如今，IT 的核心功能数据存储、数据处理、数据传输已经是随处可以得到，并且谁都负担得起。正是这种能力和存在已经使得它们从潜在的战略资源转变为生产中的日用品。它们开始变成业务开展中的成本，所有公司都必须为它付费，但是它不为任何公司提供独特之处。

IT 最好被看做是过去的两个世纪中，一系列被广泛采用的、改变工业技术中的最后一项——从蒸汽机到铁路到电报以及电话、发电机、内燃机。在成为商业基础设施的组成部分的短暂过程中，这些技术确实为那些有远见的公司提供了机会。但是随着它们越来越容易被获取以及成本的降低，从战略的视角来看，它们变成无形的了，它们不再重要。这就是今天的信息技术以及它对公司 IT 管理的深远意味。

2.6.2　背景材料二

经过了对信息技术多年的投资后，管理者已经厌倦了成本高昂的 IT 建设，并且对它的价值产生了深深的怀疑。最近的一些文章认为，高层管理者应该把 IT 看成一种日用品，比如电器，而不是战略性的东西。埃森哲战略变革研究所最近完成了一项关于信息技术对组织未来价值创造贡献的研究。在某种程度上，从战略的角度看，有些 IT 确实不重要，毕竟，很少有公司通过准时发薪获得过竞争优势。对于企业来说，很多职能功能仅仅是开展业务的一种必要的成本支出，IT 永远也不会比它所支撑的业务更为重要。

事实上，认为 IT 是一种日用品的管理者也许可以使他们的公司避免投资于低附加值的活动。然而我们认为，很快他们将会受制于那些更富创造力的竞争者的支配。

尽管 IT 的很多重要部分正在变得日用品化，但是有明显的证据表明：从战略的视角来看，一些 IT 确实重要。精明的管理者善于管理 IT 中的日用品部分，并且考虑用一种更为有效的方式来替代它，比如将数据处理外包或者整个业务流程外包。管理者需要通过一种或者三种不同的方式区分属于日用品的 IT 项目和能够带来一流价值的 IT 建设，这三种方式是：

（1）实施竞争优势；

（2）创造新的与 IT 相结合的产品或者服务；

（3）间接地创造价值。

持怀疑态度的管理者需要提防三种荒诞的说法。这些说法混淆了易于复制的 IT 基础设施和能带来战略价值的独特 IT 能力。对这些说法进行纠正将会有助于管理层减少对低附加值的活动的关注，把精力集中在那些能真正带来独特优势的 IT 投资方面。

观点 1：信息技术是一项低成本的日用品，所有的公司都能够拥有或者获得。

事实上只有一些 IT 日用品化了。

那些认为 IT 是一种日用品的人往往关注的是硬件和网络。诚然，主机和网络连接已经变成（或者很快就会变成）日用品了。这一点硬件供应商（IBM、康柏、思科和戴尔）都承认。网络无处不在，带宽和处理能力日益提高，而它们的成本日益降低。公司的底层 IT 基础设施中大部分都不能带来竞争性的价值，（如维护、硬件、用户支持，以及软件工具）。同样，支持辅助业务职能的 IT 应用也很少带来竞争或协同价值。这些职能的管理者将会敏感地将注意力集中在成本最小化、维持服务水平以及减少风险上面。在许多公司，这些职能几乎已经实现了最佳管理，IT 外包的普及证明了这种选择的商业价值所在。

然而，计算机和联网的日用品化并不等同于它们所包含的特定的信息以及由此产生业务流程的日用品化。打个比方，如果一个盒子是日用品，并不代表所有装在盒子里的产品都是日用品。

有很多经验证据有力地表明，公司可以通过谨慎的 IT 投资实现显著的收益。埃森哲以及一些学者发现，IT 投资与运营效率、公司绩效以及公司优势显示出显著的正相关关系。最近对公司支出的研究甚至发现 IT 投资与股东价值增长之间也存在密切关系。

然而，公司在通过 IT 创造价值方面并不是等同的，并且公司通过 IT 投资获得商业价值方面的能力各不相同。高绩效的公司从 IT 中获得的价值一直都比他们的竞争对手多 40%。这些多创造的价值来自于他们在 IT 建设的目标，管理和实施方面的独特之处。为了最大化 IT 投资的价值，公司必须能够区分日用品性质的 IT 项目和那些能够创造业务价值的 IT。

观点 2：业务流程结合在那些易于复制和升级的软件应用之中，使得所有的公司都可以得到最佳实践。

事实上 IT 的价值在于，公司知道如何结合自己的实际情况使用 IT 解决方案，以实现独特的、具有战略重要性的业务流程。

诚然，许多标准的业务流程正在和那些易于复制和升级的软件应用紧密结合在一起，而且实际上大部分事务处理性的软件应用都在朝着日用品化的方向发展。许多公司也正在从企业系统软件中包含的最佳实践中获得好处，采用新的最佳实践往往代表了业务流程方面的显著改善。

然而，我们的研究表明，大多数成功的公司选择了一些对业务成功来说具有关键作用的战略性领域，通过IT的帮助在这些方面与众不同。将精力集中在那些IT能支撑的、行业特定的、企业所特有的解决方案是一种获得竞争优势的行之有效的手段。而且，很多知识密集型的业务流程（如研发）正在被信息技术所改变。

即使在那些IT支撑的业务流程变得日用品化的例子中，实施IT解决方案以及从中获得价值也没有日用品化。Aberdeen集团的研究表明，IT建设有30%的失败率，90%比原定时间推迟。我们对200个大公司的调查发现，从企业解决方案投资中真正获益的公司与那些仅仅花费巨资升级软件的公司之间存在着明显的不同。公司如何利用软件中的最佳实践依赖于很多因素，如技术秘密，业务整合，业务流程如何对软件进行最优化的应用，以及信息在组织中如何有效地使用和应用。实际上，IT既不是没有头脑的蠢物，也不是一项有风险的事业：我们发现那些知道如何有效的实施IT解决方案的公司会取得成功，反之则会失败。

讨论：IT对于企业的价值，从来没有像现在这样富有争议。今年5月号的《哈佛商业评论》抛出了震世之作“IT doesn't matter”（IT不再重要），对IT的战略地位提出了重大挑战，认为在如今的商业领域中，IT已经成为像电力一样的日常必需品，不再能够给企业带来任何独特之处，因此对IT的投资和管理也应该相应进行深刻的变革。

时隔不久，埃森哲战略变革研究所就针对此文提出了针锋相对的观点，认为“IT不再重要”一文的观点有失偏颇，虽然很多IT正在变得日用品化，尤其是硬件和网络设施，但是IT中所包含的信息以及IT与业务战略的结合依然可以为企业带来竞争优势，管理者应该通过一定的方式学会区分属于日用品的IT和能带来战略价值的IT，并且在IT投资方面遵循一定的原则。那些一味压缩投资的企业在降低成本的同时，也将失去更为重要的竞争优势。

那么，IT是否依然是企业的核心竞争力？请同学对这个热门话题发表自己的看法，可以结合行业、企业的实际情况，也可以通过自己对企业战略、IT战略的认识来谈。

2.7 扩展学习模块——企业如何选择各自所需的信息系统

许多企业在信息系统的建设上有跟风模仿的盲目行为，你有我也要有，什么信息系统热门就跟着搞什么信息系统，系统的功能也大同小异，以至常见千篇一律的面孔。企业搞信息化，自然要建设和应用各类信息系统，但由于财力和人力等条件的限制，不可能同时铺开。到底建设哪些信息系统，重点在哪里，先上什么后建什么，是首先要搞清楚的问题，而这就是所谓的要先有IT战略规划。

造成盲目跟风现象的原因主要有两个，一是这些企业对信息系统的“应对环境挑战的解决方案”实质不甚了解，二是信息系统提供和服务商没有很好的考虑用户特点，商品软件的差异化和可塑性不够理想。每个行业各有其特殊性，每个企业都有各自的特点，包括企业类型、经营特色和管理特征，更显然的是每个企业所要解决的内部问题和来自于外部的机遇与挑战也不尽相同。要使信息系统获得成功，发挥应有的作用，各个企业应该根据自己的特点、面临的实际问题选择相适应的类型、品种和功能，确定实施和应用的先后顺序。

我国不少企业在信息系统的建设和应用上取得了很好的效果，可以发现他们的信息系统都结合了自己的特点，与要解决的实际问题相吻合，轻重缓急把握得比较妥当。

香精行业进入门槛比较低，改革开放以来，竞争对手的数量增长到原来的10倍以上。香精客户的要货时间越来越短，订单的稳定性和确定性越来越低，客户的变化和竞争的加剧导致原材料涨价、生产成本上升，流动资金增加、产品更新频繁。

STU是一家著名的中外合资香精制造企业，面临客户需求日趋苛刻和多样化、市场竞争日益加剧的挑战。新产品研发支持系统、电子商贸系统都有建设和应用管理信息系统的必要。但经过分析，STU确认客户订单的不稳定性和不确定性是引发一系列绩效问题的关键因素之一，已使用多年的原有信息系统已难以应对。订单、原材料和流动资金都是企业的重要资源，作为制造业，STU面对环境压力，首先考虑建设以资源计划和过程管理为特点的ERP系统，并将系统的重点放在客户订单管理和原料库存管理上。

STU为订单设计了从意向约定到正式确定、再到销售计划和生产计划、直到原料采购和车间作业安排等一系列过程的状态变量，每个订单的每一个过程都有状态变量记录该过程进入与否、完成与否、进入时间、完成时间、处理人员等信息，并在管理人员处理订单时自动赋值刷新。由于公司相关部门和管理人员能够在第一时间共享这些信息，原来串行的订单处理变成并行处理，订单处理的灵活性和响应速度得到显著提高。该系统经过3年的运行表明，客户订单数量和金额逐年增长，而原料库存的资金占用却明显下降。

CY是一家中资香精制造企业，同样面临市场竞争和客户多变的环境压力。这家企业的特点是组建时间短，规模较小，知名度较低。其发展战略是通过品牌创建来提高知名度，逐步争夺市场份额。显然公司的首要任务是掌握客户对香精的喜好规律，开发出符合他们需要的新产品，而且还要加快新产品的研发速度，应对客户多变的特点和趋势。尽管ERP系统也是需要的，但相比之下，迫切需要着重建设的是新产品研发管理系统，订单管理、生产计划和原料库存管理等工作的矛盾还不突出，原有的简易的信息系统能够应付。为此，CY在新一轮的信息系统建设上，将主要资金和精力投向新产品研发管理系统，并且还同时设立了名为“主导客户协同的香精产品研发模式研究”的软课题，着实做好品牌创建工作。

案例思考与分析题：

（1）企业在信息系统建设与应用中出现跟风模仿行为的原因何在，会造成什么不利影响或危害？

（2）请分析STU公司信息系统选择与重点功能定位的决策依据，以及采取的相应措施。

（3）请分析在信息系统选择上，CY公司为什么做出与同行业的STU公司不相同的决策？

（4）为一个你所知的或假设的企业，再假定该企业即将筹建信息系统，请你根据其特点和所面临的问题，在表2-3所列的企业信息系统例子中做出你的选择。

表 2-3　企业信息系统分类举例

大类	特　征	小　　类	企业信息系统举例
研发类	偏重技术、支持创新	研发支持类（R&D）	产品研发项目管理系统
			生产工艺研发 支持系统
		辅助设计类（CAD）	产品辅助设计系统
			产品数据管理（PDM）系统
生产类	侧重优化、提高小类	过程控制类	生产过程控制系统
			故障诊断分析系统
		辅助制造类（CAM）	车间辅助制造系统
			工艺数据管理系统
管理类	提升绩效、支持企业战略实现	过程管理类	企业资源计划系统
			工作流管理系统
		决策支持类	统计分析系统
			决策支持系统（问题分析、管理决策）
		行政办公类	办公自动化系统（OA）
			档案管理系统
		跨组织管理类	供应链管理系统（SCM）
			客户关系管理系统（CRM）
作业类	追求便捷、要求准确	服务业务类	金融交易系统
			电子商务系统（E-commerce）
		数据处理类	会计账务管理系统
			生产台账系统

思考题

1. 简述企业的八种环境要素及内容。
2. 简述信息系统对企业管理中的主要职能及管理决策中的作用。
3. 信息战略和企业战略之间的关系？
4. 简述波特的五力模型，及信息系统如何影响组织和商业企业。
5. 简述信息资源战略规划的主要方法、内容。
6. 简述 CIO 在企业信息资源战略规划中的职能体现。
7. 讨论信息技术是否还能成为企业的核心竞争力来源。

3 数字化企业：利用信息技术从事电子商务

当今的每个企业组织都在两个不同的世界中进行竞争：一个是管理人员看得见、摸得着的有形世界，通常称之为市场场所；另一个是他们看不见但实际上已经存在的无形世界，称之为市场空间。在市场场所中，企业间争夺的对象是资源，即物资和能源；而在市场空间中，它们争夺的对象则是信息。工业革命使人类在开发、利用物资和能源两种资源上取得了巨大的成功，其结果是创造了工业时代。随着以计算机技术、通信技术和网络技术为代表的现代信息技术的飞速发展，人类社会正从工业时代阔步迈向信息时代。一个明显的标志是，信息资源所创造的价值在国民生产总值中的比例逐步上升直至占主导地位。如今，人们越来越重视信息技术对传统产业的改造以及对信息资源的开发和利用。在这一过程中，各国政府和企业界都大力推行电子商务，以便使本国或本企业赢得先机。

电子商务作为一种新兴的商业模式，它具有极大的潜力推动企业“打破”原有企业战略的束缚，彻底改变企业的运作流程，增强顾客与供应商的联系，开拓新的市场。不论从电子商务发展方向看，还是从电子商务发展环境看，电子商务竞争及其竞争结果最终将反映在参与企业的综合竞争力——产品竞争力、管理能力、技术创新能力和其他辅助因素上。电子商务对提高企业竞争力具有战略性意义，这些意义将表现在对产品竞争力、管理能力、技术创新能力的促进上。同时，电子商务应当充分利用信息技术，培育和发展良好的竞争环境，提升参与企业综合竞争力，构建基于供应链、信息交流和技术创新的战略联盟。

3.1 企业与电子商务战略

3.1.1 电子商务的涵义

电子商务源于英文 Electronic Commerce，简写为 EC。其包含两个方面，一是电子方式，二是商贸活动。电子商务指的是利用简单、快捷、低成本的电子通讯方式，买卖双方不谋面地进行各种商贸活动。

随着电子通信网络技术的迅猛发展而出现的电子商务不同于传统的商务活动，针对电子商务的定义，国内外一些比较有影响的组织和公司对其有着各自不同的表述方式。

联合国经济合作和发展组织（OECD）在有关的电子商务报告中对电子商务的定义：电子商务是发生在开放网络上的包含企业之间（business to business）、企业和消费者之间（business to consumer）的商业交易。

IBM 公司认为电子商务是把买方、卖方、厂商及其合作伙伴在因特网（Internet）、企业内部网（Intranet）和企业外部网（Extranet）结合起来的应用。这种应用是动态的和交互式的。

总的来说，电子商务就是把传统的商业活动在新兴的通讯网络上来运作，或者说是在Internet上进行的商务活动。对于这种商务活动，可以从狭义和广义两方面对其有不同的理解。狭义的电子商务也称作电子交易（E-commerce），主要是指利用Web提供的通信手段在网上进行的交易。广义的电子商务包括电子交易在内的利用Web进行的全部商业活动，其主要功能包括网上的广告、订货、付款、客户服务和货物递交等销售、售前和售后服务，以及市场调查分析、财务核计及生产安排等多项利用Internet开发的商业活动，因此，广义的电子商务又称为电子商业（E-business）。但归根结底，电子商务离不开网络和交易，它是一种全新模式的商务活动。

定义：电子商务是在利用现代电子工具（包括现代通信工具和计算机网）的基础上进行企业的经营管理和市场贸易等现代商务活动。根据这一定义，电子商务不仅包括在因特网组成部分之一的环球网上进行购物，而且还包括企业通过网络技术（主要是Internet、Intranet和Extranet）用于支持企业内部的购买、销售、人员招聘、计划等业务流程的活动。事实上，它是企业业务流程、运用系统和组织结构的高效整合；它通过电子的方式来完成整个企业的活动以便提高企业的运行效果。

3.1.2 利用电子商务获取竞争优势

在麦克尔·波特的企业竞争优势理论基础之上可以分析电子商务给企业带来竞争优势：

首先，电子商务能够增强企业成本竞争优势。对于企业而言，千方百计地降低成本是提高自己竞争力的重要策略，电子商务对企业降低成本是行之有效的途径。具体来讲，电子商务能够在以下方面降低企业的成本：

（1）降低企业的采购成本。EDI的出现，使企业在网上从事采购活动成为可能，从而有效地较少采购过程中的劳动力、印刷和邮寄所需的费用。据统计，利用EDI的企业一般可以节省5%～10%的采购费用。

（2）电子商务可以实现无库存生产。企业的各种成本中，库存成本占据不容忽视的比例。在某些行业，甚至占据企业总体成本的大部分。因此，减少库存以至实现无库存是企业降低成本必不可少的措施，是企业管理中的重要目标。在电子商务环境下，企业可以通过原材料无库存和产成品无库存的生产方式，从而有效地降低企业的运营成本。

（3）电子商务可以大大降低企业的营销成本和管理费用。通过网络，企业可以一年365天，一天24小时地为顾客提供服务，不受地域的限制；此外，网络广告和网络营销调研也比传统的广告和调研方式费用低，从而可以为企业节省大量的营销费用。管理费用方面主要表现在，利用互联网可以降低企业的交通和通讯费用、人工费用、财务费用和办公室租金等。

其次，电子商务能够增强企业差别化的竞争优势。所谓差别化是指通过为产品融入顾客需要的独特个性而使产品在顾客心目中升值，赢得顾客的消费偏好，从而以较高的产品价格占领市场，赢得超过产业水平的收益。借助网络，企业可以方便地与顾客进行双向沟通，从而及时、准确地掌握顾客的个性化需求，并为顾客定制产品或服务，实行一对一的关系营销。传统的营销大多是大众化营销，难以满足顾客个性化的需求，也不能为企业带来明显而持久的差异化竞争优势。

再次，电子商务能够增强企业集中一点的竞争优势。所谓集中一点是指，企业选择产业内一种或一组细分市场，并量体裁衣使其战略为它们服务而不是为其他细分市场服务，从而在产业内赢得竞争优势。传统企业在制定市场营销战略时，首先要进行市场调研，以便掌握市场的总体规模，然后按照一定的标准对市场进行划分，之后结合企业自身的资源及其利用资源的能力选择某一类或某几类市场来提供产品或服务。由于受到成本的限制，企业在选择目标市场时，必须要考虑企业服务范围的市场规模。跟电子商务企业相比，传统企业的服务范围总是会受到地域的限制，这样其市场规模必然相对较小。然而，借助网络，企业可以在极短的时间内成为一个全球性的企业而服务于全球的市场，从而可以为传统企业无法服务的极其狭小的市场提供产品或服务。

3.1.3 企业发展电子商务战略的意义

（1）有效树立公司的品牌和企业形象。把公司经营范围和服务承诺放到公司站点上，及时向外界发布，使潜在的客户对公司有一个直观的第一印象；我们可对各种反馈回来的信息及时处理，以调整自己的产品及公司的经营策略，使企业能及时对市场变化作出反应；我们可以在第一时间将自己最新的产品及时介绍给广大客户，以达到推销自己产品的目的，对于推广自己和发现需求是最廉价、最快捷的，这些都是传统模式所无法比拟的。

（2）降低企业运作成本。这主要体现在两方面：1）电子商务直接在网上进行交易，从而降低了传统贸易过程中的单据费用，提高了效率；2）电子商务深入到产品的定购、销售和广告宣传等中间环节中，从而减少了企业在这方面的费用。在美国，企业在进货成本方面，使用电子商务的公司一般能节省5%～10%的成本。

（3）提高工作效率和促使企业取得竞争优势。电子商务使得信息能够以最快的速度接收，处理和传输，这不仅简化了信息处理的一些程序，提高了准确性。企业通过电子商务，可以用最快的速度获得更多的信息资料，从而在竞争中赢得优势。

（4）提供更有成效的售后服务。利用因特网进行售后服务，我们可以在公司已有的站点上登出产品介绍、技术支持等信息。这样做不仅可以省钱还可节省大量的劳动力支出，以便我们用更多的时间来处理更为复杂的问题，搞好客户间的关系。

3.2 电子商务

3.2.1 从电子数据交换到电子商务

电子商务最初起源于电子数据交换（EDI），而真正应用于商务活动的电子商务诞生于20世纪90年代，那时的因特网已经由军用转为民用且对公众开放，一些行业的创新者创造性地将因特网应用于传统的商务活动。

EDI是Electronic Data Interchange的缩写，即电子数据交换，它是一种利用计算机进行商务处理的方式。EDI是将贸易、运输、保险、银行和海关等行业的信息，用一种国际公认的标准格式，形成结构化的事务处理的报文数据格式，通过计算机通信网络，使各有关部门、公司与企业之间进行数据交换与处理，并完成以贸易为中心的全部业务过程。EDI包括买卖双方数据交换、企业内部数据交换等。

3.2.1.1 EDI的概念

EDI电子商务的最初形式，是指企业与企业之间，企业与政府之间通过一个内部网（Intranet）进行的数据传递和数据交换。通俗地讲就是标准化的商业文件在计算机之间从应用到应用的传送。许多商户选择EDI作为一种快速、低费用和安全的方式来传送订购单、发票、运货通知和其他常用的商业文件。

内部网（Intranet）实际上是Internet技术在企业内部的应用，它的软硬件包括计算机、通信设备、电缆、各种应用软件和驱动Intranet上应用程序运行的商务框架或模型等。

EDI是将信息（主要指商业信息）以标准格式在不同机构的计算机系统之间进行的自动化传递。EDI的发送方将文件、订单、合同、发票、提单、海关申报单、进出口许可证等行政或商业文电按照参与各方都认可的标准格式构成计算机能够识别、处理的数据结构，并通过数据通信网在不同国家、不同地区、不同地域、不同行业的计算机系统之间进行信息交换，从而实现业务信息的自动化处理。

3.2.1.2 EDI的作用和优势

EDI以其快捷、准确、安全、高效和低成本等特点得到了世界各国的重视。EDI将贸易过程的各个环节（如订货、生产、销售、运输和结算）有机地联系起来，通过与各有关部门、公司及单位进行必要的数据传输处理，即可完成包括报关、运输、银行、保险等部门的全部业务过程。EDI贸易过程通过内部网络自动进行，大大提高了贸易效率，同时也促进了纸张贸易向无纸贸易的转变。

EDI以其显著的优势为企业创造良好的经济效益，美国通用汽车公司采用EDI后，每生产一辆汽车节约成本250美元，按其年产500万辆计算，一年就可以产生12.5亿美元的经济效益。该公司一个五年的统计表明，由于采用了EDI，其产品零售额上升了60%，而库存从30天降至6天。日本东芝公司在使用EDI之后，每笔交易的文件处理费用仅为原来的1/4。新加坡全国EDI网络建成后，通关时间由原来的3~4天缩短到只需10~15min，每年可节约6亿美元的文件处理费用。

3.2.1.3 EDI的标准体系

EDI是目前为止最为成熟和使用范围最广泛的电子商务应用系统。其根本特征在于标准的国际化，标准化是实现EDI的关键环节。早期的EDI标准，只是由贸易双方自行约定，随着使用范围的扩大，出现了行业标准和国家标准，最后形成了统一的国际标准。国际标准的出现，大大地促进了EDI的发展。随着EDI各项国际标准的推出，以及开放式EDI概念模型的趋于成熟，EDI的应用领域不仅只限于国际贸易领域，而且在行政管理、医疗、建筑、环境保护等各个领域得到了广泛应用。可见EDI的各项标准是使EDI技术得以广泛应用的重要技术支撑，EDI的标准化工作是在EDI发展进程中不可缺少的一项基础性工作。

EDI标准体系是在EDI应用领域范围内的、具有内在联系的标准组成的科学有机整体，它由若干个分体系构成，各分体系之间又存在着相互制约、相互作用、相互依赖和相互补充的内在联系。我国根据国际标准体系和我国EDI应用的实际以及未来一段时期的发展情况，制订了EDI标准体系，以《EDI系统标准化总体规范》作为总体技术文件。

该规范作为我国“八五”重点科技攻关项目，是这段时间内我国EDI标准化工作的技术指南，处于主导和支配作用。

根据该规范，EDI标准体系分基础、单证、报文、代码、通信、安全、管理应用七个部分，大致情况如下：

（1）EDI基础标准体系。主要由UN/EDIFACT的基础标准和开放式EDI基础标准两部分组成，是EDI的核心标准体系。其中，EDIFACT有7项基础标准，包括EDI术语、EDIFACT应用级语法规则、语法规则实施指南、报文设计指南和规则、数据元目录、段目录、代码表，我国等同采用了这7项标准。开放式EDI基础标准是实现开放式EDI最重要、最基本的条件，包括业务、法律、通信、安全标准及信息技术方面的通用标准等，ISO/IEC JTC1 SC30推出《开放式EDI概念模型》和《开放式EDI参考模型》，规定了用于协调和制定现有的和未来的开放式EDI标准的总体框架，成为未来开放式EDI标准化工作的指南。随之推出的一大批功能服务标准和业务操作标准等将成为指导各个领域EDI应用的国际标准。

（2）EDI单证标准体系。EDI报文标准源于相关业务，而业务的过程则以单证体现。单证标准化的主要目标是统一单证中的数据元和纸面格式，内容相当广泛。其标准体系包括管理、贸易、运输、海关、银行、保险、税务、邮政等方面的单证标准。

（3）EDI报文标准体系。EDI报文标准是每一个具体应用数据的结构化体现，所有的数据都以报文的形式传输出去或接收进来。EDI报文标准主要体现于联合国标准报文（United Nations Standard Message，UNSM），其1987年正式形成时只有十几个报文，而到1999年2月止，UN/EDIFACT D.99A版已包括247个报文，其中有178个联合国标准报文、50个草案报文（Message in Development，MID）及19个作废报文，涉及到海关、银行、保险、运输、法律、税务、统计、旅游、零售、医疗、制造业等诸多领域。

（4）EDI代码标准体系。在EDI传输的数据中，除了公司名称、地址、人名和一些自由文本内容外，几乎大多数数据都以代码形式发出，为使交换更方便于理解收到信息的内容，便以代码形式把传输数据固定下来。代码标准是EDI实现过程中不可缺少的一个组成部分。EDI代码标准体系包括管理、贸易、运输、海关、银行、保险、检验等方面的代码标准。

（5）EDI通信标准体系。计算机网络通信是EDI得以实现的必备条件，EDI通信标准则是顺利传输以EDI方式发送或接收数据的基本保证。EDI通信标准体系包括ITU的X.25、X.200/ISO 7498、X.400/ISO 10021、X.500系列等，其中X.400系列/ISO 10021标准是一套关于电子邮政的国际标准。虽然这套标准，ISO叫做MOTIS，ITU称为MHS，但其技术内容是兼容的，它们和EDI有着更为密切的关系。

（6）EDI安全标准体系。由于经EDI传输的数据会涉及商业秘密、金额、订货数量等内容，为防止数据篡改、遗失，必须通过一系列安全保密的规范给以保证。EDI安全标准体系包括EDI安全规范、电子签名规范、电文认证规范、密钥管理规范、X.435安全服务、X.509鉴别框架体系等。为制定EDIFACT安全标准，联合国于1991年成立了UN/EDIFACT安全联合工作组，进行有关标准的制定。

（7）EDI管理标准体系。EDI管理标准体系主要涉及EDI标准维护的有关评审指南和规则，包括标准技术评审导则、标准报文与目录文件编制规则、目录维护规则、报文维护规则、技术评审单格式、目录及代码编制原则、EDIFACT 标准版本号与发布号编制原则等。

（8）EDI 应用标准体系。EDI 应用标准体系主要指在应用过程中用到的字符集标准及其他相关标准，包括：信息交换用七位编码字符集及其扩充方法；信息交换用汉字编码字符集。

EDI 标准体系的框架结构并非一成不变，它将随着 EDI 技术的发展和 EDI 国际标准的不断完善而将不断地进行更新和充实。

3.2.1.4 EDI 的发展方向

随着计算机网络技术的发展，特别是万维网的出现，使电子数据交换变得十分开放，而且非常廉价，以 Web 网站形式发布、共享信息是电子商务发展中的一个重大里程碑。开放的 Internet 使中小企业有机会平等地参与到电子商务中来，这就给传统的 EDI 带来了很大的机遇和挑战，机遇是 EDI 可以利用 Internet 技术扩大其应用的范围，挑战是 EDI 必须利用新的技术手段和接口标准融入到一个基于 Internet 的、没有边界的、可以无限扩展的电子商务解决方案中去。

XML 是一种可扩展的置标语言，它可以自定义标志和属性，具有可延伸性。利用 XML 所具有的可延伸性以及自我描述特性，Web 文件可以在企业间的应用程序中自动传输、处理及储存，不同厂商的电子商品可以在同一个使用者界面同时展现，资讯的搜寻变得更为精确快速，不同系统间可以流畅的互通，而中小企业也可以轻易享受 EDI 的好处。目前已有一些组织（比如 XML/EDI）正在致力于将传统 EDI 的消息格式与传统 EDI 业务的 VAN 分离开来，把已经成熟的传统 EDI 消息与 XML 结合起来，使 EDI 的数据交换与因特网中其他数据交换拥有一个标准。另外，许多电子商务服务提供商已经利用 XML 技术使其电子商务解决方案能够与传统的 EDI 无缝集成，进行数据交换。所以基于 Internet 的 iEDI 是传统 EDI 的发展方向。

对于那些数据传送量少的小企业来说，投入大量的财力和人力去购买相关的软硬件、开发 EDI 单证和进行日常维护是一个大的负担和麻烦，投资往往是得不偿失。基于 Internet 的 iEDI 大大方便了那些小企业，他们不用购买和维护 EDI 软件，不用进行 EDI 单证和 API 开发，只需利用现成的 Windows 和浏览软件（这些软件随处可买，甚至可以免费获得）即可进行 EDI 应用，而有关表格制作和单证翻译等工作由 EDIVAN 的提供者来做。

3.2.2 客户关系管理

客户关系管理（Customer Relationship Management，CRM）是一种旨在改善企业与客户之间关系的新型管理机制，它实施于企业的市场营销、销售、服务与技术支持等与客户相关的领域。

CRM 的目标是一方面通过提供更快速和周到的优质服务吸引和保持更多的客户，另一方面通过对业务流程的全面管理来降低企业的成本。CRM 既是一种概念，也是一套管理软件和技术，利用 CRM 系统，企业能搜集、跟踪和分析每一个客户的信息，同时还能观察和分析客户行为对企业收益的影响，使企业与客户的关系及企业利润得到最优化。

3.2.2.1 认识 CRM

CRM 是一种以客户为中心的经营策略，它以信息技术为手段，对业务功能进行重新设计，并对工作流程进行重组，以达到留住老客户、吸引新客户的目的。CRM 产生和发展源于三方面的动力：需求的拉动、信息技术的推动和管理理念的更新。在需求方面，20 世纪 80 年代中期开始的业务流程重组和 ERP 建设实现了对制造、库存、财务、物流等环节的流程优化和自动化，但销售、营销和服务领域的问题却没有得到相应的重视，其结果是企业难以对客户有全面的认识，也难以在统一信息的基础上面对客户。而另一方面，在客户时代，挽留老客户和获得新客户对企业来说已经变得越来越重要，这就产生了现实和需求之间的矛盾。在信息技术和管理理念方面，我国企业的办公自动化程度、员工计算机应用能力、企业信息化水平、企业管理水平都有了长足的进步。

数据仓库、商业智能、知识发现等技术的发展，使收集、整理、加工和利用客户信息的质量大大提高。另一方面，信息技术和互联网不仅为我们提供了新的手段，而且引发了企业组织架构、工作流程的重组以及整个社会管理思想的变革。在这种背景下，企业有必要而且有可能对面向客户的各项信息和活动进行集成，组建以客户为中心的企业，实现对客户活动的全面管理。

CRM 的功能分为三个方面：对销售、营销和客户服务三部分业务流程的信息化；与客户进行沟通所需手段（如电话、传真、网络、E-mail 等）的集成和自动化处理；对上面两部分功能产生信息进行的加工处理，产生客户智能，为企业的战略决策提供支持。

3.2.2.2 CRM 的主要内容

（1）客户管理。现有客户管理主要功能有：客户基本信息；与此客户相关的基本活动和活动历史；联系人的选择；订单的输入和跟踪；建议书和销售合同的生成。

联系人管理的主要作用包括：联系人概况的记录、存储和检索；跟踪同客户的联系，如时间、类型、简单的描述、任务等，并可以把相关的文件作为附件；客户的内部机构的设置概况。

潜在客户管理主要功能包括：业务线索的记录、升级和分配；销售机会的升级和分配；潜在客户的跟踪。

（2）销售管理。主要功能包括：组织和浏览销售信息，如客户、业务描述、联系人、时间、销售阶段、业务额、可能结束时间等；产生各销售业务的阶段报告，并给出业务所处阶段、还需的时间、成功的可能性、历史销售状况评价等等信息；对销售业务给出战术、策略上的支持；对地域（省市、邮编、地区、行业、相关客户、联系人等）进行维护；把销售员归入某一地域并授权；地域的重新设置；根据利润、领域、优先级、时间、状态等标准，用户可定制关于将要进行的活动、业务、客户、联系人、约会等方面的报告；提供类似 BBS 的功能，用户可把销售秘诀贴在系统上，还可以进行某一方面销售技能的查询；销售费用管理；销售佣金管理。

（3）营销管理。主要功能包括：产品和价格配置器；在进行营销活动（如广告、邮件、研讨会、网站、展览会等）时，能获得预先定制的信息支持；把营销活动与业务、客户、联系人建立关联；显示任务完成进度；提供类似公告板的功能，可张贴、查找、更新营销资料，从而实现营销文件、分析报告等的共享；跟踪特定事件；安排新事件，如研讨会、会议等，并加入合同、客户和销售代表等信息；信函书写、批量邮件，并与合同、客户、联系人、业务等建立关联；邮件合并；生成标签和信封。

（4）客户服务。客户服务主要集中在售后活动上，不过有时也提供一些售前信息，如产品广告等。售后活动主要发生在面向企业总部办公室的呼叫中心，但是面向市场的服务（一般由驻外的客户服务人员完成）也是售后服务的一部分。产品技术支持一般是客户服务中最重要的功能，为客户提供支持的客户服务代表需要与驻外的服务人员（必须共享/复制客户交互操作数据）和销售力量进行操作集成。总部客户服务与驻外服务机构的集成以及客户交互操作数据的统一使用是现代 CRM 的一个重要特点。主要功能包括：服务项目的快速录入；服务项目的安排、调度和重新分配；事件的升级；搜索和跟踪与某一业务相关的事件；生成事件报告；服务协议和合同；订单管理和跟踪；问题及其解决方法的数据库。

(5) 合作伙伴关系管理。主要功能包括：对公司数据库信息设置存取权限，合作伙伴通过标准的 Web 浏览器以密码登录的方式对客户信息、公司数据库、与渠道活动相关的文档进行存取和更新；合作伙伴可以方便地存取与销售渠道有关的销售机会信息；合作伙伴通过浏览器使用销售管理工具和销售机会管理工具，如销售方法、销售流程等，并使用预定义的和自定义的报告；产品和价格配置器。

3.2.3 供应链管理

供应链管理是当前国际企业管理的重要内容，也是我国企业管理的发展方向。最初它起源于企业资源规划（ERP），是基于企业内部范围的管理。它将企业内部经营所有的业务单元如订单、采购、库存、计划、生产、质量、运输、市场、销售、服务等以及相应的财务活动、人事管理均纳入一条供应链内进行统筹管理。供应链管理将企业各个业务环节的信息化孤岛连接在一起，使得各种业务和信息能够实现集成和共享。

供应链管理（Supply Chain Management，SCM）是指基于最终客户需求，对围绕提供某种共同产品或服务的相关企业的信息资源，以基于互联网技术的软件产品为工具来进行管理，实现整个渠道中所有相关过程的净增加值最大化，提高企业效率和效益的一个平台。

3.2.3.1 SCM 管理思想

企业内部供应链管理延伸和发展为面向全行业的产业链管理，管理的资源从企业内部扩展到了外部。在这种供应链的管理过程中，首先，在整个行业中建立一个环环相扣的供应链，使多个企业能在一个整体的管理下实现协作经营和协调运作。把这些企业的分散计划纳入整个供应链的计划中，实现资源和信息共享，从而大大增强了该供应链在大市场环境中的整体优势，同时也使每个企业均可实现以最小的个别成本和转换成本来获得成本优势。例如，在供应链统一的计划下，上下游企业可最大限度地减少库存，使所有上游企业的产品能够准确、及时地到达下游企业，这样既加快了供应链上的物流速度，又减少了各企业的库存量和资金占用，还可及时地获得最终消费市场的需求信息使整个供应链能紧跟市场的变化。在 21 世纪，市场竞争将会演变成为这种供应链之间的竞争。

其次，在市场、加工/组装、制造环节与流通环节之间，建立一个业务相关的动态企业联盟（或虚拟公司）。它是指为完成向市场提供商品或服务等任务而由多个企业相互联合所形成的一种合作组织形式，通过信息技术把这些企业连成一个网络，以更有效地向市场提供商品和服务来完成单个企业不能承担的市场功能。例如配送环节是连接生产制造与流通领域的桥梁，起到重要的纽带作用，以它为核心可使供需连接更为紧密。在市场经济发达国家，为了加速产品流通，往往是以一个配送中心为核心，上与生产加工领域相联，下与批发商、零售商、连锁超市相接，建立一个企业联盟，把它们均纳入自己的供应链来进行管理，起到一个承上启下的作用来最有效地规划和调用整体资源，以此实现其业务跨行业、跨地区甚至跨国的经营，对大市场的需求作出快速的响应。在它的作用下，供应链上的产品可实现及时生产、及时交付、及时配送、及时地交到最终消费者手中，快速实现资本循环和价值链增值。

这种广义供应链管理拆除了企业的围墙，将各个企业独立的信息化孤岛连接在一起，建立起一种跨企业的协作，以此来追求和分享市场机会，通过 Internet、电子商务把过去分离的业务过程集成起来，对不同类型的物料制定不同的管理策略（见表 3-1），覆盖了从供应商到客户的全部过程，包括原材料供应商、外协加工和组装、生产制造、销售分销与运输、批发商、零售商、仓储和客户服务等，实现了从生产领域到流通领域一步到位的全业务过程。

表 3-1 根据物料制定不同的管理策略

项 目	战略性物料	瓶颈物料	重要物料	一般物料
供应商管理模式	战略伙伴关系 长期合作	稳定、长期的合作关系	一般合作关系	一般交易关系
基本策略	“双赢”策略	灵活策略	最低成本策略	管理成本最小化
管理重点	详细的市场调查和需求预测； 严格的库存监控； 严格的物流控制和后勤保障； 对突发事件的准备	详细的市场数据和长期供需趋势信息； 寻找替代方案； 备用计划； 供货数量和时间的控制	供应商选择； 建立采购优势； 目标价格管理； 订购批量优化； 最小库存	产品标准化； 订购批量优化； 库存优化； 业务效率
安全库存量	中等	较高	较低	最小化
订购批量	中等	较大	较小	经济批量
绩效评价准则	长期可得性； 质量可靠性	来源的可靠性	采购成本与库存成本	业务效率

3.2.3.2 电子商务与供应链管理

Internet 和电子商务也将使供应商与客户的关系发生重大改变，其关系将不再仅仅局限于产品的销售，更多的将是以服务的方式满足客户的需求来替代将产品卖给客户。越来越多的客户不仅以购买产品的方式来实现其需求，而是更看重未来应用的规划与实施、系统的运行维护等，本质上讲他们需要的是某种效用或能力，而不是产品本身，这将极大地改变供应商与客户的关系。

Internet、交互式 Web 应用以及电子商务的出现，将彻底改变我们的商业方式，也将改变现有供应链的结构，传统意义的经销商将消失，其功能将被全球网络电子商务取代。传统多层的供应链将转变为基于 Internet 开放式的全球网络供应链。

在网络上的企业都具有两重身份，既是客户又同时是供应商，企业不仅要上网交易，更重要的是，它构成该供应链的一个元素。在这种新的商业环境下，所有的企业都将面临更为严峻的挑战，它们必须在提高客户服务水平的同时努力降低运营成本；必须在提高市场反应速度的同时给客户以更多的选择。同时，企业必须更加细致、深入地了解每一个客户的特殊要求，才能巩固其与客户的关系，这是一种长期的有偿服务，而不是产品时代的一次或多次性的购买。

在全球网络供应链中，企业的形态和边界将产生根本性改变，整个供应链的协同运作将取代传统的电子订单，供应商与客户间信息交流层次的沟通与协调将是一种交互式、透明的协同工作。在电子商务时代，对供应链管理新的要求如下：

（1）动态联盟的系统化管理 。在电子商务时代，企业的生存空间由物理的市场地域转变为虚拟市场空间。虚拟市场空间以信息为基础，为信息所控制，虚拟市场空间的出现改变了消费者必须通过市场地域使用或享受产品/服务的状况，同时弱化了生产者必须通过市场地域获得资源、进行生产的限制。通过信息交互，各种生产、交易活动从依赖物理地域转变成为依靠市场虚拟空间进行；伴随这种转变，供应链中任何一个企业赖以生存的物理价值链也虚拟化、信息化。企业可以凭借聚合、组织、选择、综合、发布等信息处理手段寻求新的价值创造点。相对于传统的位于物理价值链上的环节而言，电子商务时代的企业生存在有更多的微战略环节构成的价值链创造矩阵上。战略环节的这种二次分解强化了企业的横向解式，这种强化一方面为企业创造出更大的生存空间，但另一方面也增加了企业对动态联盟的依赖性。所以，供应链管理在电子商务时代的首要任务就是对生存在价值创造矩阵上组成动态联盟的企业群体进行系统化管理。

（2）生产资源的优化管理。在电子商务时代，市场呈现出前所未有的趋同性——不同产品在功能方面联合统一的趋势。市场趋同性与电子商务具有不可分割的内在联系。一方面，推动电子商务迅猛发展的信息技术逐步渗透到各个独立的行业中，不同工业（如通信、办公设备、消费者电子产品、媒介、计算机，等）之间的界限逐渐强化；另一方面，促进了生产者与生产者、生产者与消费者、消费者与消费者在市场空间中的交互，同时又促进了电子商务的发展。

（3）不确定性需求的信息共享管理。在电子商务时代，生产者与消费者的关系发生了彻底的变化。这种变化可以归因于市场空间的出现。在超越传统物理时空的电子时空下，消费者的差异化需求得到了更大程度的满足，进而发展出更加复杂多变的需求；同时，由于各种生产资源在电子商务平台上虚拟化，生产者在更大程度上具备了满足这种日益多变的需求的生产能力。从供应链管理角度看，伴随生产资源虚拟化程度的提高和消费者拉动力的增强，为供应链商务流和信息流的流动提供动力的“动力源”从生产者转移到了消费者。也就是说，在传统模式下，供应链管理的焦点在于如何保证生产者在生产技术和管理方法上的优势创造价值；而在电子商务时代，供应链管理的焦点在于如何保证消费者的“动力源”地位，如何通过对不确定需求的分析去获取知识，如何通过保证知识在整个供应链上的共享来创造价值。

3.2.4 商务智能

商务智能（Business Intelligence，BI）的概念最早是 Gartner Group 的 Howard Dresner 于1996 年提出来的。当时将商务智能定义为一类由数据仓库（或数据集市）、查询报表、数据分析、数据挖掘、数据备份和恢复等部分组成的、以帮助企业决策为目的的技术及其应用。当时的预测说：到2000年，信息民主（指组织内信息共享的无差别性）将在具有前瞻性思维的企业中浮现。借助商业智能，员工、咨询员、客户、供应商以及公众能够有效地运用信息。其实，商务智能所涉及的技术与应用，在Howard Dresner命名之前就有，起初被称为主管信息系统（EIS），在羽化成商务智能之前叫决策支持系统（DSS）。

Eric Thomsen是DSS Lab的首席科学家，他提出了基于决策支持系统OLAP的设计和实现。OLAP是创建商务智能系统的重要技术，其技术的应用非常广泛。Eric Thomsen在其代表作《OLAP解决方案：创建多维信息系统（OLAP Solutions：Building Multidimensional Information Systems）》第二版中有关于一些相关概念的论述：数据仓库（DW）、决策支持系统（DSS）、商业智能（BI）、联机分析处理（OLAP）、基于分析的面向决策的处理（ABDOP）、数据仓库（DW）等。

Tom Soukup和Ian Davidson在《可视化数据挖掘：数据可视化和数据挖掘的技术与工具（Visual Data Mining：Techniques and Tools for Data Visualization and Mining）》中指出：商务智能解决方案将业务数据转换成明确的、基于事实的、能够执行的信息，并且使得业务人员能够发现客户趋势，创建客户忠诚度，增强与供应商的关系，减少金融风险，以及揭示新的销售商机。商务智能的目标是了解变化的意义——从而理解甚至预见变化本身。它使你能够访问当前的、可靠的和易消化的信息，并能够从各个侧面及不同的维度灵活地浏览信息和建立模型。商业智能方案回答的是“如果……怎么办（What if …）”之类的问题，而不是“发生了什么？（What happened ?）”。简而言之，商务智能解决方案是提高和维持竞争优势的一条有效的条件。数据可视化和数据挖掘是两种技术，它们常常被常用来创建和部署成功的商业智能解决方案。通过应用可视化和数据挖掘技术，业务人员能够充分地探索业务数据，从而发现潜在的、以前未知的趋势、行为和异常。

Tom Soukup和Ian Davidson提出了一套行之有效的创建数据可视化和执行可视化数据挖掘的方法，包括8个步骤：（1）验证和规划数据可视化与数据挖掘项目；（2）识别最重要的业务问题；（3）选择数据集；（4）转换数据集；（5）验证数据集；（6）选择可视化或挖掘工具；（7）分析可视化或挖掘模型；（8）验证和展示可视化或挖掘模型。

商务智能的主流工具见本章扩展学习模块。

3.3 电子商务技术、软件与安全

3.3.1 电子商务中的信息技术

（1）Internet网络技术。虽然Internet技术不是电子商务的专门技术，但开展电子商务要以Internet网络平台为基础，电子商务发展的好坏与Internet网络技术有直接关系，因而Internet网络技术是电子商务相关的关键技术之一。

（2）Web技术。现在，Web浏览技术已经广泛地运用于Internet，并被广大用户接受和使用。Web服务器利用http协议来传递html文件，Web浏览器使用http检索html文件。Web浏览器从Web服务器上获取信息，然后以静态和交互方式呈现在用户眼前。电子商务仍然是一种商务模式，在进行电子商务过程中，需要在商家与客户以及其他相关角色之间交换各种信息，此时就要使用Web浏览技术。随着电子商务的发展，仅仅使用

HTML表示信息已经不能满足需要，为此，XML（扩展的标记语言）和CXML（CommerceXML）相继发展起来。

（3）数据库技术。在电子商务交易过程中，涉及商家、商品、客户、物流配送等大量信息，这些信息都需要储存在数据库中。当前数据库管理系统已发展到相当成熟的阶段，能高效、高质、安全地管理数据。该技术包括数据模型、数据库系统、数据库系统建设和数据仓库、联机分析处理和数据挖掘技术等。运用于电子商务中的数据库技术主要完成三个方面的功能：1）数据的收集、存储和组织；2）决策支持；3）Web数据库。

（4）电子支付技术。电子支付是指在网上直接为所购商品付款。电子支付过程中安全问题解决的好坏直接影响到电子支付是否可以顺利进行。目前银行界普遍使用的有SSL/TLS和SET两种电子支付模式。从技术角度讲SSL/TLS不是支付协议而是会话层安全协议，用SSL协议进行电子支付是支付的双方利用SSL协议建立一个安全会话通道，在该安全通道中传送支付信息。当数据到达商家的Web站点时，所有信息被解密，是否将这些信息以安全格式存储由商家负责，用户不负责信息安全。SET是以信用卡支付为基础的网上电子支付协议。使用SET协议进行电子支付可以确保接收信用卡的商家和信用卡的持有者都经过认证，是可信赖的。SET协议仅对一些敏感信息加密而对其他信息不加密。SET协议中使用许多安全手段，如数据加密技术、数字签名技术、电子认证技术和电子信封技术等等。

（5）信息安全技术的运用。由于现有计算机系统之间的网络通信大多采用TCP/IP协议，服务器也多为Unix或Windows操作系统，又由于TCP/IP和Unix都是以开放性著称的，易于互联和信息共享的设计思想贯穿于系统的方方面面，在访问控制、用户验证授权、实时和事后审计等安全方面考虑较少，这就给网络使用带来极大的安全隐患。据统计，来自计算机系统内部的安全威胁高达60%。开展电子商务离不开网络基础，但直接在这样不安全的网络基础上开展电子商务是让人无法接受的。调查表明，商家不开展电子商务，网民不在网上购物，他们最大的担心是电子商务的安全性问题，这里既包括商家与客户没有面对面的确认，也包括对机密数据失窃的担忧。为此，一方面需要有商务活动涉及的各方均信任的第三方机构来完成商务活动各方的身份认证，另一方面也需要对数据在传输和储存等环节进行安全保护。目前普遍使用的身份认证方式是证书认证方式。除了使用认证系统对参与电子商务的各方进行身份认证外，还需要一些加密技术对参与方不希望被不相关的人知道的信息进行加密。

除了以上这些与电子商务直接相关的安全技术之外，还有一些需要考虑的安全问题。如网络安全、操作系统安全、数据安全等各个层面上的安全问题等。这些问题的解决也直接关系到用户对电子商务的信心。

3.3.2 电子商务软件与安全

电子商务的安全问题涉及范围较广。首先，它是一个复杂的管理问题。管理公司内部的网络环境已很复杂，当把企业网与Internet相连时，性能、安全、可管理性等方面就面临挑战。其次，它是一个技术安全问题。电子商务应由合法的系统进行确认和支持。文件上的数字签字在法庭上与书面签字具有同等效力。再次，它是一个法律问题，电子商务安全问题的真正解决需要通过法律的完善来加以保证。主要的安全隐患体现在以下方面：

（1）Internet 是一个开放性、无控制机构的网络，黑客会经常侵入造成破坏。

（2）TCP/IP 协议本身存在安全缺陷。

（3）Internet 上使用的操作系统本身存在着安全漏洞。

（4）网络管理方面存在不完善的问题。

为保证电子商务的安全，抵御各种攻击与破坏，相应的安全技术主要有：

（1）防火墙技术。防火墙是一种用来保护专用网上的数据和计算机不受 Internet 上其他不信任用户和软件的非法活动的安全机制。Web 的工作主要是在 Web 的客户端端口和服务器端口建立一个连接，而防火墙就是控制和管理这两个端口之间的连接。防火墙通过定义和强制限定的方法，对通过防火墙的网络流量进行隔离和保护。防火墙外部的计算机必须遵从防火墙定义的某种限制，才能访问防火墙内的数据、主机等资源，否则，网络访问被认为是非法的。

（2）加密技术。由于数据在传输过程中有可能遭到窃听而失去保密信息，加密技术是电子商务采取的主要保密安全措施，是最常用的保密安全手段。加密技术也就是利用技术手段把重要的数据变为乱码（加密）传送，到达目的地后再用相同或不同的手段还原（解密）。

加密包括两个元素：算法和密钥。一个加密算法是将普通的文本（或者可以理解的信息）与一串数字（密钥）的结合，产生不可理解的密文的步骤。密钥和算法对加密同等重要。

密码是一种保护信息的有效且可行的办法，有效是指它能达到确保信息不被窃取或破坏的目的；可行是指它要求的代价很低。

密钥是用来对数据进行编码和解码的一种算法。在安全保密中，可通过适当的密钥加密技术和管理机制，来保证网络的信息通讯安全。密钥加密技术的密码体制分为对称密钥体制和公用密钥体制两种。

相应地，对数据加密的技术分为两类，即对称加密（私人密钥加密）和非对称加密（公开密钥加密）。对称加密以数据加密标准（Data Encryption Standard，DNS）算法为典型代表，非对称加密通常以 RSA（Rivest Shamir Adleman）算法为代表。传统密匙方法的密匙具有针对性，即加密密匙和解密密匙相同。而公开密匙密码方法的加密密匙和解密密匙不同，加密密匙可以公开，而解密密匙需要保密。

（3）信息认证技术。认证技术是电子商务安全技术的一个重要方面，它解决了交易中信息的不可否认性、信息的完整性和身份认证等问题，能有效防范网上交易存在的篡改、伪造、抵赖等种种威胁，使电子商务活动公平、公正、可靠地进行。一般来说，信息认证技术主要包括：数字签名与验证、数字证书、数字时间戳和认证中心等。这些技术都与加密技术有关，都是加密技术的具体应用。

3.4 网上销售：盈利模式与网上展示

3.4.1 网上销售

电子商务可提供网上交易和管理等全过程的服务，因此它具有广告宣传、咨询洽谈、网上订购、网上支付、电子账户、服务传递、意见征询、交易管理等各项功能。

(1) 广告宣传。企业可以利用Web服务器建立网上主页（HomePage)。

(2) 邮件（E-mail）等方式在Internet上开展广告宣传或发布信息。Internet也被称为第四媒体，与传统的媒体比较，电子商务的广告宣传具有灵活、及时、成本低、范围广、信息量大等特点。

(3) 咨询洽谈。电子商务交易各方可借助非实时的电子邮件（E-mail)、新闻组（News Group）和实时的讨论组（chat)、网上的白板会议（Whiteboard Conference）来了解市场和商品信息、洽谈交易事务。网上的咨询和洽谈能超越空间的限制、提供多种方便的异地交谈形式。

(4) 网上订购。在电子商务活动中，企业或顾客可以通过访问网上商店来从事订购活动。

(5) 网上订购活动。网上订购通常会在产品介绍的页面上提供十分友好的订购提示信息和订购交互格式框。当客户填完订购单后，系统会回复确认信息。同时，订购信息一般会采用加密的方式使顾客和商家的商业信息不会泄漏。

(6) 网上支付。在电子商务过程中，网上支付是重要的环节。网上支付就是通过网络直接采用电子支付手段实施支付。这种支付手段可省去传统支付手段所需人员的开销。当然，网上支付必须要有可靠的信息传输安全性控制以防止欺骗、窃听、冒用等非法行为。

(7) 电子账户。电子账户是银行或信用卡公司及保险公司等金融机构提供的可在网上操作的资金账户。信用卡号或银行账号都是电子账户的一种标志。电子账户操作的安全性需要通过诸如数字凭证、数字签名、加密等技术措施来保证。

(8) 服务传递。对于已付了款的客户应尽快地将其订购的货物传送给他们。电子商务能通过网络进行物流的配送。当然，要完成货物传送还需要相关运输企业的协作。而最适合在网上直接传递的货物是一些非实物性的信息产品。如软件、电子读物、信息服务等。它能直接从电子仓库中将货物发到用户端。

(9) 意见征询。电子商务能十分方便地采用网页上的表单来收集用户对销售服务的反馈意见。这种意见征询方式省时省力，并能满足个性化的需求。客户的反馈意见不仅能提高售后服务的水平，更使企业获得改进产品、发现市场的商业机会。

(10) 交易管理。交易的管理涉及企业和企业、企业和客户及企业内部等各方面的协调和管理。电子商务为企业提供了商务活动全过程的管理。

随着网络通信技术和环境的飞速发展以及多种多样的应用服务系统不断涌现，电子商务的各项功能不断增强，从而使电子商务获得更广泛的应用。

3.4.2 电子商务交易模式

电子商务交易模式大致可分为网络商品直销模式和网络商品中介交易模式两类。

3.4.2.1 网络商品直销模式

网络商品直销是指消费者和生产者，或者是需求方和供应方直接利用网络形式开展的买卖活动。这种买卖交易的最大特点是不提供直接见面、环节少、速度快、费用低。

(1) 消费者进入Internet，查看企业和商家的发布的网页。

（2）消费者通过企业或商家网页中提供的购物对话框填写购货信息，包括：姓名、地址、所购商品名称、数量、规格、价格。

（3）消费者选择支付方式，如信用卡、电子货币、电子支票、借记卡等。

（4）企业或商家的客户服务器检查支付方服务器（由消费者开户银行设置），确认消费者支付方式的合法性及汇款额是否认可。

（5）支付方服务器（由消费者开户银行设置）确认消费者支付方式和汇款额的合法性后将信息反馈给企业或商家的客户服务器。

（6）企业或商家的客户服务器确认消费者付款后，将交易成功信息传递给消费者。

（7）企业或商家的客户服务器确认消费者付款后，通知销售或物流配送部门送货上门。

（8）消费者的开户银行将支付款项传递到消费者的信用卡公司，信用卡公司负责发给消费者收费单。

优点：消费者可十分方便地得到所需商品，它有效地减少了交易环节，减少了商品库存造成的资金积压，减少了服务人员的费用，大幅度地降低了交易成本，从而降低了消费者所购商品的最终价格。网络商店直销还能有效减少售后服务的技术支持费用，许多使用中出现的问题，可通过网络查阅厂家主页或通过 E-mail 与厂家技术人员商讨解决。

不足之处：消费者只能通过查阅商店主页了解商品的型号、性能、样式和质量，对实物没有直接的感知。价钱略高或非名牌的商品，消费者一般不会用网络直销方式购买。另一方面，购买者利用信用卡进行网络交易，不可避免地要面临众多的安全威胁。

3.4.2.2 网络商品中介交易模式

网络商品中介交易是通过网络商品交易中心，即虚拟网络市场进行的商品交易。在这种交易过程中，网络商品交易中心以 Internet 网络为基础，利用先进的通信技术和计算机软件技术，将商品供应商、采购商和银行紧密地联系起来，为客户提供市场信息、商品交易、仓储配送、货款结算等全方位的服务。

网络商品中介交易过程可以分为 4 个步骤：

（1）买卖双方将各自的供应和需求信息通过网络告诉网络商品交易中心，网络商品交易中心通过信息发布服务，向参与者提供大量的详细的交易数据和市场信息。

（2）买卖双方根据网络商品交易中心提供的信息，选择自己的贸易伙伴。网络商品交易中心从中撮合、促使买卖双方签订合同。

（3）买方在网络商品交易中心制定的银行办理转账付款手续。

（4）网络商品交易中心在各地的配送部门将卖方货物送交买方。

优点：网络商品交易中心为买卖双方展现了一个巨大的市场，可以获得大量的、详细准确的数据和市场信息，选择最佳的贸易伙伴和获得最优的商品价格。参加者还可以通过网络商品交易中心充分地宣传自己的产品，及时沟通市场信息。

在买卖合同签订前，网络商品交易中心可以协助买方对商品进行检验，只有符合质量标准的产品才可上网，防止因“假、冒、伪、劣”商品问题使交易双方发生纠纷。买卖合同签订后，网络商品交易中心将监督合同的履行情况，如果出现违约现象，系统将自动报警，网络商品交易中心可督促有关方面履行合同或终止合同的执行，避免双方发生经济损失。如合同顺利进行，货物到达后，网络商品交易中心将协助双方对货物进行验收。在验收合格后24小时内，将货款转到卖方账户方可提货，避免“货款拖欠”现象。

在结算方式上，网络商品交易中心采用统一集中的结算模式，对结算资金实行统一管理，有效地避免了多层次、多形式的资金截留、占用和挪用，提高了资金的风险防范能力。

缺点：通过网络商品交易中心进行的交易成功后，网络商品交易中心将对交易双方提取一定的费用。总体来说，由于交易双方能取得最佳价格，因此对费用的提取企业一般是可以承受的。

由于网络商品交易中心参与交易过程，与交易有关各方，如买方、卖方、认证中心、银行等具有较多关系，所以也存在对网络商品交易中心的监管问题。最好的方式是认证中心同时具备网络商品交易中心的功能和作用，这样企业间的电子商务将会更好地进行。

3.5 管理机会、挑战和解决方案

3.5.1 电子商务对企业管理的挑战

电子商务的出现，在很大程度上改变了企业经营的诸多方面。

首先，电子商务促进了企业经营管理理念的变革。企业信息化中的许多成熟的软件，如ERP（企业资源计划）、SCM（供应链管理）、MIS（管理信息系统）、DSS（决策支持系统）等，不仅是一种先进的管理程序和手段，实际上也体现了当代最先进的管理思想和管理理念，是许多优秀企业管理经验的结晶。

其次，电子商务要求企业对传统管理模式实施流程再造。电子商务的基础是信息化和网络化，它要求企业管理实现由内而外的扩张。传统企业对内外部资源的管理采取不同的策略，而电子商务企业则把内部资源的管理纳入到整个供应链管理体系中，在企业原本泾渭分明的内外资源流之间搭建通畅的电子商务平台，以网络为基础，把ERP系统、前端客户关系管理系统和后端供应链系统有机地结合起来，从而以订单流带动物流、资金流，实施流程再造，建立适应市场竞争要求的供应链。

再次，电子商务使企业经营管理的过程变成了高度透明的系统。传统企业存在诸多“暗箱操作”和“跑冒漏滴”等问题，主要原因是其经营管理过程不透明。然而，电子商务可以使企业的财务流程、前端销售环节和后端的采购环节高度透明，因为，企业发生的每一笔业务和开支都以标准的流程进行操作并被记录在案。

3.5.2 企业实施电子商务运作的方案

企业要实现电子商务并不是一蹴而就的，我国企业信息化程度低，起步晚，加上体制等方面的障碍，电子商务发展需要循序渐进，在企业信息化的过程中，可把企业电子商务开发和应用分为四个相互关联的阶段。即打基础阶段、信息孤岛整合阶段、企业内部信息化阶段及电子商务阶段。

（1）基础阶段。主要是加强基础管理，即推动企业标准化工作，整理基础数据，改善业务流程，甚至进行必要的体制变革，为企业信息化提供一个良好环境。企业信息化素有“三分技术，七分管理，十二分数据”之说，可见基础最重要，实践也证明，很多企业上系统失败，也多是因为基础没打好。企业先不要盲目上系统，而要打造好环境，花点时间做好基础是值得的，即使不上系统也可大大提高管理水平和管理素质，如企业需要上系统，也是水到渠成，可以大大降低风险，一举两得。

（2）企业信息孤岛整合阶段。现在不少企业做了大量信息化的工作，也有很多的投资和资源，由于各方面的原因，这些资源的价值没有发挥出来，都基于部门，平台不一，数据格式不统一，这种组织和技术决策上的原因，形成了信息孤岛，促成了信息私有化和资源的不能共享。要解决此问题必须成立权威的信息化决策机构和管理机构，统一规划，统一平台，解决各自为政，各立山头的问题，使新增投资不走老路，对已形成的信息孤岛要进行整合，在充分利用已有资源的条件下，打破壁垒，统一平台。

（3）企业内部信息化。在前两阶段的基础上，要在企业关键部门，如产、供、销、技术部门建立起相互连通，相互共享，能进行信息交换的系统。企业内部信息化要统一规划，根据企业条件分阶段实施，不能贪大求洋，一哄而上，全部上可能全部垮。没有存量的企业，在结构上要与电子商务接轨，采用 B/S 结构，对于老企业要在整合阶段，逐步把 C/S 模式改造成 B/S 模式或混合模式。

（4）电子商务阶段。这一阶段也可以分两步走，第一步建设 Intranet，借助 Internet 建设企业内部互联网，即供内部使用的企业信息门户，也像访问网络一样；第二步整合 Internet/Intranet，通过代理和反向代理进行内外部的相互访问，从而形成完整的企业电子商务环境，开展网上定购和网上销售。

第二步可分为以下几个阶段：第一是让企业可以单独在网上被人看到，也就是信息发布；第二阶段是单独建立自己的门户网站；第三是把企业的内部管理通过网络来解决，包括网上交易。还可以采用如下战略发展企业电子商务：

（1）电子化市场战略。通过电子方式实现在线销售、在线购物、在线服务，从而达到扩大市场、增加销售和降低成本的目的。

（2）有效的客户关系管理战略。把有关市场和客户的信息进行统一管理、共享，并能进行有效分析，从而为企业内部的销售、营销、客户服务等提供全面的支持。

（3）电子贸易战略。传统的企业间的交易往往要耗费企业的大量资源和时间，无论是销售和分销还是采购都要占用产品成本。通过电子交易的方式买卖双方能够在网上完成整个业务流程，使企业之间的交易减少许多事务性的工作流程和管理费用，降低企业经营成本。

（4）供应链管理战略。即对企业供应链的管理，是对供应、需求、原材料采购、市场、生产、库存、订单、分销发货等的管理。供应链是企业赖以生存的商业循环系统，是企业电子商务管理最重要的课题。统计数据表明，企业供应链可以耗费企业高达 25% 的运营成本。

3.6 综合案例——海尔电子商务的成功案例分析

3.6.1 电子商务是海尔的必由之路

网络经济时代的到来，企业如何发展，是一个崭新而迫切的问题。1999 年达沃斯

“世界经济论坛”提出了“企业内部组织适应外部变化、全球知名品牌的建立、网上销售体系的建立”三条原则。海尔从 1999 年 4 月就开始了“三个方向的转移”。第一是管理方向的转移（从直线职能性组织结构向业务流程再造的市场链转移）；第二是市场方向的转移（从国内市场向国外市场转移）；第三是产业的转移（从制造业向服务业转移）。这些都为海尔开展电子商务奠定了必要的基础。

其次，进军电子商务是海尔国际化战略的必由之路。国际化是海尔目前一个重要发展战略。而电子商务是全球经济一体化的产物。

第三，中国企业如果在网上再没有拓展，传统业务与网络挂不上钩，在网络经济时代就没有生存权。在由网络搭建的全球市场竞争平台上，企业的优劣势被无情的放大，因为新经济时代下，企业就是在（信息）高速公路上行驶的车辆，车况好的车，能够在信息高速公路上发挥优势，而破旧的车，即使在高速公路上，也只有被远远抛在后面。

新经济下海尔的特点，从 HAIER 五个字母所赋予的新含义体现出来：

H：Haier and Higher；

A：@网络家电；

I：Internet and Intranet；

E：http：//www. ehaier. com/（Haier e-business）；

R：haier 的世界名牌的注册商标®。

这五个字母的新含义，涵盖了海尔电子商务的发展口号、产品趋势、网络基础、电子商务平台、品牌优势五大方面。

海尔电子商务的特色由“两个加速”来概括，首先加速信息的增值：无论何时何地，只要用户点击 http：//www. ehaier. com/，海尔可以在瞬间提供一个 E+T>T 的惊喜；E 代表电子手段，T 代表传统业务，而 E+T>T，就是传统业务优势加上电子技术手段大于传统业务，强于传统业务。其次是加速与全球用户的零距离，无论何时何地，http：//www. ehaier. com/都会给用户提供在线设计的平台，用户可以实现自我设计的梦想。

3.6.2　海尔与众不同的电子商务模式

（1）三个月增长 10 倍速的海尔电子商务，做有鲜明个性和特点的垂直门户网站。

以通过电子商务更进一步增强海尔在家电领域的竞争优势，不靠提高服务费来取得赢利，而是以提高在 B2B 的大量交易额和 B2C 的个性化需求方面的创新。

2000 年 3 月 10 日，海尔投资成立电子商务有限公司。4 月 18 日海尔电子商务平台开始试运行，6 月份正式运营。截至 12 月 31 日，B2B 的采购额已达到 77.8 亿，B2C 的销售额已达到 608 万。海尔的电子商务为什么魅力四射？用户为什么会有如此大的热情，可以看这样几个例子。

［案例 3-1］我要一台自己的冰箱

青岛用户徐先生是一位艺术家，家里的摆设都非常富有艺术气息，徐先生一直想买一台表面看起来像一件艺术品但又实用的冰箱。徐先生从网上看到“用户定制”模块，随即设计了一款自己的冰箱。他的杰作很快得到了海尔的回音：一周内把货送到。

［案例 3-2］从网上给亲人送台冰箱

北京消费者吴先生的弟弟下个月结婚，吴先生打算买一台冰箱表达当哥哥的情意。

可是弟弟住在市郊，要买大件送上门，还真不太方便。吴先生兴冲冲地上网下了一张订单，弟弟在当天就收到了冰箱。弟弟高兴地打来电话说，他们家住6楼，又没有电梯，但送货人员却把这么大的冰箱送到了家里，太方便了，今后他买家电也不用跑商场了，就在海尔网站上买！

（2）优化供应链取代本公司的（部分）制造业，变推动销售的模式为拉动销售模式，提高企业的核心竞争力。

海尔电子商务从两个重要的方面促进了新的模式运作的变化。一是B2B（企业对企业）的电子商务来说，他促使外部供应链取代自己的部分制造业务；通过B2B业务，仅给分供方的成本的降低就收益8%～12%。从B2C的电子商务的角度，他促进了企业与消费者的继续深化的交流，这种交流全方位提升了企业的品牌价值。

一位供应商在通过Internet与海尔进行业务后给海尔来了一封信：我是一家国际公司的中国业务代表，以前我每周都要到海尔，既要落实订单，还要每天向总部汇报工作进展，非常忙碌。有时候根本顾不上拓展新的业务。自从海尔启用电子商务采购系统后，可以在网上参加招投标、查订单、跟踪订单等工作，大大节省了人力、物力和财力，海尔电子商务是一个公开、公平、高效的平台。而且我也有更多的时间来了解海尔的需求，并为公司又谈下了一笔大生意，得到了公司的表扬。更重要的是，我作为中国人也为海尔而自豪：我们总部也是刚刚采用类似的系统，而在中国海尔已经运作起来了，与海尔合作体现了国际的先进手段和效率！

（3）把商家变成设计师，“个性化”不会增加成本。

海尔电子商务最大的特点就是个性化。提出了与客户之间零距离，而此前客户的选择余地是有限的，这对厂家有利，现在一上网，用户要定制他自己的产品，这并不是所有企业都能做到的。

要做到与客户之间零距离，不能忽视商家的作用。因为商家最了解客户需要什么样的商品，要与客户之间零距离，就要与商家之间零距离，让商家代替客户来定制产品。B2B2C的模式符合实际情况，也培养了一大批海尔产品用户的设计师。

海尔提出的商家、消费者设计商品理念，是有选择的，我们不可能让一个普通的商家或消费者代替专家纯粹从零开始搞设计，这样他们不知从何下手，也难以生产。海尔现共有冰箱、空调、洗衣机等58个门类的9200多个基本产品类型，这些基本产品类型，就相当于9200多种“素材”，再加上提供的上千种“佐料”——2万多个基本功能模块，这样经销商和消费者就可在海尔提供的平台上，有针对性地自由地将这些“素材”和“佐料”进行组合，并产生出独具个性的产品。

当然，海尔这种B2B的模式若只定位在某一地方就肯定不行，因为成本太大了，而海尔着眼于全球市场，这样需求就大大地增加，成本就大大地降低。一般来讲，每一种个性化的产品如产量能达到3万台，一个企业就能保证盈亏平衡，而事实上海尔的每一种个性化的产品的产量都能达到3万台以上。这成本平摊下来，商家和消费者所得到的产品价格的增长是很微小的。

3.6.3 海尔实施电子商务的优势

张瑞敏首席执行官提出海尔实施电子商务靠“一名两网”的优势：“名”是名牌，品牌的知名度和顾客的忠诚度是海尔的显著优势。“两网”是指海尔的销售网络和支付网络。海尔遍布全球的销售、配送、服务网络以及与银行之间的支付网络，是解决电子商务的两个难题的答案。

企业在没有任何基础情况下搞电子商务是不会取得成功的，因为没有业务流程的重组，没有企业内部网与外部网的应用，没有企业各种信息应用系统作为基础，电子商务平台无异于空中楼阁。

首先，在产业方向转移方面，海尔已实现了网络化管理、网络化营销、网络化服务和网络化采购，并且依靠海尔品牌影响力和已有的市场配送、服务网络，为向电子商务过渡奠定了坚实的基础。在管理转移方面，传统企业的金字塔式的管理体制不适应市场发展的需要，所以在管理机制上把“金字塔”扳倒建立了以市场为目标的新的流程，企业的主要目标由过去的利润最大化转向以顾客为中心，以市场为中心。在企业内部，每个人要由过去的“对上级负责”转变为“对市场负责”。海尔集团还成立了物流、商流、资金流三个流的推进本部。物流作为“第三利润源泉”直接从国际大公司采购，降低了成本，提高了产品的竞争力，商流通过整合资源降低费用提高了效益；资金流则保证资金流转顺畅。

海尔拥有比较完备的营销系统，在全国大城市有40多个电话服务中心，1万多个营销网点，甚至延伸到6万多个村庄。这就是为什么有些网站对订货的区域有限制而海尔是可以在全国范围内实现配送的原因。

3.6.4 海尔电子商务平台的搭建

海尔率先推出电子商务业务平台。为此海尔累计投资1亿多元建立了自己的IT支持平台，为电子商务服务。

目前，在集团内部有内部网、ERP的后台支持体系。现在有7个工业园区，各地还有工贸公司和工厂，相互之间的信息传递，没有内部网络的支持是不可以想象的。各种信息系统（如物料管理系统、分销管理系统、电话中心、C3P系统等）的应用也日益深入。海尔以企业内部网络、企业内部信息系统为基础，以因特网（外部网，海尔从1996年底起就建立了自己的网站）为窗口，搭建起了真正的电子商务平台。

当然，进行电子商务并不是一相情愿的事，不仅要有各方面的基础准备，还要让经销商和消费者接受，这样才能顺利实现。海尔为经销商、供应商和消费者提供了一个简单、操作性强的电子商务平台，而且进行了循序渐进式的培训，而且在平台设计的时候就考虑到如何为应用者提供方便和帮助，就连电子商务平台的设计海尔也遵循了以客户为中心的原则。

3.6.5 展望

海尔的电子商务平台将发展成为公用的平台，不仅可以销售海尔的产品，也将销售其他各类的产品；不仅可以为海尔自身的采购需求服务，也将为第三方采购和配送服务。

海尔将保持和强化两个优势：

第一，以“一名两网”为基础，与用户保持零距离，快速满足用户的个性化需求。

Internet时代是信息爆炸的时代，海尔要利用信息进行发展。通过网站，海尔可以收集到大量的用户的信息和反馈。这些用户对海尔的信任和忠诚度是海尔最大的财富。目前，在海尔的网站上，除了推出产品的在线订购销售功能之外，最大的特色就是有面对用户的四大模块：个性化定制、产品智能导购、新产品在线预定、用户设计建议。这些模块为用户提供了独到的信息服务，并使网站真正成为海尔与用户保持零距离的平台。

第二，利用网络放大海尔的优势，减低成本和培植新的经济增长点。

海尔将利用系统，进一步优化分供方。如果上网，就可以加快这种优化的速度。一个小螺丝钉到底世界上谁生产最好？一上网马上就会知道。这不仅仅是简单的价格降低，关键是找到了最好的分供方。正是这种交流，海尔在短时间内建立了两个国际工业园，引进了国际上最好的分供方到青岛建厂，为海尔配套。

海尔电子商务系统还处在进一步的建设和完善中，利用海尔的“一名两网”的优势，通过网络连接用户，大力推进 CRM 系统的建立，以具有充分个性化的产品和特色服务拢住原有、新的、潜在的用户，以及供应商、采购商，提供完善的服务。在新经济时代保持和发扬企业的优势，加快海尔的创新机制，缩短进入国际化的进程。

3.6.6 案例目的及分析

本案例通过对海尔电子商务成功经验的介绍，说明电子商务可以为企业管理带来变革，可以使得企业在组织结构、营销方式、管理范围等方面进行管理创新，从而带来巨大效益。

信息和知识已成为人力、资本之后的第三大企业资源。企业管理从实物管理走向资本管理，又走向知识管理，电子商务在企业经营管理领域获得广泛应用。运用电子商务不仅仅是简单地把企业的业务扩展到了 Internet 上，更是企业经营管理模式的一场深刻变革，必将进一步地促进企业管理的改革和创新。

（1）管理组织创新。

以 Internet 为基础的电子商务正以深刻的方式改变企业管理组织各相关方面之间的关系，促进企业管理组织的创新。

1）组织结构发生三个巨大变化。

首先是扁平化，改革组织内部信息沟通方式，提高沟通效率，减少组织层次，高层决策者可以与基层执行者直接联系，基层执行者也可以根据实际及时进行决策，中层组织原来意义上的上传下达作用的重要性逐渐削弱，而转向深入科研、管理、生产、营销一体的市场第一线，使企业建立扁平化结构的组织模式。美国近几年企业的中间管理层减少三分之一，管理幅度原则为信息沟通幅度原则所取代。

其次是分权化，集团公司收缩总部，实行高度分权，成立自治子公司及分公司。

第三是虚拟化，利用网络上的“虚拟现实”技术，把企业的战略联盟通过电脑联网，将盟友纳入企业经营体系，形成网络组织、虚拟企业。

2）形成新的企业管理组织形态，在电子商务环境下，信息技术的进步给全球经营活动带来迅速变化。利用 Internet 改变企业进入市场和接触客户的方式，实现安全、准确、高效的企业管理。

（2）营销管理创新。

1）网络互动式营销管理。电子营销的最显著特点是网络互动式营销，电子营销帮助企业同时考虑客户需求和企业利润，寻找能实现企业利润的最大化和满足客户需求最大化的营销决策。新的、开放式的国际市场经营环境要求企业必须把客户整合到整个营销过程中来，并在整个营销过程中不断地与客户交流。哪个企业的营销系统与客户的互动性越大，她必将赢得更多的客户群。

2）网络整合营销管理。在电子营销中，企业和客户之间的关系变得非常紧密，甚至牢不可破，这就形成了“一对一”的营销关系。这种营销框架称为网络整合营销，它始终体现了以客户为出发点及企业和客户不断交互的特点，它的营销决策过程是一个双向的链。

3）网络定制营销管理。随着企业和客户相互了解的增多，销售信息将变得更加定制（即个性化设计、一批一件）。电子营销的发展趋势将由大量销售转向定制销售。海尔的电子商务也具有允许客户订制个性化产品的功能。

4）网络市场预测管理。传统的市场预测依据有：一是问卷调查，二是售后统计分析。据调查结果表明，60%的人进入商场后并未实施购买，因此无法知晓他们真正需求什么。如果利用电子商务，只要对进入网站页面的点击率进行统计即可得出客户实际关心什么。

（3）增强管理时效。一般来说，是否实现了更高的效率是检验一种经济创新是否成功的主要标志。传统的企业管理方式和交易方式，是建立在纸面单据的流转基础上的，不仅消耗了大量的人力和物力，而且往往产生大量的时间延误，并且每次重复输入资料可能产生错漏等方面的问题，电子商务则采用数字化电子方式进行商务资料交换和开展管理活动，能解决效率问题。

效率提高，不仅能够降低成本，也能提高服务水准与方便性，进而锁定消费者。成本管理的能力常常是网络商机持久战的决胜关键。企业网站能够运用虚拟市场收集信息和方便操作，使其网络经营更加顺畅，提高企业整体、企业伙伴、企业与顾客之间的效率。

（4）拓展管理范围。电子商务能帮助管理者实现以往不可能实现的管理目标，从而极大地拓展管理空间。借助财务软件系统，可以采用更加精确的计价方法，可以任意选择更加适合本单位的成本法；利用决策支持软件，可以采集和保存十年的历史资料，并在大规模资料的基础上，结合多种方法对资料进行分析，形成决策参考方案；利用网络版特别是国际互联网的管理软件，管理者可以即时地查询分布在全世界任意一个分支单位的经营报告、发布业务指令和下达管理要求，使管理者鞭长莫及升华为“法力无边”。

（5）更新管理思想。电子商务就是新的管理思想和管理模式的载体。电子商务所创造的不是一件新型的产品，而是一种观念、一种手段、一种方式，它超越了产品、技术与产业的范畴。电子商务对管理能力局限的突破，改变了管理者对自身和管理系统的认知；电子商务对管理时效性和管理成本的影响，改变了人们对管理的时空观；电子商务对先进管理思想、模式和经验的传播，改变了管理学习的观念和行为；电子商务对企业经营方式及管理体制的影响，改变了人们对企业本身的看法，从而改变着对企业管理的观念。

海尔的电子商务体现了海尔在营销管理、客户管理、组织结构、经营理念等方面的创新，而这种创新管理理念也离不开电子商务技术手段的支撑。随着中国市场经济的逐步深入，企业竞争日益激烈，客观上要求企业提高管理水平。在信息社会中，旧的传统经营管理模式必将被新的管理模式所取代，电子商务能促进企业管理方法革新，实现现代企业管理，提升企业的核心竞争能力。

3.7 热点话题——我国 B2C 电子商务发展不足的原因与影响

企业与消费者之间的电子商务（B2C）缩短了客户和企业双方的时间和空间，适应越来越快的工作生活节奏，提高了交易效率，节省了开支，广受欢迎。然而，据中国互联网络信息中心（CNNIC）统计，2010 年，我国 B2C 网购用户数量达到 9936 万人，占整体网购用户的 61.9%。服装、图书和 3C 产品、母婴和充值卡是用户在 B2C 购物网站上购买最多的商品。有 51.1% 的用户在 B2C 购物网站购买服装鞋帽，32.4% 的用户购买图书音像制品，22.2% 的用户购买 3C 产品。尽管近几年 B2C 蓬勃发展，但有限的 B2C 商品购物类别及 B2C 网购用户数与电子商务蕴涵的巨大市场不符，显示出 B2C 发展的不足（注：2010 年为 CNNIC 发布的最新有关 B2C 统计数据）。虽然中国电子商务市场的增长规模仍维持在一个较高的水平，但市场增长速度的放缓仍是不争的事实，同时电子商务市场还存在其他的发展瓶颈。

B2C 电子商务的发展除了与企业自身密切相关，现阶段长期稳定、健康发展更多的因素来源于政府、行业、联盟、银行等所营造的宏观环境。具体分析如下：

（1）电子商务支撑服务体系和公共平台不完善。我国尚未形成促进电子商务发展的有力支撑体系，包括信任、认证、标准、现代物流、法律法规等在内。目前电子认证、在线支付、现代物流、信用体系、安全防护、市场监管、标准规范等方面还不适应电子商务快速发展的需要，电子商务公共服务体系相对滞后，现代物流公共平台不完善也制约了电子商务的发展。

B2C 电子商务加速了无形产品和易于数字化的有形产品的物流配送，但 B2C 增加了实物产品物流周转时间和成本，对于在居所附近能买到的商品来说，B2C 吸引力不大。此外，与 B2B 不同，B2C 客户群分散，客户每次购买量小，因此不利于批量配送，自己运作的费用很高。再加上传统物流中各种要素价格提升过快，小型物流企业运营举步维艰，物流增值服务（如代收货款等）还不足以规范，成为目前 B2C 电子商务发展的现实困难。大型 B2C 通过自建物流体系解决物流瓶颈。而大量的中小零售业的 B2C 不具备大型 B2C 企业的优势，物流外包是个必然选择。中国快递业目前仍存在管理体制滞后、物流企业组织小、经营管理水平低、物流专业化程度低且技术单一、物流业服务缺乏统一标准、服务不规范等问题。特别是“主干物流”和“最后一公里物流”衔接问题显得尤为突出。电子商务与现代物流联盟辅助政府牵线搭桥，整合不同地区、不同规模，甚至不同体制的物流公司，优化资源，实现横向对接。

（2）技术创新和技术应用不足，有待加强。由于电子商务尚处于早期发展阶段，技术和业务模式还有待进一步研究和探索，产业市场还需要一个长期培育的过程，目前还缺乏系统的技术创新体系，缺乏产业和研究力量投入，缺少具有重要影响力的最佳实践，存在信息安全等一批亟待解决的关键技术问题，机遇和挑战并存。

电子商务产业目前还存在缺乏完整的技术创新体系和成熟的业务模式，缺少有效集成物流、商流、资金流的一体化解决方案，行业融合尤其与物流业的衔接不够，不断出现影响电子商务发展新瓶颈等问题。

在电子商务产业中，技术创新和技术应用的不足成为 B2C 发展的瓶颈，电子商务产业在新技术、新成果、新模式的应用转化方面，特别是应用新兴移动通信技术、远程控制、无线网络等新型数字技术，供应链管理、客户关系管理、无线射频识别技术、自动化采购、自动化仓库等先进的信息管理技术方面有待加强。

（3）电子商务技术与产业标准化不足。随着信息技术的发展和普及，我国电子商务得到了快速发展，其应用初见成效，标准化工作也得到了良好的发展。但是，由于标准制定与市场需求之间的协调性和配套性较差，目前标准体系还存在标准老化、内容不完整、标准空白等诸多问题。如电子单证格式标准的完整性不足、业务流程和在线支付的标准缺失等。由于电子商务跨越的领域较多，集成的技术范围广泛，因此其标准化工作所涉及的部门也较多。国家有关部门根据需求各自制定自己的标准，导致业务交叉和重叠局面的出现。在资源共享、协同分工方面，缺乏稳定、长效的沟通协调机制；在统筹规划、高效管理方面，电子商务标准化缺乏统一的管理维护机制。电子商务商品标准、规格、服务的标准化问题也制约着 B2C 电子商务的进一步发展。

（4）B2C 用户相对于网络应用所占份额较少。据 CNNIC 报告对用户上网最主要目的的调查显示，网上购物与售物远远低于网民所热衷的依然是交流、娱乐与新闻等功能。B2C 用户相对于网络应用所占份额较少。具体原因如下：

现有网民结构对 B2C 不利，未婚、25 岁以下、基本无收入的学生网民仍占据相对主要地位，他们年龄小，可支配的资金少，因此对网上需付费的 B2C 需求不足（而大批具有购买力和购买欲望的顾客因观念意识或文化层次较低或年龄较大、不了解电脑而被拒之门外）。

B2C 缺乏休闲与体验的功能，吸引力不够与传统购物相比，在 B2C 网站上，无法进行人际交流，无法体会与家人或朋友一起购物时的乐趣，也无法通过感官去感受商品的质地、气味、大小、长短等，而这些因素都是消费者购物过程中的重要心理体验。因此如何利用信息技术让消费者在 B2C 网站上尽可能地增加体验，甚至得到在传统商场购物中所不能体验的乐趣，是 B2C 吸引顾客的一个重要努力方向。

现今，中国 B2C 市场保持平稳较快发展的同时，也面临一些突出问题。市场低价竞争成为常态，商户盈利能力不足；资本市场遇冷，后续发展支撑堪忧；购物网站用户信息泄漏，削弱消费者信任等。这些问题已经成为制约网络零售市场持续快速发展的重要因素。随着政府对网络零售市场的扶持和规范力度明显加大，第三方支付牌照发放、物流服务发展规划制定、网购规范性管理条例筹备出台等，未来 B2C 购物市场将迎来更为规范化的行业发展环境。B2C 从业企业在规模增长的同时，需要从粗放式发展转向精细化挖掘，由做大转向做深，实现整体网络购物行业服务水平的全面提升。

（5）电子商务信用体系尚待发展。产品质量、售后服务与商家信用是网民最大的担忧。展示商品的图片和说明等数据是否真实可靠成为顾客选购商品时首先要考虑的问题；其次，由于是远程销售和运输，消费者购买商品后很难得到从传统销售渠道购买商品所能得到的同样配套的服务，而且一旦出现质量问题，退货和理赔都非常困难。而质量与售后服务的保障归根结底取决于企业的信用。

塑造 B2C 企业品牌与信用，打造社会诚信机制，是 B2C 成功的关键所在。B2C 商家信誉主要由品牌诚信度、品牌知名度、商品性价比和商品种类等因素组成。品牌诚信度和商品性价比决定了商家信誉的深度，直接决定每个消费者的购买率；品牌知名度和商品种类决定了商家信誉的广度，直接决定了商家拥有消费者的规模。商品性价比和商家的运营成本有关，信用度相对较高，打消消费者的怀疑。

发挥政府的力量，联合银行、税务、工商等共同打造社会诚信机制，B2C 远程交易的复杂性决定了其需要一套覆盖全国的诚信体系。这显然远远超出电子商务企业的承受范围，而需和政府的力量。网上购物信誉度迟迟难以确立。因此政府部门应发挥自身力量，借助于第三方中立的联盟及协会，联合银行、税务、工商及公用事业单位共同打造整个社会的信用体系，尽早确立网上购物的信誉度，为 B2C 健康快速发展创造条件。

（6）商业政策和法律方面缺少对电子商务环境的支持。近年来，世界各国和国际组织分别制定和调整了专门的电子商务法律。联合国国际贸易法律委员会制定了《计算机记录法律价值的报告》、《电子资金传输示范法》、《电子商务示范法》、《电子商务示范法实施指南》等系列调整国际电子商务活动的法律文件。国际上 40 多个国家和地区已制定颁布了实质意义上电子商务法。如美国《统一电子交易法》、《国际与跨州电子签章法》、俄罗斯《联邦信息法》、意大利《数字签名法》等，对电子商务涉及的各领域、环节、对象做出了明确的界定。

现阶段我国涉及电子商务的立法有《合同法》、《物权法》、《著作权法》、《专利法》等，同时，我国在法律调整中增加了适应电子商务发展的有关内容，如《电子签名法》承认了数据签名的法律效力，新《刑法》中首次增加了计算机犯罪的罪名，《合同法》第十一条确认了数据电文、电子邮件的法律效力，《行政许可法》中明确了数据电文的有效性。最高人民法院近年来先后出台了若干涉及互联网和电子商务的司法解释。广东、上海、海南等地区已经开展电子商务地方立法起草工作。这些在一定程度上规范了电子商务活动的秩序。

目前，我国现行法律法规与电子商务发展需求和发达国家的立法相比还有较大差距，在电子商务市场的建立和准入、电子商务商业行为的规范、知识产权的保护、税收征管、争议与纠纷的解决等方面需要进一步加强商业政策和法律的制定，保障并促进我国电子商务的健康有序发展。

3.8 扩展学习模块——商务智能主流工具比较

3.8.1 工具介绍

（1）MicroStrategy 公司产品。MicroStrategy 公司由 Michael J. Saylor 创建于 1989 年，最初主要是作为一家决策支持领域的咨询公司，随后发展过程中，在 1993 年推出了第一个产品包：MicroStrategy Agent，随后相继推出一系列产品：MicroStrategy Web、MicroStrategy Broadcaster、MicroStrategy Telecaster 等，现最新产品包称之为 MicroStrategy 7，致力于提供面向个性化的电子商务智能解决方案。

相关产品包括：

1）MicroStrategy Intelligence Server——整个产品中核心产品，多层体系结构下的中间应用服务器，为各种前端应用提供中间应用层能力。

2）MicroStrategy Web——Web 体系下的应用服务器，提供基于 Web 体系下的查询、电算表格和多维分析能力。

3）MicroStrategy Agent——数据挖掘、应用开发工具，提供 API 接口。

4）MicroStrategy InfoCenter——企业级报表，门户工具。

5）MicroStrategy Architect——商业对象抽象层设计工具。

6）MicroStrategy Desktop——MicroStrategy Agent、MicroStrategy Architect 和 MicroStrategy Administration Utility 的集成化应用环境。

（2）BO 产品介绍。Business Objects 是全球领先的商务智能（BI）软件公司。可帮助企业更加深入地跟踪和了解其业务，改善决策水平，优化企业绩效。在全球 80 多个国家中 43000 多个机构的数百万人正在使用 Business Objects 公司的丰富产品，其中包括《财富》500 强中 80% 以上的企业。Business Objects 是商务智能行业不折不扣的领导者。

（3）Cognos 的产品简介。Cognos 公司的产品是由一系列的功能模块组合而成的套件，包括如下一些模块：

Powerplay Enterprise Server 是 PowerPlay 企业级的服务器。由应用服务器和 Web 服务器组成。可在 Internet、广域网和局域网上发布 Cubes 并作为在线分析运行平台。

Cognos 是在 BI 核心平台之上，以服务为导向进行架构，是唯一可以通过单一产品和在单一可靠架构上提供完整业务智能功能的解决方案。它可以提供无缝密合的报表、分析、记分卡、仪表盘等解决方案，通过提供所有的系统和资料资源，以简化公司各员工处理资讯的方法。作为一个全面、灵活的产品，Cognos 业务智能解决方案可以容易地整合到现有的多系统和数据源架构中。

（4）Brio 产品介绍。美国 Brio Technology 是一家纳斯达克上市公司，其集中精力于 OLAP 的前端展示，不提供 OLAP 的数据整理和重组功能，没有 OLAP 分析引擎。

（5）CA 公司产品。CA 公司（NYSE：CA）是全球最大的 IT 管理软件公司之一，专注于为企业整合和简化 IT 管理。CA 创建于 1976 年，总部位于美国纽约长岛，服务于全球 140 多个国家的客户。

CA 也提供非常齐全的产品线：

1）CleverPathTM Predictive Analysis Server 数据挖掘工具。

2）CleverPathTM OLAP OLAP 分析的应用工具，是一个包括 C/S 和 B/S 网页的。

3）CleverPathTM Forest & Trees 提供查询处理功能。

4）CleverPathTM Aion Business Rules Expert 数据组织及元数据管理。

5）CleverPathTM Reporter C/A 结构下的报表制作工具。

6）CleverPathTM Portal 定时调度工具。

7）CleverPathTM Enterprise Content Manager 信息分发共享工具。

3.8.2 产品对比

商务智能主流产品对比见表 3-2。

表 3-2 商务智能主流产品对比

项目产品 功能	MSTR	BO	Brio	Cognos
独立的应用服务层	基于组件的应用服务器 Intelligence Server，功能强大，附属工具丰富	应用服务器为 WebIntelligence 负责数据的交互，功能较简单，性能依赖于 OLAP 的性能	Brio. Enterprise OnDemand 负责数据的交互，功能较简单，性能依赖于 OLAP 的性能	PowerPlay Enterprise server 负责数据的交互，提供基础的服务器调优和负载平衡的调整

续表 3-2

项目产品 功能	MSTR	BO	Brio	Cognos
安装难易程度	客户端无任何安装； 服务端的安装全程自动化，没有专用的设置参数的输入，较容易安装	安装前需要改区域设置和本地安全策略，容易安装失败，并且不支持	同 COGNOS 类似	安装需要经过指导，安装后的配置较繁琐，容易安装失败
数据容量	100G 以上	单个数据模型 60～70G	单个数据模型 60～70G	10G 以下
应用平台的支持	操作系统： WIN2000SERVER； WIN2003SERVER； UNIX； 数据库系统：主流的 RDBMS	操作系统： WIN2000SERVER； WIN2003SERVER； UNIX； 数据库系统：主流的 RDBMS	操作系统： WIN2000SERVER； WIN2003SERVER； UNIX； 数据库系统：主流的 RDBMS	操作系统： WIN2000SERVER； WIN2003SERVER； UNIX； 数据库系统：主流的 RDBMS
产品线的完整程度	缺乏 ETL 和数据挖掘工具	缺乏数据挖掘工具	缺乏 ETL 和数据挖掘工具	拥有全部的 BI 产品线，功能较丰富
产品集成情况	集成度高，提供集成的数据连接、模型制作、报表发布、权限管理的界面	集成度中等，Web 功能同传统 C/S 模式差距较大	集成度中等，Web 功能同传统 C/S 模式差距较大	集成度低，每种应用都对应单独的使用界面
良好的权限机制，易于整合、同步	提供完善的权限机制，分功能权限和数据权限，权限的二次集成度高，但开发量也大	提供完善的权限机制，分功能权限和数据权限，但只提供简单的用户权限操作的二次集成能力	提供完善的权限机制，分功能权限和数据权限	权限的二次开发量很小，但只能实现用户管理和单一度量数据过滤功能
支持的数据库和 OLAP Web 端的功能	主流数据库 只使用自己的 OLAP 服务器分析结果就是一个初步的报表，根据 SDK 框架生成 HTML，实现相关的旋转、钻取等操作，功能基本与 C/S结构操作起来相当（速度较慢）	主流数据库和主流 OLAP 服务器分析和报表制作功能 Web 下明显弱于 C/S 模式	主流数据库和主流 OLAP 服务器分析和报表制作功能 WEB 下明显弱于 C/S 模式	主流数据库和主流 OLAP 服务器 分析功能同 C/S 模式相当，但报表制作功能 WEB 下明显弱于 C/S 模式
多种文件导出格式	常用的格式都支持	常用的格式都支持	常用的格式都支持	常用的格式都支持
报表展示的形式	支持列表、交叉表、图表（90 多种）	图表样式较少	图表样式较少	图表样式较少，OLAP 模式不能制作列表
多文档界面的支持	支持多文档的同时显示，提供灵活的制作界面，可以制作真正的带分析说明的综合报表，只是对文档的制作人有一定的要求	多文档的制作非常方便和快捷，不过不能添加文字描述	图表混合需要二次开发，提供专用的编辑器	OLAP 方式不提供（7.X 不清楚） 只支持图表的同步显示

续表 3-2

项目产品功能	MSTR	BO	Brio	Cognos
报表 Web 界面的用户订制	界面操作较烦琐，虽然声称通过 Web 页面的拖拉拽方式生成报表，但仍然不太好用	不支持，只能通过 OCX 组件生成分析结果报表，生成方式较简单	不支持，所有 Brio 报表必须由熟悉数据库知识的人设计	在分析状态下只能生成分析结果报表，可以选择 PDF 和纯 Web 表格两种模式
产品性能报表刷新的速度	提供报表缓存机制以提升效率； 有缓存时访问速度在 1min 以内；无缓存时，在 SQL 查询时间基础上增加 10～30s（Web 处理和显示时间）	15s～2min 内	15s～2min 内	6～60s（10 万条数据以内）
负载平衡	支持多种层面的负载平衡	提供应用服务器的负载均衡，功能较弱	提供应用服务器的负载均衡，功能较弱	提供应用服务器的负载均衡，功能较弱
多处理器优化	支持	支持	支持	支持
OLAP 分析的速度（10 万条数据运算以内）	提供报表缓存机制以提升效率； 有缓存时访问速度在 1min 以内；无缓存时，在 SQL 查询时间基础上增加 10～30s（Web 处理和显示时间）	15s～2min 内	15s～2min 内	6～60s
多用户并发访问的支持能力	单 CPU 可以支持 50 个并发操作用户	单 CPU 最多支持 25 个并发操作用户（64 位 UNIX 环境）	单 CPU 支持 5～15 个并发操作用户	单 CPU 最多支持 20 个并发操作用户
对硬件的要求	单 CPU 支持 50 并发，对内存的要求较低，1G Memory	1G	1G	6.6 以前的版本，内存越高越好，起码 1G，6.61 以后则 1G 以上
服务与支持解决问题能力的评价	能够提供开发和实施的强力支持，但经验不足，有做很多探索工作	不少情况下需要通过网络上的论坛解决问题	同 IBM 联手，解决问题的能力有保障	二次开发的余地较小，但问题基本上都能解决
支持与培训	对于合作伙伴提供免费的培训和支持	对于合作商提供初级培训，高级培训 5 天收费 14500/人	一般作为 IBM 实施套件之一，IBM 和 Brio 都可以提供支持	对于合作伙伴提供免费的培训和电话支持，一年内免费上门解决问题一次

思考题

1. EDI 目前在我国处于什么地位，互联网的发展对 EDI 有何影响？
2. EDI 的概念及特点是什么？

3. 简述电子商务如何增强企业的成本竞争优势。
4. 简述电子商务对企业竞争战略的影响。
5. B2B 电子商务的两种交易模式各自是如何获取利润的？
6. B2C 电子商务企业的类型有哪几种，它们的各自特点是什么？
7. C2C 电子商务的两种交易模式是什么，它们各自的利润来源是什么？
8. 电子商务和 CRM 是如何互相协作的？
9. 比较电子商务与传统商务的优缺点。
10. 简述 B2C 电子商务的收益模式。
11. 数据挖掘是如何运用在 CRM 中的？
12. 比较实体店与虚拟店的优劣势，提出你的营销策略。
13. 试分析电子商务中存在的信用安全问题。
14. 影响我国开展电子商务的障碍因素主要有哪些、假如你是某个公司的 IT 顾问，你认为你所在的公司应如何开展电子商务？
15. 目前全球采购、全球销售与本土化生产的趋势越来越明显，物流业的专业化既是社会分工的必然结果，也是市场经济的必然结果。第三方物流机构能为企业节约物流的成本、提高物流效率，是企业的理想选择。试分析我国第三方物流发展状况。

第2部分

企业中的信息系统

随着科学技术的进步，使信息的产生及传递的速度越来越快、成本越来越低，信息技术成为当今最活跃，发展最迅速，影响最广泛，渗透力最强的科学技术领域之一。信息化是一场深刻的革命，在社会许多领域对传统的生产、生活和思维方式产生着巨大冲击，并促进着经济和社会的快速和均衡发展。企业的信息化是指企业利用现代的信息技术，通过对信息资源的深度开发和广泛利用，不断提高生产、经营、管理、决策的效率和水平，提高企业经济效益和企业的竞争力。

构成企业信息系统主要包括5个基本要素：企业的组织结构、流程、数据、商务规则与功能（性能）。其中从用户的角度主要关注流程，是以流程为核心的，通过流程将其他几个要素贯穿起来，需求分析人员也应该从这个角度来和用户沟通；从开发者的角度主要关注企业的数据、商务规则与功能，以便于系统的实现；从实施者的角度主要关注企业的组织结构与功能，以便于系统的发布与实施。

近年来，随着互联网和电子商务的发展，企业经营业务模式随之改变，促使企业重新定位和思考它的组织机构、业务流程和经营渠道，迎接新的机遇和挑战。企业管理信息系统的发展可以说是管理理论方法与计算机技术“两驾马车”推动的结果，管理信息系统的发展史同时也是两者相结合的历史，伴随着管理理论与计算机技术的发展，企业中的管理信息系统可以大致分为：

（1）基于组织职能进行划分。MIS 按组织职能可以划分为办公系统、决策系统、生产系统和信息系统。

（2）基于信息处理层次进行划分。MIS 基于信息处理层次进行划分为面向数量的执行系统、面向价值的核算系统、报告监控系统，分析信息系统、规划决策系统，自底向上形成信息金字塔。

（3）基于历史发展进行划分。第一代 MIS 是由手工操作，使用工具是文件柜、笔记本等。第二代 MIS 增加了机械辅助办公设备，如打字机、收款机、自动记账机等。第三代 MIS 使用计算机、电传、电话、打印机等电子设备。

在本书中，把管理信息系统按照企业管理的职能、层次以及行业三个方面划分：

（1）基于企业管理职能划分，可以分为办公自动化、会计信息系统、市场营销信息系统、人力资源管理信息系统、生产子系统等。这一部分内容在第4章展开；

（2）基于企业管理决策层次划分，可以分为基层管理信息系统、中层管理信息系统、高层管理信息系统；目前应用的比较广泛的有经理信息系统、决策支持信息系统、群体决策支持系统、职能决策支持系统等，这一部分内容在第5章展开；

（3）按照行业应用划分，如制造业、金融、交通运输、物流、公安等，第六章主要针对 SAP、交通信息化、电子政务、物流行业信息化等几个重点行业的信息系统建设及解决方案等内容铺开。

4 职能信息系统

一个组织是通过组织结构设计从而进行组织职能划分的。由于设计出的组织结构并不是唯一的，所以组织职能的划分也不是唯一的。对于组织内部的每一个职能部门，都有各自的信息需求，因此都需要为它设计一个信息系统。这就意味着可以按照需要使用信息的组织职能来建立管理信息系统，根据组织职能来划分管理信息系统的子系统。

4.1 基于组织职能的管理信息系统结构

基于组织职能的管理信息系统结构是以组织的职能和组织活动层次矩阵描述的。某一企业的组织职能和组织活动层次矩阵如图4-1所示。在图中，每一列代表一种组织管理职能，每一行代表一个组织活动层次，行列交叉表示组织的一种管理职能在四种组织活动层次的信息处理需求，每一组织活动层次包括了所有的组织管理职能；针对每一个职能部门主要的业务过程和职能如表4-1所示。

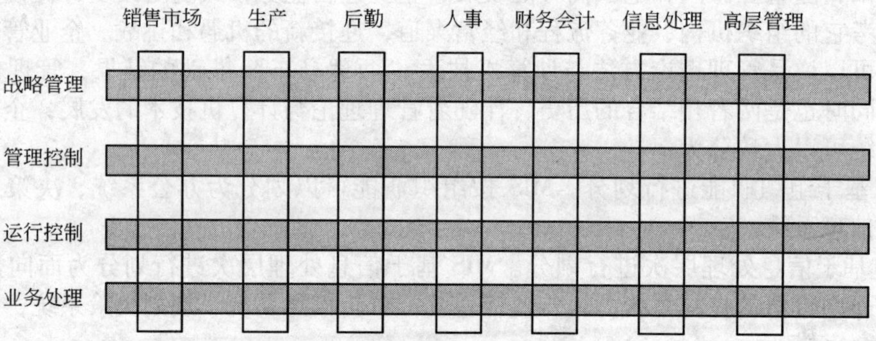

功能子系统和管理活动矩阵

图4-1 管理信息系统的职能结构

表4-1 组织职能部门企业业务过程

职能部门	企业过程	职能部门	企业过程
制造和生产	产品的装配	财务和会计	收 款
	质量检查		生成财务报表
	产品出库		管理现金账户
销售和营销	寻找目标客户	人力资源	招聘新员工
	推广新产品		考 核
	销售产品		培 训

（1）市场销售子系统：市场销售功能通常包括产品的销售和推销以及售后服务的全

部活动。其中业务处理有销售订单、推销订单的处理。作业控制活动包括雇佣和培训销售人员、编制销售计划和推销工作的各项目，以及按区域、产品、顾客的销售量定期分析。管理控制涉及到总的成果与市场计划的比较，它要用到有关客户、竞争者、竞争产品和销售力量等方面的数据。在战略管理方面包括新市场的开拓和新市场的战略，它使用的信息有顾客分析、竞争者分析、顾客调查信息、收入预测和技术预测等。

（2）生产子系统：生产子系统的功能包括产品的设计与制造、生产设备计划、作业的调度与运行、生产工人的录用与培训、质量控制与检验等。生产子系统中，典型的业务处理是生产指令、装配单、成品单、废品单和工时单等。作业控制要求把实际进度和计划比较，找出瓶颈环节。管理控制需要概括性报告，反映进度计划、单位成本、所用工时等项目在整个计划中的绩效变动情况；战略管理包括制造方法及各种自动化方案的选择。

（3）后勤子系统：后勤子系统包括采购、收货、库存控制、发放等管理活动。业务处理数据为购货申请、购货订单、加工单、收货报告、库存票、提货单等；作业控制要求把物资供应情况与计划进行比较，产生库存水平、采购成本、出库项目、库存营业额等报告。管理控制信息包括计划库存与实际库存的比较、外购项目的成本、缺货情况及库存周转率等。战略管理主要涉及新的物资供应战略、对供应商的新政策以及自制与外购的比较分析等，此外，可能还有新的供应方案、新技术等信息。

（4）财务会计子系统：财务会计有着不同的目标和工作内容，但它们之间有着密切的联系。财务的职责是在尽可能低的成本下，保证企业的资金运转，包括托收管理、现金管理和资金筹措等。会计则是把财务工作分类、编制财务报表、制定预算及对成本数据的分类与分析。对管理控制报告来说，预算和成本是输入数据，也就是说，会计是为管理控制各种功能提供输入信息。

（5）人事子系统：人事子系统包括人员的录用、培训、考核记录、工资和终止聘用等。其业务处理要产生有关聘用条件、培训说明、人员的基本情况数据、工资变化、工时、福利及终止聘用通知等内容。作业控制层要完成聘用、培训、终止聘用、改变工资和发放福利等；管理控制主要进行实际情况与计划比较、产生各种报告和分析结果，用以说明在岗工人的数量、招工费用、技术专长的构成、应付工资、工资分配及是否符合政府就业政策等。人事战略管理包括对招工、工资、培训、福利以及各种策略方案的评价，这些策略将确保企业能获得完成战略目标所需的人力资源。

（6）信息处理子系统：信息处理子系统的作用是保证各职能部门获得必要的信息资源和信息处理服务。该子系统典型的业务处理有工作请求、采集数据、改变数据和请求、软硬件情况的报告以及设计方面的建议。信息处理的作业控制包括日常任务的调度、差错率和设备故障信息等。对于新项目的开发，还需要程序员的工作进展情况和调试时间的安排。管理控制层对计划情况和实际情况进行比较，如设备费用、程序员的能力、项目开发的实施计划等情况的比较。战略管理层则主要关心功能的组织，如采用集中式还是分散式，信息系统的总体规划，硬件和软件的总体结构等。

4.2 虚拟办公室与OA

办公自动化（Office Automation，OA），是20世纪70年代中期发达国家为解决办公业务量急剧增加对企业生产率产生巨大影响问题的背景下，发展起来的一门综合性技术。它的基本任务是利用先进的科学技术，使人们借助各种设备解决对一部分办公业务的处理，达到提高生产率、工作效率和质量，方便管理和决策的目的。OA 的知识领域覆盖了行为科学、管理科学、社会学、系统工程学等学科，并且 OA 体现了多学科的相互交叉、相互渗透性，所以 OA 的应用是企业管理现代化的标志之一。由于 OA 的出现，使得传统的机关事务型办公业务中的劳动力就业比率结构发生了变化，据美国劳动统计局 1980 年的统计数据，美国四大产业的劳动力比率约为：信息产业占 50% 以上、服务业占 30%、工业占 13%、农业占 2%。因此 OA 的应用将会进一步得到发展。

4.2.1 OA 的定义及支撑技术

办公自动化是应用计算机技术、通信技术、系统科学、行为科学等先进科学技术，不断使人们的部分办公业务借助于各种办公设备，并由这些设备与办公人员构成服务于某种目标的人机信息系统。

OA 与 MIS、DSS 相比较，则较少地应用管理模型，而强调技术的应用和自动化的办公设备的使用为主。办公自动化还可以形象地理解为，办公人员运用现代科学技术，如通过局域网或远程网络，采用各种媒体形式，管理和传输信息，改变传统办公的面貌，实现无纸办公。

狭义的办公自动化限于文字编辑和处理、文档管理和检索等办公事务处理。广义办公自动化是建立在管理信息系统（Management Information System，MIS）基础上，其办公业务还应包括有决策支持系统（Decision Support System，DSS）功能。

（1）办公自动化是跨学科的综合技术。其中计算机技术、通信技术、系统科学、行为科学为四大支柱。以行为科学为主导，系统科学为理论基础，综合运用计算机技术及通信技术完成各项办公业务。

（2）办公自动化系统是一个人-机信息系统。人和办公设备互相协调，有效地利用两者相辅相成的能力，完成某一任务。信息是被加工处理的对象，是办公自动化的基础。办公设备是加工信息的手段或工具。办公人员是办公信息加工处理过程的设计者、操作者和信息成果的享用者。

（3）办公自动化的目标是降低办公人员劳动强度，提高办公质量和办公效率，提高决策的科学性和准确性，为长远的经济建设战略任务服务。

（4）办公自动化包括语音、数据、图像和文字等信息的一体化处理。办公自动化系统的功能是信息采集、存储、加工、传递和辅助决策。语音、数据、图像和文字是办公信息的四种形式。系统要对其进行统一处理。

办公自动化的支撑技术有：计算机技术、通信技术、自动化技术。从物化的角度看就是 OA 的硬件和软件。

OA 的硬件系统分为两大类，第一类是图文数据处理设备，包括计算机设备、电子打字机、打印机、复印机、图文扫描机、电子轻印刷系统等。第二类是图文数据传送设备，包括图文传真机、电传机、程控交换机以及各种新型的通信设备。

OA 的软件包括系统支撑软件、OA 通用软件和 OA 专用软件。其中系统支撑软件是维护计算机运行和管理计算机资源的软件，如 WIN95、WIN98、UNIX 等。OA 通用软件是指可以商品化大众化的办公应用软件，如 Word、Excel 等。OA 专用软件是指面向特定单位、部门，有针对性地开发的办公应用软件，如事业机关的文件处理、会议安排，公司企业的财务报表、市场分析等。

4.2.2 办公自动化的层次结构

我国办公自动化系统按处理信息的功能划分为三个层次：事务型办公系统；管理型办公系统；决策型办公系统即综合型办公系统。

(1) 事务型办公系统：完成基本的办公事务处理和机关行政事务处理活动。由局限在一个办公室内的单机系统和支持一个机构内各科室及相互间以计算机和通信为中心的客户机系统组成。

(2) 管理型办公系统：它具有事务型办公系统的功能，且支持管理控制活动的信息系统，支持设计、生产的 CAD、CAE、CAM、CAT 系统，彼此互为有机结合的办公系统。

1）CAD（Computer Aided Design 计算机辅助设计）；

2）CAE（Computer Aided Education 计算机辅助教育）；

3）CAM（Computer Aided Manufacturing 计算机辅助制造）；

4）CAT（Control And Test 控制和测试）。

(3) 决策型办公系统（即综合型办公系统）：在管理型办公系统基础上扩充以各种专家系统为基础的决策或辅助决策而组成的办公系统。

事务型和管理型办公系统是以数据库为基础的。决策型办公系统除需要数据库外，还要有其领域的专家系统。专家系统是事先将有关领域专家级的知识总结出来，分成事实和规则，在计算机上建立知识库，根据这些知识库，采取合适的推理控制系统，根据输入的原始数据。选择相应的规则进行处理、演绎，做出判断和决策。从而模拟人类专家的决策过程来解决复杂的问题。

4.2.3 OA 的功能

企业办公自动化系统（企业 OA）通常包括以下主要部分：工作流、协同工作、知识管理、公文处理、行政办公等。

(1) 工作流：一般包括可以对流程进行配置的工具和能够自动运行的工作流引擎，通过工作流功能以电子化的方式实现企业的业务流程的网上运转。

(2) 协同工作：以工作流引擎为基础，为企业各部门员工提供了强有力的沟通手段。企业各部门可以在电子化的方式协同完成完整的业务流程，各环节可以有机结合，无缝衔接。对于各职位之间的协同工作情况可以进行有效控制。

(3) 知识管理：对企业内部的文档进行有序管理，提供强有力的检索功能和权限控制。

(4) 公文处理：公文处理是办公自动化中非常重要的组成部分。传统的 OA 系统往往以 OA 为核心，在现代以工作流为核心的企业 OA 中，公文也仍然占据重要地位。公文处理一般包括收发文件的管理、文件修改、审批，流程查看等，其中比较先进的功能包括基于 Word 的文件处理和痕迹保留、进展短信通知等。

(5) 行政办公：一般在企业办公自动化系统中均包括了企业日常行政办公的常用流

程，如信息发布、会议管理、工作计划、会议室预定、出差申请、办公用品管理、财务报销、文件流程等，以帮助企业提高日常办公的效率。

办公自动化系统的功能具体涵盖了收发文管理（包括公文审批、公文发布等功能）、人员去向管理、会议管理、领导活动安排、论坛管理、个人用户工作台等多个功能子系统，如图4-2所示，具体如下：

（1）公文管理：公文收发文件管理主要负责公文的拟定、收发、审批、归档、查询检索和打印等工作流的全过程处理。

1）发文管理。发文管理在网上完成单位内部和对外公文的起草、审批、核稿、签发、发布、存档、查询等处理。支持Word，Excel文件的在线修改，提供数字签名、电子印章技术。

拟稿人员可方便地引入Word等文档，发文拟稿在通过审批之后即形成正式文件，并可打印或授权指定的人员传阅、发布、存档；公文在流转的过程中，拥有权限的人员可修改文件、填写意见、执行否决等操作；文件的指定接受者（报送对象）登录系统后会自动接收文件，阅收者可签署意见，并可根据情况将文件再次传阅给本部门的其他人员；管理人员可实时监督催办系统内正在流转的各类文件；可检查文件发放、归档、作废情况；可检查各部门文件阅办情况。

2）收文管理。完成单位外来公文的登记、管理，拟办、批阅、主办、阅办，并可完成归档、查询等全过程处理；在原理上类似于发文管理。同发文一样，支持灵活的流程定

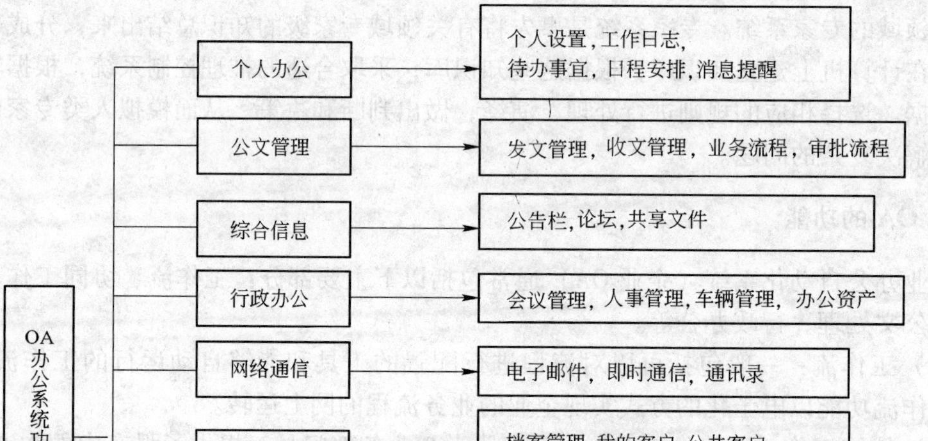

图4-2 办公自动化的功能

义，文件提交、退回及终止以及提供强大的存取安全控制等。

(2) 外出人员管理：外出人员管理主要是通过电子公告板方式实现对外出人员进行登记管理。

(3) 会议管理：在传统方式下，召开会议时需要的大量文件让人头痛不已，而在 OA 方式下则要轻松得多，可实现网络远程实时会议控制，图文、影音在线传输。并可通过浏览器安排、管理会议。

(4) 行政办公：此功能模块提供了一般单位日常事务的计算机网络管理方式，旨在减轻相关办公人员的工作压力，提高工作效率。

1) 会议管理：实现了会议的智能化管理。用户可查看各个会议室的当前使用情况，避免使用冲突；授权用户可直接召开会议，发布会议通知；一般用户可提出会议计划，经上级审议后，发放会议通知；负责人员可整理每次会议，形成历史会议记录，供日后查询。

2) 人事管理：主要解决了人事档案的计算机存储，检索，重点解决了复杂查询的问题和系统纪录更新过程复杂的问题。

3) 车辆管理：提供了对单位公用车辆的档案管理和使用管理，包括对车辆的基本信息、使用记录进行各种管理操作；结合工作流提供车辆申请功能。

4) 办公资产：提供了单位内公共资产的分类管理。主要实现了对办公资产的登记、查询和转移等功能；结合工作流提供办公物品请购等功能。

(5) 论坛管理：所谓论坛类似现实生活中的公告牌，用于系统内部人员在上面发布相关公开信息。论坛管理主要负责对这些信息的管理，比如信息分类、更新等。

(6) 个人用户工作台：个人用户工作台用于对本人各项工作进行统一管理，例如安排日程、活动，查看处理当日工作，存放个人的各项资料、记录等。

(7) 电子邮件：电子邮件系统可完成信息共享、工作批阅流程、文档传递等功能。

(8) 远程办公：每一个工作人员都不能保证一直在办公室中工作。当远离办公室或出差时，可通过电话线、DDN 专线等连接的远程计算机，完成所有有关办公的功能。

(9) 档案管理：办公自动化系统可实现交互式的劳资人事管理。把员工资料与考勤制度、工资管理事管理相结合，有效提高工作效率，降低管理费用，实现高速、实时的查询管理。

(10) 综合信息：提供单位职工电话号码查询，增进职工与单位和外界的沟通，提供国内外相关法律、法规查询，并提供相关咨询服务。

综合信息系列模块提供了一个信息发布和共享平台，满足了个人之间，上下级之间，集体间交换信息的需求。

1) 公告栏：用于发布单位的公共信息如新闻、领导讲话等。公告栏内可设置多个栏目，供某个部门使用或者全体人员使用。授权人员可在相应栏目发布管理文章。

2) 论坛：提供给员工一个交互沟通的平台。

3) 共享文件：提供了一个用户共享单位内部各类知识的平台。各类资料如法律法规、技术文档等加入其中后，既方便资料的下载和管理，又可实现信息共享。主要功能包括目录和文件的创建、修改和删除；具备合理严格的权限控制。

(11) 简报期刊：提供国内外主要报刊杂志的查询和特定信息检索。提供信息查询、统计、分析功能，协助领导决策管理。

4.3 会计信息系统

会计信息系统是企业管理信息系统的一个主要子系统，与企业的其他管理子系统是有机联系在一起的，对于一个孤立的会计信息系统，其管理功能是有限的，远不能满足企业对现代管理的需要。在新经济时代企业经营与管理思想不断创新，这种创新不断对信息系统提出新的要求。在建立会计信息系统时必须基于现代管理科学理论、经营管理理念和管理活动。纵观管理信息系统的发展，每一代管理信息系统的出现都和管理思想的创新分不开，都是实现管理思想的载体。

会计信息系统是采用现代信息技术，对企业生产经营过程中的业务数据进行采集、加工、整理、传输，以便系统地、连续地、综合地反映企业经营活动的全过程，以达到客观地反映过去、实时地控制现在、准确的预测未来的目的的系统。

4.3.1 发展阶段以及类型

会计信息系统是基于计算机的、将会计数据转换为信息的系统。所以会计信息系统的发展与计算机硬件、系统软件、应用软件的发展和专业人才的培养息息相关。根据会计信息系统结构、功能与技术的变化过程，大体上可以将会计信息系统的发展分为以下几个阶段。

（1）手工会计信息系统（15 世纪）。其核心是会计恒等式、会计循环、会计科目表、分录和账簿。该模式可追溯到 13 ~ 14 世纪威尼斯商人的借贷记账法，后由意大利数学家、近代会计之父卢卡·帕乔利经过 6 年调查研究和整理，于 1494 年 11 月 10 日出版了《数学大全》一书。它是人类历史上关于复式簿记的最早文献，标志着近代会计的开始。该模式一直沿用至今。其缺点是：处理会计数据易出错、效率低、信息孤岛、丢掉了非财务信息。

（2）电算化会计信息系统（20 世纪 50 年代）。电子计算机应用于手工会计信息系统之中，即为电算化会计信息系统模式，该模式正逐步取代手工会计信息系统。1946 年 2 月 14 日，由美国政府和宾夕法尼亚大学合作开发的世界上第一台电子计算机 ENIAC 在费城公之于世。1954 年美国通用电气公司第一次使用计算机计算职工工资，从而引起了会计处理的变革，标志着电算化会计信息系统模式的开始。电算化会计信息系统横向扩展，最后形成整个企业管理信息系统，纵向发展并按职能结构可分为“会计信息处理系统、会计管理信息系统、会计决策支持系统”。

（3）准现代会计信息系统（20 世纪 60 年代末）。计算机数据管理技术经历了人工管理、文件系统、数据库系统三个阶段。数据库会计的理论模型可以追溯到 1939 年由戈茨（Goetz）提出，该系统是保存最原始状态的数据，以便数据可以按照最切合每一个用户需求的形式进行组织。遗憾的是在建立数据模型时主要按传统会计模式的数据逻辑模型组织数据，利用数据库技术对数据进行更多的分类操作，只描述与复式记账会计体系有关的数据，未能用先进的数据结构描述会计处理的对象本身，以便系统能产生更多的视图。

（4）现代会计信息系统（1982 年）。1982 年 7 月，美国密歇根州立大学会计系教授麦卡锡（McCarthy）在《会计评论》上发表了题为“REA 会计模型：共享数据环境中的会计系统的一般框架”的论文，提出了 REA 模型，标志着现代会计信息系统模式的开始。REA 表示资源（resources）、事件（events）、参与者（agents），后来加入了地点（location），变成了 REAL 模型。

REAL 的核心是集成，集成业务处理、信息处理、实时控制和管理决策。它不仅仅局限于财务管理，而是面向整个企业管理，从详细记录最原始经济业务事件的属性或语义表述于数据库中开始，而不是从记录经过人为加工后的会计分录开始，其基本元素不再是科目、分录、账簿。充分利用信息技术并克服了电算化会计信息系统的弊端，因此称其为现代会计信息系统。系统中可以不再有日记账、分类账、会计科目、分录等元素。

（5）核算型软件阶段（1993～1998 年）由于单项业务处理型软件的商品化，使得各软件公司的竞争日趋激烈，这就迫使各公司对自己所设计的软件不断改进、提高和完善，进而扩展对软件的项目和功能的开发，使会计核算对软件的全面需求得到满足，实现了核算型软件发展阶段的到来。

（6）管理型软件阶段（1998 年至今）随着国企改革的深入和现代企业制度的建立，企业的科学管理对会计工作的要求日益提高，同时在软件研制开发及其商务竞争的推动下，会计软件由核算型转向管理型势在必行。管理型会计软件的开发，应从一开始就具有规范化的总体设计与系统分析，力求克服同一内容在不同模块中的割裂、数据重复输入、缺乏钩稽关系与控制机制，使软件既具有单元性、整体性、系统性，也可以集成一体化运行；既具有财务管理功能，也可对生产经营中的物流进行反映与控制。

4.3.2 系统功能

会计信息系统一般由会计核算子系统和财务管理两大子系统构成。其中会计核算系统是由系统管理子系统、账务处理子系统、会计报表子系统、工资管理子系统、固定资产管理子系统、存货管理子系统、销售管理子系统、应收款管理子系统、应付款管理子系统等组成；财务管理系统是由资金管理子系统、成本管理子系统、利润管理子系统、财务分析决策子系统等组成。

（1）账务处理子系统的主要功能。该子系统通过输入各类会计凭证，由计算机进行凭证汇总、登记总账、明细账和日记账以及出纳管理、银行对账和往来核算等。

（2）会计报表子系统的主要功能。本子系统根据账务处理子系统和其他子系统的数据，编制各种会计报表，并按上级要求的格式输出相应的会计报表。

（3）工资核算子系统的主要功能。本子系统根据输入的工资数据进行工资计算、汇总、分配和计提处理；输出工资表、汇总表、工资费用和福利费分配表及转账凭证等功能。

（4）固定资产子系统的主要功能。本子系统根据输入的固定资产增减变动数据，进行折旧、修理费用和盘盈盘亏核算，生成相应的转账凭证等功能。

（5）存货管理子系统的主要功能。本子系统根据各种存货变动数据，进行存货的收入、发出、增减变动和结存情况及相应的转账处理等功能。

（6）销售核算子系统的主要功能。本子系统根据产商品的入库凭证，进行产商品的核算，并计算销售成本、销售税金和利润，输出转账凭证，并生成相应的产品销售利润表等功能。

4.4 市场营销信息系统

企业的市场营销信息系统是一种由人员、设备、程序构成的，通过相互作用提供企业营销所需信息的综合系统。企业的市场营销信息系统由内部报告系统、最新信息系统、市场调研系统和营销分析系统等四个子系统组成，通过四个运行要素的运作，完成信息的沟通。

4.4.1 营销信息系统的内涵

市场营销信息系统实现的职能定位以及业务需求如图4-3所示，作为一种信息的收集、管理、提供机构承担着以下职能。

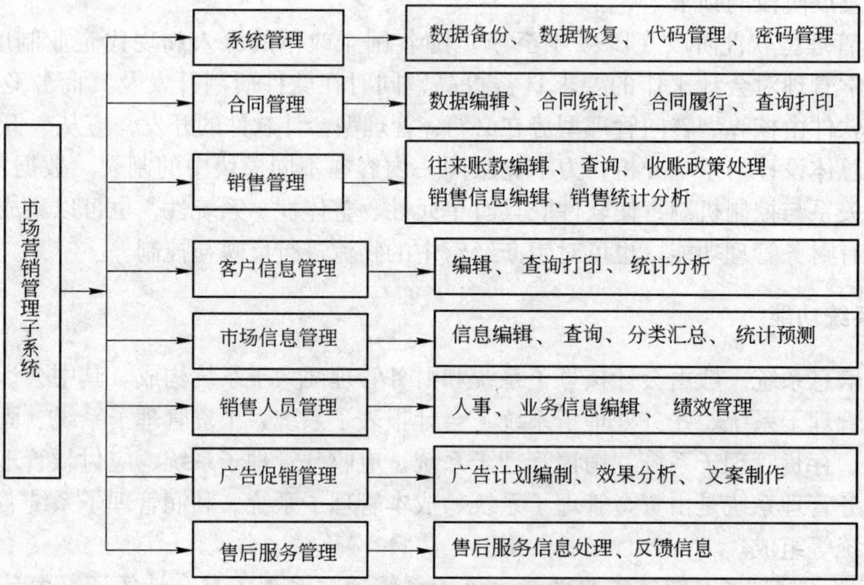

图4-3 企业市场营销业务需求分析

（1）数据资料的收集。实际上包括两种情况，一是作为一种常规性工作，经常收集相关的数据资料，以便需要时调用；二是在特殊需要时的收集。例如，市场营销管理者明确了问题的所在后，信息担当者就要进行确认，信息库是否输入了与其问题有关的信息。如果找不到适合的信息，就要决定是否花成本收集。如果认为不值得花成本，就只好利用现有信息进行市场营销决策。相反，如果认为有必要花成本收集新的信息，那就开始在企业内外收集其数据资料，并将其输入到数据资料库。

（2）数据资料的处理。收集、输入到数据资料库的都是未加工的原始数据资料，需要对其进行整理、编辑、建档等处理。

（3）数据资料的分析和评价。数据资料要成为某种决策或特定目的的有价值的信息，还必须用科学方法并结合经验和悟性对其进行统计分析和评价。

（4）储存和检索。储存和检索至少应包括两个层次，其一是原始数据资料的储存和检索；其二是经加工，即统计分析和评价后作为某种决策信息的储存和检索，并要作成报告等一定的表现形式，以便提供或随时准备提供给市场营销管理者和经营者。

（5）传递信息。作为一种日常性工作，将有关市场营销信息及时提供给市场营销管理者和经营者，或者根据其需要随时向市场营销管理者和经营者提供某种特定的信息。

4.4.1.1 企业对营销信息的需求

企业需要市场营销信息，具有以下因素，具体信息需求如表4-2所示。

（1）市场营销信息是企业经营决策的前提和基础。

（2）市场营销信息是制订企业营销计划的依据。

（3）市场营销信息是实现营销控制的必要条件。

（4）市场营销信息是进行内外协调的依据。

表4-2 营销信息系统功能信息需求

环境要素	具体需求	信息来源
1. 企业总环境	（1）目前所处地位与环境方面的信息：经济、社会–人口、文化、政治、法律、工艺、科学； （2）活动部门的变化：增长率、投资、活动的建立与撤销	二手信息源
2. 竞争者	（1）竞争者概统：竞争结构、类型、数量、组织；人才资源、工艺、投资、优劣势； （2）战略：目标、地位、价格政策、分销系统；广告、促销行为、目标、媒介、语言、预算；市场信息、售后服务； （3）结果：销售额、量；形象、变化	二手资料； 实地观察报告； 调查； 市场信息报告； 报告等
3. 客户	（1）现有客户： 1）面貌：行业、地区、社会、经济； 2）加分：数量、变化； 3）购买行为：选择标准、动机、购买量、持久性； 4）关系：售后服务、需求。 （2）潜在客户：加分、数量、类型、特征	顾客档案； 质量研究； 市场信息报告； 内部财务调查； 内部统计表
4. 分销	（1）分销网； （2）推销； （3）新的分销形式：分配类型的变化、销售方法的变化	分销员调查、内部统计； 质量调查、二手资料
5. 合作者	（1）供应者； （2）辅助服务，广告公司	内部文件、购买； 服务
6. 公共关系	（1）宣传机构； （2）本地公共关系、地方团体； （3）出资者	二手资料、内部文件
7. 结果评价	（1）数量成果： 1）总市场的变化：营业额、量、成本、毛利； 2）专业变化：产品、用户加分、系列、分销渠道、地区、销售网、区域、推销员； 3）可比量变化：增长、市场、竞争地位。 （2）定性成果： 1）在客户眼里的形象：产品与服务； 2）其他公众眼中形象：分销者、供应者	内部统计； 调查； 市场信息报告； 质量分析； 抽查； 市场

续表4-2

环境要素	具体需求	信息来源
8. 将来行动的准备	(1) 预测： 1) 现在产品：通过产品系列、地区、销售部门、推销员、分销渠道进行预测； 2) 新产品：通过地区、部门、推销员。 (2) 产品、市场开发等： 1) 新市场：总的潜在市场估计：量趋势、组分研究； 2) 新产品：接受、目标	销售、内部文件； 市场研究、分销调查； 范围测试、质量检验； 购买意向调查； 市场测试

4.4.1.2 市场营销信息的特征

市场营销信息具备以下特征：

(1) 不确定性：市场信息随时都会发生变化；

(2) 复杂性：收集和分析过程复杂，难以科学控制；

(3) 多样性：市场信息的来源种类多样。

4.4.2 功能结构

市场营销信息系统是以处理市场信息和市场管理为控制机制的非封闭系统。输入子系统包括数据处理、市场研究和市场情报子系统，同时从公司本身经营运作和公司环境中搜集数据输入数据库（见图4-4）。

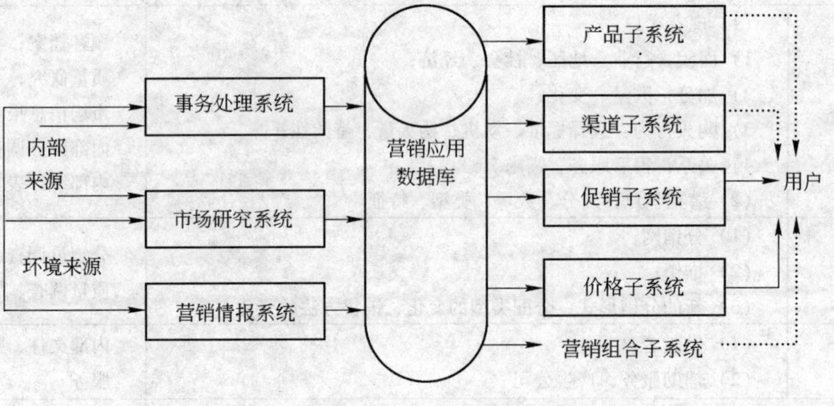

图4-4 营销应用数据库系统

4.4.2.1 4P理论

输出子系统包括与市场对应的四个要素：产品、分销、价格和促销等子系统以及市场要素组合子系统，它是对数据库中数据进行处理，以产生市场决策者所需要的市场信息。输入系统和输出系统由各种各样的计算机硬件和软件支持，以完成计算机和网络通信的任务。市场决策者可以采用不同的办公室自动化（OA）工具（例如E-mail系统、computer-meetings系统、TV-meetings系统等）交互式通信来完成市场管理。这里四个输出系统输出四种有关的信息，这就是产品（product）、促销（promotion）、分销（place）和价格（price），这也就是4P。4P是市场的主要职能。

市场信息系统主要处理四个方面的信息，即4P：

（1）product（产品）：产品预测、订货、新产品研发。

（2）promotion（促销）：包括选择广告媒体和促销方案、分配财务资源、评价和控制各种促销手段的结果、面对顾客查找产品的价格；运输成本和合用性，以帮助顾客决定购买；输入销售订货数据到订单输入系统；呈交推销报告，总结每一次推销活动，指出与谁联系过，讨论了什么，下一个销售目标是什么等。

（3）place（渠道）：销售渠道的安排。

（4）price（价格）：协助决策者确定定价策略，包括成本加价法和以需求为基础的定价法。

4.4.2.2 市场营销信息系统战略规划

市场营销信息系统战略规划体现在寻找市场机会，发现市场问题，为企业科学的管理市场提供决策依据。主要功能结构如图4-5所示，包括内部会计系统、实时情报系统、营销调研系统纵向排列，也是信息收集的重点对象，并着重强化营销调研功能。另外包括营销分析系统与前三个系统横向排列，体现分析系统信息整合，优化资源的功能和在现代市场营销信息系统中的地位。还包括从产品、消费者、竞争者三种模型角度细化分析系统。总体功能介绍如下：

（1）内部会计系统。该系统输出的是企业营销活动的结果数据，在传统市场营销信息系统中居于重要地位，是营销经理们运用最基本的信息系统。它的最大特点是信息来自企业内部的会计记录、生产、销售的统计记录、业务记录、各种计划报表等。该系统主要由两个循环程序构成：一是订单-发货-账款的循环，反映企业的生产、物流、现金流等日常变动状况。二是销售-成本-利润的报告，表明企业的市场绩效与盈利变动。立足于企业内部会计系统，营销经理能够基本了解企业的销售、成本、存货水平、现金流量，应收付账款等信息，为改善营销计划，加强营销管理提供翔实可靠的会计资料。

（2）实时营销情报系统。相对于内部会计系统而言，该系统主要提供正在发生的数据。它以竞争者为参照，着重收集外部与企业有关的营销环境发展变化的情报和市场发展态势变动信息，反映企业外部正在发生的外部事件，系统信息实时跟踪与监视系统。其信息来源主要有：一是市场一线销售代表的业务记录、竞争者新变化、

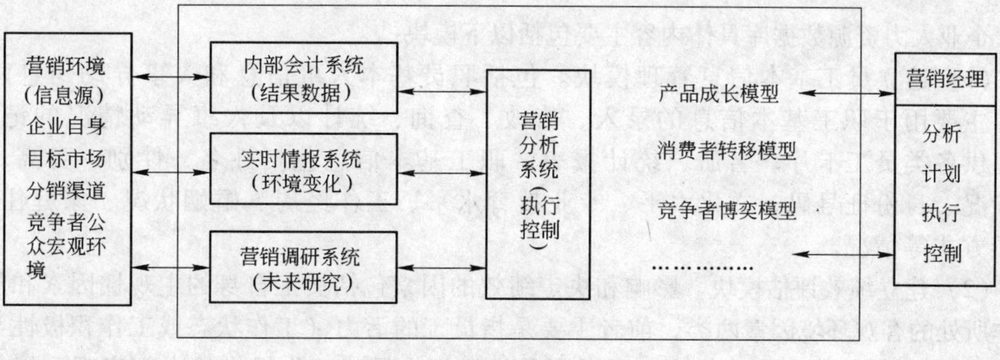

图4-5 市场营销信息系统

新产品反应、客户抱怨、消费者意见等信息。二是中间商、零售商、服务机构、供应商、合作伙伴提供的市场情报。三是购买有关竞争者、行业分析与预测、市场动态的情报。四是由专人负责分类收集报刊、书籍、信息索引、统计资料等相关信息。五是向政府机构、公众团体、大众传媒、研究机构收集有关情报。如日本丰田公司的情报系统就渗透到美国每个小城镇，丰田汽车无论在哪条公路上发生问题，公司总部当天就能得到情报并及时作出反应。

（3）市场营销调研系统。它主要收集与企业面临的特定营销问题有关的信息并对问题的现状予以定性或量化，同时预见该问题的发展及影响或提出市场对策。现在美国企业通常将销售额的0.02%~1%用作营销调研预算。最普遍的调研活动主要有市场特性的确认、市场潜量的衡量、市场份额分析、销售分析、商业趋势研究、竞争产品研究等。当然，究竟进行何种调研主要取决于企业营销活动的需要。

（4）营销分析系统。营销分析系统的设立目的在于建立一个用于解释、预测或控制营销过程的模型，并通过模型演算得出营销决策的必要数据，也同时可进行营销效验检测。它通常包括一个统计库和一个模型库。笔者此处的设计是想运用营销分析系统的统计原理决策模型整合分析前三个系统的数据信息，达到各种信息合理利用。

4.5　人力资源信息系统

信息是在人力资源规划最基本要素之一，在做人力资源规划时，所提供的信息必须具备完整性及丰富性，因此，人力资源信息系统中存储的人员基本信息以及关于企业的基本信息将成为制定并执行人力资源规划的重要依据。

人力资源信息系统是组织进行有关人及人的工作方面的信息收集、保存、分析和报告的过程。此系统就提供信息的累积（信息的储存、处理与增长）、维持（信息随时更新符合实际需求）和传递（提供使用者相关信息）。

人力资源信息系统作为对人力资源规划监控、评估及调整信息的重要来源，成为当今企业的人力资源规划的一个重要工具。人力资源信息系统提供的数据使得管理者在进行管理决策时能够做到有根有据，而不是依据经验和直觉做出决策，促进企业实现人力资源管理工作的科学化和规范化，使企业的人力资源规划和控制管理定量化，从而更具有客观性。

企业人力资源数据库具体内容主要包括以下模块：

（1）建立员工基本信息管理模块。包括职员基本人事信息和人事异动信息两部分，主要用于职工基本信息的录入、修改、查询、统计以及人事异动情况的记录，并提供各类员工卡片、名册、统计报表。职工基本信息包括姓名、性别、身高、健康状况、身份证号码、文化水平、专业教育水平、工作经历、婚姻状况、家庭住址、联系方式等情况。

（2）建立绩效评估模块。影响和决定绩效的因素包括员工自身的主观性因素和员工工作所处的客观环境因素两类，前者主要是指员工的活力（工作状态或工作积极性与主动性）、素质、技能和创造能力，后者则是指组织为员工工作提供的内部客观环境条件（含物质性和非物质性的各种条件），以及组织外部的客观社会环境条件（诸如社会政治与经济状态、社会风气、市场竞争强度等）。该模块主要用于对员工工作职责和内容、工作绩效进行管理和评价，对绩效要素进行定量化，形成综合评价模型，为薪酬、奖惩、培训开发提供依据。

（3）建立教育、培训模块。将员工进入本企业以前的受教育情况及在岗培训情况录入，具体项目有：员工学生时代所在的学校名称、学习的起止时间、学习的专业类别、取得的学历、授予的学位、奖惩情况、参与社会活动情况及评价、承担校内职务情况等；工作后参加的在职教育及企业培训记录，如教育培训时间、项目、学时数、学习科目、各门考核分数等；员工第二学历、第二专业情况。

（4）建立劳动合同管理模块。将员工与企业签订劳动合同的类别、签订时间、终止时间及原因（考核不合格、违法判刑、调动、死亡等）、合同变更时间及原因（出现某种违纪现象等）、续合同时间、未尽事宜等录入。

（5）建立劳动报酬模块。主要包括收入发放的类别（月薪制、年薪制、计件制、工时制等）、每个月的基本工资数、根据业绩考核确定的奖惩比例、工资调整情况、保险、集体福利、各类公积金金额及类别，上缴所得税情况等。

（6）建立人员招聘管理模块。本模块可根据人力资源计划以及职位信息，对编制招聘计划、发布招聘信息、采集应聘信息、甄选、面试、录用全过程进行自动化管理。运用人员素质测评系统软件，对应聘人才的品德素质、身心素质、能力素质等进行测评，并建立人才数据库，记录人才的背景、生平资料、工作经历、专业技能、主要业绩、目前状况以及相关的素质测评数据。通过 Internet 网络，从网络人才市场直接获得基本人才信息，存入本企业人力资源信息系统备用。

（7）职位管理模块。职位评价是用科学的评价手段，对各个职位相对价值的大小加以评定并得出各个职位的薪点，而职位分类则在对给各个职位的职责作了界定和职位评价得到了各个职位薪点的基础上，对所有职位进行职系、职组的分类及职级、职等的划分。该模块包括职位分析、职位控制两部分，通过职位分析，对岗位要素进行定量化，建立综合分析模型，评价岗位设置的必要性和重要性程度，形成岗位规范和职位说明书，管理各职位的任职情况、超编情况、空缺情况，并按部门提供职位表和空缺职位表。

（8）薪酬与保险福利管理模块。薪酬项目、计算公式和表格的自定义功能，薪酬数据录入、计算、汇总、转换、输出功能、薪酬发放凭证、表格打印功能、保险福利项目管理功能，人工成本统计分析功能等。

企业信息系统规划人力资源职能模块应注意如下问题：

（1）人力资源信息系统提供的数据能使企业的人力资源规划和控制管理定量化，使得管理者在进行管理决策时能够做到科学化和规范化。

（2）应慎重地根据企业规模、发展速度和阶段、经营业务范围和地域以及企业信息化水平来选择合适的人力资源信息系统及其实现形式。

（3）对人力资源信息系统有一个最必要的补充，那就是高级经理人在不确定或信息不完整的情况下作出必要的人力资源决策的能力。

（4）在人力资源规划的具体执行中，需重视专家以及企业各级员工的意见，以便全面发现问题，并将这些问题纳入政策调整的考虑中。

［例 4-1］A 企业的人才危机

致力于生产电子产品的 A 企业于 2002 年初聘请专业咨询机构为企业进行了人力资源管理的全盘诊断，在此基础上，A 企业的人力资源部根据企业的年度发展战略制定出了本年度公司的人力资源规划，比如，针对原来考核不到位问题，制定了全新的考核方案，针对原来整体技术水平有待提高的问题，制定了新的培训与发展规划。从 2002 年到 2004 年，A 企业的人力资源规划为企业的战略规划提供了有力的支持，原来人力资源管理中存在的问题也逐渐得到了有效的纠正。从 2005 年以来，研究某类软件的员工报酬的市场行情看涨，而企业在人力资源规划方面仍然稳定地执行着原有的安排，企业的关键技术员工纷纷出现了跳槽的现象，软件行业的核心资本是人才，人才的流失使得企业的关键技术职位出现了人才短缺现象，企业在研发方面的人才短缺让企业的高层十分焦急，因为其密切关系到企业的竞争优势是否能够有效维持。

请回答下面的问题：

（1）根据案例情景，你认为企业在人力资源规划中可能出现了怎样的失误？

（2）根据本节所学的技能思考，人力资源规划如何与企业战略保持动态一致？

4.6 市场细分

市场细分的概念是美国市场学家温德尔·史密斯（Wendell R. Smith）于 20 世纪 50 年代中期提出来的。

4.6.1 市场细分的含义

市场细分是指营销者通过市场调研，依据消费者的需要和欲望、购买行为和购买习惯等方面的差异，把某一产品的市场整体划分为若干消费者群的市场分类过程。每一个消费者群就是一个细分市场，每一个细分市场都是具有类似需求倾向的消费者构成的群体。

市场细分的程序主要分为：调查阶段、分析阶段、细分阶段。

4.6.2 细分消费者市场的基础

（1）地理细分：国家、地区、城市、农村、气候、地形。

（2）人口细分：年龄、性别、职业、收入、教育、家庭人口、家庭类型、家庭生命周期、国籍、民族、宗教、社会阶层。

（3）心理细分：社会阶层、生活方式、个性。

（4）行为细分：时机、追求利益、使用者地位、产品使用率、忠诚程度、购买准备阶段、态度。

4.6.3 市场细分的基本原理与依据

（1）市场是商品交换关系的总和，本身可以细分。

（2）消费者异质需求的存在。

（3）企业在不同方面具备自身优势，需要细分市场找到自己的定位。

4.6.4 市场细分的作用

细分市场不是根据产品品种、产品系列来进行的，而是从消费者（指最终消费者和工业生产者）的角度进行划分的，是根据市场细分的理论基础，即消费者的需求、动机、购买行为的多元性和差异性来划分的。通过市场细分对企业的生产、营销起着极其重要的作用。

（1）有利于选择目标市场和制定市场营销策略。市场细分后的子市场比较具体，比较容易了解消费者的需求，企业可以根据自己经营思想、方针及生产技术和营销力量，确定自己的服务对象，即目标市场。针对较小的目标市场，便于制定特殊的营销策略。同时，在细分的市场上，信息容易了解和反馈，一旦消费者的需求发生变化，企业可迅速改变营销策略，制定相应的对策，以适应市场需求的变化，提高企业的应变能力和竞争力。

联想的产品细分策略，正是基于产品的明确区分，联想打破了传统的“一揽子”促销方案，围绕“锋行”、“天骄”、“家悦”三个品牌面向的不同用户群需求，推出不同的“细分”促销方案。选择“天骄”的用户，可优惠购买让数据随身移动的魔盘、可精彩打印数码照片的3110打印机、SOHO好伴侣的M700多功能机以及让人尽享数码音乐的MP3；选择“锋行”的用户，可以优惠购买“数据特区”双启动魔盘、性格鲜明的打印机以及“新歌任我选”MP3播放器；钟情于“家悦”的用户，则可以优惠购买“电子小书包”魔盘、完成学习打印的打印机、名师导学的网校卡，以及成就电脑高手的XP电脑教程。

（2）有利于发掘市场机会，开拓新市场。通过市场细分，企业可以对每一个细分市场的购买潜力、满足程度、竞争情况等进行分析对比，探索出有利于本企业的市场机会，使企业及时作出投产、异地销售决策或根据本企业的生产技术条件编制新产品开拓计划，进行必要的产品技术储备，掌握产品更新换代的主动权，开拓新市场，以更好适应市场的需要。

（3）有利于集中人力、物力投入目标市场。任何一个企业的资源、人力、物力、资金都是有限的。通过细分市场，选择了适合自己的目标市场，企业可以集中人、财、物及资源，去争取局部市场上的优势，然后再占领自己的目标市场。

（4）有利于企业提高经济效益。前面三个方面的作用都能使企业提高经济效益。除此之外，企业通过市场细分后，企业可以面对自己的目标市场，生产出适销对路的产品，既能满足市场需要，又可增加企业的收入；产品适销对路可以加速商品流转，加大生产批量，降低企业的生产销售成本，提高生产工人的劳动熟练程度，提高产品质量，全面提高企业的经济效益。

4.6.5 目标市场选择策略

根据各个细分市场的独特性和公司自身的目标，共有三种目标市场策略可供选择：

（1）无差异市场营销。指公司只推出一种产品，或只用一套市场营销办法来招徕顾客，当公司断定各个细分市场之间有很小差异时可考虑采用这种大量市场营销策略。

（2）密集性市场营销。这是指公司将一切市场营销努力集中于一个或少数几个有利的细分市场。

（3）差异性市场营销。指公司根据各个细分市场的特点，相应扩大某些产品的花色，式样和品种，或制定不同的营销计划和办法，以充分适应不同消费者的不同需求，吸引各种不同的购买者，从而扩大各种产品的销售量。

优点：在产品设计或宣传推销上能有的放矢，分别满足不同地区消费者的需求，可增加产品的总销售量，同时可使公司在细分小市场上占有优势，从而提高企业的知名度并在消费中树立良好的公司形象。

缺点：会增加各种费用，如增加产品改良成本，制造成本，管理费用，储存费用。

在 20 世纪 60 年代末，米勒啤酒公司在美国啤酒业排名第八，市场份额仅为 8%，与百威、蓝带等知名品牌相距甚远。为了改变这种现状，米勒公司决定采取积极进攻的市场战略。

他们首先进行了市场调查。通过调查发现，若按使用率对啤酒市场进行细分，啤酒饮用者可细分为轻度饮用者和重度饮用者，而前者人虽多，但饮用量却只有后者的 1/8。

他们还发现，重度饮用者有着以下特征：多是蓝领阶层；每天看电视 3 个小时以上；爱好体育运动。米勒公司决定把目标市场定位在重度使用者身上，并果断决定对米勒的“海雷夫”牌啤酒进行重新定位。

重新定位从广告开始。他们首先在电视台特约了一个“米勒天地”的栏目，广告主题变成了“你有多少时间，我们就有多少啤酒”，以吸引那些“啤酒坛子”。广告画面中尽是些激动人心的场面：船员们神情专注地在迷雾中驾驶轮船，年轻人骑着摩托冲下陡坡，钻井工人奋力止住井喷等。

结果，“海雷夫”的重新定位战略取得了很大的成功。到了 1978 年，这个牌子的啤酒年销售达 2000 万箱，仅次于 AB 公司的百威啤酒，在美国名列第二。

4.6.6 如何利用互联网帮助企业进行市场细分？

互联网的确能够帮助企业进行市场细分。我们对那些针对特定市场细分的网站印象尤其深刻，像针对新生儿母子的、老年人的、西班牙裔的等等，预计未来还会有上百个服务于特定群体的网站，为客户提供信息、购物和互动机会。

今天，网络销售商开始建立一种数据仓库，把客户的名字、前景以及其他很多信息输入其中，营销人员在数据仓库中进行数据挖掘以发现新的市场细分和利基。之后他们将特定的市场供给品提供给潜在客户，这是经典的市场细分。

4.7 综合案例——侧重市场细分的信息系统

4.7.1 案例概述

（1）西尔斯百货公司——数据挖掘反败为胜。美国西尔斯公司也是一个随环境变化不断调整自己定位策略的成功例子。这家世界上数一数二的零售公司自 1886 年创办以来一直生意兴隆、财源茂盛，而与它同时期创业的蒙哥马利、伍尔沃斯、梅西公司都相继走进了历史。西尔斯成功的原因主要在于能善于寻找良机和及时调整定位策略，在信息技术发达的今天西尔斯能够利用信息系统来支持其市场细分策略，使其经营管理与不断变化的环境相适应。

创办之初，他们把自己定位在“农场主的购买商”，因为当时一家一户的农场主处于分散孤立状况，不能随时进城去选购商品，西尔斯便选择了这一部分人作为自己目标顾客，开展邮购业务。到第一次世界大战结束，西尔斯已发展成全国性的大邮购商。1921年后，美国形势起了变化，公路四通八达，农场主拥有了自己的汽车，进城购物相当方便，同时，大量农村人口流向城市。为了适应这一变化，西尔斯不再提自己是农场主的购买商，而是在城市中心设立零售店铺，把自己定位在社区市民的购买上，为城市消费者服务。第二次世界大战之后，美国城市人口向郊区迁移，城市中心出现消费者空心化。为适应这一变化，西尔斯率先在郊区开设大型商场，并设有宽敞的停车场，于是，它把自己定位为区域购物中心，为城乡消费者服务。

1993 年，随着零售业竞争加剧，西尔斯公司遭遇了一次严重危机，企业开始出现全面亏损，被迫裁员 5 万人，300 余家商店停业。西尔斯为了与美国另外两零售巨头彭尼和凯马特对抗，重新调整了市场定位即面向美国中年妇女。并且于 1994 年 3 月引进 NCR 数据仓库系统。西尔斯公司从数据仓库当中挖掘并掌握了 8 千万个家庭的购买习惯，从而可以更加有效地进行市场分析，制定相应的销售、广告策略和促销计划。此后，西尔斯公司营业额连年攀升。1996 年，西尔斯的年营业额高达 382 亿美元，利润达到 13 亿美元。西尔斯百货店在其涉足的每种商品市场都占据了可观的市场份额。目前，西尔斯已是美国第二大零售企业，市场细分策略及信息技术在市场细分领域的应用帮助西尔斯公司实现了企业重整、反败为胜的传奇。

（2）广州友谊：顾客分析创造营销佳绩。广州友谊商店股份有限公司的 CRM 是 2004 年下半年开始使用的。广州友谊构建了 10 多个顾客分析模型，运用分析数据调整商品经营结构：一共引进新品牌 104 个，调整品牌 170 个，淘汰品牌 85 个。使百货精品类的销售增长 21.34%，女服销售增长 12.70%，男服销售增长 10.53%，高端数码产品增长 7%，珠宝商品销售增长 40.13%。

商场原来发行普通 VIP 卡和白金卡，总持卡人数为 13 万。由于长期不消费的持卡人和消费力较强的顾客，在服务与促销宣传上不能区别对待，商场有限的资源和精力，不能真正用在消费力较强的顾客身上。

通过应用顾客分析，改革了 VIP 卡的管理制度，推出了 VIP 卡有效期管理。根据年度积分区间的分布，引入 VIP 卡淘汰和升、降级机制；还根据积分推出更高级别的“钻石卡”，针对这部分顾客进一步提供一对一服务。虽然总的持卡人数下降了 25%，但总的消费金额却提高了 20%，大顾客的满意度提高 13.8%。

广州友谊的 CIO 评价说：我们选择和部署的 ERP 与 CRM 系统融合了现代百货业的许多先进管理思想和经营理念，系统高度模块化，架构伸缩性很好，完全可以支持友谊商店未来“一业为主，连锁经营，零售为本，配套发展”的总体发展战略。2005 年，我们的利润增长了 120%，超过 1 亿元；ERP、CRM 和 BI 商业智能分析模型功不可没。让我们的管理层和股东对 IT 系统的投资充满信心，确信“信息就是利润”不是一句空话。

2006 年虽然没有新店的增加，广州友谊仍然实现净利润 1.41 亿元，同比增长 47.9%。

（3）特易购：“客户营销”创新模式的典范。特易购曾经很成功地复制了沃尔玛的基因，俨然是英国版的沃尔玛。

就在企业经营蒸蒸日上的时候，首席执行官特里·莱希却说："过去我们只是抄袭对手的招数，虽然可以赚钱，但不会成为市场第一。于是，有一天，我们决定，停下来，放弃跟随市场，开始追随我们的顾客。"

特易购的客户管理系统采用二级式会员计划，成功地解决了成本控制问题：

设立第一级会员的目的只是为了收集顾客信息，当然也给积分。会员每花费一英镑可以得到一分，积满150分后可以兑换购物券。

第二级会员则针对消费额高的顾客，其设计极富创意。每单次消费满38美元可获得一把"钥匙"，积满50个"钥匙"就有了一个"钥匙链"，积满100个"钥匙链"就可以成为"金钥匙链"。"钥匙链"不仅可以兑换购物券，还可以在许多其他消费场所获得折扣——"钥匙链"旨在改变消费行为，鼓励顾客在特易购花更多的钱。

我们国内的许多商家也采用了多级会员制，但为什么却收效甚微呢？

这是因为，特易购对庞大的消费资料数据库进行了挖掘、分析：

1）根据消费者购买偏好识别了6个细分群体；

2）根据生活阶段分出了8个细分群体；

3）根据使用和购买速度划分了11个细分群体；

4）根据购买习惯和行为模式来细分的目标群体达到5000组之多。

就连特易购的品类划分，也是以顾客的购物特征为依据的。特易购将超市中顾客经常购买的商品分为50种类别，每种类别和消费者的一种生活习惯或者家庭特征相对应，比如"奶粉、尿片等类别"代表年轻父母。

这种多维度分类的组合运用，为差异化营销提供了近乎无限的策划空间。

拥有了精细的会员制经营技巧，特易购能够让顾客感受到："即使是在最小的特易购里面都可以找到我想要的所有东西。"——从而获得了比竞争对手更低的营运成本和更高的服务水平。

特易购的顾客忠诚计划，获得了巨大成功，有400万个英国家庭，每隔三个月就会查看一次自己"俱乐部卡"的积分，然后冲到特易购商场，像过圣诞节一样，疯狂采购一番。

4.7.2 案例目的及分析

本案例说明了信息技术可以帮助组织实现市场细分策略，从而有效的应对外部竞争压力，提高竞争优势。信息技术可以帮助组织挖掘客户需求、进行客户分类，在此基础上可以针对培育大客户的忠诚度，挖掘不同客户的购买潜力。另外，可以针对特定的客户进行有针对性的促销，一方面可以降低促销成本，另一方面又提高了促销效果。

在动态的市场环境中，每一家企业都应当严密监视市场环境，随时审时度势，依据环境变化、竞争对手变化、顾客观念态度变化、政府宏观政策的改变，重新定位自己的产品和企业，修正企业的营销策略，以适应不断变化的新市场需要。要点在于：企业决定进入的市场应该是有能力为其服务的特定市场。企业应该将最有潜力的细分市场挑选为其目标市场，为此要通过市场细分，对细分市场从需求潜量、盈利能力、竞争状况等方面进行评价，来选择目标市场；市场定位关键是要确定产品与企业在目标市场的地位，这就要从各方面为产品与企业创造一定的特色，并要随着环境的变化不断调整，使企业始终保持旺盛的生命力。

市场细分一方面可能取决于企业家的眼光和判断力，另一方面可以借助大量的数据，这些数据可以是来自内部的销售数据也可以来自于企业外部的统计数据，在这些数据中发现一定的规律，发现有可能成为增长点的市场，从而将企业定位到这个市场中来。对顾客的购买行为、消费额进行分析，发现顾客的购买习惯，对顾客进行分类，有助于为顾客提供更好的贴心服务，另一方面可以使得企业更加专注于大客户，进一步开拓市场。

以上几个案例介绍了这些企业利用信息技术在客户分类、目标市场细分上所取得的成果。

4.8 热点话题——信息系统与管理创新

伴随着信息化的步伐，信息技术的应用和发展突飞猛进，已拓展到各个领域并发挥着前所未有的巨大作用。现代企业为了在激烈的市场竞争中立于不败之地，采用信息技术，建立了计算机信息管理系统，极大地提高了企业获取和处理信息的能力。因为无论库存控制、生产控制、成本控制、预测、决策、物料采购、市场销售、产品更新换代、编制预算，还是获取信息的快慢和准确性都显得十分重要。所以，要求企业充分利用信息技术并加快信息化进程，会带来企业管理工作的变化。

信息技术的飞速发展，为企业管理提供了强有力的工具和手段，给企业带来了可观的经济效益。因此，信息技术深入到了企业生产经营的各个方面。首先是事务处理系统，将基层大量出现的、重复的数据通过计算机信息处理，把业务人员从繁琐的重复性工作中解脱出来，提高了工作质量和工作效率；其次是建立企业管理信息系统，将企业作为一个整体来进行全面的信息管理，强化了数据的统计、分析、汇总报告的功能，满足中低层管理者的需求，也实现了管理信息的综合处理；然后是信息技术参与的自动化设计，集成制造系统，计算机辅助制造等，大大提高了生产效率，提高了产品质量和产品的市场化程度。最后是决策支持系统，提高了企业管理者的决策水平和工作效率，可以起到辅助决策，特别是战略决策的作用。

信息技术的应用和发展，也给企业造成了复杂的管理环境。信息技术带来了全新的生产方式，企业内部结构和外部市场环境产生了新的变化，引发了企业管理必须创新才能适应信息技术的应用与发展。

（1）管理理念上的创新。传统的管理是一种偏向静态的管理，规模经济造成了过细的劳动分工和层次结构，造成大量的组织协调和控制工作，加大了管理成本；层次间的信息传递速度慢，信息失真造成了决策的延误和效率的低下；部门之间相对封闭和固定的工作规章削弱了企业对环境变化的适应能力。以信息技术为核心的生产技术要求对企业施以动态管理，即决策权的下放，更少的规则约束，增大管理幅度，建立网状的通信系统。

（2）组织结构上的创新。原有的企业组织结构中的金字塔模式，造成管理重叠、冗员多、效率低、管理费用高、本位主义和官僚主义严重；中间管理层以传达指令和进行监督控制协调为基本职能，由于信息技术的应用使上下级之间的沟通与联系更为方便，这使得中间管理层过剩，有时甚至起到阻碍信息传播的作用。因此，要减少管理层次，增大管理幅度，充分利用电子信息技术是十分重要的。

（3）管理方法的创新。信息技术强有力地提高了企业管理水平，使得一些数学性很强的管理方法，如运筹学、统计学、计量经济学、决策论、对策论的大量应用以支持企业生产经营，甚至可以采用决策支持技术决策。通讯水平的提高使人们决策时越来越重视获得企业内部的信息以及相关的外部信息，决策更加民主、公开、合理，并且通过有效的沟通产生了建立在感性与理智共识基础上的“最恰当”的决策。

（4）管理职能的创新。信息技术可以强化管理者的管理职能。方便、快速的信息提供以及支持技术发展，弱化了高层管理者依赖下属进行评价和建议的程度，提高了决策的质量。信息技术改善了沟通方法，下放了决策权，加强了工作的计划性，培育了高素质的下属，因而可以大幅度扩大管理幅度，减少决策层的工作压力，减少事故发生和发现之间的延误。方便的经营状况查询，形成了对下属的约束激励，提高了员工工作的积极性。

（5）从战略的角度进行企业信息资源管理。要求高层管理者建立信息资源意识，研究信息技术给企业带来的机会与挑战，企业组织结构和管理方式带来的变革。抓住机遇完成生产经营的优化，避免出现原有业务系统的计算机处理化的简单翻版。在进行信息资源管理中，要保持高层管理者的参与和领导，调整管理者的期望，消除基层对于变革过程中的抵触，但也需要有信息资源管理的战略规划，具体实施计划和日常管理。所以，信息技术是一种新的企业管理方式，对企业管理者是一个新的挑战。

信息技术以及由其发展而带来的管理信息系统的发展使得一些新的管理思想与管理理念得以实现，如精益生产、虚拟企业、供应链管理、电子商务等新的管理理念和运营方式在信息系统的支持下得以实现。

4.9 扩展学习模块——典型的OA功能模块与具体实施步骤

OA协同办公管理系统可对公司进行全面的管理，涵盖公司管理全部业务流程，包括企业资金流、物流、信息流的全面一体化管理。实施是一个系统工程，涉及到的可变因素以及不可控因素都很多。因此，应该有一个科学的方法作指导，来严格规范企业信息系统的实施过程，规避不可控因素造成的影响，以期达到最好的结果。根据他们公司的管理模式，特制定以下实施方案：

第一阶段：实施前期调研阶段。

（1）进行各部门调研工作，了解各部门对实施OA的需求和使用人员计算机操作技能。

（2）成立OA项目的实施小组，以配合OA提供方的工作。

第二阶段：实施准备阶段。

这个阶段非常重要，关系到OA实施的成败。这个阶段的工作主要是：

（1）系统管理员培训。由OA提供方对系统管理员需要进行系统的培训。

（2）召开OA项目启动会议。

1）任务：明确OA实施的意义，说明OA实施成功的关键因素。项目启动会除双方项目组成员及有关人员参加外，应有公司高层领导成员参加。

2）主要内容：由公司主要负责人作项目总动员，说明公司管理改造的期望、领导的决心。对各部门的积极配合以及OA提供方提出具体要求。宣布我们公司项目组成员组成。由OA提供方说明实施该OA的意义、实施OA的风险等，宣布实施项目组的成员组成。确定OA实施计划，启动会上，OA提供方应提出OA实施计划、实施方案等与公司项目组进行充分交流和沟通，并最终确定OA实施计划。

（3）拟订实施进度计划。

1）任务：由OA提供方制定实施计划，并在OA实施过程中根据情况作及时的更新与维护。

2）主要内容：OA提供方根据前期的调研情况及OA启动会议纪要，制定出实施计划表，以供公司领导层调配资源及确定OA总体进度的参考依据。实施计划表将是双方项目组工作的日程准则。除非有不可抗力等其他因素，否则实施计划不能作变更。

（4）确定项目实施组织。项目组人员职责与要求：具备较强的计算机应用能力及理解接受能力；熟悉本部门或公司的业务流程及需求。

项目经理：负责本项目实施中与OA提供方的协调及实施工作安排，掌握项目实施进度，确认OA提供方提交的相关实施报告、成果及实施顾问工作记录单；并参与实施的重要阶段工作。

第三阶段：项目建设阶段。

（1）系统安装与初始化配置。在公司服务器上安装OA软件，进行初始化设置，OA软件能正常运行。

（2）注册用户并构建组织机构。注册OA使用人员，并根据公司组织机构图构建单位组织机构。

（3）业务流程调研。业务流程调研是实施中的关键步骤。实施人员在调研、分析过程中首先要从细着手，了解公司各种业务的操作流程及其所涉及到的各种单据，以及单据在各个部门之间是如何传递的、各个岗位人员的职责是什么、每个人员干哪些工作等等，也就是说调研要对公司的业务处理了解足够的细，只有这样才能在软件实施中有的放矢，制定出详细的实施解决方案。

实施人员还应对软件的调研过程有一个总体的把握，也就是说实施人员不能仅仅局限于具体业务的处理中，而应该从总体的业务流程上进行分析，把各个部门零散的业务处理结合成一个整体，把各个断开的业务连贯起来，这就要求实施人员的思想必须达到一定的高度，只有这样才能从宏观的角度来把握调研、分析的进程，保证此阶段工作顺利完成。

（4）核心模块定制。定制业务流程所需各种表单；实现业务流程流转顺畅并满足实际需求；实现文件的有序管理。

（5）辅助模块定制。完成系统各辅助模块的定制。

（6）系统调试。项目小组在基本掌握软件功能的基础上，将各种必要的数据录入系统，项目小组进行实战性模拟，对于实施方案中不合理处，提出解决方案，并及时进行调整。

第四阶段：切换准备阶段。

（1）OA培训。OA培训分为领导培训及一般用户培训，领导培训需要掌握OA系统的基本使用并了解OA系统的权限设置；一般用户培训需要掌握OA系统的基本使用。培训完成后对各学习人员进行考核，考核合格方可进行系统模块的模拟操作。

（2）模拟运行。由参与培训过的人员，进行实际操作OA系统进行试用，熟悉OA软件的使用。以真实的业务为实例进行并行运行。内容包括系统可靠性测试、安全性测试，数据运行的正确性测试等。并行运行中发现问题、归纳总结进行详细记录形成文档。

第五阶段：OA验收。

OA实施进入正常状态后，要进行业绩评价，OA实施验收。

在项目正式验收之前，OA提供方需要整理项目实施文档、实施表单等。待准备工作完成后，OA提供方向企业提出验收申请，确认验收时间、地点、与会人员等。

验收会上，需介绍OA实施的历程、移交所取得的各阶段性成果，并对OA实施结果做出评估，最终完成验收报告，双方确认签字。

各阶段的功能及规则见表4-3。

表4-3　各阶段的功能及规则

模块	功　能	规　　则
人力资源管理	用户信息管理	用户列表，录入用户信息
	部门管理	部门列表：列表显示所有部门、上级部门、负责人； 新建、修改、删除部门
	员工管理	列表员工：树形显示部门，列表显示所有员工； 新建、删除员工； 员工调动：可调动员工，可在员工列表中点员工查看调动历史； 员工离职和复职：将员工表示为离职，可以将离职的员工恢复原职
	人事档案管理及劳动合同管理	实现档案信息管理与统计分析合同到期、员工转正、退休的预警； 记录劳动合同、技术合同以及保密合同等的签订、续约、变更、终止，并可设置到期提醒功能
	劳资管理	劳资管理，允许设置工资项目、定义计算公式，通过管理工资流程，实现部门效益工资上报、财务录入、统计分析、工资条通过内部邮件和手机短信发放
	考勤管理	实现上下班登记、外出登记、请假登记、出差登记，支持设置排版类型、考勤管理人员、免签人员、上下班登记的时间段、公休日、节假日，提供考勤数据统计分析与管理人员考核，支持考核指标集定义、考核任务管理，有助于将员工考核、管理人员考核日常化
	福利管理	对员工各类保险的投保、退保、月缴纳情况进行登记，打印统计报表；可自定义保险的名称以及相关的参数
	培训管理	对培训计划、计划审批、培训流程、员工培训记录等进行管理，支持及时信息提醒
	招聘管理	发布招聘信息，不同的职位、人以不同的方式发送
权限管理	角色管理	可以添加、删除角色
	角色成员管理	角色列表中点成员管理弹出页面通过两个多选下拉框实现选择成员并能显示已有成员，能设置成功；双击角色，展开显示成员
	角色权限管理	角色列表中点权限设置弹出页面列出所有功能，通过复选框选择； 默认已选择已分配的功能、可以再分配功能并能保存成功
	权限控制	对不需要进行权限控制的功能，所有用户均可访问； 对需要控制的功能，必须是授权用户才能访问； 无权访问时，跳到提示无权限的页面

续表 4-3

模块	功 能	规 则
信息管理	信息交流	有信息编辑器，编辑后的信息可通过新闻、公告、通知、电子期刊、大事记发布各种信息文件，与内部成员的沟通交流、文件传递，也用于系统的事务消息发送，如工作跟踪督办
	企业论坛	可以随时发表相关的意见或针对某一问题进行讨论
	文章管理	文章的发布、阅读、删除都可以有严格的权限设置； 文章支持 Word、Excel、Powerpoint、PDF、图片等各种文件格式，并可设置各种显示模板和样式
	文章的发布和编辑	图文混排或提供丰富、个性、时尚的信息元素，因此对信息进行格式化信息高效传达的重要方式。信息编辑器就能够方便、快速的对网站信息内容进行编辑加工，不需要专业知识，也能发表图文并茂的专业级的信息内容。提供类似于 Word 所见即所得的编辑器
	栏目自定义管理	可扩展栏目，可以在其中设置各种栏目，并上传相关文档。可自行对栏目（包含一二级栏目）进行排序，可修改栏目名称，可以指定人员对栏目进行维护，包括设置栏目、访问权限，直接上传、删除、保存文档等，有权限访问者可以下载其中文件
	栏目权限	用于给相应的用户分配各栏目的后台管理权限，系统管理员也需给自己分配各栏目的后台管理权限才能享有管理该栏目的权限
	档案管理	按访问权限查阅内部公用文档等信息。可定义无限级子目录，严密的权限控制，可分别授予用户添加、查看、修改、删除、打印等权限
	图书管理	对图书资料的登记入库、借阅、归还的全面管理，提供方便的检索功能
	车辆管理	对单位的车辆状况，修理及使用情况进行登记管理，可完成用车申请、审批、调整用车时间、派车、收车的整个过程
	资源管理	能定义各种资源条目（如电脑等固定资产），根据不同的资源制定资源相关的字段。实现对企业资源的登记、维护、外借、归还、损坏、报废等管理
	会议管理	对单位内的相关会议及其内容进行登记和管理，同时可以查询显示会议室的相关信息，完成各种会议的申请，向相关人员发送会议通知； 记录查询会议安排、会议室查询、会议登记、会议通知、会议纪要、会议信息查询、记录会议室状况
	数据表自定义	可自动生成数据表
	科技信息管理	单位可以将科技信息资料分类存放到这里，便于日后查阅，可以使成功案例、先进经验、技术方法、各种表单、文件资料等资源在这里共享，便于大家共同学习、使用，快速提高。可设置权限以保护机密资料安全
	生产管理	将产品相关的资料、信息存放起来，方便日后查阅

续表4-3

模块	功　能		规　则
审批流程管理	流程管理		可以新建流程，并可以指定单据类型，可以修改流程，没有在使用的流程可以删除； 流程审批的常用审批表单、基于模板的流程定义，多线程无线节点流程，自定、预定、固定三种流程模型，节点的办理、只读和跳转
	设置节点		用图的形式顺序显示现有节点，可以添加节点、修改节点
	单据审批		提交单据要能自动进入到审批流程中； 在待审单据中点一个单据可以进入审批页面； 审批页面可输入审批信息并显示原单据内容
	公文审批流程		集成PDF生成、加密证书服务，集成Word和Excel
	公文流转		发文、收文、归档，用于处理工作中的单位内外部的各种电子公文、审批公文、通知公文，应用审批流程控制的原理实现准确、及时的公文的处理； 可自动控制公文的拟定、审核、浏览、办理、完成等公文流程的全过程工作
	其他流程		合同审批、会签流程，项目立项审批过程，公司规章制度审批会签过程，出差、加班、请假、借款、费用报销审批表，物资采购审批，资产（办公用品，图书或相关资料）审批等
个人办公	邮件系统管理	公共邮件管理	通过公司邮箱的设置企业对象的共用邮箱
		邮件自动回复	可以对同一个主题的邮件执行批量回复； 如有几封咨询邮件询问某产品的价格，这种情况就可以进行自动成批回复
		电子邮件模板	邮件格式模板，与日常使用的邮件、文档模板相同； 在模板应用中，系统可自动替换一些参数，如收件人、发件人、日期、收件单位等，也适用于批量发送邮件
		群发邮件	支持群发电子邮件，群发时，收件人收到的邮件不会显示自己以外的收件人的信息
		个性信函贺卡	支持服务端绘图功能，可用来批量生成贺卡
	即时通信	RTX即时消息、视频会议	通过RTX的互联方案，可以实现企业内外的交流。可以打开语音、视频进行对话。同时也可以搭建起企业之间、企业与个人之间的沟通的桥梁； 具有会议预定与定时提醒，文字、语音、视频交流，电子白板、远程协作，完整的会议记录与回放
		短消息	用户可以向指定人员或部门发送消息，发送消息时可附带文件同时发送
		手机短信	支持移动、联通手机短信双向收发，短信群发，发短信查资料，例如查找通讯录等，个人手机通讯录的导入与导出
		通讯录	包括单位通讯录、个人通讯录和公共通讯录
	文件传送		与短消息类似，可以向指定人员或部门发送文件，做到文件的快速传递
	个人文件柜		作为网上的文件柜，用户可以将自己的文档上传到此处并分类保存。在阅读各类新闻、通知、公告、消息及文件时，也可以将附件直接保存到此处
	工作日程		可以按日、周、月计划自己的工作内容，清楚的查看未完成、要完成、待完成的各项任务的内容、状态和时间，便于用户统筹安排工作，调整进度

续表 4-3

模块	功能	规则
个人办公	工作计划	做出本周、本月、本季度或本年等的工作计划，任务目标等，在目标的指导下开展工作
	工作总结	个人可以增加自己的工作总结，并可将个人工作计划转为总结，每天增加的总结会立刻形成在“周报”中，部门负责人可查看本部门员工的工作总结，单位领导可查看整个单位的工作总结
	个人考勤	包括上下班登记、外出登记、请假登记、出差登记、个人考勤查询等内容。上下班登记相当于网上签到，既方便又防止作假
	报表管理	可以根据要求，自动生成日报表，周报表，月报表，自动发送到相关人员的 OA 文档中，达到报表自动到桌面的理想的应用境界
	万年历	可查询世界各地的当前时间，及国际国内各节日等，有农历对照

思考题

1. 基于企业的组织职能，管理信息系统如何划分？
2. 虚拟企业的基本特征是什么？
3. 简述办公自动化系统的主要功能、结构。
4. 办公自动化系统主要涉及到哪些支撑技术？
5. 简述会计信息系统的发展阶段及定义。
6. 简述会计信息系统的主要功能。
7. 简述市场营销信息系统的定义、功能及结构。
8. 简述人力资源信息系统的定义、功能。

5 层次信息系统与企业管理

管理信息系统的应用及企业信息化已经非常普及，应用系统也极其广泛，在概念上对它们进行正确的分类，有利于深化对管理信息系统的理解。管理信息系统的概念空间包含：

(1) 技术维，技术维说明技术上的深化程度，最低的应用技术是电子数据处理系统(EDP)。技术的提高可以达到办公室自动化（OA)，更进一步达到支持协同工作的计算机系统（computer system for collaboration work，CSCW)。技术上的最高水平在向决策支持和智能系统前进。

(2) 信息支持维，信息的使用分为三个阶段：一是提高效率阶段；二是及时转化价值阶段；三是寻找机会阶段。相应的应用系统就是数据处理系统、管理控制系统和战略信息系统。数据处理系统是用计算机代替人工处理信息，从而大大提高效率。管理控制系统进行企业运营的控制，达到更好的计划、控制、检查，从而能及时地实现价值。战略信息系统支持高层和长远的决策或战略决策，利用信息技术支持做出正确的决策，抓住机遇，从而获得战略优势，这是现在的一个重要趋势。

(3) 职能维，企业内是划分为不同职能的，一般企业均有市场、生产或服务、财务和人事等四大职能，不同的职能有不同的应用系统。

(4) 领域（行业）维，不同的企业或组织用了不同的应用系统，如制造业、服务业、金融业、IT业。组织维也就由不同的组织信息系统所组成。例如，制造企业的应用系统、银行业、教育业的应用系统等。

(5) 层次维，支持不同层次的管理，使用的是不同的应用系统。企业或组织的层次分为基层、中层和高层（或顶层)。支持基层的是业务处理系统；支持中层的是终端用户系统；支持高层的是主管信息系统或主管支持系统。

5.1 层次信息系统

组织中管理的层次一般分为三层（见表5-1)：

(1) 高层，负责企业的战略规划、重大投资、组织、技术、人事的决策等。

表5-1 层次信息系统对应分类

各层管理团队应用的信息系统			
层　次	支持群体的系统	支持个人的系统	信息需求的层次
高　层	战略规划系统	主管支持系统	战略级信息
中　层	管理计划与控制系统	知识工作者系统	战术级信息
基　层	业务处理系统	业务员系统	作业级信息

(2) 中层，主要任务是管理控制，也就是在总计划的指导下，制定细分计划，发布计划并实施和进行计划的控制。

(3) 基层，主要任务是计划的具体执行。

高层的主要任务是企业的战略规划，负责企业的重大投资、组织、技术、人事的决策等。战略规划一般为3～5年，甚至更长时间。中层的主要任务是管理控制，也就是在总计划的指导下，制定细分计划，发布计划并实施和进行计划的控制。基层的主要任务是计划的具体执行。层次信息系统相应包含：基层信息系统、中层信息系统、高层信息系统。各层信息系统的系统分析及信息需求见表5-1。

5.1.1 基层信息系统

定义： 基层信息系统是指在基层支持个人和群体的系统，是业务处理系统（Transaction Processing System，TPS），被用于企业的运行层，使用人员是操作员。

TPS又叫交易处理系统，处理的是高度结构化的任务。TPS主要用来进行商业中的日常交易处理，如订单输入、饭店预约、工资计算、员工档案登记、运输调度等。TPS是企业最基础也是非常核心的系统，很短时间的故障就可能导致企业停顿。UPS：如包裹追踪系统。

在基层支持个人和群体的系统均是业务处理系统，它是被用于企业的运行层，使用人员是操作员。TPS是一个计算机系统，用来进行商业中的日常交易处理。例如，订单输入、饭店预约、工资计算、员工档案登记、运输调度等。电子商务企业中常见的业务处理系统和它们的功能，见表5-2。一般企业的生产信息系统处理过程如图5-1所示。

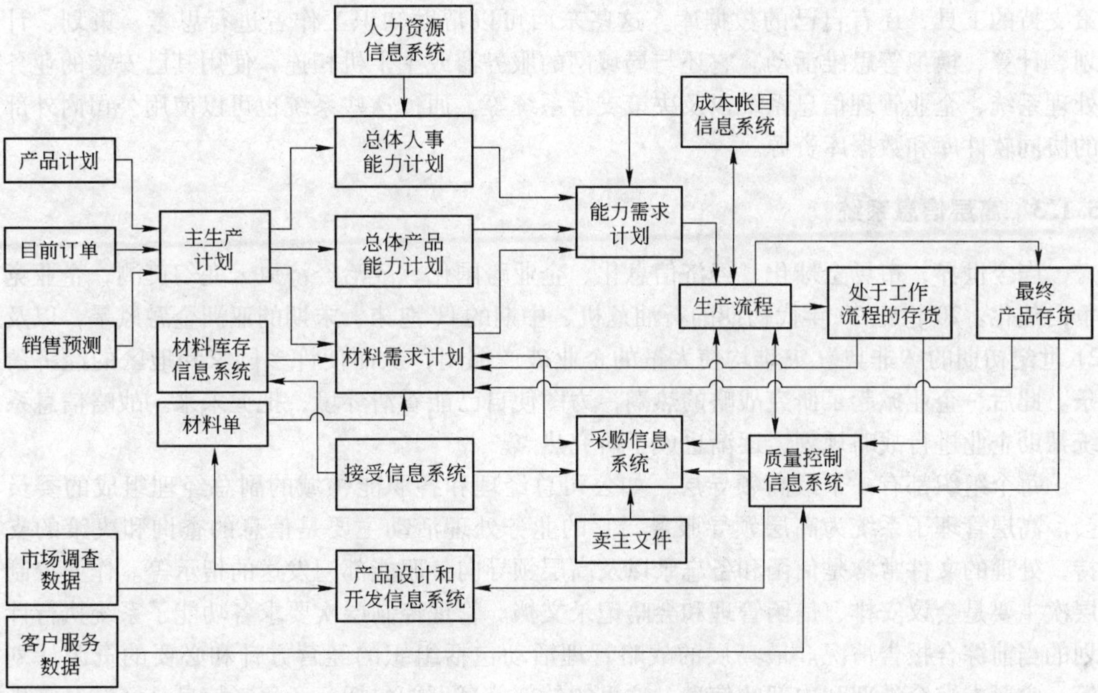

图5-1 生产处理过程和信息系统

表5-2 业务处理系统的种类和功能

销售及营销系统	生产制造系统	财务、会计系统	人力资源系统	其他类
顾客服务 销售管理 促销跟踪 价格变化 经销商联络	调度 采购 出货、进货 工程 操作	总账 账单 成本会计	个人记录 福利 补助 劳动关系 教育训练	入学 成绩 选课
销售订货系统 销售委托系统 销售支持系统	机器控制系统 采购订单系统 质量控制系统	总账 工资单 会计应收、应付账 基金管理系统	员工档案 福利系统 员工技能库	注册系统 学生成绩单系统

5.1.2 中层信息系统

中层人员是企业中计算机水平最高的人员，也是使用信息系统最多、最深、时间最长的人。中层人员根据战略层的战略规划要求，并按照它的目标和约束，制定可执行的计划，并控制计划的执行。在战略实施过程中，管理层人员也要进行一些战术决策。因而，中层人员一般要从业务处理系统（TPS）收集信息，用计划与控制信息系统（Planning and Control Information System，PCIS）处理信息，用决策支持系统（Decision Support System，DSS）辅助计划的制定。PCIS包括传统MIS、ERP、SCM、CRM。

中层管理的终端用户系统实际上也是知识工作者系统（Knowledge Worker's Systems，KWS），它是智能终端，有一套辅助办公室自动化OA、信息管理、应用程序开发以及决策支持的工具，还有自己的数据库。这些东西可以帮助知识工作者进行思考、策划、计划、计算、模拟等思维活动。它还与局域网的服务器或主干机相连，使用其已安装的业务处理系统、企业管理信息系统以及决策支持系统等。通过这些系统也可以使用公司内外部的协同软件库和数据库资源。

5.1.3 高层信息系统

当今世界，市场全球化、经济信息化、企业跨国化，政治经济风云变幻莫测，企业竞争白热化。20世纪90年代初期的石油危机、中期的IT泡沫、末期的亚洲金融风暴，以及21世纪初期的“非典”灾难均使大量的企业破产倒闭，从而使许多国家和地区的经济萧条。此后，企业掀起了研究战略的热潮，力图使自己能看清环境，把握未来。战略信息系统帮助企业进行战略规划，逐渐也成了研究热点。

每个组织都有一个最高领导层，如公司总经理和各职能领域的副总经理组成的委员会。高层管理子系统为高层领导服务，它的业务处理活动主要是信息的查询和决策的支持，处理的文件常常是信函和备忘录以及高层领导向各职能部门发送的指示等。作业控制层次主要是会议安排、信函管理和会晤记录文档。管理控制层次要求各功能子系统执行计划的当前综合报告情况。最高层的战略管理活动包括组织的经营方针和必要的资源计划等，它要求综合外部和内部的信息。这里的外部信息可能包括：竞争者信息、区域经济指数、顾客偏好、提供服务的质量等。

支持高层的战略信息系统（Strategy Information System，SIS）是帮助企业高层进行战略决策和战略计划的供应链管理系统。它一般由专家建造，高层经理使用，高级顾问也可使用。

支持高层个人的信息系统有主管支持系统（Executive Support System，ESS）或主管信息系统（Executive Information System，EIS），如图 5-2 所示。ESS 的功能特征：

（1）利用数据仓库和数据挖掘技术。

（2）强大的通讯能力，提供醒目的异常报告，非常友好的用户界面，丰富的图形表述。

（3）注重关键性数据的跟踪，在需要时，可以深入查询数据的来龙去脉。

（4）一般都是针对某个特定经理，为他量身定制的系统，使系统与高层经理的风格一致。

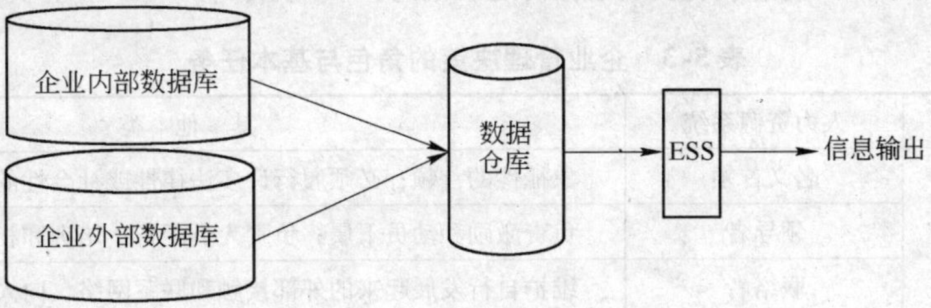

图 5-2　ESS 系统模型结构

支持高层群体的信息系统是战略计划系统（Strategy Planning System，SPS）。

EIS 是为高层经理提供信息，以支持他们进行决策的系统。而 ESS 不仅具有 EIS 的功能，还具有提供主管工作效率的功能。不像其他的系统如 DSS 等是用来解决特定的问题，ESS 提供一个一般化的计算与沟通能力，帮助高层主管监督绩效、侦测问题、确认机会和预估趋势发展。它的数据来自企业内外部，内部数据主要是读取内部 MIS 及 DSS 汇整的数字。

［案例 5-1］Phillips 石油公司的 EIS 系统实施

Phillips 石油公司是美国最大的油料公司之一。Phillips 66 是下属全资子公司。Phillips 66 在 1985 年对公司内部分散的信息系统进行了集成，建立了存储在大型机上的中心数据库。但是信息主管发现对于高层管理人员来说，通过中心数据库进行在线数据分析和数据传输速度太慢，于是开始开发 EIS。

开发方法：系统由公司的信息部自己开发，开发人员具有比较丰富的信息系统、财务及管理知识，知道经理们想要看什么信息。

系统的功能：EIS 主菜单有“新闻、每周经营数据、每月简讯、职责报告、每月财务、趋势预测、会议安排”等几项。

系统的运作：新闻是由一名专门的经验丰富的信息员从道琼斯、路透社、石油数据服务商等处收集，每天更新三次，分别在 7：30、11：00、15：00，通常比报纸快，而且能节约 30 ~ 45min 的读报时间。图表由运行在大型机上的图形软件包产生，然后存储在经理的 PC 机上，而且一旦需要，经理可以追溯到数据的直接来源。EIS 中包含 IBM 的办公软件，提供电子邮件、日程安排、电子会议等服务。

系统的推广：总裁 Wallace 在 EIS 的使用推广中起到了关键作用。他是 EIS 的第一个使用者，并且给每个副总裁也配备了 EIS，不过他并不强求他们一定要使用它。但是 Wallace 通知副总裁们有关会议的安排和日程都在 EIS 中，并且他会用电子邮件与他们联系。当副总裁看到 Wallace 是如何准备会议的，他们也开始使用 EIS。信息部根据每个副总裁的信息需求（种类、形式）对 EIS 进行个人定制，通常只需要花 1 ~2 天时间。

5.2　信息系统与企业决策

20 世纪 60 年代末，明茨伯格（Mintzberg）对 5 位总经理的工作进行了一项仔细的研究。他发现，管理者扮演着十种不同的但却是高度相关的角色。这十种角色可以进一步分为三方面：人际关系、信息传递和决策制定，如表 5-3 所示。

表 5-3　企业管理决策的角色与基本任务

销售及营销系统	人力资源系统	其他类
人际关系	名义首领	象征性的首领；必须履行许多法律性或社会性的例行义务
	领导者	负责激励和动员下属；负责人员配备、培训和相关的职责
	联络者	维护自行发展起来的外部接触和联系网络，向人们提供恩惠和信息
信息传递	监听者	寻求获取各种特定的信息（其中许多是即时的），以便透彻地了解组织与环境；作为组织内部和外部信息的神经中枢
	传播者	将从外部人员和下级那里获得的信息传递给组织的其他成员-有些是关于事实的信息，有些是解释和综合组织的有影响的人物的各种价值观点
	发言人	向外界发布有关组织的计划、政策、行动、结果等信息；作为组织所在产业方面的专家
决策制定	企业家	寻求组织和环境中的机会，制定“改进方案”以发起变革，监督某些方案的策划
	混乱的处理者	当组织面临重大的、意外的动乱时，负责采取补救行动
	资源的分配者	负责分配组织的各种资源-事实上是批准所有重要的组织决策
	谈判者	在主要的谈判中作为组织的代表

在这三方面中，决策制定是管理最核心、最实质性的角色。所有的管理活动都围绕着决策。决策的整体质量对企业的成败有重大影响。

决策就是为了解决现实中出现的问题，实现某个特定的目标，在充分搜集并详细分析了相关信息后，提出解决问题和实现目标的各种可行方案，并依据评定准则，选定方案并实施，是解决问题，达到目标的一种方法和途径。简单地说，决策就是针对问题和目标，分析问题和解决问题的一个管理过程。

5.2.1　决策要素及过程

在决策活动中有三个方面：一是决策者，二是决策对象，三是决策环境。

决策过程实际上是一个提出问题、分析问题、解决问题的过程。每个决策都需要经过四个阶段：情报活动阶段、设计活动阶段、选择活动阶段和执行阶段。

5.2.2 决策的类型

(1) 按制定决策的组织层次分为三类：战略决策、管理决策和业务决策。

战略决策是指企业适应时刻变化着的外部环境的一种决策，具有全局性、长期性与战略性的特点。

管理决策是指对企业的人力、资金、物资等资源进行合理配置，以及改变经营组织机构的一种决策。具有局部性、中期性及战术性的特点。

业务决策是建立在一定的企业运行机制基础上，有关日常业务的决策，具有琐碎性、短期性与日常性的特点。

(2) 按问题的结构化程度分为：结构化决策、半结构化决策和非结构化决策。

结构化决策问题相对比较简单，它的目标明确，很容易理解，其决策过程和决策方法有固定的规律可以遵循，能用明确的语言和模型加以描述，并可以依据一定的通用模型和决策规则实现其决策过程的基本自动化。

非结构化决策问题的决策过程复杂，它的目标不明确或不同目标相互冲突，其决策过程和决策方法没有固定的规律可以遵循，没有固定的决策规则和通用模型可依，决策者的主观行为（学识、经验、直觉、判断力、洞察力、个人偏好和决策风格等）对各阶段的决策效果有相当影响。往往是决策者根据掌握的情况和数据并依据经验临时做出决定。

半结构化决策问题介于上述两者之间，其决策过程和决策方法有一定规律可以遵循，但又不能完全确定，即有所了解但不全面，有所分析但不确切，有所估计但不确定。这样的决策问题一般可适当建立模型，但难以确定最优方案。信息系统以往多数是应用在处理结构化的业务控制和管理控制类的决策。随着联机分析处理、数据仓库、数据挖掘技术和知识管理等技术在信息系统中的应用，现在大多数信息系统出现在管理和战略领域，这些领域里的问题是半结构化的和非结构化的。如决策支持系统、智能信息系统、专家系统和模拟系统等。

(3) 决策问题的类型：

确定性决策问题：亦称结构化决策问题。有一套解决问题的固定程序、方法和步骤。

不确定性决策问题：包括半结构化问题、非结构化问题，必须根据问题环境选择解决问题的方法。DSS 是专门用来解决某领域决策问题的系统，是解决不确定性决策问题的系统。

5.2.3 经理信息系统

经理信息系统是集中满足经理战略信息需求的系统。这种战略信息是关于企业的关键成功因素（CSFs）的信息。其满足的方式在于易取和及时。经理的信息源是多种多样的，包括书面的信件、报告、备忘录、会议记录和期刊报纸，也包括口头的交流，如电话、会议、交谈和社会活动等。这样经理信息的来源多数不是来自计算机。

经理信息系统（Executive Information System，EIS）。人们通常也称其为经理支持系统（ESS），即 Executive Support System。顾名思义，EIS 或 ESS 是服务于组织的高层经理的一类特殊的信息系统。EIS 能够使经理们得到更快更广泛的信息。EIS 首先是一个“组织状况报导系统”，能够迅速、方便、直观（用图形）地提供综合信息，并可以预警与控制“成功关键因素”遇到的问题。EIS 还是一个“人际沟通系统”，经理们可以通过网络下达命令，提出行动要求，与其他管理者讨论、协商、确定工作分配，进行工作控制和验收等。

EIS 是为高层经理提供信息，以支持他们进行决策的系统。ESS 不仅具有 EIS 的功能，而且还具有提高主管工作效率的功能。EIS 具有以下特点：

（1）它是针对主管个人特点的剪裁后的系统。

（2）抽取、过滤、压缩和跟踪关键数据。

（3）提供在线状态存取、趋势分析、例外报告和数据挖掘的功能。

（4）存取与集成广泛的内源和外源数据。

（5）对用户是友好的，可以以图形、表格以及文本信息显示。不用培训或简单培训即可使用。

（6）主管直接使用，不需要中间人。

主管支持系统（ESS）除具有上述特点外，还具有以下特点：

（1）支持电子通信，包括电子邮件、传真、计算机会议和字符处理，提高个人工作效率的工具，如电子日历、电子备忘录等。

（2）更强的数据分析能力，包括电子报表、查询语言和决策支持等。

ESS 是服务于战略层的，高层经理利用 ESS 帮助他们进行决策。他们支持的是非常规决策，不能用公认的程序求得解答，要依靠判断、评价和洞察力。ESS 设计不仅收录了外部数据，如新税法、竞争者动态，还有内部数据，如从 MIS 或 DSS 中提取的汇总数据。它过滤、压缩和跟踪关键数据，将最重要的数据传递给高层经理。例如，Leiner Health Products 公司（世界上最大的维生素和附产品制造商）的 CEO 利用 ESS 可以查看每分钟的信息，包括运作资金、会计应收、会计应付、现金流和库存。

不像其他信息系统，ESS 不是用来解决专门问题的。取而代之，ESS 提供一套通用的计算和通信的能力，可用于变化组合的问题。决策支持系统（DSS）具有很强的分析能力，而 ESS 趋向于较少的应用分析模型。

5.2.4 决策支持系统

传统的 MIS 主要服务于企业的日常管理，发展到一定阶段，随着高层人员对 MIS 的进一步需求，决策支持系统（DSS）随之产生。

5.2.4.1 决策支持系统的定义

DSS 的概念在20世纪70年代就已经出现，80年代以来。它的产生基于以下原因：传统的 MIS 没有给企业带来巨大的效益，人在管理中的积极作用要得到发挥；人们对信息处理规律认识提高，面对不断变化的环境需求，要求更高层次的系统来直接支持决策；计算机应用技术的发展为 DSS 提供了物质基础。对于它的研究和发展都十分迅速，一些研究和开发的系统，已经达到或接近实用阶段，但是，作为一种新型的、不断发展的系统，它的确切概念和定义仍处于争论和探讨中，当然，这些看法也有许多相同之处：

（1）DSS 是支持而不能代替决策者。

（2）DSS 主要是支持上层管理的半结构化决策。

(3) DSS是交互的计算机系统，具有实用的人机交互界面。

定义：决策支持系统（DSS），是以管理科学、运筹学、控制论和行为科学为基础，以计算机技术、仿真技术和信息技术为手段，针对半结构化的决策问题，支持决策活动的具有智能作用的人机系统。该系统能够为决策者提供决策所需的数据、信息和背景材料，帮助明确决策目标和进行问题的识别，建立或修改决策模型，提供各种备选方案，并且对各种方案进行评价和优选，通过人机交互功能进行分析、比较和判断，为正确决策提供必要的支持。

5.2.4.2　决策支持系统的特征

了解决策支持系统的特征，对于分析、设计和使用DSS都有重要的意义，DSS的特征为：

(1) DSS的使用主体是中、上层的管理人员。

(2) 辅助而不是代替管理人员进行决策。

(3) 易于为非计算机专业人员以交互会话的方式使用。

(4) 把模型分析技术与传统的数据存储技术及检索技术结合起来。

(5) 准确处理大量的不同来源数据。

(6) 提供报告和展示的灵活性，提供文本和图表的格式，支持对于决策的深入分析。

(7) 使用先进的软件包，完成错综复杂的分析和比较。

(8) 系统具有灵活性及适应性。

5.2.4.3　决策支持系统与管理信息系统的关系

DSS是在MIS的基础上发展起来的，虽然DSS主要解决的是半结构化的问题，而MIS主要解决的是结构化的问题，但是这两者之间的范围并不是绝对的，因为随着人们认识问题程度的加深，认识过程的递进，一部分半结构化问题会慢慢转化为结构化问题，使DSS和MIS的工作一部分重合。

关于DSS和MIS的关系，有以下几种观点：

(1) DSS是MIS渐进发展而达到的高级阶段，MIS是DSS的一部分。

(2) MIS包含运用模型分析数据和辅助决策功能，DSS是MIS的一部分。

(3) DSS与MIS是统一的信息系统的两个不同的、相互联系和相互配合的组成部分。

(4) DSS与MIS是计算机应用与管理工作中的两个不同发展阶段。

(5) DSS和MIS没有区别，只不过从不同的角度，以不同的观点来研究决策活动。

(6) DSS是多年来计算机在管理的实际应用中发展起来的一项独立的新技术，主要用于支持决策活动。

MIS与DSS的关系见表5-4。

5.2.4.4　DSS的功能结构

DSS运行过程可以简单描述为：用户通过会话系统输入要解决的决策问题，会话系统把输入的问题信息传递给问题处理系统，然后问题处理系统开始收集数据信息，并根据知识机中已有的知识，来判断和识别问题，如果出现问题，系统叫过会话系统与用户进行交互对话，然后系统开始搜寻问题解决的模型，通过计算推理得出方案可行性的分析结果，最终将决策信息提供给用户。

表 5-4　MIS 与 DSS 的关系

项　目		MIS	DSS
联　系		人机系统，用于辅助组织进行管理和决策	
区别	解决的问题	结构化问题	半结构化问题
	信息来源	组织内部	组织内部和外部
	设计思想	实现一个相对稳定、协调的工作环境	实现一个具有发展潜力和利用效率的系统
	与人的关系	代替人的一部分基础工作	协调人的工作，但不能替代人
	驱动方式	数据驱动	模型驱动和用户驱动
	操作方式	不希望人过多干预	以人机交互式对话共同完成任务
	信息需求	着重体现全局整体的信息需求	强调决策者个人的信息需求
	处理技术	强调系统性、客观性，做到科学化和最优化	强调发挥人的经验、判断力和创造力

DSS 的概念结构由会话系统、控制系统、运行及操作系统、数据库系统、模型库系统、规则库系统和用户共同构成。DSS 就是由人机接口、数据库、数据库管理系统、模型库、模型库管理系统、知识库、知识库管理系统、方法库和方法库管理系统 9 个基本部件进行不同的集成、组合而成的，如图 5-3 所示。

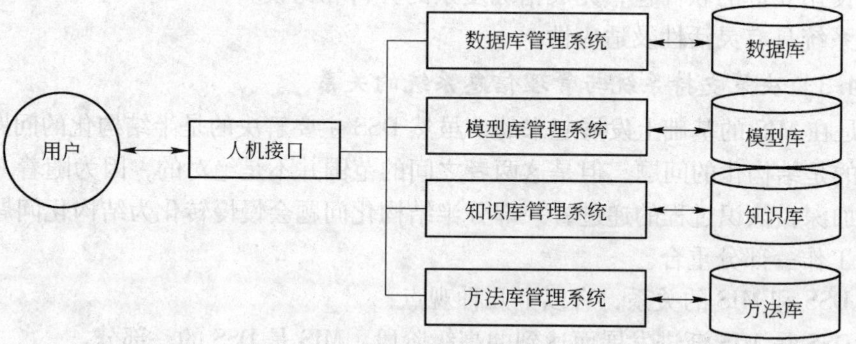

图 5-3　DSS 的结构模型

（1）用户。如果没有用户，设计、执行和使用决策支持系统就不可能有效地进行。用户的使用技能、动机、知识背景、使用方式以及担当的角色等对于成功应用决策支持系统是至关重要的。

（2）数据管理部分。其负责管理、存储与决策问题有关的数据，数据管理部分包括多个相应的子系统：数据库、数据库管理系统、数据仓库以及查询分析工具等。由于数据和信息是减少决策不确定因素的根本所在，因此，数据库子系统是决策支持系统不可或缺的重要组成部分。数据库应能够适应管理者的广阔的业务范围，不仅能够提供企业内部数据，而且能够提供企业外部数据。数据管理部分要提供安全功能、数据完整性功能和与使用决策支持系统相关的全面的数据管理任务。

（3）模型管理部分。模型管理部分的部件包括：模型库、模型库管理系统、模型执行处理程序、模型组合生成程序等。因为现实数据表示的是过去已经发生了的事实或者是对现实事物的描述。利用这些模型，就可以把面向过去的数据变换成面向现在和预测将来的有意义的信息。在决策支持系统中，决策支持模型体现了管理者解决问题的途径，所以随着管理者对问题认识程度的深化，他们使用的模型也必然会跟着产生相应的变化。模型库系统要能够灵活地完成模型的存储、管理和运行以及动态建模的功能。

（4）知识管理部分。知识管理部分中最主要的是知识库，它以结构化的形式存储了相关的经验和知识，通过推理机完成知识的推理过程。在决策和解决问题的时候少不了推理，没有进行推理的决策实际上不能够算真正意义上的决策。问题越结构化，需要的推理也越少，当问题完全结构化时，一般的信息系统就可以处理，这时就没有所谓的“决策”。知识和推理是决策的本质。知识管理部分主要集中管理决策问题领域的知识（规则和事实），包括知识的获取、表达、管理等功能。

（5）方法管理部分。方法管理部分主要包括方法库和方法库管理系统。是存储、管理、调用及维护DSS各部件，用到通用算法、标准函数等方法的部件，方法库中的方法一般用程序方式存储。它通过对描述外部接口的程序向DSS提供合适的环境，使计算过程实行交互式的数据存取，从数据库中选择数据，从方法库中选择算法，然后将数据和算法结合起来进行计算，并以直观清晰的方式输出结果，供决策参考使用。方法库内存储的方法程序一般有：排序算法、分类算法、最小生成树算法、最短路径算法、计划评审技术、线性规划、整数规划、动态规划、各种统计算法、各种组合算法等。

（6）交互接口。也就是输入输出界面，是人机进行交互的窗口。对话子系统是决策支持系统的人机接口，它负责接收和检验用户的请求，协调数据库系统、模型库系统之间的通信，为决策者提供信息收集、问题识别以及模型构造、使用、改进、分析和计算等功能。对话子系统通过人机对话，使决策者能够依据人的经验，主动地利用决策支持系统的各种支持功能，从多种方案中选择一个最优决策方案。

作为决策支持系统最一般的系统结构——三角结构，其主要由数据库、模型库等子系统与对话子系统呈三角形分布构成，具体结构如图5-4所示。

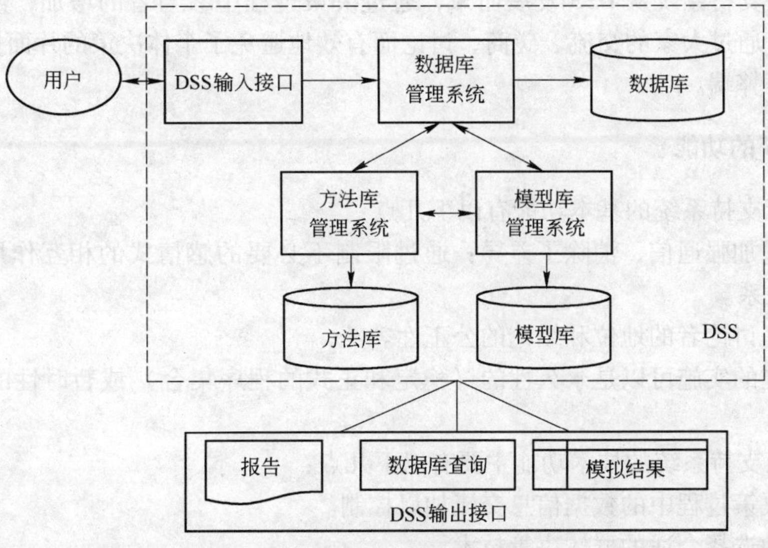

图5-4　DSS的三角式系统结构

DSS输出接口和输入接口构成了对话管理子系统，对话管理子系统是DSS的人机接口界面，决策者作为DSS的用户通过该子系统提出信息查询的请求或决策支持的请求。对话管理子系统对接收到的请求做检验，形成命令，对信息查询请求进行数据库操作，提取信息，所得信息传送给用户。对决策支持的请求通过识别问题、从模型库中选取模型或构建模型，从数据库读取数据，从方法库中选择恰当的方法，运行模型并通过输出接口将形成的报告、数据查询的结果以及模拟的结果等传送给用户或暂存数据库待用。

TPS、MIS、DSS的区别和联系：

（1）TPS是用来进行日常业务数据记录处理的系统，是最底层的系统；MIS能够提供分析、计划和辅助决策功能，主要为中层管理者提供管理决策服务；DSS是专门辅助管理者决策的系统，主要为高层管理者提供决策信息。

（2）MIS中通常包含了TPS的功能，TPS为MIS提供数据，DSS所需的数据来自TPS、MIS以及企业外部环境。

（3）DSS、MIS是并存的，不能相互取代。MIS主要解决结构化决策问题，DSS解决半结构化和非结构化问题。

5.3 群体决策支持系统

现代社会人们的政治、科技以及生产活动都趋于社会化、信息化，重大问题的决策是由多个相关的决策成员按照一定的原则和规程协同进行的，即群体决策。但是，传统的DSS仅面向单一成员而不能胜任群体决策的支持，群体决策支持系统成为DSS的一种发展趋势。

定义：群体决策支持系统（Group Decision Support System，GDSS），是指在系统环境中，多个决策参与者共同进行思想和信息的交流，群策群力，寻找一个令人满意和可行的方案，但在决策过程中只由某个特定的人做出最终决策，并对决策结果负责。

群体决策支持系统从DSS发展而来，通过决策过程中参与者的增加，使得信息的来源更加广泛；通过大家的交流、磋商、讨论而有效地避免了个体决策的片面性和可能出现的独断专行等弊端。

5.3.1 GDSS的功能

群体决策支持系统的基本功能有以下几点：

（1）通过加强通信，消除了差异：通过限制不必要的感情式的相互作用，控制、协调参与者的关系。

（2）提高讨论者的地位和结论的公正性。

（3）系统的实施可以是永久性的（稳定和正式的程序集合）或暂时性的（必要时才使用的系统）。

群体决策支持系统的技术功能主要有以下几点：

（1）对决策过程中的数据信息交流加以控制。

（2）自动选择合适的群体决策技术。

（3）对可行的决策方案进行分析计算和解释。

（4）如果群体决策无法得出一致，则讨论个体决策差异或提出重新定义问题的建议。

5.3.2 GDSS 的结构

GDSS 是决策支持领域的新的分支，对常规的 DSS 进行了扩充，内容包括：

（1）增加了一个通信库（communication base），方便决策参与者之间进行交流。

（2）加强了模型库功能，提供了投票、排序、分类评估等功能来实现达成一致的决策。

（3）系统使用前能够快速准备和具有协调能力，如安排会议议程，事先让与会者熟悉相关数据文件和决策模型等。

（4）扩充了必要的物理设备。

图 5-5 反映了一个比较有代表性的 GDSS 结构。

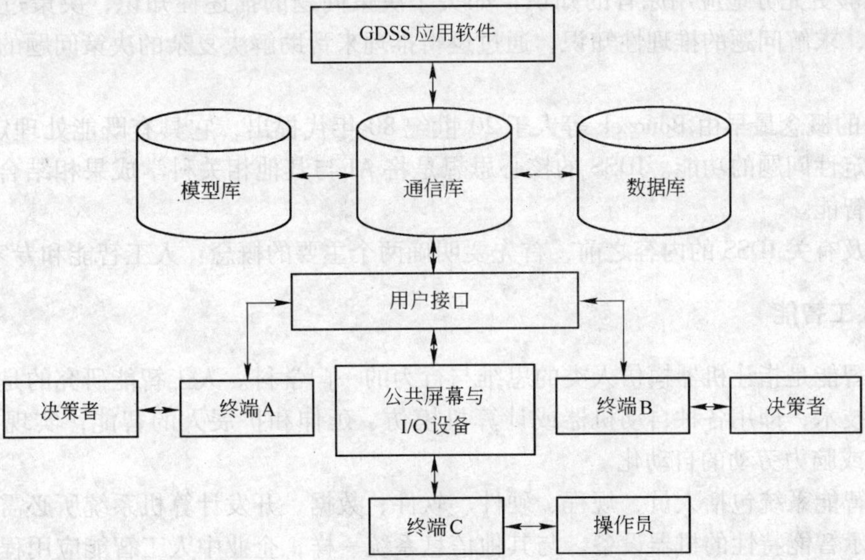

图 5-5 一种较有代表性的 GDSS 结构

一个 GDSS 通常由硬件、软件、用户接口及人（即操作员和决策者）构成，其中：

（1）硬件。GDSS 的硬件包括主机、外部存储器（磁盘）、I/O 设备、通信线路和用户接口。根据 GDSS 的类型不同，所使用的硬件也不同。简单 GDSS 应有一个分时系统的主机、I/O 设备、通信线路和给群体显示信息用的公共电视屏幕及用户接口。高级 GDSS 应有多个主机和计算机网络。对于 GDSS 环境中的通信技术的要求，取决于 GDSS 的所在地理环境，可以用公用电话线、专用线或无线电信道来支持联机系统，可以用局域网或广域网连接多个主机及微机工作站，从而使群体中的每个成员都能通信对话，实现电子邮件、计算机会议和电视声像会议。

（2）软件。GDSS 软件包括通信库、数据库、模型库、程序设计语言、操作系统、通信规程和用户软件接口等。在举行正式会议或虚拟会议时，通信库相当于会议的秘书处，是系统的核心，它存储与管理主题信息、会议进程信息及与会者的往来信息，沟通与会者之间、与会者与公共数据库和模型库之间的通信，公共屏幕信息也由通信库传送至各参会者的站点；而数据库主要提供解决问题的基础数据、决策用事实和存放决策结果；模型库则提供各种决策模型、方法和处理模型。

（3）人，即操作员及决策者。操作员是群体成员与系统之间的桥梁，起着群体与系统技术之间接口的作用。他具体操作 GDSS 软件，必要时给群体显示所需要的信息，例如关于会议要求与安排等。决策者则是实际参与决策的人，他们往往需要 GDSS 提供有关数据、模型、方法等决策资源。

5.4 智能决策支持系统

智能决策支持系统（Intelligence Decision Support System，IDSS），是人工智能（Artificial Intelligence，AI）与 DSS 相结合，应用专家系统（Expert System，ES）技术，使 DSS 能够更充分地应用原有的知识，如关于决策问题的描述性知识，决策过程中的过程性知识，求解问题的推理性知识，通过逻辑推理来帮助解决复杂的决策问题的辅助决策系统。

IDSS 的概念最早由 Bonczek 等人于 20 世纪 80 年代提出，它具有既能处理定量问题，又能处理定性问题的功能。IDSS 的核心思想是将 AI 与其他相关科学成果相结合，使 DSS 具有人工智能。

在涉及有关 IDSS 的内容之前，首先要明确两个主要的概念：人工智能和专家系统。

5.4.1 人工智能

人工智能是指让机器模仿人类的思维与行为的一门学科。人工智能研究的是如何用人工方法和技术，即用各种自动机器或计算机模仿、延伸和扩展人的智能，实现某些“机器思维”或脑力劳动的自动化。

人工智能系统包括人员、规程、硬件、软件、数据、开发计算机系统所必需的知识以及用来演示智能特性的机器设备。与其他信息系统一样，企业中人工智能应用程序的总体目的就是帮助组织达到目标。

多数专家认为，AI 与两个基本概念相关：第一，它涉及对人类思维过程的研究（理解什么是智能）；第二，它借助机器（如计算机、机器人等）研究如何表现这些过程。其目标就是要开发出具有智能行为的系统。

美国商业部门最近的一份调查报告指出，世界前 500 强的公司中有 70% 的公司使用人工智能作为决策支持的一部分。工商企业使用最多的人工智能系统可划分为以下几个主要类别：

（1）专家系统：可以通过对问题进行推理而得出相应的结论，或者提出合适的建议。

（2）神经网络：可以通过训练学会识别模式。

（3）遗传算法：首先产生大量的解，然后选择其中一些最好的解，利用选出的解来产生更好的解。通过这种方式，可以为具体问题产生循序渐进的解决方案。

（4）智能代理：是一种适应性系统，它可以独立工作，执行特定的、重复的以及预先设置好的任务。

目前人工智能的研究中，最接近实用的成果是专家系统。

5.4.2　专家系统

专家系统是一种运用推理能力得出结论的人工智能系统。它非常适用于诊断性问题和指令性问题。诊断性问题是指那些需要回答“发生了什么”的问题，相当于决策的情报分析阶段；而指令性问题则是指那些需要回答“该做什么”的问题，相当于决策的选择阶段。专家系统和传统的决策支持系统结合就形成了智能决策支持系统。它在原传统 DSS 的结构基础上增加了知识库、推理机与问题处理系统，人机对话部分还增加了自然语言处理功能。

专家系统包括下列的特点和能力：

（1）能对它们的推理或提议的决策作出解释。能解释其推理过程的能力是计算机化专家系统的最有价值的特点。因而专家系统的用户可以访问到结论后面的推理过程。

（2）能显示“智能”行为。因为专家系统收集了许多数据，所以它能为解决问题提议新的思想或方法，为某个决策提供一个模糊备选方案的提议。

（3）能从复杂的关系间得出结论。专家系统能以非常复杂的方式评价相互关联的数据以得出结论，并找出问题的解决方案。

（4）能提供“可移动的”知识。专家系统一项独特的能力在于它们可用来获取人类的专家经验，这些专家经验若不加以获取、挽救就会丢失。

（5）能处理不确定性的问题。专家系统最重要的一个特点是能处理不完备或不十分准确的知识。专家系统通过运用概率学、统计学和启发学来解决处理此类问题。

专家系统是由许多集成的、相互联系的构件组成的。其中包括知识库、推理机、解释工具、知识库获取工具以及人机界面。图 5-6 是一个专家系统的构成。

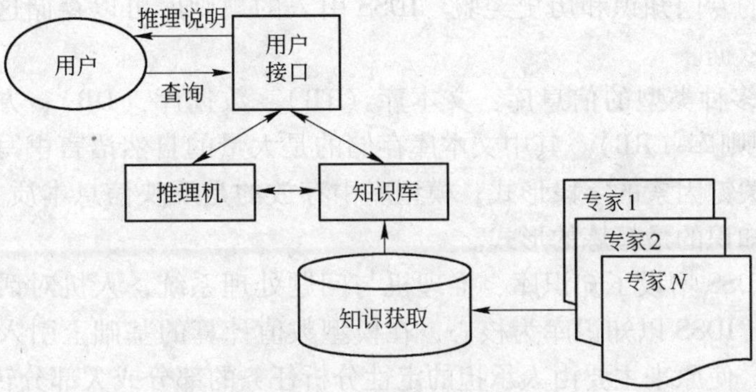

图 5-6　专家系统的构成

在图中可以看到，用户与人机界面交互作用，而人机界面与推理机交互操作。推理机又与专家系统的其他部分交互作用。专家系统的这些组成部分必须联合工作才能为决策制定过程提供专家经验和导向。现在已开发出了设计、创建、更新及运用专家系统的专门的用户界面软件。用户界面的目的是方便用户及决策制定者们开发及使用专家系统。过去，需要有专门的计算机人员来创建和运行绝大多数的专家系统，而现在，用人机界面即可让决策制定者开发和使用他们自己的专家系统。由于与其他类型的系统相比，专家系统的重点在于直接的用户活动，所以面向内容的人机界面可能会比常用的图形化界面更通用。

专家系统（ES）与决策支持系统（DSS）的主要区别如表5-5所示。

表5-5 DSS与ES比较

关键特点	DSS	ES
主要目标	支持决策者	代替决策者
谁做决策	人	ES
面向	决策者	模拟专家
查询操作	用户问系统	系统问用户
主要部件	数据库，模型库，会话部件	知识库，推理机，用户接口
操作形式	算法，满意解	启发式，最佳解
用户	主要决策	专家和其他人
设计队伍	分析员，程序员，用户	知识工程师，专家，用户
问题领域	通用	专用
问题顺序化	非顺序化	顺序化
支持性质	个人或组织	个人
推理或扩充能力	无	有一些
技术水平	DSS工具，专用DSS，DSS生成器	ES工具，专用ES，ES结构器

5.4.3 智能决策支持系统

把AI技术引入DSS，主要是通过专家系统与DSS相结合，在DSS系统中加入推理机和规则库。由于在决策过程中，许多知识不能用数据来表示，也不能通过模型来描述，所以没有固定方式的专门知识和历史经验。IDSS引入的规则库可以存储这些知识，为决策提供重要的参考依据。

IDSS可以有多种类型的信息库：文本库（TB）、数据库（DB）、方法库（AB）、模型库（MB）和规则库（RB）。其中文本库存储的是大量的自然语言书写的文档；数据库中存放的是事物关键因素的字段形式；模型库中存放的是反映信息本质关系的各种模型；规则库存放的是知识的最精炼的形式。

在结构上，IDSS增设了知识库、推理机与问题处理系统，人机对话部分还加入了自然语言处理功能。IDSS以知识库为核心，在模型数值计算的基础上引入了启发式等人工智能的求解方法，使原来主要由人承担的定性分析任务的部分或大部分转由机器完成，并且比人做得更好、更稳定。知识的推理机制能获得新知识，知识的积累使系统的能力不断增强。在人机交流方面，IDSS的人机对话子系统采用自然语言处理技术形成智能人机交互。自然语言与计算机语言的差距是以计算机为工具的信息系统应用的重要障碍之一，智能人机交互接口能使用户用自然语言提出决策问题，自然语言处理功能将其转换成计算机能理解的问题描述，然后交付求解。在求解的人机交互过程中及求解结果的输出上，自然语言处理技术同样迈出了靠近人类的步伐。

与人的贴近，使决策者不必再依赖于熟悉计算机的助手而直接使用IDSS。可见，IDSS具有人工智能的行为，能充分利用人类已有知识。IDSS在用户决策问题的输入，机器对决策问题的描述，决策过程的推进，问题解的求取与输出等方面都有了显著的改进，很好地体现了人工智能技术的优越性。人工智能技术应用于IDSS的程度与范围不同，可以构成不同结构的IDSS。较完整与典型的结构是在传统DSS的基础上增设知识库与推理机，在人机对话子系统加入自然语言处理系统，同时增加问题处理系统，具体IDSS的结构如图5-7所示。

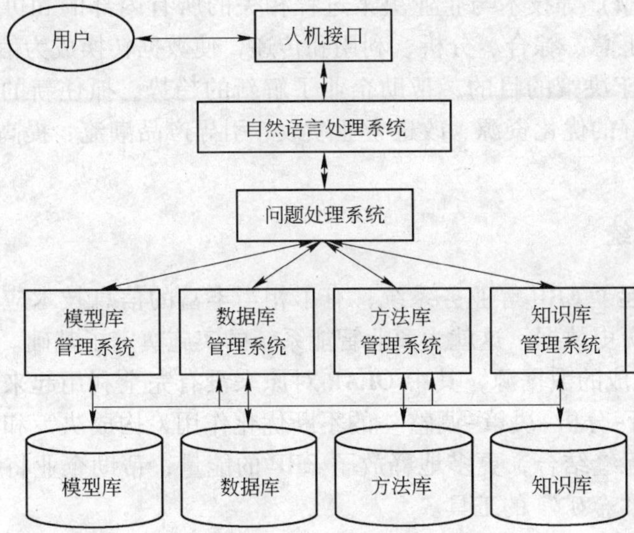

图5-7 IDSS的基本结构

5.5 综合案例——珠啤集团商业智能系统的建设

5.5.1 实施商业智能是企业发展的需求

广州珠江啤酒集团有限公司（以下简称珠啤集团）于1985年建成投产，是一家以啤酒业为主体，以啤酒配套和相关产业为辅助的大型现代化啤酒企业。近年来，珠啤集团通过深化国企改革，实施观念创新、制度创新、技术创新、管理创新、营销创新等创新战略，实现了经济效益的超常规增长，各项经济技术指标均处于国内同行领先水平。

1999年，珠啤集团与世界著名软件公司之一的ORACLE公司合作，引进并实施ERP系统。ERP系统的成功实施，规范了业务数据和流程、提高了工作效率，实现了信息流、物流、资金流的“三流同步”。ERP管理系统的应用，使珠啤集团有效地提升了企业管理水平。

随着珠啤集团ERP系统的应用推广和生产规模不断扩大，系统积累的有价值的数据越来越多，随着市场竞争的加剧，产品品种不断增加，产品结构体系更加复杂，更新越来越快，加大了市场信息跟踪和预测的难度。为进一步提高企业的分析决策能力，企业需要管理决策智能化，实施和应用商业智能（BI）建立企业管理分析系统是企业发展的需求，是企业管理的需求。

2004年初，珠啤集团与国内领先的智能软件和应用解决方案供应商——广州菲奈特软件有限公司合作，全面利用商业智能进行分析研究。利用商业智能技术实施企业管理分析系统，充分利用ERP业务系统产生的大量宝贵的企业数据资源，进一步挖掘ERP系统的数据，发挥ERP系统的巨大潜能，以更多更全面的了解综合的、历史的、反映整个生产经营状况的信息，提高企业决策的速度和质量，实现企业的利润最大化。

商业智能（Business Intelligence，BI），它是将数据仓库（DW）、联机分析处理（OLAP）、数据挖掘（DM）等技术与企业决策过程相关的所有内部的和可能得到的外部数据进行采集、清洗、汇总、综合、分析、利用和传递，使数据转换成为信息和知识的过程。BI实现了技术服务于决策的目的，帮助企业了解新的趋势、抓住新的市场机会、发现潜在的威胁，从而更好的优化资源、改进企业绩效、引导产品潮流、提高服务水平，保持企业的竞争优势。

5.5.2 建立商业智能系统

珠啤集团已经建立起了ERP等业务系统，有了相当丰富的信息技术应用基础，同时业务系统积累了丰富的历史数据，这就为商业智能系统的实施奠定了基础。对于BI来说，ERP为BI系统提供了集成的数据源，其中OLAP对原来没有完全利用起来的数据进行分析，形成了“计划-执行-分析-决策-调整”的不断优化作用，构成决策和执行的闭合循环系统；与业务系统的无缝结合，更多地释放了ERP的能量，帮助企业将数据变为信息和知识，给企业以开发“金矿”的工具。

BI系统包括销售、财务、生产、采购、物流、投资管理、关键指标分析等方面的分析，实施的范围相当广，难度也相当大。为了更好地控制实施风险，保证项目的实施成功，在实施管理分析系统的过程中，珠啤集团成立了一个由总经理亲自挂帅、分管副总经理直接抓的项目领导小组，各部门领导和熟悉业务运作的骨干、计算机专业人员为实施核心的BI项目组。从需求调研到方案确定，都经过反复的深入论证，公司领导亲自参加需求调研会议，对需求进行审核；参与方案讨论等一系列实施过程，为BI系统的整体方案设计提出了许多宝贵的建议，以及一些先进的切合企业实际发展的企业管理理念。经过深入详细的业务调研和细致周密的企业现状分析，珠啤集团确定了按照“整体规划、分步实施、循序渐进”的思想进行增量迭代式的系统建设思路，将企业管理分析系统的实施分为三个阶段：第一阶段实现销售、财务等与销售相关数据的集成，搭建好企业级数据仓库及销售分析模型；第二阶段实现采购、物流及生产数据的集成，将整个物流数据纳入数据仓库建立采购、物流分析模型，第三阶段综合分析企业财务、生产、经营情况，将与生产经营相关的数据纳入数据仓库，并建立综合的企业绩效和投资决策关键分析模型，最终建立具有珠啤特色的商业智能系统。

BI系统在逻辑层次上细分为：数据获取层即数据源层、信息综合层、分析应用层、信息交互层四大部分。充分体现层次化的系统设计思想，功能分布逻辑性强，各层次间接口清晰，适合于规模扩展，也具有相对的独立性。这样既有利于系统的逻辑设计和开发，也能方便、灵活地进行物理分步实施，达到系统性能的充分发挥。

5.5.3 实施后的价值体现

BI系统已成功实施并投入了使用，获得了系统可观的回报。通过商业智能系统中强大的信息共享和资料统计分析功能，改变了传统报表系统的灵活性低、速度慢，不少新鲜的数据分析方法很难去尝试的状况，轻松实现图形分析、变化趋势分析以及对比、预测功能，并迅速通过报表等体现出来，实现了有效的预警管理、全面的预算管理，改善了现金流，进一步提高了资金利用率，帮助企业更好地预测和把握未来。具体体现在以下几个方面：

（1）方便、灵活、安全的查询分析提高了决策能力。以往传统的综合查询报表无论事先设计得如何缜密，都难以满足报表使用者经常的即时变化查询需求，在使用过程中，查询需求的变化一般需要专业计算机人员修改；并且传统的报表一旦统计的规则或者报表的格式发生变化，都需要做另外的报表修改开发，这同样需要企业 IT 部门专业人员忙于修改报表后才能满足要求。这就往往约束了管理者快速获取信息。

由于 BI 系统提供了即时的、灵活的、多角度、多层次的、准确的查询和分析，通过“零编程”技术，任何人可通过授权访问数据源进行动态交互，通过简单的鼠标点击访问选择所需要的信息，定制任意布局、任意复杂度的报表和分析报告，然后按照任意格式输出，操作十分灵活。同时，“零编程”技术让 IT 人员解脱了繁重的开发、维护工作，使业务部门可以更加方便地获取、经营管理报表，降低了使用成本。

使用这些方便适用的工具，管理层可以通过“管理驾驶舱”很快利用系统及时了解企业的生产经营情况，给管理层带来极大的方便。一旦有异常情况立刻锁定、进而快速处理。

比如要查看某年某月啤酒的销售情况，先需要分档查看，发现“大众”档次的销售情况同比增长不理想，接着可以查看地区区域的销售情况，结果发现省内佛山大区“大众”档次的啤酒销售增长率未达到预期目标，再继续挖掘下去，一直可以追踪到该区域因何客户该档次的销售情况不理想，然后就可以有针对性地制定相应的策略。

（2）实时的数据报送加强了监控管理的力度。珠啤集团在实施 BI 系统以前，各下属企业向集团各职能部门上报的报表存在报表数据来源不一致、报表上报单位多、格式五花八门，而这些问题导致了集团本部汇总报表编辑周期长、工作量大，数据出错率高。通过 BI 系统的实施，首先规范了下属企业数据上报的渠道，各下属企业每天只需要按预定的统一模板报送数据，BI 系统自动将各下属企业的各种数据直接导入或抽取到系统中，各级领导层便可以随时掌握到各下属企业生产经营情况，大大提高了工作效率，也减少了员工的重复性工作和数据汇总错误的机会。

如要了解集团某天的销售计划完成情况，只要选择“机构计划指标完成情况对比分析”分析主题后进行逐级数据挖掘，就可以看到各机构实时的销售计划完成情况，借助于 BI 系统，实现了对下属企业全方位的实时监控，大大加强了监控力度。

而统一的下属企业报送数据的表汇口径，实现了预算监控，尽管部分下属企业仍然使用 EXCEL 表格进行企业预算，但 BI 系统能够让用户随时监控预算情况、差异情况；实现了真正的管理分析，企业管理人员不再向财务、业务人员催要各种数据，而是在自己的用户界面中随意获取自己所需的数据；财务人员从纷繁复杂中解脱出来，从而真正实现企业的资金运作等财务管理；实现了企业绩效管理，使企业不满足于只考核量化企业级的经营绩效，还将各个岗位的绩效指标定义到 BI 系统平台，使用者可以随时查看自己的指标数据，从而实现了公开、公正的动态量化考核。

（3）自动的预警功能有效地降低了风险。在企业的业务过程和管理活动中有许多业务信息指标需要监控，但企业管理人员和业务人员不可能随时跟踪所有的信息指标，特别是有些指标是海量信息，跟踪起来工作量非常大，且无法实时得到。事实上，企业的业务人员和管理人员总是对于那些超过正常值的信息指标更关注，需要投入更多的管理和控制。

珠啤集团的 BI 系统，不仅实现了对历史数据的分析，通过各种分析，可以发现异常数据，当发现某个指标数据出现异常时，通过数据详细钻取挖掘切片，即时可以找出问题形成的根本原因；也为解决异常问题提供了预警功能。对于关键指标和关键业务，其警告功能更显得重要。啤酒属于快速消费饮品，市场需求具有较强的季节性；而作为食品，啤酒本身具有保质期，因此需要对其保质期和库存量进行警告。以成品酒的库存预警为例：一批与销售促销方案相关的成品酒生产出来以后，其离成品酒的自然保质期还有一定的期限，但与促销方案相关信息的日期已经接近，如已经接近或者超过销售方案所要求的最后截止日期，或者抽奖酒兑奖的最终截止日期等，这时系统就会有报警提示。针对报警信息，可以进一步获取是哪些品种的啤酒，是专销什么地区的酒或是什么客户的酒，以及具体的生产日期等。根据获取的信息，马上采取相应的措施和策略来应对，减少积压库存的风险和不必要的损失。

通过实施 BI 系统，满足了集团公司各种层次的管理和决策需求，帮助企业实现对过去、现在和未来的通观分析，提高了对业务的监控能力和对生产经营状况的分析能力；有助于企业建立量化、动态的综合考核体系和控制体系；推进了现代企业制度的建立，有效地提升了企业的核心竞争力。

商业智能系统会从深度和广度方向推广应用，提高数据质量，提升应用效果。系统的推广应用将进一步提高珠啤集团的信息化水平，成为珠啤集团继成功实施 ERP 之后的又一次信息化建设的飞跃，为珠啤集团的信息化建设锦上添花。同时也开创了流程行业的信息化建设的新局面，为啤酒行业提高管理决策的质量和速度带来重大的贡献。

5.5.4　案例目的及分析

本案例通过对珠江啤酒集团 BI 项目的介绍，说明 BI 项目的一般系统结构，BI 与企业其他信息系统的关系、相互间有什么样的接口，以及在实施 BI 的过程中有可能遇到的问题。

BI 系统对于企业发现市场新机会、创造竞争新优势的作用是显而易见的。但企业在真正实施 BI 的过程中，并不是一帆风顺的或者很快就能达到理想目标的，有些企业在 BI 方面进行了巨额的软硬件投资及人力投资并不能给企业带来预期的管理效率。因而必须注重 BI 应用的策略。

（1）分析需求，确定目标。企业在准备应用 BI 系统之前，需要理智地进行立项分析：企业是不是到了该应用 BI 系统的阶段？企业当前最迫切需要解决的问题是什么，BI 系统是否能够解决？BI 系统的投资回报率或投资效益的分析？在财力上企业能不能支持 BI 的实施？上 BI 的目的所在，系统到底能够解决哪些问题和达到哪些目标？基础管理工作有没有理顺？然后将分析的结果写成需求分析和投资效益分析正式书面报告，从而做出是否上 BI 项目的正确决策。

（2）领导重视，全员参与。与其他管理信息化一样，BI 也是一项“一把手工程”，只有高层领导重视才能使 BI 实施获得成功。因为领导者决定企业的经营目标，实施 BI 是为了配合企业经营目标的实现，因此作为企业经营目标的决策者当然应该对此给予足够的重视。职工对新的管理思想与方法的学习热情高，对改革有信心是成功实施 BI 的关键条件之一。只有企业全体员工都有学习先进管理思想与方法的积极性与对改革的信心，实施 BI 才有群众基础。

（3）建立项目管理体系和运作机制。企业在 BI 应用过程中必须从系统工程和科学管理的角度出发，建立健全工程项目管理体系和运作机制，确保 BI 项目的成功实施。主要内容包括：制订明确、量化的 BI 应用目标，进行 BI 等现代管理知识的培训教育，引入企业管理咨询，进行 BI 项目需求分析，开展企业管理创新，实行业务流程重组，实行 BI 项目监理制和实行 BI 项目评价制等。

（4）加强培训，提高认识。培训是成功实施 BI 系统的重要因素。BI 项目培训的目的是为了增加人们对 BI 相关知识的了解和规范管理人员的行为方式。通过培训要使用户的各级管理人员不仅要明确什么是 BI，它的实施将给企业带来哪些变化，并明确实施 BI 后各个岗位的人员如何进行新的工作方式。

（5）完善企业信息的基础工作。BI 本身是企业在信息化具备一定基础的条件上出现的一种管理方法。如果企业的数据库等基础工作没有到位，BI 方面的投资再大，其结果只能是徒劳无功。只有做好了一些信息的基础工作，才能使 BI 有基本的运行平台，也为 BI 导入后的正常运作奠定了基础。

珠啤集团 BI 实施的成功，正是基于以上策略的良好运用。

5.6 热点话题——EIS 该如何发展？

EIS 是信息系统科学中的一个比较新的领域，目前在学术界对 EIS 的定义有如下几种：

（1）1981 年，Rocuart 和 Treacy 通过分析 20 个经理的活动认为，与 DSS 相比较，DSS 和 EIS 支持解决不同的管理任务，EIS 是一类面向数据的系统，它主要被用来为第 4 代语言和菜单存取数据。

（2）1983 年，Scott Morton 将 EIS 改称为 ESS，它被用来向经理们提供信息，以改进他们的管理计划、监控和分析工作。与典型的 DSS 相比，这种 EIS 需要从企业内部事务处理系统（TPS）和外部的信息源获取大量的数据，建立比较大的数据库。他认为这是所有 EIS 都应具有的最重要的共同特征。此外，他特别强调 DSS 中的模型是如此典型以致它不能满足经理们对它的柔性要求。而 ESS 更多的是面向数据的存取，而不是面向模型。

（3）1984 年，Eliot Levinson 首先拓宽了 EIS 和 ESS 的定义。他定义 ESS 是基于计算机的被设计用来辅助企业中的高层管理人员进行管理的系统。他第一次将 ESS 的功能扩展到数据存取和分析之外，包括了支持高层管理人员所有可能的管理活动。

（4）我国研究工作者陈学广等认为，EIS 是一个能满足组织高层管理者的使用要求和管理决策信息需求的计算机信息系统。

（5）我国的其他一些研究者认为，ESS 是以计算机为基础的面向经理个人的信息系统，除了以图文表格等多种形式为经理的工作提供有意义的内外部信息外，还为经理的通讯，分析，决策，组织等提供全方位的支持。

20世纪70年代，已经有许多应用软件被开发并应用于决策支持。但与此同时却存在着三个主要障碍：管理者和计算机用户只熟悉少数几个系统；大多计算机应用需求来自组织的底层；软件的开发重点放在技术方面。由于这些障碍的存在，这些系统只能在较低的层次上带来效益，这些效益主要是增加了组织成员彼此间的交流和沟通，并建立起了组织决策的共同概念基础。

在80年代初期，随着计算机技术的发展和应用软件分析能力的增强，高层经理们看到了这样的一种可能性，即从传统上获得那些源自职员的信息转变到可以直接从计算机访问数据和求得分析。根据对美国16家企业的调查，有三分之一的高层经理使用计算机信息系统。如此迅速增长的原因主要是计算机价格的下降以及竞争的日益激烈。同时，高层经理对计算机的使用会促使其他成员对计算机的应用。这时的EIS的主要目的是提供给高层经理更加有效的计划和控制信息。每个系统都有关于业务变化情况的重要数据，以便高层经理对竞争对手、客户和目标市场进行分析比较，并且可以在时间上进行跟踪。EIS可以使高层经理及时了解当前的业务状态并对未来的发展趋势进行预测，还可以应用分析模型进行有效的分析。

从90年代开始，人们对EIS的需求迅速增长，有半数以上的组织高层经理开始使用EIS。这时在技术上的主要趋势是个人计算机、局域网和万维网的使用。在这一技术背景下，商品软件公司越来越多，软件产品越来越先进。据统计，目前世界上有将近50多家软件公司生产EIS的软件商品。

EIS的展望随着EIS在组织中的不断成功，人们普遍认同了EIS的重要地位，但是EIS到底应该向何处发展？这是一个众多企业家和学者关心的问题。事实上，在当今日益加剧的竞争压力下，高速发展的技术和不断更新的管理观念给EIS带来了许多新的问题。为了解决那些富有挑战性的组织问题，作为支持高层经理工作的最为有效的信息系统，EIS必须满足以下要求，而这些要求的满足都依赖于EIS的不断发展和进步。

（1）数据的外部化与智能化。目前成功实现的EIS在取得内部数据和监测内部状态上已颇有成效，但对外部数据的取得仍十分有限，这与EIS倡导者的初衷存在着一定的差距。由于外部环境的复杂多变和外部数据的高度非结构化，在目前阶段的技术水平支持下，对外部的状态监测和数据访问比对内部的状态监测和数据访问要难以实现。事实上，在以往经验的基础上经理可能不把EIS作为正式的外部信息源，也对此不做出较高的期待。高层经理宁愿自己去做大部分的外部信息监测，并且认为其中有一些只有他们才能看得出的微妙之处。此外，在自动地从外界大量的繁杂数据中智能化识别和析取经理需要的信息方面，EIS系统的能力还很弱。EIS既然是对范围广、结构化差、多变的经理活动提供支持，数据的外部化和智能化是必不可少的。在市场全球化趋势下，组织管理的重心也逐渐外移，经理处理外部信息的比重将不断上升。随着信息技术的发展，新的数据获取与处理技术，如数据仓库（data warehouse）、数据挖掘（data mining）和数据集市（data market）的出现，EIS中的数据的外部化和智能化方面将有所加强。

（2）结构的柔性化和灵活化。变化是当今的信息系统所面临最基本的挑战之一。业务流程重组、竞争者变动、组织联盟、新技术的采用、老系统的移植等一系列变化因素正改变着组织的信息技术环境。缺乏柔性的信息系统已成为组织成功的严重障碍。逐步提高组织信息系统的柔性及适应能力已经成为为变化率日益增长的组织提升应变能力的必由之路。柔性是组织在剧变的环境中发展及立于不败之地的不可缺少的能力。柔性的企业需要柔性化的信息系统。EIS 集中于满足高层经理战略决策信息的需求。它侧重于对外部信息与内部信息的提炼以及对高层经理办公业务的辅助，其特点是根据高层经理的需要和习惯裁剪信息产品形成自己的视图，其处理的信息对象是高度非结构化的。由此可见，EIS 的本质决定了对该系统的柔性化和灵活化的要求。

（3）系统的协作化和分布化。新时期动态的组织环境和信息技术使得组织向扁平化和集成化发展，出现了许多新的组织结构。这意味着在组织的各项工作中涉及了更多的信息与更大程度的沟通，需要不同于传统的信息系统支持。这表明对组织协作和权力分布提供支持的信息系统时代的到来。传统意义上的 EIS 被定义为仅仅供少数高层管理者使用的系统，其目前的应用仅限于组织中的关键人物，由此导致应用上的非经济性是显而易见的。由此看来，使这种面向少数组织成员的信息系统扩展到其他的知识工作者是十分必要的。许多情况下，只要能使组织成员的工作表现有显著的进步，EIS 完全可以扩展到组织的较低层次。EIS 开发技术的成熟化将降低成本，从而可以扩大用户层面。在未来扁平化网络化的组织结构中，EIS 的协作化和分布化将是必然趋势。

5.7 扩展学习模块——互联网环境下决策支持系统的发展变迁

决策问题没有固定的规律和解决方法，复杂的决策问题甚至难以建立精确的数学模型，所以单纯依靠决策者的主观判断很难及时提出科学的决策方案。传统的决策支持系统（DSS）在一定程度上成功地解决了部分半结构化和非结构化决策问题。但随着决策问题的复杂程度和难度日渐加大，传统的 DSS 已经不能满足高新技术的要求。伴随着计算机和网络技术得到了飞速发展，智能化和网络化成为 DSS 的发展趋势。许多先进的人工智能（AI）技术如机器学习、知识表示、自然语言处理、模式识别以及分布式智能系统等都被融入到 DSS 的研究中，形成了智能决策支持系统（IDSS）。IDSS 是界面友好的交互式人机系统、具有丰富的知识，具备强大的数据信息处理能力和学习能力以及更加符合人类智能的科学决策能力。在网络化的今天，互联网技术完善了 IDSS 的功能并大大扩展了 IDSS 的应用范围。

5.7.1 智能决策支持系统

决策支持系统是以信息技术为手段，应用决策技术及有关学科的理论和方法，针对某一类型的半结构化和非结构化的决策问题，通过提供背景材料、协助明确问题、修改完善模型、列举可能方案、进行比较等方式，为管理者提供帮助的信息系统。决策过程本身是人类的一种智能活动，决策支持系统能够极大程度的模拟人类智能，做出决策方案。要使系统具有智能，必须提供大量高性能的关于某个问题领域的具体知识，智能决策支持系统的开发和研究正是向这种基于知识方法转变的结果。IDSS 的基本结构有如下三种：

（1）基于 X 库的结构。基于 X 库的 IDSS 是在传统 DSS 的“两库”结构上增加知识库、文本库等。但是增加 X 库的数目就意味着增加了系统中知识表示的复杂性以及各库之间接口的处理难度，所以这种结构的局限性很大，并非真正意义上的IDSS，在实际中很少应用。

（2）基于知识的结构。基于知识的结构就是LPK系统结构，它由语言子系统（LS）、知识库子系统（KS）和问题处理子系统（PPS）组成。这种结构突破了传统DSS的模式，语言系统负责传递信息，知识库系统存储领域知识（模型也被看做知识），问题处理系统接收语言系统描述的问题，然后利用统一的知识推理机制进行模型的智能化选择，提供问题的解决方案。这种IDSS结构以知识库及其管理系统为核心，关键技术是知识的表示和处理以及自学习能力。这种结构的优点是便于知识库的维护以及数据与信息的交换，可真正实现IDSS优势互补的主导思想。

（3）基于分布式人工智能的结构。随着计算机和人工智能技术的发展，IDSS的研究重心也由专家型IDSS逐步转移到IDSS的模型系统、人机界面、知识处理单元和分布式IDSS等方面。分布式IDSS在基于知识IDSS的基础上引入了分布式人工智能（Distributed Artificial Intelligence，DAI）技术，其主要思想是利用DA中的Agent和多Agent系统技术，即根据IDSS中的主要功能模块设计出扮演不同角色的Agent作为模块的智能代理，通过自学习机制模拟人类智能完成决策任务的不同步骤，从而做出科学决策。分布式IDSS主要设计和建立大型的、复杂的互联网支持的协同工作的智能决策支持系统。可以说是IDSS未来的发展方向。

5.7.2 互联网上的智能决策支持系统

基于互联网的智能决策支持系统是一个基于Internet技术的集数据仓库技术、OLAP技术、数据采掘技术与专家系统于一体的智能决策支持体系。数据仓库以及基于Web的数据采掘技术的引入是基于互联网的IDSS区别于一般IDSS的关键特征之一，其目标是在广域网络上实现决策支持。强大的Internet使IDSS摆脱了地域和开发成本方面的限制，为决策支持系统的实施提供了更广阔的基础环境和更良好的发展平台。互联网上的IDSS具有如下优越性：

（1）具有庞大的信息资源库，具备多源数据信息处理能力。在技术不断更新的条件下，准确数据信息和高效率的工具是决策者以更低的成本、更加快捷的方式做出及时科学决策的前提与保证。互联网是辅助决策过程的最理想的载体，信息的智能搜索与知识自动挖掘将使决策者获得更多的可利用信息。

（2）交互的集群决策处理平台。复杂的决策需要搜集系统反馈信息进行预测，有时需要决策者之间的远程协商。强大的信息库和知识库、智能的知识挖掘以及安全高效的实时控制与决策，使得基于互联网的IDSS可以真正实现远程多方协作的广域集群决策。

（3）界面友好的客户端管理。用户向系统输入参数或请求信息时，互联网上的IDSS支持图形用户界面，客户端管理更加友好，同时系统的响应速度加快，维护和管理简化，系统的应用范围得到拓展。

5.7.3 基于互联网的分布式IDSS的结构框架

基于互联网的IDSS系统是在多Agent理论的指导下建立的，其主要实现模块可以分为以下几个方面：

（1）浏览器、服务器的设计。对浏览器端，基于互联网的分布式IDSS的客户服务主要面向具有WWW浏览功能的客户端。客户首先利用动态HTML或Java编写的Web页面向服务器端传送决策结果的数据更新请求。通过确认后，系统自动启动相关的任务模块，调用数据、模型和方法等问题领域知识。通过浏览器，决策者从系统后端获得信息查询、知识获取和再现分析处理等服务。客户端使用标准化的浏览器界面，具有访问局部或远程多个关联数据库的能力。动态页面丰富的数据信息表达能力以及它与后端服务器系统的数据交互能力是关键问题。

服务器端，以系统的数据仓库和知识库及其管理系统作为决策支持的基础，进行数据抽象、知识挖掘以及信息的处理，并作为智能中介与Web Server进行交互。

（2）功能模块的设计。系统由四个主要部分组成：信息处理子系统（IS）、知识处理子系统（KS）、问题处理子系统（PPS），以及人机接口子系统。其中，信息处理子系统负责数据信息的智能处理，知识处理子系统负责知识的获取和求精，问题处理子系统负责分配任务和协调系统，人机接口负责用户与系统的交互。在用户输入参数数据时，系统同时进行分析处理，而且可以在用户等待期间显示相关信息或中间结果，这样就大大提高了系统响应速度。

（3）Agent的设计。对于基于互联网的IDSS而言，实现系统的关键技术是多Agent技术，即利用不同角色的Agent作为完成不同功能模块的智能代理，用户提出高层次的复杂任务请求交由不同的Agent通过搜索和推理来实现。Agent允许用户请求中的模糊、遗漏甚至错误；能够通过观察自动建立用户模型并按照用户的工作模式完成任务，还可以通过辅导和帮助用户进行操作。

1）任务Agent：负责协调所有Agent的工作，实现系统的集中控制。系统首先形成问题求解规划，与其他Agent交换信息后启动任务Agent并为其他Agent指定任务，分配资源，以及协调所有Agent最优化的共同实现决策目标。这种集中控制方式较为简单，但大量系统信息都要经过任务Agent，容易形成问题求解的瓶颈。

2）接口Agent：负责与用户的交互。它可以协助用户处理各种专门的应用，负责接受用户指令，传送相关信息，建立模型后启动任务Agent，在问题求解过程中，要求用户提供附加信息，必要时会请求用户确认。

3）信息Agent：负责处理数据信息并协调系统与用户之间以及Agent之间的通信，可以访问种类不同、位置不同的信息，具备数据挖掘功能，能够根据用户或其他Agent的需要自动获取和处理相关信息。

4）知识Agent：负责系统的学习系统，强调的是自学习能力。知识库中自动存储用户行为和决策问题的应用领域与解决方案。智能自学习Agent无需指导，可以通过观察学习，自动建立和维护知识库。知识库存有适应特定领域的互联网IDSS的程序和算法，系统通过搜索具体路径，按照用户请求或者系统缺省的方式调用合适的路径选择并执行模型。

以上提及的四种Agent为基于互联网的IDSS中所必需的Agent，对于特定的需求和应用环境，系统的构建还需要因时制宜、随需而变。

将决策支持系统与人工智能技术和互联网相结合，大大提高了传统决策支持系统的灵活性和可扩展性。结合数据发掘技术、知识发现技术、模糊处理技术和超文本远程通信技术等先进技术手段，互联网上的IDSS成为了学习能力和适应能力较强的交互式人机系统，这也成为当前决策支持系统的主流发展模式。

思考题

1. 你接触到的所在学院的信息系统有哪些，系统的用户是谁，有哪些功能，是属于TPS还是属于中层信息系统？
2. 解释战略信息系统。
3. 解释经理信息系统。
4. 简述经理信息系统的主要功能模块及作用。
5. 简述DSS的定义、特征及结构。
6. 简述决策支持系统和MIS之间的关系。
7. DSS主要解决哪类问题，结构化还是半结构化问题？
8. 什么是群决策支持系统（GDSS）？
9. GDSS的概念研究是什么？
10. GDSS的特征是什么？
11. 在基于Internet的GDSS研究中存在的主要难题是什么？
12. 解释智能决策支持系统。

6 行业信息系统

在美国和许多工业化国家中，信息技术的投资已在总企业投资中占据最大份额。2005年，美国企业自身将花费18亿美元用于IT和通信技术以及软件。信息技术的投资自1980年以来在总投资中的比例已翻了一番，现在占美国总投资的1/3，在一些信息密集企业，如金融、保险和房地产，甚至超过50%。

信息技术飞速发展改变着我国传统经济结构和社会秩序，企业所处的不再是以往物质经济环境，而是以网络为媒介、客户为中心，将企业组织结构、技术研发、生产制造、市场营销、售后服务紧密相连在一起的信息经济环境。信息带动管理的转变对企业成长有着全方位影响，它将彻底改变企业原有经营思想、经营方法、经营模式，通过业务模式创新、产品技术创新，或对各种资源加大投入，借助信息化提供强有力的方法和手段进行实现，其成功的关键是企业不同成长阶段与信息化工具的有机结合。而信息化建设从行业入手我国呈现以下趋势：

（1）企业信息化，企业信息化是国民经济信息化的基础，指企业在产品的设计、开发、生产、管理、经营等多个环节中广泛利用信息技术，并大力培养信息人才，完善信息服务，加速建设企业信息系统。

（2）产业信息化，指农业、工业、服务业等传统产业广泛利用信息技术，大力开发和利用信息资源，建立各种类型的数据库和网络，实现产业内各种资源、要素的优化与重组，从而实现产业的升级。

（3）国民经济信息化，指在经济大系统内实现统一的信息大流动，使金融、贸易、投资、计划、通关、营销等组成一个信息大系统，使生产、流通、分配、消费等经济的四个环节通过信息进一步连成一个整体。国民经济信息化是各国急需实现的近期目标。

（4）社会生活信息化，包括经济、科技、教育、军事、政务、日常生活等在内的整个社会体系采用先进的信息技术，建立各种信息网络，大力开发有关人们日常生活的信息内容，丰富人们的精神生活，拓展人们的活动时空。等社会生活极大程度信息化以后，我们也就进入了信息社会。

到2020年，我国信息化发展的战略目标是：综合信息基础设施基本普及，信息技术自主创新能力显著增强，信息产业结构全面优化，国家信息安全保障水平大幅提高，国民经济和社会信息化取得明显成效，新型工业化发展模式初步确立，国家信息化发展的制度环境和政策体系基本完善，国民信息技术应用能力显著提高，为迈向信息社会奠定坚实基础。具体目标：

（1）促进经济增长方式的根本转变。

（2）实现信息技术自主创新、信息产业发展的跨越。

（3）提升网络普及水平、信息资源开发利用水平和信息安全保障水平（三种水平）。

（4）增强政府公共服务能力、社会主义先进文化传播能力、中国特色的军事变革能力和国民信息技术应用能力（四种能力）。

结合行业信息化的发展趋势，选取了目前应用比较广泛的几个行业，如制造业、交通运输业、电子政务、物流信息化等。下面也着重介绍这个行业信息系统的发展总体知识。

6.1 制造业企业信息系统——SAP

SAP是一家通过业务工程成功地集成信息技术的公司，SAP（System, Applications and Products in Data Processing，数据处理的系统、应用和产品）。SAP公司是ERP思想的倡导者，成立于1972年，总部设在德国南部的Walldorf。SAP的主打产品R/3是用于分布式客户机/服务器环境的标准ERP软件，主要功能模块包括：销售和分销、物料管理、生产计划、质量管理、工厂维修、人力资源、工业方案、办公室和通信、项目系统、资产管理、控制、财务会计。R/3支持的生产经营类型是：按订单生产、批量生产、合同生产、离散型、复杂设计生产、按库存生产、流程型，其用户主要分布在航空航天、汽车、化工、消费品、电器设备、电子，食品饮料等行业。

SAP R/3的功能涵盖了企业管理业务的各个方面，这些功能模块服务于各个不同的企业管理领域。在每个管理领域，R/3又提供进一步细分的单一功能子模块，例如财务会计模块包括总账、应收账、应付账、财务控制、金融投资、报表合并、基金管理等子模块。SAP所提供的是一个有效的标准而又全面的ERP软件，同时软件模块化结构保证了数据单独处理的特殊方案需求。

目前，SAP在120多个国家和地区拥有17500多家客户、44500多个系统安装点、1000万名最终用户，世界500强80%以上的公司都在使用SAP的管理方案。SAP在全球多家证券交易所上市，包括法兰克福证交所和纽约证交所。SAP在80年代开始同中国企业合作，于1995年正式成立中国分公司，并设立了北京、上海、广州分公司。根据IDC数据，2000年SAP在中国ERP软件市场份额达到30%，并逐年递增。SAP在中国已有300多家用户，其中既包括中国石化、中化、红塔、海尔、联想、COSCO、长虹、一汽-大众、上海通用、上海浦发行、国贸中心、李宁、乐百氏、麦德龙、万科、康佳、浙江电力、上海三菱、小天鹅、大唐电信、宗申摩托、华凌空调等大型企业和集团，也包括宝岛眼镜、青岛狮王、兆维晓通、杭州解放路百货等中小型企业。在消费品行业有广东乐百氏集团、广东宝洁有限公司、广东美晨集团有限公司等。

6.1.1 SAP系统功能

SAP R/3是一个基于客户/服务机结构和开放系统的、集成的企业资源计划系统。其功能覆盖企业的财务、后勤（工程设计、采购、库存、生产销售和质量等）和人力资源管理、SAP业务工作流系统以及因特网应用链接功能等各个方面。

R/3应用软件采模组化结构。它们既可以单独使用，也可以和其他解决方案结合。从流程导向的角度而言，各应用软件间的整合程度越高，它们带来的好处就越多。总体功能模块如图6-1所示。具体功能为：

（1）FI财务会计。集中公司有关会计的所有资料，提供完整的文献和全面的资讯，同时作为企业实行控制和规划的最新基础。

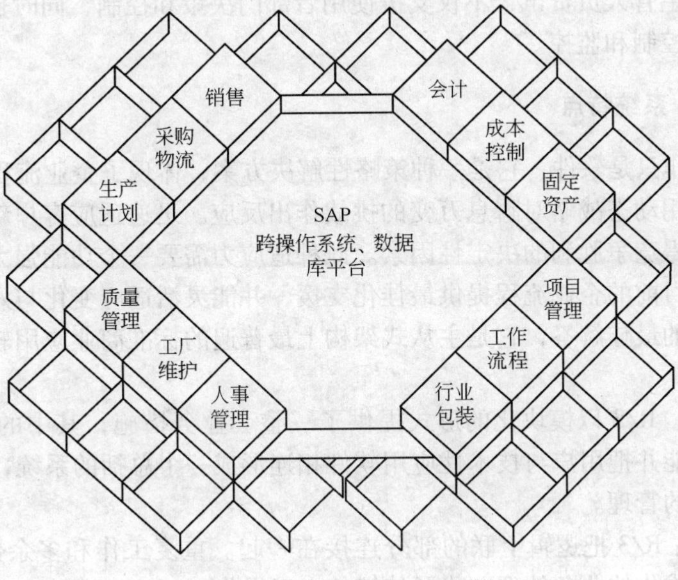

图 6-1 SAP 的功能模块

（2）TR 财务管理。是一个高效率财务管理完整解决方案，确保公司在世界范围的周转，对财务资产结构实行盈利化组合，并限制风险。

（3）CO 管理会计。是公司管理系统中规划与控制工具的完整体系，具有统一的报表系统，协调公司内部处理业务的内容和过程。

（4）EC 企业控制。根据特制的管理资讯，连续监控公司的成功因素和业绩指标。

（5）IM 投资管理。提供投资手段和专案，从规划到结算的综合性管理和处理，包括投资前分析和折旧模拟。

（6）PP 生产计划。提供各种制造类型的全面处理：从重复性生产、订制生产、订装生产，加工制造、批量及订存生产直至过程生产，具有扩展 MPR Ⅱ 的功能。另外还可以选择连接 PDC、制程控制系统，CAD 和 PDM。

（7）MM 物料管理。以工作流程为导向的处理功能对所有采购处理最佳化，可自动评估供应商，透过精确的库存和仓储管理降低采购和仓储成本，并与发票核查相整合。

（8）PM 工厂维护。提供对定期维护、检查、耗损维护与服务管理的规划、控制和处理，以确保各操作性系统的可用性。

（9）QM 品质管理。监控、输入和管理整个供应链与品质保证相关的各类处理、协调检查处理、启动校正措施以及与实验室资讯系统整合。

（10）PS 专案管理。协调和控制专案的各个阶段，直接与采购及控制合作，从报价、设计到批准以及资源管理与结算。

（11）SD 销售与分销。积极支援销售和分销活动，具有出色的定价、订单快速处理、按时交货，交互式多层次可变配置功能，并直接与盈利分析和生产计划模组连接。

（12）HR 人力资源管理。采用涵盖所有人员管理任务和帮助简化与加速处理的整合式应用程式，为公司提供人力资源规划和管理解决方案。

（13）开放式资讯仓储。包括智能资讯系统，该系统把来自 R/3 应用程式和外部来源的数据归纳成为主管人员资讯，不仅支援使用者部门决策和控制，同时也支援对成功具有关键作用的高阶控制和监控。

6.1.2 SAP R/3 系统特点

R/3 系统并非只是软件，它是一种策略性解决方案，体现了企业流程的思维与行动。

公司必须运用动态战略对瞬息万变的挑战作出反应。迅速适应客户新需求和市场新商机的能力，是赢得竞争胜利的决定性因素。此种适应力需要一个功能强大、开放式的基础结构，它可针对目前的企业流程提供最佳化支援，并能灵活适应变化与发展。R/3 系统就是应付这些挑战的最佳解答，它是主从式架构上最普遍的标准商业应用软件。该系统具有的特点是：

（1）功能性。R/3 以模块化的形式提供了一整套业务措施，其中的模块囊括了全部所需要的业务功能并把用户与技术性应用软件相连形成一个总括的系统，用于公司或企业战略上和运用上的管理。

（2）集成化：R/3 把逻辑上联的部分连接在一起。重复工作和多余数据被完全取消，规程被优化，集成化的业务处理取代了传统的人工操作。

（3）灵活性：R/3 系统中方便的裁剪方法使之具有灵活的适应性，从而能满足各种用户的需要和特定行业的要求。R/3 还配备有适当的界面来集成用户自己的软件或外来的软件。

（4）开放性：R/3 的体系结构符合国际公认的标准，使客户得以突破专用硬件平台及专用系统技术的局限。同时，SAP 提供的开放性接口，可以方便地将第三方软件产品有效地集成到 R/3 系统中来。

（5）用户友好：图标与图形符号简化了人机交互时的操作。统一设计的用户界面确保了工作人员能够运用同样熟悉的技术从事不同的工作。

（6）模块化：R/3 的模块结构使用户既可以一个一个的选用新的实用程序，也可以完全转入一个新的组织结构体系。

（7）可靠：作为用户的商业伙伴 SAP 始终不断地为集成化软件的质量设立越来越多的国际标准。

（8）低成本高效益：信息处理是取得竞争优势的要点之一。当竞争加剧时，企业必须更加努力地获取其市场占有量。这就要使用高度集成化的数据处理软件，而 R/3 正是这种软件的优秀典范。

（9）国际适用：R/3 支持多种语言，而且是为跨国界操作而设计的。R/3 可以灵活地适应各国的货币及税物要求。

（10）服务：R/3 系统实施过程中，用户将得到 SAP 技术专家的全面支持与服务，包括组织结构方面与技术方面的咨询，项目计划与实施方面的协助，以及培训课程。

6.2 交通运输行业信息系统

6.2.1 交通管理信息需求

“十二五”期间，交通建设将面临超常规的发展，随着交通现代化和城乡公交一体化的实现，交通服务对象的外延将大大拓展，服务项目的内涵将不断增加，社会对交通信息化的需求也在不断深化，主要体现在以下几方面：

（1）社会公众信息需求。

1）在客运服务信息需求上，主要是公众对各种与出行相关的信息需求，如公路、铁路、航空、水运、出租车等各种运输方式的到发时刻和运行路线、换乘站点、客运场站及周边地理信息，票价、票额信息以及道路交通状况、交通事故、道路施工、某一路线上的车速情况、重要活动安排及气候条件等。

2）在货运服务信息需求上，主要是来自个人、企业、私营车辆及社会上其他参加运输的社会实体货运服务信息的需求。如通过网络或其他手段将货源信息、各种运输方式的运力信息、货运场站信息以及其他与货运相关的各种信息提供给社会公众。

3）在交通运输行政管理信息上，主要需要随时了解交通运输的政策法规，各种营业许可审批申请信息，交通运输的动态变化信息等。

4）在与交通相关的各种信息上，主要包括车辆维修及检测站点的分布，车辆的保养等信息，车辆租赁，各种相关运输服务等方面。

（2）运输企业信息需求。

1）在运输生产指挥上，主要是运输企业需要及时了解各种运输信息，根据客货运输市场的变化及时调整运力的投放，在满足客货运输需求的基础上，进一步提高决策科学性。

2）在资源优化配置上，主要是在运力、运输线路等资源的配置上根据运输需求的变化有预见性地进行调整和优化，从而实现人力、物力和财力再利用，提高运输效率和效益。

3）在提高服务质量上，主要要求客货运输企业要为出行者、货主提供与客货运输相关的所有信息及其他方面的服务。

（3）基础设施建设与管理的需求。要求通过交通信息化的建设，采用现代的信息技术，加强对基础设施建设与管理方面各种信息的采集和利用，提高管理水平和信息的沿用效率。

1）在公路、水路等建设与管理过程中产生大量的信息，需要得到及时有效的收集利用。

2）在建设与管理的过程中需要给予提供大量的信息，如公路建设中的信息、车辆信息等，并要求这些信息进行融合。

（4）行政管理信息需求。

1）各级交通管理部门在进行宏观管理、规划和协调企业、社会公众关系的过程中，需要了解相关信息，科学、有序地开展工作。

2）要求改进信息资料的获取及更新手段，实现办公自动化，提高宏观决策科学性，推进交通信息资源的共享工作。

3）要求提高对交通信息的掌握程度和利用程度，为行政管理提供强有力的信息支持和技术支持。

交通运输行业管理系统用户分类见表6-1。

表6-1 交通运输行业管理系统用户分类

用户类型	用户
旅行者或出行者	驾驶人
	公交乘客
	骑车者
	行人
	残疾人
运输业者	货运机构
	客运机构
	公交公司
	出租汽车公司
管理机构	规划部门
	公路管理部门
	城市道路管理部门
	交通管理部门
	公交管理部门
	运输业管理部门
	公共安全部门
	航运管理局
相关部门	学术机构
	环境保护机构
	防灾救灾办公室
	消防部门急救中心
产品服务提供者	汽车制作者
	汽车维修者
	通信和信息产品制作者
	系统集成和执行者

6.2.2 交通行业管理系统总体框架

依据国家对信息化建设的总体要求，结合交通系统的业务特点，交通信息化建设任务总体框架分为五个层次（网络平台层、信息资源层、应用平台层、应用系统层和用户访问层）和两大保障体系（信息安全保障体系、运行管理保障体系），简称为“52架构”，这七个部分是有机的统一体，总体框架如图6-2所示。

网络平台层是实现交通信息化各类应用的基础平台，是支撑交通信息化的物理设施。网络平台层包括内网和外网两大平台，由网络设备、主机设备和系统软件等组成。交通内网和外网之间物理隔离，外网与因特网之间逻辑隔离。

信息资源层是通过对信息资源科学地分类组织，采用统一的数据交换标准，确保信息资源在采集、处理、传输以及分析、管理和共享的整个流程中在各系统间顺利地交换，以实现知识管理和决策支持的目标。

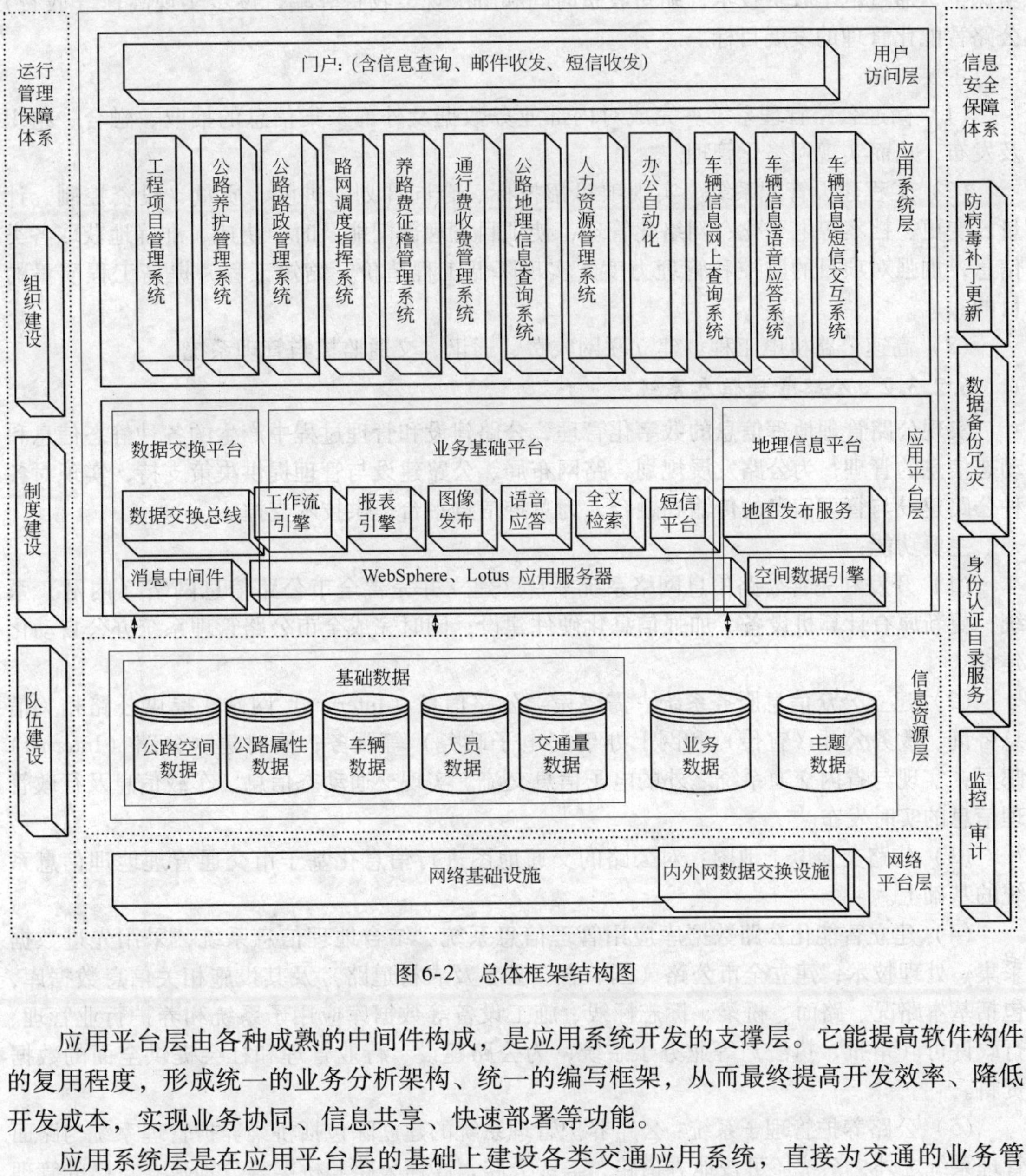

图 6-2 总体框架结构图

应用平台层由各种成熟的中间件构成，是应用系统开发的支撑层。它能提高软件构件的复用程度，形成统一的业务分析架构、统一的编写框架，从而最终提高开发效率、降低开发成本，实现业务协同、信息共享、快速部署等功能。

应用系统层是在应用平台层的基础上建设各类交通应用系统，直接为交通的业务管理、领导决策、社会公众提供服务。应用系统层重点建设“运输调度指挥中心”，该中心功能定位为根据外场（客运场站、货运场站）实时的数据、视频、音频信息，实施重点路段的运政监管、黄金周和春运时期资源的统一调配、行业监管。

6.2.3 公路信息化管理

6.2.3.1 高速（收费）公路管理信息系统

采用先进监控技术，提高交通安全管理、突发事件处理和路政管理水平；采用先进监测技术和流量分布优化技术，提高交通设施使用效益，减少交通拥堵，改善有关区域的环境保护；通过电子收费技术，缩短收费时间和解决现金收费弊端，逐步实现高速（收费）公路智能化管理的发展目标。

主要功能：

（1）高速公路管理系统。完成对内部业务数据及外部采集信息的抽取、融合、组织及发布，从而实现网络化管理。

（2）工程建设管理系统。实现项目招投标、合同计划、进度、质量、投资控制、计量、变更、档案等电子化、网络化管理，使项目管理部门能及时、快速、准确地获取各类信息，加强对项目的监控和管理力度，实现降低工程造价，缩短工程，提高工程质量的目的。

（3）高速公路机电工程。建立联网收费、通讯、交通监控与管理系统。

6.2.3.2 公路管理信息系统

实现公路管理地理信息的数字化管理，公路建设和管理过程中产生的各种静态信息和动态信息的管理，为公路发展规划、路网布局、公路建设与管理提供决策支持，实现对各种公路建设与管理信息的传输和融合，为总控信息平台提供技术支撑。

主要功能：

（1）开发和完善公路信息网络系统平台。建立并完善全市公路信息网络（内网）系统，更新原有计算机设备，加强信息化硬件建设；同时完成全市公路管理系统办公自动化建设。

（2）建立公众信息服务系统。需要完善公路信息（Internet）网站，提供公路相关信息咨询、政务公开（宣传）和网上办事（电子政务）等服务；同时建立公路（Internet）邮局，实现与省内交通系统之外的电子信息交流。实现交通动态信息、车载信息及行政管理信息的实时发布。

（3）公路交通电子地图：对公路的交通地图进行信息化基于市交通管理地理信息系统的基础上。

（4）建立智能化公路数据库应用管理信息系统。结合地理信息系统，采用先进数据采集、处理技术，建立全市公路（国、省、县乡及农村道路）及其设施相关信息数据库，包括基本路况、路面、桥梁、标志标线、施工设备等数据库应用子系统和养护行业管理、行政许可（审批、执法）等业务子系统，为公路建设、行业管理和社会提供全面的数据资料。

（5）公路养护管理子系统：公路养护管理系统的建立除包括桥梁养护管理系统与路面管理系统之外，系统还可按地方道路，等级公路，高速公路和桥梁等分别建立自己的管理模块，例如：对国省干线，系统按行政等级，技术等级，路面结构，建设年限，沿线设施，管养单位，公路绿化，GBM工程，标志标线，道班房，交通量，自然灾害分别建立自己的数据库。

当公路遇有翻浆，水毁，雪阻，人为因素等情况造成损害时，通过计算机广域网把勘察所得数据返回数据库，由系统分析得出路况，病害原因，维护对策及经济分析等结果。此外，养护管理系统还可定期对现有公路路况作出评定，并可对公路各项生产技术指标，公路养护数据等进行自动汇总，统计，分析及生成报表。

6.2.3.3 道路运输管理信息系统

重点发展人流、物流、信息流、资金流和覆盖全市的道路运输信息网络，全面提升市道路运输业信息化整体水平和应用能力。逐步建立包括智能管理、智能交易、智能安全的智能道路运输体系，使道路运输的决策、调控、服务、应急等方面的信息化能力与本市国民经济发展相适应。实现道路运输管理的信息化、网络化、智能化。

主要功能：

（1）公路运输共用信息平台。对现有系统进行整合，促进各系统信息交互。对于“交通稽查违章处理系统”、“公路规费征收系统”和“运政管理系统”进行整合，建立“市交通综合管理系统”。在业务系统应用完善的基础上，建成客运、货运、维检等共用信息子平台，完成对内部业务数据及外部采集信息的抽取、融合、组织及发布。以信息传输网络为基础进行数据传输，实现公路运输管理与服务信息的共享。

（2）无线移动电子稽查系统。在稽查车辆上安装固定车载监控系统，稽查人员装备移动摄、录像机，综合全面采集稽查现场的图像、语音数据，将稽查现场详细全面的情况进行记录，并将所采集信息存入车载电脑或移动存储器。达到全程取证监督的目的，从而增强执法透明度和公正性。利用移动短信平台每月对欠费车辆进行短信催缴，流动稽查人员也可通过移动短信平台及时掌握路上车辆的缴费信息，解决盲目拦车窘境，提高稽查人员的工作效率，方便车主。

（3）客运站联网售票与清算系统。建成市客运站联网售票与清算系统，建成客运票务数据库，实现市内所有一级、二级客运站的联网售票。

（4）客车卫星定位系统。建设全市规模的营运客运车辆 GPS 行车记录管理系统。

6.2.3.4 超限检查监控管理系统推广

目前已经初步建立了超限检查站监控管理系统。目前，市公路管理局在嘉祥、金乡、任城、汶上、兖州建立了五个超限检查站，通过电子路秤对过往车辆实时监控。由于公路局信息中心的服务器比较先进，可以对图像数据进行备份，备份文件可以连续存储 30 天，只要上网就可以随时查看超限检查站的工作情况，及时发现问题、解决问题，避免工作中的疏漏和危险的产生。目前，在金乡检查站试用了超限检查软件，还需要在其他站点进行推广和继续完善。

6.2.4 航务管理信息系统

航务管理包括运输管理，航道管理，政策法规管理，计划统计管理，科技教育管理，人事管理，财务审计管理，老干部管理等。根据航务管理的特殊性，应建立一套功能完善的航务管理系统。系统包括：水路客，货运管理子系统，航道管理子系统，政策法规管理子系统，计划统计管理子系统，科技教育管理子系统。

航务信息化主要目标是实现全国范围内的运输船舶、港航企业的信用管理，提高水路重点物资运输生产的监管和调度能力，为国民经济正常运行提供保障，初步形成部和地方港航管理综合信息平台，提升港口、航道的建设、运行和养护水平，提高港口和航道的综合利用效率。

（1）水路运输综合管理信息平台。对水路运政进行管理；拟定水路运输管理规章；依法审核水运（服务）企业，审批水运航线、船泊；管理水路运输价格和运输规费稽征工作；查找水路运输违法经营行为。

通过整合船舶、港航企业及重点物资运输量等信息资源，建设水路运输综合管理信息平台，实现全市范围内的运输船舶、港航企业的信用管理，提高水路重点物资运输生产的监管和调度能力，为国民经济正常运行提供保障。

（2）航道管理子系统。航道管理子系统主要负责市航道行政管理工作；制定航道的发展规划；提出划分航道技术等级方案；审批与通航有关的拦河，跨河，临河建筑物等水上工程；依法对违反航道管理的单位或个人进行行政处罚，指导航道规费稽征工作。

（3）政策法规管理子系统。组织研究全市水路交通发展战略和产业政策；负责水路交通法规，规章的调研，论证，草拟等工作；负责水路交通行政执法监督检查及行政复议和诉讼；指导水路交通行业体制改革工作。

（4）水上交通安全保障信息平台。为了提高水上交通安全管理的整体预防能力和搜救应急决策水平，全方位获取船舶、船员技术状态和船舶交通动态等交通安全信息。

主要建设内容包括：船舶安装 GPS 全球定位系统，获取船舶交通动态，船舶自动识别系统（AIS）等。包括政策法规管理子系统、航道管理系统的建设，并开始建设水路运输综合管理信息平台；包括完成水路运输综合管理信息平台的建设和实施，并完善航运局相关的应用业务系统。

6.2.5 规费征收

参照市级公路局养路费征收模式，应统一定义规费征收的项目和标准，杜绝各县局征收机构私设规费项目或任意更改征收标准的可能性。全市统一规费的缴费时间、方式和方法，使各县局规费征收业务整齐划一，可保证规费的征缴质量，更为领导的检查提供了及时可信的数据。利用灵活而强大的系统权限、审批流程设置以及操作痕迹的不可逆转，使操作员不能也不敢作假。杜绝了人情费，堵住了规费的跑、冒、滴、漏。避免各县局之间在规费征收上不应有的竞争，规范征收秩序，缓解单位间的矛盾，维护规费征收的权威性，提高交通管理部门的形象。

实现全市养路费征收微机化与网络化管理，具体内容如下：

（1）建立移动征费系统；

（2）建立征费车辆网上查询系统；

（3）建立移动稽查数码眼系统；

（4）建立财务数据网。

6.3 政府部门信息系统与电子政务

电子政务，政务是核心，电子是手段，就是指政府机构应用现代的信息和通信技术，将政府管理和服务通过网络技术进行集成，在互联网上实现政府组织结构和工作流程的优化重组，超越时间和空间及政府部门之间的分隔限制，彻底转变传统工作模式，为社会公众以及自身提供全方位、高效、优质、透明的管理和服务。

电子政务的特点有：第一，在电子政务的概念中，核心内容是政务，也就是政府的社会管理和公共服务等职能，电子政务是提高政府行政效率的手段；第二，电子政务是对政府组织结构和流程的优化和重组，而不是简单的政府上网；第三，电子政务提供跨越空间、时间和部门限制的沟通和协作渠道，用于提高政府的管理水平和服务水平；第四，电子政务必须规范、透明，符合国际标准，它要求政府必须转变职能。

从电子政务的概念及特点，我们可以看出，电子政务是一个系统工程，它应该符合以下两个基本条件：一是必须借助于电子信息化硬件系统，硬件系统是电子政务实现的载体；二是处理的事务都是与政府有关的公共事务，是政府实现经济调节、市场监管、社会管理、公共服务职能的一种手段。

在最近几年中，全国各地以北京、上海等地区的政府机构为龙头，在电子政务的建设与应用方面取得了比较大的进展。首都北京作为我国最早实施电子政务工程的地区，到2000年底，已初步建成了公用信息平台和政务信息网络。中关村高新技术科技园区已经开始实现网上办公、办事，电视电话会议网络也已基本覆盖全市。北京市提出的建设电子政府的具体目标是：到2002年底，初步实现政府面向企业和市民的审批管理和服务业务上网进行，政府内部初步实现电子化和网络化办公。到2005年底建成体系完整、结构合理、高速宽带、互联互通的电子政务网络系统，最终建成北京市政务系统信息资源库，全面开展网上交互式办公。2007年9月，中央级传输骨干网正式开通，可以统一为中央国家机关各单位提供网络服务。国家电子政务外网也投入运行，可承载中央和地方部门的部分政务业务，为进一步整合内、外网及专项网资源，实现国家电子政务网络的互联互通和政务业务系统的协同互动奠定了基础。各省市普遍通过电子政务内网建立了横向网络，许多垂直系统通过电子政务专网建立了纵向网络。

(1) 信息网络建设：通过对各级干部的计算机及网络技术的培训工作，使得各级干部对办公业务处理的计算机化、网络化工作愈加重视，各级政府部门的计算机信息系统和网络普及率越来越高，内部局域网的建设速度和规模逐步扩大。一些经济和信息化建设较发达的地区，已有不少政府部门将日常办公的局域网连成了城域网，在全市（地区）范围内开展网上办公和业务处理。另外，全国许多地区正在大力发展和建设宽带城域网，许多地区也已经或准备建设互联网络接入中心，这为政府部门的信息化建设打下了良好的网络环境基础。

(2) 办公业务处理信息系统开发：目前全国许多地区的政府部门建立了办公自动化系统，实现日常办公事务的网络化处理。各级部门日常业务处理的计算机化、网络化进程较快，效益也比较明显。一些综合性、专业性比较强的部门，如工商行政管理部门、税务部门、社会劳动与保障部门等，已经或正在建立纵向联网的业务处理系统。

(3) 政府业务上网：政府业务上网是指政府机关通过互联网开展日常业务，从而向社会公众提供服务。目前已有一些政府部门，如工商行政管理部门、税务部门等在网上开展了一定程度的网上工商、网上税务等公众服务业务。

(4) 政府信息上网：政府信息上网是指在互联网上建立网站或专栏，发布有关政府部门的职能、政策法规、机构设置、办事指南等信息。政府信息上网不仅增加了政府工作的透明度，而且在一定程度上提高了政府部门的工作效率。

6.3.1 电子政务的发展阶段

电子政务发展的历史并不长，各国电子政务的实践也并不一样，尚没有统一的发展模式，因此在具体的发展阶段上也存在着多种不同的意见。目前，国外对电子政务的发展阶段的分类从三阶段到六阶段都有，比较有代表性的观点有：

（1）世界银行信息发展项目组提供的《发展中国家电子政务手册》中将电子政务发展分成以下三个阶段：公开发布阶段、交互阶段、在线事务处理阶段。

（2）欧盟委员会在“欧洲电子政务成熟度”报告中将电子政务分为四个阶段：传播阶段、交互阶段、在线事务处理阶段和集成阶段。

（3）联合国公共经济与公共管理部在《电子政务测度：全球透视》报告中将电子政务划分为五个阶段：网上初现阶段、增强出现阶段、交互阶段、在线处理阶段、网络化阶段。

（4）克莱·韦斯科特博士撰写的“亚太地区电子政务发展”报告中把电子政务分成六个阶段：构建电子邮件系统和内部网络阶段、跨部门的信息交流和公众获取信息阶段、允许双向沟通阶段、允许价值交换阶段、数字化民主阶段和集合政府阶段。

从以上各种对电子政务发展阶段不同的划分可以看出，无论怎样划分，其实质上都是按照网络建设从简单到复杂、低级向高级的逻辑顺序划分的，即都是从政府在网上“露面”开始，逐步深化，直到政府“消失”为止。到了电子政务最高阶段，政府变得越来越无形，公民以及其他的利益相关者不再需要了解不同政府部门的具体职责就可以得到集成式的、无缝隙的政府服务。

6.3.2 电子政务的基本模式

正确的电子政务模式的选择，为我国优化公共服务，建设信息化社会提供了便利条件。

目前国际和我国公认的电子政务的基本应用模式分为以下三种：

（1）G2G——政府对政府的电子政务应用模式。G2G 的英文完整表达是 Government to Government，是一种政府与政府打交道的电子政务应用模式。如：国务院与各省政府的隶属关系；财政部与省财政厅（局）的业务指导关系；某省政府下属的教育厅与财政厅的平行关系；国务院办公厅与解放军参谋部的不相隶属关系。

（2）G2B——政府对企业的电子政务应用模式。G2B 的英文完整表达是 Government to Business，是一种政府与企业打交道的电子政务模式。政府主要通过电子网络系统进行采购与招标、证照办理与审批、电子化报税、公布相关政策、提供咨询服务等既简化办公流程又提高办事效率的针对企业的信息服务。如：政府部门提供给企业的“一网式审批”、“一表式服务”的办公应用模式。

（3）G2C——政府对公民的电子政务应用模式。G2C 的英文完整表达是 Government to Citizen，是通过电子化网络系统政府与公民交流，并提供各种服务的电子政务模式。G2C 模式提供服务的范围更广，旨在为广大社会公众提供快捷方便地获取政府公共服务的渠道，拉近政府与社会公众的距离感，为公众提供参政、议政提供更为民主、透明的虚拟化电子窗口。通过直接与政府的“对话”、交流，拉进政府与公众的距离，使政府能更及时、真切地了解、充分满足公众的服务需求。

电子政务系统是一个综合的信息系统，不同于简单的“上网”（即建立 Web 站点发布信息），它的服务对象不仅包括政府机关内部，还包括其他机关、团体、企业和社会公众，其建设内容如图6-3所示。它处理的信息包括政府机关内部信息、可在一定范围内交流的信息和可以公开发布的信息。在处理方法上，采用模拟机关内部政务处理流程的处理方式，并进一步促进内部协作，加速信息发布，受理各类申请、投诉、建议和要求。也就是说，电子政务系统既包括信息的发布和接收，也包括信息的交互式处理。

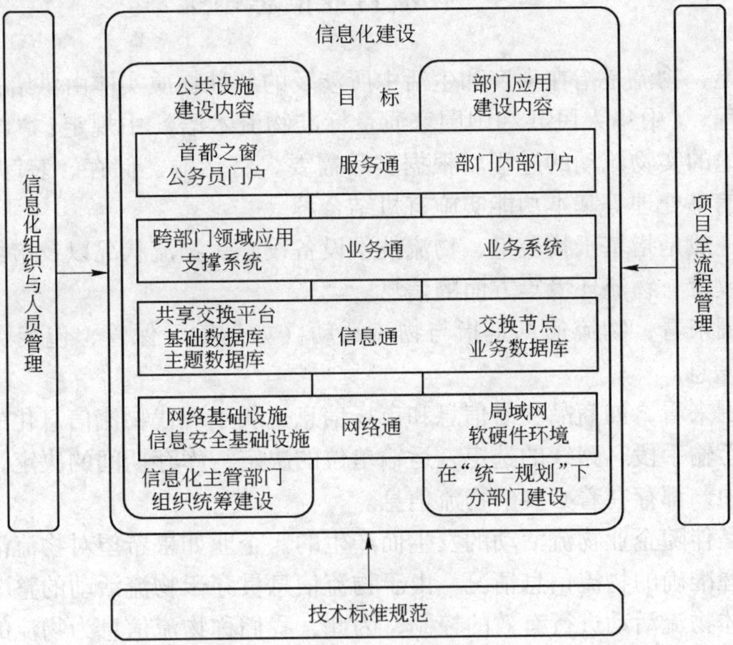

图6-3 电子政务系统的建设内容

电子政务系统应用与传统OA系统应用的不同之处主要有：

一是应用定位不同。电子政务系统侧重于政府内部部门之间（如部委内各厅、司、局）、跨部门（如国务院办公厅与各部委、科技部与其他部委）以及政府部门与企业或个人之间的应用。办公自动化则侧重于一个政府部门内部（如某个机关内部）或一个系统内部。

二是系统用户范围不同。办公自动化系统的用户一般是政府部门的内部用户，他们按照事先规定好的权限，完成不同的信息处理过程。电子政务系统的用户群主要是政府部门以外的用户，如其他部门、企业和广大公众。

所有这些，决定了办公自动化和电子政务系统的应用环境、功能设置、操作模式、系统管理模式等方面都有所不同，但它们之间仍有紧密联系，可以说电子政务系统是政府办公自动化系统在范围和功能方面的延伸，从内部办公延伸到对外服务，从内部网（Intranet）延伸到政府机构间交换网（Extranet）乃至互联网（Internet），即电子政务系统是“面向社会的政府办公自动化”。在电子政务系统中，政府的职能更加社会化，通过网络实现虚拟的政府，提供更加丰富的信息和政务服务；参与的角色更加广泛，由政府部门的工作人员扩展为全社会各种类型用户的普遍参与。一方面，政府各部门之间可以相互联系交流工作，协调配合；另一方面，电子政务系统把政府部门直接推向广大公众，公众可以在网上行使对政府部门的监督权利，其反馈的信息也可以直接到达政府内部的相关部门，建立起政府与公众交流的更加便捷有效的通道。由此可见，电子政务系统在政府上网行使职能的同时，全面推进了政府内部的工作效率，这无疑是我国政府信息化建设更上一层楼的突破口，也是政府部门适应信息化社会发展的必由之路。

6.4 物流行业信息系统

一般意义上，物流是指在生产和生活中所涉及的各种物质实体由供给方向需求方的物理性转移的过程。《中华人民共和国国家质量标准物流术语》中规定："物流是指物品从供应地向接收地的实物流动的过程。根据实际需要，将运输、储存、装卸、搬运、包装、加工、配送、信息处理等基本功能实施有机结合。"

物流信息一般是指基于物流量、物流技术设备设施、物流状况以及市场成交状况、市场行情、物流政策、物流环境等方面的信息。

从狭义范围来看，物流信息是指与物流活动（如运输、保管、包装、装卸、流通加工等）有关的信息。

从广义范围来看，如商品交易信息和市场信息也属于现代物流信息化的内容。

例如，在运输手段、路线的选定，运输单位的决定，库存期间的决定，接受订货和订货处理等过程中，都存在着必要的物流信息。

物流信息是伴随企业物流活动的发生而产生的。企业如果希望对物流活动进行有效的控制就必须掌握准确的物流信息情况，由于物流信息贯穿于物流活动的整个过程中，并通过其自身的整体物流活动进行有效的控制，因此，我们称物流信息为物流的中枢神经。

物流信息活动：包括上述各种活动有关的计划、预测、动态信息以及相关联的费用情况，生产信息、市场信息等。物流信息处理是对物流活动中产生的大量信息的处理。包括信息的收集、处理、存储、查询、传输和共享等。在现代物流管理中，大量采用以计算机和网络通信为代表的信息技术，通过构建合理的物流信息系统，进行物流的信息管理，促进物流系统的合理化和高效化。

构成物流的"物的流动"具有两个基本要素：(1) 物的物理移动，包括运输和库存等；(2) 与物理移动有关的传递决策的"信息"。物流活动是在这两个要素的相互关联和作用下进行的。

物流信息的基本功能是支持运输、库存管理、订货处理等物流活动。信息化的发展使物流信息不只是停留在支持功能上，还包括更广泛的与流通有关的信息，如商品交易信息和市场信息。

随着我国经济的发展和市场的繁荣，物流产业已经成为我国经济发展最快的领域之一。据中国物流与采购联合会的统计，2010年中国全社会物流总额为125.4万亿元，比10年前增长了6.3倍，年均增长22%。物流业持续保持快速的增长，对于调整优化产业结构、转变经济发展方式、推动国民经济发展发挥着越来越重要的作用，而物流业的快速发展得益于物流信息化的长足发展。由于我国的物流业与发达国家相比起步较晚，业务流程重组、供应链管理、客户关系管理、电子商务等理念已经融入物流管理，加上通讯技术如宽带技术、无线技术、空间定位技术以及信息管理技术的广泛运用，使我国物流信息化建设迈入快速发展轨道。

物流信息系统是与企业有关的物流业务为对象的信息系统。对物流活动的各个业务而言，从管理、计划、决策等方面进行综合的集成化，可提高物流业务的效率。

物流信息系统的对象范围在不断扩大，这是由于物流的重要性以及物流水平的提高，从生产、销售之后的处理发展到事中处理和事前处理。物流信息系统不仅仅是从接受订货到配送为止的业务信息化，同时向着供应、生产支持、废弃和回收物流的方向发展。物流的概念正向着更广的范围发展。

6.4.1 物流信息的分类

物流中的信息流是指物流信息供给方和需求方进行信息交换和交流而产生的信息活动。它表示了品种、数量、时间、空间等各种需求信息在同一物流系统内、在不同的物流环节中所处的具体位置。物流系统中信息种类多、跨地域、涉及面广、动态性强，尤其是运作过程受自然的、社会因素的影响很大。

（1）按信息产生和作用的领域分类，物流信息分为物流系统内部信息和物流系统外部信息。

物流系统内部信息是伴随物流活动而发生的信息，包括物料流转信息、物流作业信息、物流控制层信息和物流管理层信息。其作用不但可以指导下一个物流循环，也可以成为经济领域的信息。

物流系统外部信息是指在物流活动以外的其他经济领域、工业领域产生的，对物流活动有作用的信息，主要用于指导物流，包括供货人信息、顾客信息、订货合同信息、交通运输信息、市场信息、政策信息。还有来自企业内生产、财务等部门的与物流有关的环境信息。

（2）按信息载体的类型分类有单据、台账、报表、计划、文件等多种类型。

1）单据发生在企业的操作层，记载物流工作实际发生情况。

2）台账是单据按照一定的要求积累形成的物流台账。

3）报表是按照一定的统计要求，将一定周期内的物流单据或物流台账进行计算、排序、分类汇总等形成的物流载体。

4）计划是企业物流管理决策的具体体现。如需求计划、采购计划、项目预算计划、财务计划等。

5）文件分为企业内部文件和企业外部文件。

（3）按信息的应用性质不同分类：

1）计划信息是尚未实现的，但已当做目标确认的一类信息。

2）控制及作业信息是物流活动过程中发生的信息：库存种类、库存量、载运量、运输工具状况、物价、运费等。

3）统计信息是在物流活动结束后，对整个物流活动进行总结、归纳的信息。

4）支持信息是指能对物流计划、业务、操作有影响或有关的文化、科技、产品、法律、教育、民俗等方面的信息。

6.4.2 物流信息系统的主要功能

随着物流系统的发展，物流信息量会变得越来越大，物流信息更新的速度也越来越快，如果仍对信息采取传统的手工处理方式，则会引发信息滞后、信息失真、信息不能共享等瓶颈，从而造成整个物流系统的效率低下。因此，为了提高物流系统的整体效率，建立基于计算机和通信技术的物流信息系统将成为物流系统的必由之路。

定义：物流管理信息系统（Logistics Management Information System，LMIS）是指在一定时间空间内，由人和计算机等组成的对物流信息（包括空间信息）进行收集、传送、存储、加工、维护和使用的系统，是物流系统的重要组成部分之一。

物流作业系统的启动往往需要从物流信息系统得到信息，无论多好的物流作业系统，如果不能与信息系统相默契也难以很好地运转。从物流系统的整体角度看，信息流和物流是同时进行的，关键是两者内容要一致，必须信息先行。

物流管理信息系统以数据库为中心，以计算机网络为支撑，主要完成物流企业操作层的数据处理和结构化的决策，是企业的信息源和企业信息系统的基础。由于管理信息系统主要应用与企业业务层的日常工作，与企业的管理模式又密切相关，因此这类系统受企业管理模式和运作方式的影响和制约，是一类较难以开发但又非常必要的信息系统。物流信息系统的功能见图6-4。

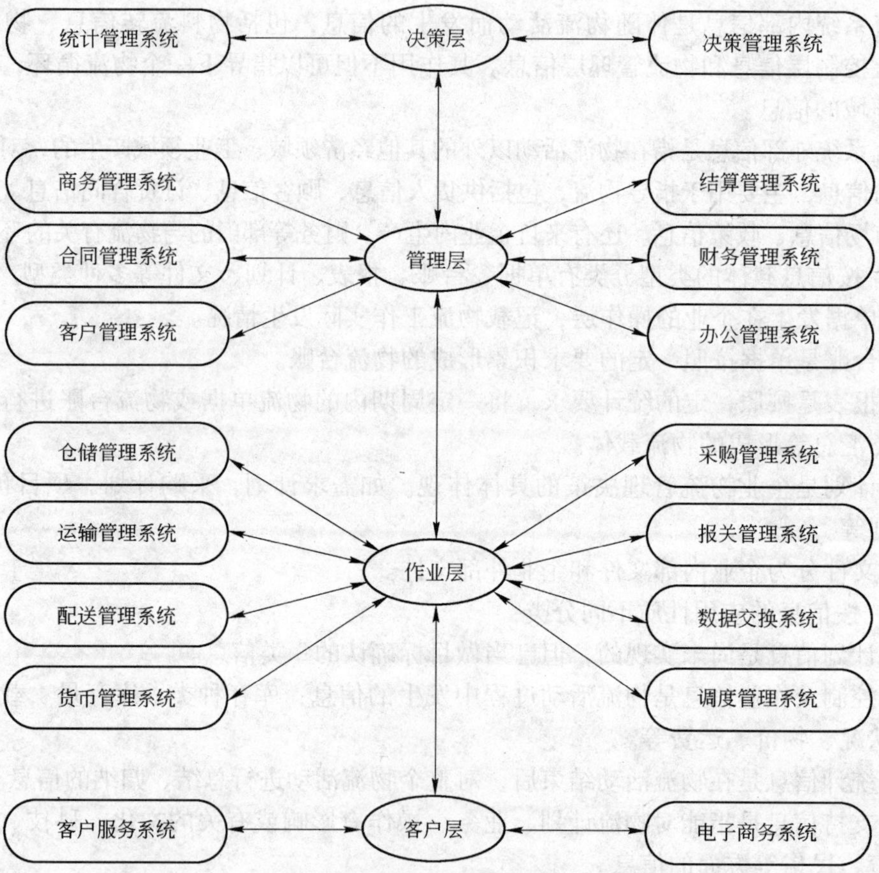

图6-4　物流信息系统功能模块

（1）采购管理。采购指企业在一定的条件下从供应市场获取产品或服务的企业资源，以保证企业生产及经营活动正常开展的一项企业经营活动。采购既是一个商流过程，也是一个物流过程。信息系统将采购管理主要功能（采购计划与预算管理、价格管理、采购质量管理、采购合同管理、供应商管理、采购统计、采购目录、采购绩效评估等）纳入信息管理平台，有效保证了企业所需物品与服务的正常供应，保证了采购原材料的质量、采购成本的控制以及供应商管理。

（2）仓储管理。仓储在物流系统中占据着核心的地位。仓储管理就是对仓库及仓库内的物资进行的管理，是物流企业为了充分利用仓储资源提供高效的仓储服务所进行的计划、组织、控制和协调过程。物流信息化的主要功能包括货品储存、装卸作业、出入库过程、库房设施、产品盘点、条形码管理和仓储服务等，实行了电子化管理。管理系统支持仓库、区域、货位等多层次管理。

（3）配送管理。配送是指根据用户要求对货物进行筛选、加工、包装、分割、组配等作业，及时准确地送达指定地点。在配送的方法和线路规划上，应按照商品重量与体积等各因素拟定的派车计划、体积装载计划以及配送行程计划等作业系统。信息系统的介入使得第三方物流成为可能，使得第三方物流配送不再是从生产者到消费者的简单货物配送，而是从生产者、供应商到消费者对产品制造、运输、保管、配置、传递和信息等各个方面如何全面地、综合性地提高经济效益和效率的问题进行通盘考虑。由于信息系统的介入，订单管理、分拣作业管理、搬运作业管理、流通加工作业、库存管理、进货管理、出货管理、输配送作业管理、线路规划管理等配送管理的主要功能更快捷、合理、科学。

（4）结算管理。根据公司财务管理的规定，对客户供应商的资金收付活动进行的反映、监督、控制和促进，实现与客户之间财务结算和对账，保障结算资金的安全运行。由于物流行业的特殊性，其财务管理较复杂，信息化将账户管理、费用审核、费用核销、发票管理、资金管理、财务接口等纳入电子管理平台，实现财务系统与采购、销售、应收应付系统集成，实现物流、资金流、信息流的完美协调。

（5）电子商务。电子商务在物流行业中所完成的功能不仅仅是订货和支付，而是扩展到从生产到消费的整个商务过程，强化了信息处理，弱化了实体处理。电子商务中的交易，一般包含四种基本流，即信息流、商流、资金流和物流。随着计算机技术的不断普及，网络技术的不断完善，物流企业电子商务平台是未来系统的发展趋势，客户不出门便可通过网站了解物流企业，贸易洽谈可以足不出户在网上解决，实现企业与客户零距离接触。物流企业的电子商务平台主要包括：网上订单、货物跟踪、电子对账、到货通知、运价发布、发票查询、电子支付、在线客服等。

（6）客户管理。客户管理主要是开展系统化的客户研究，通过优化企业组织体系和业务流程，提高客户满意度和忠诚度，利用客户关系管理系统，企业能搜集、跟踪和分析每一个客户的信息，从而知道什么样的客户需要什么样的产品和服务，真正做到一对一营销，同时还能观察和分析客户行为对企业收益的影响，使企业与客户的关系及企业利润得到最优化。主要包括客户分级管理、客户信用评定、客户个性化服务、客户报价管理、销售过程管理、工作流程管理、客户服务管理、知识管理等。

（7）决策支持。在完成业务操作层面的建设后，系统将业务数据汇总整理，通过数据抽取和挖掘后，展现为多维分析报表，供领导和管理层参考，协助公司管理层鉴别、评估和比较物流战略和策略上的可选方案。通过决策支持系统可以建立企业的物流管理系统，可以实现企业物流的可视化、实时动态管理，从而为系统用户进行预测、监测、规划管理和决策提供科学依据。主要包括模型库管理、客户分析、竞争对手分析、财务分析、市场分析、配送路线分析、库存分析等。

[案例6-1] 海尔物流信息系统实施

海尔物流信息系统是与国际接轨的一个高效、迅速的现代物流系统，海尔采用了SAP公司的ERP系统和BBP系统（原材料网上采购系统），对企业进行流程改造。经过近两年的实施，海尔的现代物流管理系统不仅很好地提高了物流效率，而且将海尔的电子商务平台扩展到了包含客户和供应商在内的整个供应链管理，极大地推动了海尔电子商务的发展。实施过程主要由以下几个部分构成：

(1) 需求分析。海尔集团认为，现代企业运作的驱动力只有一个：订单。没有订单，现代企业就不可能运作。围绕订单而进行的采购、设计、制造、销售等一系列工作，最重要的是物流。离开物流的支持，企业的采购与制造、销售等行为就会带有一定的盲目性和不可预知性。

建立高效、迅速的现代物流系统，才能建立企业最核心的竞争力。海尔需要这样的一套信息系统，使其能够在物流方面一只手抓住用户的需求，另一只手抓住可以满足用户需求的全球供应链。海尔实施信息化管理的目的主要有以下两个方面：

现代物流区别于传统物流的主要特征是速度，而海尔物流信息化建设需要以订单信息流为中心，使供应链上的信息同步传递，能够实现以速度取胜。

海尔物流需要以信息技术为基础，能够向客户提供竞争对手所不能给予的增值服务，使海尔顺利从企业物流向物流企业转变。

(2) 解决方案。海尔采用了SAP公司提供的ERP和BBP系统，组建自己的物流管理系统。

海尔物流的ERP系统共包括五大模块MM（物料管理）、PP（制造与计划）、SD（销售与订单管理）、FI/CO（财务管理与成本管理）。

ERP实施后，打破了原有的"信息孤岛"，使信息同步而集成，提高了信息的实时性与准确性，加快了对供应链的响应速度。如原来订单由客户下达传递到供应商需要10天以上的时间，而且准确率低，实施ERP后订单不但1天内完成"客户—商流—工厂计划—仓库—采购—供应商"的过程，而且准确率极高。

另外，对于每笔收货，扫描系统能够自动检验采购订单，防止暗箱收货，而财务在收货的同时自动生成入库凭证，使财务人员从繁重的记账工作中解放出来，发挥出真正的财务管理与财务监督职能，而且效率与准确性大大提高。

BBP系统（原材料网上采购系统）主要是建立了与供应商之间基于因特网的业务和信息协同平台。该平台的主要功能：

通过平台的业务协同功能，既可以通过因特网进行招投标，又可以通过因特网将所有与供应商相关的物流管理业务信息，如采购计划、采购订单、库存信息、供应商供货清单、配额以及采购价格和计划交货时间等发布给供应商，使供应商可以足不出户就能全面了解与自己相关的物流管理信息（根据采购计划备货，根据采购订单送货等等）。

对于非业务信息的协同，SAP使用构架于BBP采购平台上的信息中心为海尔与供应商之间进行沟通交互和反馈提供集成环境。信息中心利用浏览器和互联网作为中介整合了海尔过去通过纸张、传真、电话和电子邮件等手段才能完成的信息交互方式，实现了非业务数据的集中存储和网上发布。

(3)“一流三网”。实施和完善后的海尔物流管理系统，可以用“一流三网”来概括。这充分体现了现代物流的特征：“一流”是指以订单信息流为中心；“三网”分别是全球供应链资源网络、全球用户资源网络和计算机信息网络。

整个系统围绕订单信息流这一中心，将海尔遍布全球的分支机构整合之后的物流平台使供应商和客户、企业内部信息网络这“三网”同时开始执行，同步运动，为订单信息流的增值提供支持。

海尔选择了SAP/R3成熟的ERP系统，而不是请软件公司根据海尔物流的现状进行开发，主要目的是借助于成熟的先进流程提升自己的管理水平。

实施“一把手”工程与全员参与，有效推进信息系统的执行。海尔物流所有信息化的建设均是基于流程的优化，提高对客户的响应速度来进行的，所以应用面涉及海尔物流内部与外部很多部门，有时打破旧的管理办法，推行新流程的阻力非常巨大。海尔物流的信息化建设一直是部门一把手亲自抓的工作，亲自抓，亲自在现场发现问题，亲自推动，保证了信息化实施的效果。如在ERP上线初期，BOM与数据不准确是困扰系统正常运转的瓶颈，它牵扯到企业的基础管理工作与长期工作习惯的改变，物流推进本部部长发现问题后，亲自推动，制定出有效的管理模式，不但提高了系统的执行率，而且规范并提升了企业的基础管理（BOM的准确率、现场管理），保证了信息系统作用的发挥。

培训工作同步进行，保证信息系统的实施效果。由于信息化工作的不断推进，原有的手工管理变为计算机操作，这对物流的基层工作者如保管员、司机、年纪较大的采购员均是挑战。在实施ERP信息系统时，海尔物流开展了全员培训，并对相关操作人员进行了严格的技能考试，考试通过后才能获得上岗证书。物流信息中心也开通了内部培训的网站，详细介绍系统的基础知识、业务操作指导书以及对操作的问题进行答疑，这些均保证了信息化使用的效果。

该系统“通过业务流程的再造，建立现代物流”以及利用MYSAP. COM协同化电子商务解决方案，成功地将海尔的电子商务平台扩展到客户和供货商在内的整个供应链管理，有效地提高了采购效率，大大降低了供应链的成本。

系统是在基于SAP系统基础上开发而成的，所开发的ERP和BBP（基于协同电子商务解决方案）具有典型的企业标准化的特征，开发的系统覆盖了集团原材料的集中采购、库存和立体仓库的管理、19个事业部的生产计划、事业部原料配送、成品下线的原料消耗倒冲以及物流本部零部件采购公司的财务等业务，建立了海尔集团的内部标准供应链。

目前海尔已实现了即时采购、即时配送和即时分拨物流的同步流程。100%的采购订单由网上下达，提高了劳动效率，以信息代替库存商品。

海尔的物流系统不仅实现了“零库存”、“零距离”和“零营运资本”，而且整合了内部，协同了供货商，提高了企业效益和生产力，方便了使用者。建议进一步将业务流程标准化，并在此基础上形成标准的供应链物流系统。

6.5 综合案例——SAP R/3在联想ERP系统中的应用

6.5.1 案例概述

2000年8月15日，联想集团举行新闻发布会，宣布其ERP系统成功运行100天。联想这个为中国的信息化建设做出巨大贡献的IT公司，开始用IT技术武装自己。在新闻发布会上，联想集团常务副总裁李勤介绍：ERP实施成功后，企业的业务运作效率明显提高，集团结账天数从过去的20天降到一天，从需70人次加班到只需7人，报表从30天缩至12天；公司从去年下半年起至今利润大幅度增长。

作为企业管理思想，ERP是一种新型的管理模式；作为一种管理工具，它同时又是一套先进的计算机管理系统，它已经为许多的企业带来了丰厚的收益。但是，ERP的实施难度非常大，在国际上，其成功率也不到20%，它的实施对企业的管理基础、领导能力和企业文化都是一场深刻而严峻的考验。那么联想为什么要选择ERP呢？

联想实施ERP主要基于三个方面的战略考虑：第一，集团业务高速增长，原有的管理信息系统已经成为公司发展的瓶颈。联想从1984年20万元、11人起家至1997年步入高速发展期，从1994年到1998年，公司的销售额年平均增长率达到43%以上。联想原来开发的信息管理系统（MIS）已经不能适应业务高速增长的需求。第二，国内外竞争加剧，实施ERP是企业提升核心竞争力的需要。第三，联想的整体战略需要管理信息系统与国际先进水平接轨。按照联想集团规划的目标：联想2000年要完成30亿美元营业额，到2005年要完成100亿美元营业额，进军世界500强。加强企业的内部管理，使其尽快实现规范化和现代化，早日与国际先进水平接轨，正是实现这一战略目标的唯一途径。

1998年11月24日，联想集团、SAP、德勤三方在中国饭店联名举行了“联想集团实施ERP新闻发布会及签约仪式”正式启动了ERP工程，选择SAP公司的R/3产品，由德勤公司和SAP公司的咨询顾问组成的咨询组与联想ERP实施项目组共同负责实施。其中SAP作为软件供应商主要提供产品与技术支持。德勤企业咨询公司提出了项目实施的“FastTrack”方法论和流程改造与设计模板，为项目实施提供管理方面的咨询。在联想集团上上下下的辛勤配合协作中，2000年1月5日，联想集团ERP系统并行上线，成功实现了联想ERP项目实施战略计划和目标。2000年2月14日，联想集团ERP系统作为联想集团新的管理信息系统平台，开始独立运行。之后，为适应联想集团业务调整的需要，联想ERP项目又于2000年3月14日开始了ERP再造工程，就是将已经成功上线运行的ERP系统拆分为联想电脑公司和联想神州数码公司两套系统，再造工程在5月8日胜利上线。8月15日联想ERP系统成功运行100天。

在一年多的时间里，联想集团ERP项目成功实施。该项目涵盖联想集团生产制造、销售、系统集成三种业务，涉及三大子公司的经营运作。其中生产制造又包含自主研发生产制造、组装和对OEM生产的管理；销售涉及两大子公司4000余家代理分销商的管理。第一波ERP项目的实施模块包括财务会计、管理会计、销售与分销、物料管理、生产计划五大模块和电子商务部分，是国内目前为止一次性实施模块最多的企业。

通过ERP的实施，联想集团清理、规范和优化了77个业务流程，主要是三个层次的工作：第一个层次是清理、规范了现有流程，找出缺少的流程，把不规范的流程规范化；第二个层次是对流程的系统化、集成化，成了几个相互之间协同作业的支持子系统，例如财务、销售、生产制造、采购等；第三层次是将这些优化统一的流程在计算机系统中实现，即电子化，达到信息的集成、准确和实时。

在整个集团范围内成功实施 ERP，联想也克服了数不清的困难，联想常务副总裁李勤首先把成功的原因归结为企业领导的重视。ERP 工程是"一把手工程"，在联想看来该工程包括三方面含义：出了问题追究各级一把手的责任，每个成员都有责任；领导主持实施的全过程。其次为 ERP 的实施制定了可行的目标。第三，要有足够的投入。实施方与顾问方要有良好的合作。记者在采访 SAP 中国区咨询总监刘建时，他总结了两点：一是联想的领导层重视；二是联想在实施 ERP 的技术上巨大支持，不仅指财力，还包括人力投入，联想抽掉了一大批既懂技术，又懂业务的员工，保证了项目的成功。

ERP 的实施标志着一个企业的信息化建设进入了高级阶段，那么 ERP 为联想集团带来什么呢？联想集团认为：实施 ERP 项目，大大提升了企业的核心竞争力。

首先，通过 ERP 的实施，培养了一批具有典型思想的人。这批人在知识结构和素质方面实现了向复合型人才的转变。这批业务、IT 和管理三结合人才，代表和体现了行业发展的需要，也是公司未来人才培养的方向。

其次，从企业经营管理的角度看，对市场反应速度加快，联想 ERP 系统增强了企业的动态应变能力。ERP 把客户需求和企业内部的制造活动以及供应商的制造资源整合在一起，体现了完全按用户需求制造的思想，这使联想适应市场与客户需求快速变化的能力增强。它能够跟踪、控制和反映瞬息万变的实际情况，管理人员可随时根据企业内外环境条件的变化迅速做出响应、及时决策调整，保证生产计划正常进行。它可以及时掌握各种动态信息，保证较短的生产周期，因而有较强的应变能力。以 LCS 商务部门为例，通过 ERP 系统，平均打款时间由 11.7 天减少到 10.4 天，订单周期由 75 小时减少到 58 小时。

第三，企业运作成本降低。ERP 的实施使联想的业务流程得到优化和集成，减少和避免了因重复环节而造成的损耗。此外，从公司的 IT 拥有成本（即 TCO，其中包括系统构造的成本、运营的成本、维修的成本和升级的成本）角度而言，ERP 的实施将能够降低 IT 的运作成本。

第四，对风险的控制能力加强。ERP 就是通过对企业资源计划的优化管理来减少企业在经营发展中面临的风险，通过实时、有效地进行数据的长期积累，将会推动联想的财务会计、管理会计、资产管理、供应链管理、生产制造、人力资源管理等流程的规范化、集成化、自动化和现代化，为公司的决策提供迅速灵活的信息，进而为联想提供能支持长期增长的先进的集成信息管理平台，增强联想抗风险的能力。

第五，为集团战略的制定提供服务。在战略决策和战略目标的制定方面，ERP 也能为联想提供支持。集团战略制定的前提就是对业务历史数据的统计和分析。联想 ERP 的实施，为企业进行信息的实时处理、作出相应的决策提供了有利的条件，并能够对历史数据进行积累，使企业的业务流程能够预见并响应环境的变化，企业的内外业务流程保持信息的快捷通畅。帮助企业实时、有效地进行数据的长期积累，最终为科学战略的制定提供服务。

更为重要的是通过 ERP 的实施为联想搭建了一个符合联想长远发展的信息化平台。

联想通过实施 ERP 系统所形成的企业信息化平台优势正凸现出来：联想的 ERP 系统是公司运营的信息中心和数据中心，正逐步成为公司战略制定和管理的基础信息平台，成为公司在新经济时代实现电子商务最基本、最核心的支持系统。

6.5.2 案例目的及分析

本案例通过 SAP 在联想公司的实施以及成功的经验，掌握 ERP 系统管理的思想，ERP 的效益以及为企业经营机制带来的转变。

ERP 的核心管理思想就是实现对整个供应链的有效管理，主要体现在以下三个方面：

（1）体现对整个供应链资源进行管理的思想。现代企业的竞争已经不是单一企业与单一企业间的竞争，而是一个企业供应链与另一个企业的供应链之间的竞争，即企业不但要依靠自己的资源，还必须把经营过程中的有关各方如供应商、制造工厂、分销网络、客户等纳入一个紧密的供应链中，才能在市场上获得竞争优势。ERP 系统正是适应了这一市场竞争的需要，实现了对整个企业供应链的管理。

（2）体现精益生产、同步工程和敏捷制造的思想 。ERP 系统支持混合型生产方式的管理，其管理思想表现在两各方面：其一是“精益生产 LP（Lean Production）”的思想，即企业把客户、销售代理商、供应商、协作单位纳入生产体系，同他们建立起利益共享的合作伙伴关系，进而组成一个企业的供应链。其二是“敏捷制造（Agile Manufacturing）”的思想。当市场上出现新的机会，而企业的基本合作伙伴不能满足新产品开发生产的要求时，企业组织一个由特定的供应商和销售渠道组成的短期或一次性供应链，形成“虚拟工厂”，把供应和协作单位看成是企业的一个组成部分，运用“同步工程（SE）”，组织生产，用最短的时间将新产品打入市场，时刻保持产品的高质量、多样化和灵活性，这即是“敏捷制造”的核心思想。

（3）体现事先计划与事中控制的思想。ERP 系统中的计划体系主要包括：主生产计划、物流需求计划、能力计划、采购计划、销售执行计划、利润计划、财务预算和人力资源计划等，而且这些计划功能与价值控制功能已完全集成到整个供应链系统中。另一方面，ERP 系统通过定义事务处理（transaction）相关的会计核算科目与核算方式，在事务处理发生的同时自动生成会计核算分录，保证了资金流与物流的同步记录和数据的一致性。从而实现了根据财务资金现状，可以追溯资金的来龙去脉，并进一步追溯所发生的相关业务活动，便于实现事中控制和实时做出决策。

在引入 ERP 系统的过程中，实施是一个极其关键也是最容易被忽视的环节。因为，实施的成败最终决定着 ERP 效益的充分发挥。例如，据不完全统计，我国目前已有近千家企业购买了 MRP-Ⅱ/ERP 软件。而在所有的 ERP 系统应用中，存在三种情况：按期按预算成功实施实现系统集成的只占 10%～20%；没有实现系统集成或实现部分集成的只有 30%～40%；而失败的却占 50%。并且在实施成功的 10%～20% 中大多为外资企业。如此令人沮丧的事实无疑向我们表明：ERP 实施情况已经成为制约 ERP 效益发挥的一大瓶颈因素。企业的 ERP 项目只有在一定科学方法的指导下，才能够成功实现企业的应用目标。

6.6 热点话题——SAP 咨询顾问来自何方?

埃森哲咨询中国有限公司是全球领先的管理咨询、信息技术及外包服务机构。凭借在各个行业领域积累的丰富经验、广泛能力以及对全球最成功企业的深入研究，埃森哲与客户携手合作，帮助其成为卓越绩效的企业和政府。作为《财富》全球500强企业之一，埃森哲全球员工逾244000名，为遍布120多个国家的客户提供服务。截至2011年8月31日结束的财政年度，公司净收入达255亿美元。埃森哲公司在SAP咨询方面处于业界领先地位，也拥有许多咨询顾问，SAP咨询顾问最重要的一个词是“经验”。这些咨询顾问能把什么样的经验摆在桌面上？每个星期，公司都会收到许多充满诸如FI，SD或者MM等SAP缩略语的简历，人力资源部门不得不用放大镜来仔细分析这些简历的内容。人力资源助理很耐心地回答那些想在SAP（与Rap音乐恰好同韵）领域找份高薪工作的应征者打来的电话，但第一个隐约的感觉是他们所吹嘘的经验不怎么真实。也有些应征者声称他们具有一年或者更长时间的SAP经验，但是面试的结果显示，他们只是来自于一家正在实施SAP的公司，而他们本人并没有直接参与。那么SAP咨询顾问到底来自何方?

为什么如此众多的人以SAP咨询顾问的身份介绍自己，这里有一个简单的原因。环顾一下正进行SAP实施的工作区，你就会发现有关SAP咨询花费巨大的剪报被粘贴在墙上。这里，SAP和金钱是同义词。

SAP是一股经济旋风，因此吸引了所有想趁机往上爬和迅速发财的人。正因如此，SAP咨询顾问的来源远远多于可以想象的数量。事实上，北美的SAP市场上充斥着假冒内行，招摇撞骗之类的不良之徒。知道咨询顾问真正来自何方十分有用，这样你就能更好区分出玻璃和钻石。

(1) 转行的信息系统咨询顾问。要不了多长时间，咨询公司就能看出SAP能变成运钞车，所以许多公司将现有的信息系统人员转向SAP来获得SAP实践能力。

很快就能想到的是信息系统专业人员是从事SAP咨询的当然候选人，但这并不完全正确。正如我们已经强调的，SAP实施成功要求的是业务知识，而不是技术知识。来自信息系统领域的人员，如果他们的强项是技术，而不是业务，他们可能不会在SAP中成功。文件设计、编程规格和编程本身是技术问题，在SAP领域中几乎不存在。

相对而言，那些在战略计划、功能设计、用户协调等方面有专长的信息系统专业人员经常能在SAP项目中找到对他们有用的位置。

(2) SAP实施小组成员。现在有许多SAP咨询顾问来自曾经实施过SAP的公司。其中一些人是因为实施项目，被替换下他们的老位置后投入到咨询业。另外一些人注意到了在他们项目中工作的SAP咨询顾问收入很高，一旦他们能够在简历上填入“一年SAP经验”后，就跳离了原公司。

这些咨询顾问的情况比较复杂。他们只是在一个环境中，即在他们的老公司里，有过SAP经验。一般来说，由于他们对自己公司的情况较熟，所以在自己公司开展项目不成问题。但是如果他们到其他公司，由于对业务环境不了解，就不会那么灵巧和有效率了。

SAP咨询工作中有三点要素：产业背景、SAP知识、咨询技巧。

咨询工作可以被做成一种让人高兴的事，在此过程中，咨询顾问会觉得有义务让所有人都满意，即使这是以项目成功为代价的。直接来自企业的咨询顾问是咨询方面的新手，他们经常会认为“满足用户”就是目标，而实际上，“为客户服务”才是真正的目标。有能力仲裁、描述、教育、说明、谈判、妥协、提供文件和进行决断是 SAP 咨询的要求，只有经验才能提供这些能力。

这并不是说要避免使用这样的咨询顾问。相反，他们经常比老资格咨询顾问更能站得住脚，仅有 SAP 经历的人并不一定就能当咨询顾问。

（3）工程师。在最成功的 SAP 咨询顾问里找到大量来自工程领域的人们，已不再令人惊奇。SAP 成功的核心是“怎样干才可行”，而工程师由于以往的经验和受过的培训，在“怎样干才可行”方面富有天分。他们不会像依赖工作流程那样依赖信息技术，这对他们是有利的。

如果你发现一位 SAP 咨询顾问具有产业背景、一些咨询经验、扎实的 SAP 知识以及工程师的出身，你应该即刻与他（或她）签约，尽快把他（或她）留下来。

（4）学校培养的咨询顾问。这是一类应该避开的咨询顾问，这不是因为他们在专业上都干得不好，而是因为在聘用他们前，很难估计他们多有效率。排前几位的咨询公司有许多这样的人员，任何相信使用“新手”的大型咨询公司也是如此。在你的项目中，以大幅度降低的价格接受这些人员是个不错的主意。许多人会证明是物有所值，但也有些人是在用你的钱获取经验。如果在你实施小组里每五位老资格咨询顾问中有一名以上这样的人员，你就应该像通常对待那些你不想给小费的糟糕侍者那样，狠狠地瞪一眼你的项目经理。

（5）来自欧洲的咨询顾问。R/3 的发布没有在欧洲引起核爆炸似的风暴性大火，因为 SAP 的 R/2 已得到广泛的实施。例如 1993 年，德国前 500 家公司中约有 70% 签订了 SAP 许可证。你可以想象整个欧洲会有多少。因此，在欧洲的咨询人才要比在北美大陆的多得多，而且更富经验。他们中许多人一直从事 SAP 的实施工作，他们的知识和经验是极其丰富的。

但是另外一方面，欧洲人的咨询技能并不总能适合北美的需要。由于文化背景不同，实施方法在不同的国家里也会不尽相同，而且实施工作是由集体，而不是由个人完成的。一位欧洲咨询顾问曾经抱怨说，美国人充满幻想，不愿正视现实。他所指的是我们偏好于获得全公司的一致赞同，而不是全公司的一致服从。

许多欧洲人指出 SAP 的基础是最佳业务实践的集成，但是北美公司经常忽略这一点，他们实施 SAP 是为了使其适用于他们独有的业务实践。固执地追求个性化是美国人的特点，延伸到了公司和公司的经营方式；我们坚持自己的“独特性”确实与 SAP 的原则背道而驰。欧洲人追求的是如何循规蹈矩，而我们追求的则是改变现状。欧洲咨询顾问如能明白这些可能会极大地成功，否则很可能会失败。

总结：

（1）要想成为一个高级 SAP 咨询顾问，必须了解 SAP 的内部交叉功能，因为 SAP 是一个集成的软件包和 ERP。

（2）SAP 不仅是软件，还有管理思想。可以主要关注 SD、MM 和 FI 模块。然而，还必须熟悉其他模块，如 PP 和 HR 角色，因为 SAP 和其他模块有交叉功能性。

（3）如果想成为应用咨询顾问，建议研究 SAP 内部的经营流程。可以通过“经营导航”开始。然后，学习 IMG（客户化 SAP）。

（4）掌握定制 SD、MM 和 FI 模块。然后学习相关课程用于编程，因为要用它们来进行数据转换/接口操作（BDC）、数据字典、编写报告以及对话编程。如果你是一位 EDI 专家，可以学习 IDOC/EDI 和 ALE 课程，为了处理 EDI 还要学习经营工作流。Web 能够非常好地支持 SD 和 MM。

（5）想要成为一个基础咨询顾问，就应学习 BASIS 课程，并熟悉系统管理、安全/认证、CCMS 以及 ORACLE/INFORMIX/SQL 服务器。应该熟悉 R/3 的实例参数和所有的数据库、WindowsNT 和 UNIX 核心参数。还应该学习如何做性能分析和调试。

6.7 扩展学习模块——全球范围内的 ERP 厂商及介绍

ERP 是建立在信息技术基础上，利用现代企业的先进管理思想，全面的集成了企业的所有资源信息，并为企业提供决策、计划、控制与经营业绩评估的全方位和系统化的管理平台。现在许多公司都在用各式各样的 ERP 系统，例如国内所熟知的金蝶，用友，全球主要的 ERP 厂商有：

（1）SAP。

SAP 创立于 1972 年的德国，是全球商业软件市场的领导厂商。SAP 既是公司名称，又是其产品——企业管理解决方案的软件名称。在全球 120 多个国家拥有 105000 个企业客户，财富 500 强 80% 以上的企业都正在从 SAP 的管理方案中获益。并在包括欧洲、美洲、中东及亚太地区的 50 个国家雇佣 47578 名员工。2009 年销售额 153 亿美金。SAP 的核心业务是销售其研发的商业软件解决方案及其服务的用户许可证。SAP 解决方案包括标准商业软件及技术以及行业特定应用，主要用途是帮助企业建立或改进业务流程，使之更为高效灵活，并不断为该企业产生新的价值。

SAP 主要产品线为：

1）MySAP（也就是 SAP R3）：基本适用于大公司（诸如世界 500 强），最新版本是 SAP ECC 6.0。

2）SAP Business All-in-one：中型公司（这是 SAP 的定义，但是对于国内来说，也都是大企业）。

3）SAP Business One：中小企业，国内很多公司都在使用，且价格不菲。

（2）Oracle。

Oracle 是世界领先的信息管理软件开发商，因其复杂的关系数据库产品而闻名。Oracle 数据库产品为财富排行榜上的前 1000 家公司采用，许多大型网站也选用了 Oracle 系统。

Oracle 公司是信息管理软件及服务供应商，成立于 1977 年，总部位于美国加州 Redwood shore。2009 财年（2009 年 6 月到 2010 年 5 月）营业额达 268 亿美元（集团业务收入，不单指 ERP 业务收入），位列《财富 500 强》366 位。Oracle 公司现有员工超过 105000 人，服务遍及全球 145 个国家。

早在 1976 年，IBM 研究人员发表了关系数据库理论和查询语言 SQL，并且敏锐地发现了当中的巨大商业价值，1985 年发布了关系数据库 DB2。

在ERP领域，Oracle是SAP最大的竞争对手，Oracle现在正在应用软件领域奋起直追，甚至于在某些方面，已经赶超了老对手，Oracle与SAP的复杂关系也为人津津乐道。Oracle不断并购许多IT公司，近两年，收购了57家公司。收购了原全球顶尖ERP厂商PeopleSoft（仁科）和JDE，许多世界500强企业都使用其系统。而Oracle在2009年并购了Sun更是震撼了IT界，它标志着Oracle从软件业将触角延伸到了硬件领域，要挑战IBM，惠普的地位。

Oracle的主要产品线为：Oracle E-Business Suite，PeopleSoft Enterprise，Siebel，JD Edwards EnterpriseOne，JD Edwards World。

（3）Infor。

Infor是全球第三大企业管理软件供应商。曾经的SSA、MAPICS、SYMIX、BAAN、LILLY、四班等管理软件领域大名鼎鼎的厂商，现在已经全部归到Infor旗下。

通过收购和改进，提供成熟、功能丰富的软件，并使其更出色。致力于产品创新和增强，努力简化并缩短实施时间，全球化的软件、服务和支持，并提供灵活的采购选择。

Infor致力于为全球范围内的各种类型企业提供业务专用软件。依托于内建经验，其解决方案使企业更加努力进取并能快速适应全球市场的变化。

拥有超过70000家的客户，Infor正在成为企业所期望的努力进取的软件供应商。Infor作为一个有本地经验的公司为客户提供收益。拥有8000名员工，70000家客户，108间直接办公室，在全球100个国家开展业务，2009年销售额20亿美金。

Infor在大中国区拥有北京、上海、广州、中国香港和澳门五个办公室，员工超过400人。在上海设有产品研发中心，120多名工程师作为全球研发队伍的一部分参与产品的开发设计。并在上海、广州、中国香港设有客户支持服务中心，为大中华区2000多家客户提供即时便捷的支持服务。

典型客户：中兴汽车、小松机械、慧聪网、51job、云天化、神华集团、深圳地铁、重庆轻轨、洋山深水港、大唐电力等。

Infor成立时间最晚，但是通过一系列并购，后来居上，在中小企业领域，依仗着产品线多，选择面广，也是做的风生水起。主要的产品就是原先并购的一系列厂商的产品，只不过前面都改成infor xx了；例如Mapics的ERPMapics XA，变成了Infor XA了。其主要产品线为：Infor ERP LN，Infor MAPICS XA（由IBM1977研发产品），IBaan，BPCS，Infor ERP LN，Infor ERP LX。

（4）Sage。

赛捷与Infor都自称为全球第三大管理软件厂商，但是以销售额来看算是互有胜负了。Sage（赛捷）是全球第三大管理软件厂商。Sage成立于1981年，于1989年在伦敦股票交易所上市，公司目前在全球拥有超过13000名员工，拥有超过2万家专注于各行业解决方案的合作伙伴，拥有超过520万家企业用户。

Sage集团2009年销售收入超过22.7亿美金。Sage在保加利亚、加拿大、中国、以色列、印度和美国设有7个Sage研究院，负责Sage产品的研究与开发。Sage集团是世界上最大的会计核算，薪资软件和服务供应商之一，成立于1981年，超过600多万个企业客户，主要是小型和中型客户。集团还提供账单，商业智能，联系人管理，电子商务，客户关系管理（CRM），财务规划软件应用，以及人力资源（HR）管理。Sage还提供了如咨询、维护、支持和培训服务，品种繁多。Sage 主要 ERP 产品为：Sage Accpac、Sage ERP X3。

(5) Microsoft（微软）。

微软，如雷贯耳。作为全球最大软件公司，其产品无处不在，微软在 ERP 领域也占有一席之地，微软的 ERP 产品为 Dynamics，旗下有两个主要品牌：Navision 和 Axapta。微软 Dynamics 提供小型和中型企业的企业软件应用广泛。提供诸如企业资源规划，客户关系管理，供应链管理，还为特定行业量身定制。

虽然没有一个微软 ERP 销售额的信息，但是大致来说，微软的两款 ERP 主打产品，以灵活、易用为特性，拥有一定的市场。

(6) Lawson Software（罗盛）。

罗盛软件成立于 1975 年，总部设于美国明尼苏达州圣保罗，在全球设有 40 多个分支机构，现有员工 3900 人；2006 年，Lawson 与 Intentia 合并组成新 Lawson 公司。如今，为全球 40 多个国家的制造、分销和服务行业中的 4000 多个客户提供软件系统和实施服务。2009 年销售额为 7.36 亿美元。

该公司主要为卫生保健，专业服务，零售，公共部门，电信和其他行业提供管理软件。它的应用程序处理分销，采购，人力资源，客户服务，专业服务自动化，会计等任务。还提供咨询、实施和维护服务。

(7) Unit 4 Agresso。

Unit 4 Agresso 的总部在荷兰。全球雇员为 3456 人，2009 年销售额为 5.44 亿美元。该公司主要提供套装软件解决方案，以及设计和安装网络与计算机安全解决方案。Unit 4 Agresso 公司通过各地子公司在欧洲、北美和亚洲开展业务。是比荷卢经济联盟中的活跃分子，拥有分销、保健和工业等多个领域的将近 40000 名客户。该公司为数据管理（分类、详细目录）、财务管理和客户关系管理（如 Omnivers range）和账户管理提供软件包。Unit 4 Agresso 是欧洲著名的 ERP 厂商，主要是欧洲基地，公司生产和销售业务软件，并提供客户在教育，金融服务，政府，零售等领域的网络安全和网络咨询服务。还提供了网络安全销售第三方安全软件和提供相关服务系统。

(8) Epicor（恩柏科）。

Epicor 是全球领先的企业软件解决方案提供商，专为终端市场和全球 1000 强企业提供集成的企业资源规划（ERP）、客户关系管理（CRM）、供应链管理（SCM）以及专业服务自动化（PSA）等解决方案。

公司成立于 1984 年，2006 年被著名的《财富》杂志评为“100 家增长最快的公司”之一。Epicor 以多达 30 多种语言版本的软件产品为遍布全球 140 多个国家（地区）的 20000 多家客户提供服务。Epicor 通过运用面向服务架构（SOA）和 Web services 等创新技术为制造业、配送业、零售业和服务行业提供端到端完整的行业解决方案，协助客户提高企业绩效、获得竞争优势。

Epicor 解决方案的可升级性和灵活性满足了当今商业挑战的需求，同时也使企业得以获取更大的成功。Epicor 解决方案提供了全面的服务，并且为提高投资回报和降低总体拥有成本提供了单点责任制及一系列服务。公司全球总部位于加利福尼亚州的欧文市，其办事处和分公司遍布全球。2009 年全球雇员 2539 人，销售额为 4.1 亿美元。

（9）Industrial and Financial Systems（IFS）。

IFS 是一家瑞典公司，提供基于组件的扩展 ERP 套件。其主要产品是 IFS 系统，在瑞典的基础上，保持在斯里兰卡，波兰开发中心，世界各地有 50 个办事处，2000 名客户的客户群。2010 年全球雇员 2700 人，销售额 3.62 亿美元。

该公司提供的企业资源规划（ERP）软件主要服务于中型公司，提供资产和产品生命周期管理应用。IFS 的客户群体主要为航空航天，汽车，建筑，国防，制造业，零售，公用事业和电信等行业及其他特定行业的组成部分。主要客户有：芬兰航空，天堂山酒厂，洛克希德马丁公司，英国海军。

（10）Comarch。

Comarch 是一个国际软件公司和系统集成商，总部在波兰的克拉科夫。提供诸如电信，金融，服务业和公共管理领域的服务，包括计费，企业资源规划（ERP）系统，IT 安全，IT 架构，管理和外包解决方案，客户关系管理（CRM）和销售支持，电子通讯和商业情报。

雅努什斯坦 Filipiak 教授于 1993 年创建了 Comarch 公司，如今，集团拥有近 3260 名员工，2009 年销售额为 2.4 亿美元。Comarch 是一家上市公司，在华沙证券交易所主板市场上市。也是 Cracovia（足球俱乐部）的主赞助商。

（11）Exact（易科）。

Exact，1984 年在荷兰戴夫特成立，如今已经成长为一家全球性的企业管理解决方案供应商。Exact Software 是一家著名的 ERP（企业资源管理）、财务、HRM（人力资源管理）、CRM（客户关系管理）以及电子商务软件解决方案的领导开发商。产品为所有业务处理提供详细的功能并且支持快速的实施，并由全球 60 多家分公司以及众多合作伙伴为 Exact 客户提供支持。自 1984 年建立以来，Exact 已有 2300 多名员工，2009 年全球销售额 2.36 亿美元。提供包括客户关系管理（CRM），企业资源规划（ERP），人力资源管理的各种应用。

这些应用帮助企业跟踪客户的活动，协调自己的业务功能。主要目标客户为中小型企业。

易科软件中国（Exact Software China）是 Exact Holding B. V. 的全资子公司，1998 年进入中国，为中国市场提供专业的 ERP 以及协同商务软件方案的销售、市场推广以及技术支持。在中国的十多年时间中，Exact 保持了飞速的扩张，业务遍布中国各主要城市。

（12）国内主要的 ERP 软件，如表 6-2 所示。

表 6-2 国内主要的 ERP 软件

管理软件公司	主要产品
北京开思软件公司	开思 ERP
北京利玛信息公司	CAPMS
上海启明软件公司	MAS
北京金航联公司	AEPCS
北京用友软件公司	UPERP-G/M/S
深圳金蝶软件公司	K/S ERP

思 考 题

1. ERP 的含义是什么，它与 MRPII 有什么关系？
2. 简述 SAP 的定义、主要功能及特点。
3. ERP 的生产厂商主要有哪些？
4. 交通行业管理系统在管理上主要有哪些需求？
5. 简述交通行业管理系统的主要子系统及相应的功能。
6. 请画出交通行业管理系统的总体框架图。
7. 简述电子政务系统的定义、功能及特点。
8. 简述电子政务建设的基本模式。
9. 简述物流信息的分类。
10. 简述物流行业管理系统的主要功能及特点。

第 3 部分

管理信息系统的开发方法

7　管理信息系统的规划与调研

“凡事预则立，不预则废”，科学的规划对信息系统建设非常重要。调查结果表明，信息系统的失败差不多有70%是由规划不当造成的。缺少信息系统规划，企业将面临很多问题：信息系统建设没有方向和目标；企业战略和关键业务得不到支持；信息孤岛与重复建设屡见不鲜；技术风险和投资风险难以控制，有限的资源不能用在刀刃上；IT利器变成企业的包袱。信息系统的规划及调研的几个主要任务：

（1）信息系统的目标、约束及总体结构。其中，目标确定了信息系统应实现的功能；约束包括信息系统实现的环境、条件（如管理的规章制度、人力、物力等）；总体结构指明了信息的主要类型和主要的子系统。

（2）单位（企业、部门）的现状。这包括计算机软件及硬件情况、产业人员的配备情况及开发费用的投入情况等。

（3）业务流程的现状、存在的问题和流程在新技术条件下的重组。企业流程重组实际上是根据信息技术的特点，对手工方式下形成的业务流程进行根本性的再思考、再设计。

（4）对影响规划的信息技术发展的预测。这里涉及的信息技术主要包括计算机硬件技术、网络技术及数据处理技术等。规划中合理地采用新技术，有可能使开发出的信息系统更具生命力。

（5）近期计划。在战略规划中，应对即将到来的一段时间（比如一年）作出相当具体的安排，主要包括硬件设备的采购时间表、应用项目开发时间表、软件维护与转换工作时间表、人力资源的需求以及人员培训时间安排、财务资金需求等。

系统规划与调研是管理信息系统生命周期的第一个阶段，这一阶段的主要目标是制定系统的长期发展方案，决定系统在整个生命周期内的发展方向、规模和发展进程。这一阶段对MIS系统的成败，对整个组织信息化的进展具有重要意义。本章要求理解系统规划的目标、任务、主要工作内容、工作特点和关键问题，掌握战略集合转移法的基本思路与步骤，掌握关键成功因素法的基本概念和方法，重点掌握企业系统规划（BSP）法的基本概念、主要方法与步骤，了解资源分配的工作内容和有关方法。熟悉信息系统基本的开发方法。

7.1 信息系统的开发方式选择

在管理信息系统开发过程中，采用何种开发方式与策略，是一个信息系统建设能否成功的关键。成功开发一个管理信息系统必须具有正确的指导思想，必要的开发条件保证，科学的组织管理，合理选择开发方式与策略。

管理信息系统的开发方式主要有自行开发方式（也称独立开发方式）、委托开发方式、合作开发方式、外购商品化软件方式等四种。这四种开发方式各有优点和不足，需要根据使用单位的技术力量、资金情况、外部环境等各种因素进行综合考虑。但不论哪种开发方式都需要有单位的领导和业务人员参加，并在管理信息系统的整个开发过程中培养、锻炼、壮大该系统的维护队伍。

7.1.1 信息系统自主开发

企业或单位完全以自己的力量进行自主开发。自行开发适合于自身拥有较强的管理信息系统分析与设计人才、程序设计人才、系统维护和使用人才的组织和单位，如大学、研究所、计算机公司、高科技公司等单位。独立开发的优点是开发费用少，开发后的系统能够适应本单位的需求且满意度较高，系统维护工作很方便。缺点是由于不是专业开发队伍，容易受业务工作的限制，系统优化不够，开发水平较低，且由于开发人员是临时从所属各单位抽调出来进行管理信息系统的开发工作，这些人员在其原部门还有工作，所以精力有限，容易造成系统开发时间长，开发人员调动后，系统维护工作没有保证的情况。因此，一方面需要加强领导，实行“一把手”原则，另一方面可向专业开发人士或公司进行咨询，或聘请他们作为开发顾问。

自主开发是指由企业内部的信息技术人员参与开发系统。由于内部人员熟悉企业的业务流程，能够较精确的把握企业的需求，所以能够开发出满意度较高的信息系统。但是，由于开发人员的专业性不强，没有接受过专业化的工程训练，开发的系统可能不够优化。有较强的系统分析与设计队伍的企业建议采用自主开发。

自主开发的优点：开发费用低，系统能够较好的适应企业的实际需求，用户满意度较高，系统上线培训及维护方便。不足在于：开发队伍专业性不够，系统优化不足，整个开发的周期较长，队伍的人员调动影响到系统的上线及维护。

7.1.1.1 方法优点

（1）多方组成的软件开发人员参与业务流程优化与重组，有利于业务流程优化与重组具体软件实现。

（2）从企业最需要信息化的环节出发，可以只进行必要功能模块的开发，使新系统更有针对性。

（3）充分考虑优化后业务流程的需求，更加切合企业发展需要。

（4）企业内部IT人员参与新系统开发的全过程，所以一旦系统出现问题或需改进，企业内部人员能够进行快速地自我支持与维护。

（5）如果购买商业软件，则每年支付给软件公司的维护费用一般为软件购置费用的15%。如果采用定制开发，则将减少年维护费用的投入。

（6）企业IT部门锻炼了一支队伍，人员素质在计算机应用、管理水平、团队协作等方面都有较大的提升。

7.1.1.2 缺点及存在的风险

（1）不能得到领导层的全力支持。一般信息系统的建设是“一把手”工程，领导层的全力支持是必不可少的。由于项目周期有相当一段时间用于软件开发，企业不能在短时间内看到明显的效益和回报，所以，领导层可能会在中途对自行参与开发的方案产生怀疑，在资金、人力的持续投入方面力度不足。因此，必须尽一切可能得到领导层的关心和支持，才能使项目得以顺利进行下去。

规避途径：

1）一定不能忽视对领导层的管理培训，使领导层了解ERP的管理理念、应用步骤与效益风险关系，促使领导层对ERP整体实现方案的系统性、条理性和规范性产生持续的理解与信任。

2）仔细考虑各级项目组的人选，确定后在整个项目期间不易变动。

3）认真落实例会制度和文档整理工作，项目核心小组组长定期或不定期，口头或书面向领导层汇报项目情况。

4）在考虑解决方案时要兼顾信息共享和数据的安全保密性，保证领导层及时准确地得到所需要的数据，使领导层切身感受到新系统带来的改进，同时兼顾企业业务活动的相对独立性。

（2）最终用户不能做到积极参与。最终用户的积极参与是项目成功的重要条件，因为他们是项目的使用者和受益者。但是在整个项目过程中，他们面临业务流程改变、新老系统并行、业务技能更新、工作量和工作压力增加等挑战，而且项目的周期较长，所以保证最终用户的解决参与就显得尤为重要。如果对这个问题重视不够，将导致项目面临较大风险。

规避途径：积极引导和帮助他们克服暂时的困难，看到新系统将给他们带来的好处。

1）通过企业宣传栏、内部报刊、各种会议等方式，大力宣传实施本项目给企业带来的好处。

2）选择适当的面向最终用户的培训以增强信心。

3）鼓励最终用户对项目的关心和参与，在讨论各种业务解决方案时注意征求最终用户的需求和看法。

4）在大量整理和录入校对财务数据时，适当增加临时人员帮助工作。

5）制定奖罚措施，包括竞争上岗，培训证书，荣誉和奖金等。例如，实行过限期通过新系统上岗培训和考试，否则下岗的措施，可以大大促进职工学习进修的积极性。

（3）项目开发人员协调不善，开发进程受挫，甚至导致项目流产。由于软件的开发班子一般由多方组成，在技术风格、进度协调方面可能产生很多问题，处理不当的话，会使开发过程一拖再拖，屡次挫伤开发人员和用户的积极性，甚至会导致项目不了了之，以失败告终。

规避途径：

1）对于来自多方的软件开发队伍，需设立一位总协调人，熟悉软件开发的整个流程，对多方开发人员的工作风格均有一定了解，有突出的组织能力、协调能力和应变能力。

2）软件开发的每个阶段都须建立规范的文档，明确技术标准及各方权利义务关系。规范一经各方确认，则对各方均产生严格的约束力。

(4) 项目组人员变更影响到项目进度。由于项目实施周期较长，项目组人员变更的可能性较大。应防止人员变更对项目实施产生影响。

规避途径：

1）所有项目组人员做的工作都应有相应的文档记录；经某方确认的文档应交由专人保管，包括纸张和电子介质。

2）所有的需求，承诺和解决方案等均以书面签字为准。不得随便更改其中的内容，除非通过同样的审批程序进行。这样新的实施人员可以通过阅读上述文档，很快进入工作状态。对前任工作成果的修改控制可避免一些不必要的返工。

3）企业内部人员在参加过ERP项目开发与实施后，素质与技能提高，人员流动可能性加大。因此应与参加项目的企业内部人员签订某种协议，减少这种流动对企业造成的损害。

[案例7-1]　湖南省友谊阿波罗集团信息化

1. 系统需求

湖南友谊阿波罗股份有限公司（以下简称友阿集团）是一家以商业为主、兼营工业、食品制造与销售、外贸进出口等于一体的大型企业集团。友阿集团目前下属分公司有百货公司、超市、食品生产公司、高科技公司，以及娱乐、进出口等其他行业的分公司，年销售20亿以上。

为加强对各分公司的集成管理和提高经营管理水平，友阿集团决定推行连锁经营信息化技术改造项目，其总体目标是：

(1) 以财务管理为中心，集中全公司的财务管理权限，实现全公司范围内资金管理和财务核算的统一。

(2) 以专业大连锁为目标，对经营公司和经营部的运作方式进行改造，实现分公司范围内统一进货、统一配送和统一结算，使经营分公司成为一个具有生机和活力的经营实体。

(3) 在集团公司范围内统一管理供货商、商品的代码及属性，统一商品的价格管理体系，规范业务管理和财务管理的流程和单据，减少一切不必要的利润流失。

(4) 用计算机代替繁琐的手工重复劳动，减少有关管理人员的劳动强度，让管理人员有更多的时间从事高一层的管理和分析工作。

(5) 在收集、存储、加工处理大数据的基础上，统一指导商品的购、销、存，集团加强对业务环节和财务核算的监控，加速资金周转，提高经济效益。

(6) 加快信息处理速度，提高数据的可靠性和准确性，将卖场的实时销售情况及其他有关数据加以处理、统计，将结果及时提供给决策者。

(7) 通过系统建设实现业务管理的规范化和现代化，减少和避免主观臆断。

2. 开发方式选择及实现

由于友阿集团下属的高科技公司——湖南科技发展有限公司，是以商业为主，涉及多行业解决方案，并兼顾电子商务、系统集成、硬件生产为一体的高科技公司，具有网上购物、供应链管理系统、客户关系管理系统、集团办公自动化、商业智能分析等应用软件系统的开发能力。因此友阿集团的连锁经营信息化改造项目交由分公司负责。

该分公司遵循标准的软件开发方法和流程，在系统开发前进行了一系列的需求分析和设计工作，包括：

（1）详细分析项目的建设原则，重点考察项目对安全性、稳定性、兼容性、网络功能的需求，得出相应的结论是：系统应采用程序级、模块级、操作级的多级权限管理技术，系统正式使用前需要进行大量的测试工作，系统需要支持在普通台式机、工作站、服务器、小型机、多种POS机、条码设备、电子秤等硬件上的运行，需要提供单店和网络连锁两种版本的系统并能便捷的实现版本转移。

（2）详细分析了项目的用户需求，并将需求分为作业层、管理层和决策层，进一步明确系统的功能，在此基础上制定项目的原则是：为顾客、供应商和本公司提供一个信息交互平台，为业务人员提供一个业务处理平台，为管理者提供一个控制平台，为决策者提供一个决策支持平台，为系统维护者提供一个系统运行维护平台。

（3）确定项目的技术基础，包括需要遵循的技术规范和标准，选择XML技术、基于Web的浏览器/服务器技术为系统的主要技术，参考ERP、SCM、CRM、BI等管理理念和系统设计经验，明确系统的总体设计和技术路线。

在此基础上，建成了一个基于Internet的有机整合系统，以ERP建设为核心，并引进国际物流管理技术，通过总部集中监控，整合了数据分析、客户关系管理、供应链管理和商务智能的功能。

该系统在友阿集团应用后，带来了明显的经济效益，有效地压缩了库存、优化了资金营运、节省人力支出10%、毛利润提高了3%，并提高了管理信息的时效性和可靠性，促进了企业管理水平的提高。

3. 评价

友阿集团作为一个经营多个领域的大型企业集团，下辖专门提供商业解决方案的高科技分公司，具有自主开发的实力。选择自主开发的方式既能满足集团信息化的需求，也能为分公司提供业务，具有明显的经济优势。

此外，由于承担开发任务的是具有软件从业资格和经验的分公司，能提供符合软件行业标准的软件和服务。虽然在技术先进性方面不一定比得上外购成熟的软件或者外包给资深的厂商，但还是能达到预期的系统需求。选择自主开发算不上最优的选择，但也算是令人满意的选择，而综合考虑经济因素和沟通因素后，对于有实力的企业而言往往又成为优先选择。

7.1.2 信息系统开发外包

开发外包是指企业聘请专业的开发公司为企业建设信息化项目，但是开发过程中，需要企业业务骨干参与系统的调研、分析、论证工作。开发外包的一个关键性问题是解决技术人员与企业业务人员的合作问题。开发队伍技术力量薄弱，但资金较充足的企业建议将信息化项目做开发外包。开发外包是一个长期的项目合同，有些外包需要其负责系统的日常管理和维护。信息系统的开发外包有：委托开发、合作开发、外购商品化软件。

（1）委托开发。企业或单位将开发项目完全委托给一个开发单位，系统开发完成后再交付企业或单位使用。委托开发方式适合于使用单位无管理信息系统分析、设计及软件开发人员或开发队伍力量较弱，但资金较为充足的单位。双方应签订管理信息系统开发项目协议，明确新系统的目标和功能、开发时间与费用、系统标准与验收方式、人员培训等内容。委托开发方式的优点是省时、省事，开发的系统技术水平较高。缺点是费用高、系统维护需要开发单位的长期支持。此种开发方式需要使用单位的业务骨干参与系统的论证工作，开发过程中需要开发单位和使用单位双方及时沟通，进行协调和检查。

（2）合作开发。企业与外部开发单位进行合作，双方共同完成管理信息系统的开发任务。合作开发方式适合于有一定管理信息系统分析、设计及软件开发人员，但开发队伍力量较弱，希望通过管理信息系统的开发建立完善和提高自己的技术队伍，便于系统维护工作的单位。双方共享开发成果，实际上是一种半委托性质的开发工作。合作开发的主要问题是企业如何选择合适的开发伙伴，它应该是技术实力雄厚，有类似项目的开发经历，熟悉行业的特点，一般多为大专院校和科研院所，也可以通过招标的方式选择最佳开发伙伴。该方式的优点是节约了资金，并可以培养、增强使用单位的技术力量，便于系统维护工作，系统技术水平较高。缺点是双方在合作中沟通易出现问题，需要双方及时达成共识。

（3）外购商品化软件。目前，软件的开发正在向专业化方向发展。一批专门从事管理信息系统开发的公司已经开发出一批使用方便、功能强大的专项业务管理信息系统软件。为了避免重复劳动，提高系统开发的经济效益，也可以购买管理信息系统的成套软件或开发平台，如财务管理系统、小型企业管理信息系统、供销存管理信息系统等。此方式的优点是节省时间和费用、技术水平较高。缺点是通用软件的专用性较差，需要根据用户的具体要求对软件进行改善，必要时需要在原有软件平台上进行二次开发以满足实际需要。

如果选择系统开发外包，则需要与承包商签订项目开发的合同。其中要说明系统的职能。另外，还要给出整个系统开发项目的截止时间。之后就可以组建该项目的领导小组。领导小组应由企业领导人、业务主管及技术人员组成。首先要任命组长和系统分析员。

开发小组组长是系统建设的关键因素，应由高层管理部门选定。组长除了应具备相关的知识和组织能力外，还应该有宽阔的眼界并对企业有全面的了解，掌握有关企业各部门间相互关系的第一手材料，并且知道通过什么途径可以得到关于企业运转的详细材料。这样才能提供工作效率和研制速度，减少熟悉业务的时间。

系统分析员是高层次的系统开发人员，他们在企业领导人和研制组的支持下，负责对企业现状进行调查分析，最后提出新的企业信息系统模型，供企业领导人选择和认定。一般由企业内高层管理人员，精通业务的专业单位的相关技术人员组成。

在开发小组确定之后，即可以在开发小组组长的监督下，由系统分析员带领员工做企业的需求分析（见表7-1）。

表7-1 系统开发分析

系统开发方式	对本企业开发能力的要求	系统维护的难易	开发费用（或购置费用）		说　明
			用于企业内部	用于企业外部	
自行开发	非常需要	容易	大	小	开发时间较长，但可得到适合本单位的满意系统，并培养了自己的系统开发人员

续表 7-1

系统开发方式	对本企业开发能力的要求	系统维护的难易	开发费用（或购置费用）		说　明
			用于企业内部	用于企业外部	
委托开发	不太需要	相当困难	小	大	最省事、开发费用最多，必须配备精通业务的人员参加，并经常进行检查、监督和协调
合作开发	需要	比较容易	中等	中等	较理想的方式。但必须注意搞好双方关系，大家都建立在真诚合作的基础上
购（租）用软件包	不太需要	困难	小	小	要有鉴别软件包功能与适应条件的能力，即使完全适合本单位的情况，仍需编制一定的接口软件

7.1.3 开发外包方法优劣

开发外包的优点：省时省力，开发的系统技术水平较高；不足在于：费用高，维护困难，系统维护需要外包商的长期支持。在整个系统开发过程中，不建议全部委托外包，尽量有公司的技术人员及业务能力较强的人参与到系统的开发，这样在系统成型，系统上线前培训及降低系统维护等方面都是很有帮助的。

7.1.3.1 外包方法优点

（1）外包及成熟软件往往本身蕴涵了许多管理的先进思想和手段，为企业流程优化与重组提供了可借鉴的“参考模型”，能够较显著地提高流程优化与重组的效率。

（2）外包及成熟软件一般具有全面集成性、技术稳定性、功能灵活性，系统开放性较强，为企业的不断发展与改变留有较大的空间。

（3）外包及成熟软件一般比较重视售后服务，在问题响应等方面比较规范。

（4）外包及成熟软件公司在升级维护方面的支持比较及时，有利于企业信息系统的更新。

（5）软件厂商的咨询合作伙伴较多，有助于企业找到合适的管理咨询伙伴。

（6）外包及成熟软件开发公司的发展较稳健，对选用其产品的企业来讲，是比较理想的长期合作伙伴。

7.1.3.2 缺点及存在的风险

（1）企业的管理基础水平不能适应软件的需要。任何一种成熟商品化软件都不是随用随灵的“万能药”，项目的实施成功是需要条件的。从基础数据的准确与完备、各部门的协同默契程度，到业务人员、IT 人员的素质水平，都会对项目的应用效果产生影响。特别是国外商品软件如 ERP 的管理起点较高，设计比较复杂，这就对企业的管理基础水平提出了更高的要求。

规避途径：

1）企业应清醒地认识到，IT 建设是一个长期的工程，将伴随企业未来发展的全过程。在这个长期的过程中，企业要下力气练好“内功”，在适当的时机选择与企业管理水平相配套的产品。

2）那种不从企业实际出发，认为信息化项目就要“一步到位”、“反正是50步与100步的问题”的想法是欠考虑的。随着IT技术的不断出新以及管理技术的持续演进，企业应有心理准备，即企业的信息化系统也必然会进行相应的“新陈代谢”。

（2）用户化与二次开发的工作量太大，延误项目进程。企业要把一个通用型的商品化软件用到位，或多或少地会进行一些用户化甚至二次开发的工作。如果用户化或二次开发的工作一直不能结束，必将延误项目进程，导致软件开发公司与企业之间的相互抱怨，甚至造成合作破裂。

规避途径：

1）企业一味地适应软件，或者软件一味地迁就企业，都是“短视”的做法。企业应该在业务流程优化与重组的基础上，利用软件手段把经过优化的流程确定下来，成为企业各部门自然而然遵守的工作处理规程与方法。

2）寻求企业现状与成熟商品软件通用模式之间的“平衡点”是一个难度较高的工作，由于切身利益的关系，由企业或软件开发商来决定是否应该进行这样那样的用户化与二次开发的工作都是难有说服力的。应寻找既熟悉企业管理办法，又得到相应项目软件设计思想的咨询公司的支持，避免企业陷入把软件“改了又改”甚至“改坏改死”的泥潭。

[案例7-2] 河南移动客户管理系统建设

1. 系统需求

河南移动通信有限责任公司（以下简称河南移动）成立于1999年8月16日，是中国移动（中国香港）有限公司（以下简称移动集团）的全资子公司。

随着移动通信市场竞争的日趋激烈，在移动集团“以客户为中心”的方针下，建立客户管理系统成为河南移动高度重视的战略任务。河南移动的客户管理系统除了要求一般的客户服务管理系统功能外，特别要求实现向大客户提供“优质、优先、优惠”、差异化、个性化的服务，加强对大客户服务的规范管理，提高大客户服务方面的业务支撑能力。与此同时河南移动对项目的建设周期有很紧迫的要求，建设周期仅为3个月。

2. 开发方式选择及实现

由于河南移动的客户管理系统建设周期短，不适合进行没有基础的全新开发。同时，项目在一般的客户管理需求之外，需要实现个性化的大客户管理需求，超过了标准客户管理软件的功能，也不能直接外购软件加以实施。

河南移动最终选择了外包的形式，将该项目承包给神州数码软件有限公司（以下简称神州数码），将开发难题转移给神州数码。神州数码凭借自身的从业经验，综合考虑该项目对功能、技术和开发效率的要求，决定选择一个能快速搭建、扩充性好的商品软件为基础，对其进行二次开发来满足河南移动通用性、个性化和时效性的要求。

神州数码选择了基于控件的软件应用平台普元EOS，它在J2EE服务器平台之上，以构件组装的方式取代以往的代码编程的开发方式，在系统的性能、灵活性和开发效率方面都有显著提升。在EOS平台上，河南移动的客户管理系统不再是一个由代码组成的庞然大物，而成为由构件包组装成的一个清晰的逻辑体系，任何因需求变化而引起的应用功能的变化也能迅速得以实现。这为在短期内迅速完成项目目标提供了保障。

神州数码从2003年10月开始进行EOS产品开发的培训，于2003年12月上旬完成系统并进行割接，于2004年2月在河南省17个地市推广，很好地实现了河南移动的系统建设目标。就在2004年5月16日，河南移动的用户数量突破1000万，成为中西部地区第一个移动用户超千万的省份。

3. 评价

本案例中河南移动对项目建设周期有紧迫的要求，没有充足的时间，也不具备以往信息化的经验来进行开发方式的选择，在这种情况下，将开发项目连同开发方式的选择一起外包给具有丰富经验和良好信誉的承包商，就是一个理想的选择，巧妙的借人所长来弥补企业技术方面的不足，有力地保证了开发目标和开发周期的实现。

作为河南移动项目的承包商，神州数码也做出了理想的开发式选择。神州数码凭借自己对技术领域的熟悉和技术开发能力，放弃了基于代码的自主开发方式，而选择基于控件的二次开发方式，充分体现了专业水准，保证了开发速度和效果，赢得了河南移动的信任。

可见，对于开发任务紧、需求涉及面不广（如本案例仅涉及客户管理）、企业缺少开发经验的情况，外包对企业而言是一种省心省力的选择，它能绕过企业在技术、开发方式选择和软件产品选择方面知识的不足，充分利用承包商的经验和技术，达到企业预期的开发目标。

7.2 建设信息系统的模式

7.2.1 企业-行业互动模式

企业信息化建设与该企业所在的行业信息化之间存在互相约束和促进的互动关系，将企业信息化与行业信息化之间相互影响而出现的中小企业信息化的建设模式称为企业-行业互动式。

我国比较密集的企业信息化行业有精密机械制造、金融服务、汽车制造、飞机制造、家电制造、纺织服装、石油钢铁以及航空铁路运输业等。其中，精密机械制造、金融服务、家电制造业的企业信息化最为密集。在这些企业中除了大型企业外，中小企业个数也占主体。

行业内领头羊企业建设信息系统一般会带来示范效应，也会给其他企业，尤其是中小企业带来危机。此时，同行业的其他企业就会主动的学习和模仿。另一方面，同行业内部两个或者更多的竞争性企业更容易受企业之间的决策影响，一旦竞争对手实施信息化系统工程，那么个别企业会在这种环境的压力下，利用行业提供的信息化基础设施和一些先进案例，来加强自身的信息化建设。

在宏观环境良好的行业信息化中，行业协会也会组织一些部门来研究制定信息化标准，为本行业企业的信息化提供可行的方案。我国家电行业就是一个很好的例证。

7.2.2 挑战-反应模式

挑战-反应模式又称为“竞争-反应模式”，美国桑塔费研究所创造的概念称之为“复杂适应模式”。它是企业为了面对现实的挑战或未来的挑战而采取的积极措施。在企业选择各种对策措施中，信息化建设是首选方案。面对未来的挑战，企业应未雨绸缪，将其自身作为挑战对象。假定企业不进行信息化建设，则企业在未来的竞争中处于不利地位，所以为了适应这种挑战，企业主动反应，积极投资进行信息化建设。所以，如果说企业-行业互动模式适应一般企业的信息化建设的话，那么挑战-反应模式更适合应用于行业中领头羊企业的信息化建设。

北京第一机床厂的信息化建设就采用这种模式。1989 年，北京第一机床厂在参加铁道部轨道岔铣国际招标中，五坐标数控铣床性能价格比优于国外同类产品，但由于产品交货周期需要 22 个月，比日本企业多五个月而失败，1000 多万元的项目被日本企业获得，产品开发周期长，使得企业损失国际竞争力的教训，构成该企业启动计算机集成制造 CIMS（Computer Integrated Manufacturing System）的动力。1991 年，北京第一机床厂的 CIMS 系统投入使用，取得很好的收益。

挑战-反应模式和企业-行业互动模式的区别在于：挑战-反应模式的动因主要来自企业内在感受到的市场竞争压力，以及信息技术在企业中的扩散和渗透的外在推动力；企业-行业互动模式的动因既有来自企业外部环境的影响或压力，也有来自行业内企业间主动的相互模仿和学习。在实际问题中，企业信息化的建设往往二者混合使用。

7.2.3 雁行模式

由于企业信息化的时间和起点不同，行业内部的不同企业之间形成技术和管理水平的差距系列，犹如大雁飞行状发展。称这种中小企业信息化模式为雁行模式。

由于信息技术发展太快，信息化项目成功率不高，这就使得信息化项目的风险大，从而大多数中小企业都愿意“跟跑”，不愿意“领跑”，具体表现为在同行业竞争对手或合作伙伴之间实施信息化建设后，吸取经验和教训，再建设自己的信息化项目。雁行模式可以分为企业间的雁行模式、企业内的雁行模式、行业间雁行模式和地区内雁行模式四种。对于企业间雁行模式，领先企业构成后进企业模仿和学习的基础。在实际实施信息化建设中，通常采取信息化示范工程来使用这种企业间雁行模式。

雁行模式有利于完善政府扶持基金的造血功能，由于政府对基金的管理还难以完全的监督其使用比例和投资效果，通过下游企业的同步信息化工程可以监督上游企业的资金投入细节，可以共同协调该产业链的所有企业的信息化工程建设，为企业信息化投资节约资金。如国家信息化工作领导小组就在全国范围内，建立成功实施企业信息化建设的企业案例库。

我国 1989 年开始实施 CIMS 示范工程，截至 1998 年初列入 CIMS 计划的应用示范工程的企业有 67 家，到 2000 年达到 200 家。与此同时，大约有应用示范工程企业 5 倍（约 350 家）的国内其他企业也主动引进 CIMS 加强企业管理，从而在我国企业间形成 CIMS 应用工程的雁行模式。采用企业-行业互动模式实施信息化工程的企业多属于企业间雁行模式。

企业信息化与行业有密切关系。从解决方案提供商来看，中小企业信息化可以给行业提供解决方案。当然，没有两个完全相似的行业，除非是类似麦当劳的连锁店。这就提出两个要求：第一，将信息化的载体-信息系统软件尽可能模块化，然后，再根据行业的细分程度将模块的通用性进行分级；第二，对模块化的软件进行“工厂化”开发。所谓“工厂化”开发，就是按软件工程或信息工程的原理，进行大规模的批量制造。

我国企业信息化水平不高的一个重要原因是企业信息化规范性不高，根据企业的特殊情况自行开发的定制软件或定制系统太多。这样，在照顾特殊性的同时，迁就了企业原有的机制和体制，于是忽略了行业的一般性和规范性。这就有可能使企业信息化建设只在原有的管理水平上换个花样，导致企业间的系统互联性差、重复建设、供应链的形成没有可靠的基础。

采用针对行业的“工厂化”开发方法，能将某个行业的一般性和先进性抽象出来，加以应用。企业实施信息化工程时，首先必须调整自己的业务流程和体制，再考虑企业本身的特殊性和竞争力优势，进行二次开发。这样，既为企业今后实施供应链管理提供一个战略平台，又规范了企业的管理，同时由于“工厂化”开发，既降低企业信息化建设的成本，还可以在企业间相互学习信息化的经验等等。

与上述企业间这种企业外部雁行模式不同的是，企业内雁行模式主要形成在集团化企业内部不同的主要分支机构或部门之间，如海尔集团首先在冰箱部实施 MRPⅡ，通过在冰箱部实施信息化的经验，逐步推广到海尔其他事业部而形成了企业内雁行模式。企业内雁行模式对于领头羊企业尤为适用。因为，对领头羊企业来说，企业信息化是自己挑战自己，没有经验可以参照，如果采用这种企业内雁行模式，则会降低信息化的风险。

7.2.4 地域互动模式

由于地域因素的影响，组织投资信息系统而形成的信息系统建设模式称为地域互动模式。

地区互动模式是指企业信息化建设的主要动因来自于地区性因素的影响。如企业所在地区或政府推动，提供企业信息化建设的各种良好环境；企业所在的某个自然形成的经济区域内企业间相互影响；区域内信息传播成本低而促进企业间相互交流和影响等等。

珠江三角洲的中小企业信息化建设就是采用了这种模式。珠江三角洲地区的企业先后在20世纪80年代末至90年代初引进 MRPⅡ等先进的管理模式，形成了实施 CIMS 工程的基础。1994年国家科委将广东定为 CIMS 重点试验省份。广东首先选择珠江三角洲地区中 CAD/CAM 和 MRPⅡ等技术开发较好的企业，作为 CIMS 示范工程的试点企业。目前，这些企业已取得成功并形成全省 CIMS 工程发展的地区性雁行模式效应。1997年后，其他地区的不同规模企业如深圳康佳集团、惠州 TCL 集团和珠海格力集团等纷纷引入 CIMS 工程，形成广东省内的群体效应。

20世纪90年代以来，珠江三角洲地区企业进入了地区经济转型过渡期，区域内企业几乎都面临同样的产品质量档次和产业结构的调整与升级换代等共同问题。企业间发展状况和技术管理信息在区域内实现低成本的交流，形成企业间相互模仿和学习，从而培育起经济区内企业信息化相互促进模式，如顺德科龙、美的、天乐通讯、特种变压器厂以及中南铝厂等企业。在这种良好区域环境下，中小企业信息化建设在稳步前进，同时又推动了地区的信息化建设。

地区内企业如果相互合作，除了上述的相互学习优势外，还可以向信息产品的供应商集体购买，以取得更大的折扣。一般来说，地区的排头兵企业选择某家信息化供应商后，其他企业会参观考察以减少风险。基于这一点，供应商很清楚，自己一旦打入某个未开发地区，就有可能锁定该市场。所以，需要实施信息化的企业应该在价格上和学习知识上向供应商争取一个尽可能好的条件。

7.3 管理信息系统的战略规划

信息系统规划的主要目标是制定出信息系统的长期发展方案，决定信息系统在整个生命周期内的方展方向、规模和发展进程。其主要任务首先是制定信息系统的发展战略，使信息系统的战略与整个组织的战略和目标协调一致，其次是确定组织的主要信息需求，形成信息系统的总体结构方案，规划系统建设顺序，另外还有确定系统的开发策略（自己研发还是外包开发等），制定与开发计划相适应的资源分配计划等。

用于管理信息系统规划的方法很多，主要是关键成功因素法（Critical Success Factors，CSF）、战略目标集转化法（Strategy Set Transformation，SST）和企业系统规划法（Business System Planning，BSP）。其他还有企业信息分析与集成技术（BIAIT）、产出/方法分析（E/MA）、投资回收法（ROI）、征费法（chargout）、零线预算法等。用得最多的是前三种。

7.3.1 关键成功因素法

1970年哈佛大学教授William Zani在MIS模型中用了关键成功变量，这些变量是确定MIS成败的因素。过了10年，MIT教授Jone Rockart将CSF提高成为MIS的战略。作为一个例子，有人把这种方法用于数据库的分析与建立，它包含以下几个步骤：

（1）了解企业目标。

（2）识别关键成功因素。

（3）识别性能的指标和标准。

（4）识别测量性能的数据。

这四个步骤可以用图7-1表示。

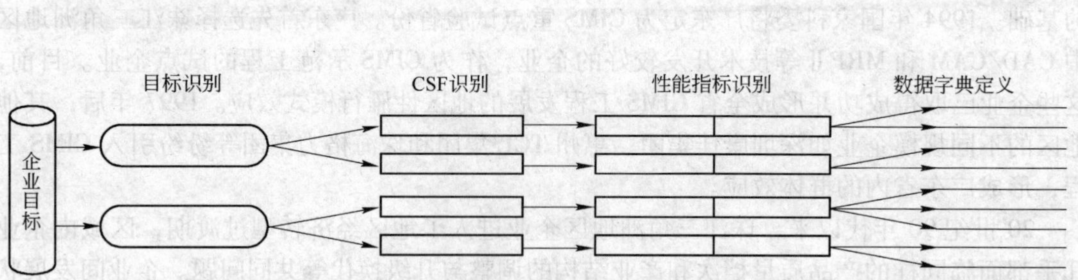

图7-1 关键成功因素法

关键成功因素法通过目标分解和识别、关键成功因素识别、性能指标识别，产生数据字典。关键成功因素就是要识别联系于系统目标的主要数据类及其关系，识别关键成功因素所用的工具是树枝因果图。

定义：关键成功因素法（Key Success Factors，KSF）指对系统规划的成功起关键作用的因素。通过分析找出使企业成功的关键因素，再围绕这些关键因素确定系统的需求，进行规划。

7.3.1.1 关键成功因素的4个主要来源

关键成功因素的重要性置于企业其他所有目标、策略和目的之上，寻求管理决策阶层所需的信息层级，并指出管理者应特别注意的范围。若能掌握少数几项重要因素（一般关键成功因素有5~9个），便能确保相当的竞争力，它是一组能力的组合。如果企业想要持续成长，就必须对这些少数的关键领域加以管理，否则将无法达到预期的目标。即使同一个产业中的个别企业也存在不同的关键成功因素，关键成功因素有4个主要的来源：

（1）个别产业的结构：（物流行业的特殊结构）不同产业因产业本身特质及结构不同，而有不同的关键成功因素，此因素可决定产业本身的经营特性，该产业内的每一公司都必须注意这些因素。处在供应链上的物流企业，不论其位置和地位如何，都应该考虑物流行业本身的特点：流动性、灵活性，各种成本，如运输成本、通信成本；各种指标，如生产量、存货量、配送量等。

（2）竞争策略、产业中的地位及地理位置：企业的产业地位是由过去的历史与现在的竞争策略决定的，在产业中每一公司因其竞争地位的不同，其关键成功因素也会有所不同，对于由一或二家大公司主导的产业而言，领导厂商的行动常为产业内小公司带来重大的问题，所以对小公司而言，大公司竞争者的策略，可能就是其生存竞争的关键成功因素。某供应链上游企业的产品在商场上占有垄断地位，其下游物流企业就要用企业的变化来确定自身的关键成功因素。

（3）环境因素：企业因外在因素（总体环境）的变动，都会影响每个公司的关键成功因素。如在市场需求波动大时，存货控制可能就会被高阶主管视为关键成功因素之一。

（4）组织结构：组织结构的变化是导致暂时性的关键成功因素。组织内部职能部门间的合并、调整和拆分会在某个时期对组织的经营活动产生影响，这种变化呈现稳定时，关键成功因素已发生变化。

7.3.1.2 关键成功因素法的步骤

关键成功因素法主要包含以下几个步骤：

（1）确定企业或MIS的战略目标。

（2）识别所有的成功因素：主要是分析影响战略目标的各种因素和影响这些因素的子因素。

（3）确定关键成功因素。不同行业的关键成功因素各不相同。即使是同一个行业的组织，由于各自所处的外部环境的差异和内部条件的不同，其关键成功因素也不尽相同。

（4）明确各关键成功因素的性能指标和评估标准。

7.3.2 战略目标集转化法

战略目标集转化法是William King于1978年提出的，他把整个战略目标看成“信息集合”，由使命、目标、战略和其他战略变量组成，MIS的战略规划过程是把组织的战略目标转变为MIS战略目标的过程。

定义：战略目标集转化法（Strategy Set Transformation，SST）把企业的战略目标看成是一个“信息集合”，由使命、目标、战略和其他战略变量（如管理的复杂性、改革习惯以及重要的环境约束）等组成。管理信息系统的系统规划过程是把组织的战略目标转变为管理信息系统战略目标的过程，参见图7-2。

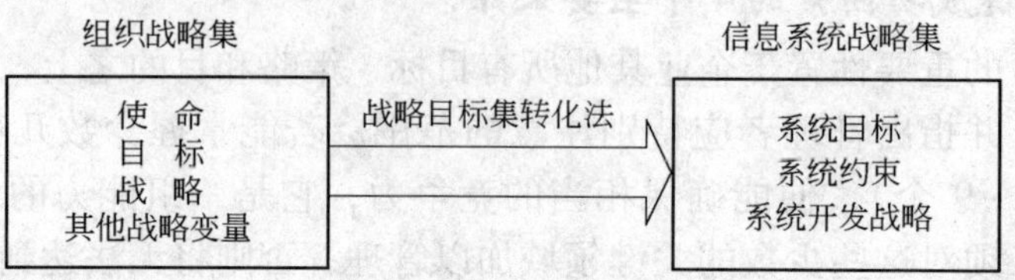

图7-2 MIS系统规划过程

第一步是识别组织的战略集，先考查一下该组织是否有成文的战略式长期计划，如果没有，就要去构造这种战略集合。可以采用以下步骤：

（1）描绘出组织各类人员结构，如卖主、经理、雇员、供应商、顾客、贷款人、政府代理人、地区社团及竞争者等。

（2）识别每类人员的目标。

（3）对于每类人员识别其使命及战略。

第二步是将组织战略集转化成MIS战略，MIS战略应包括系统目标、约束以及设计原则等。这个转化的过程包括对应组织战略集的每个元素识别对应的MIS战略约束，然后提出整个MIS的结构。最后，选出一个方案送企业决策层，如图7-3所示。

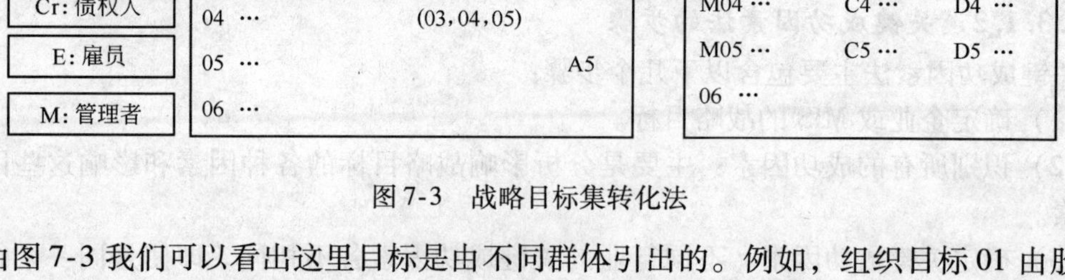

图7-3 战略目标集转化法

由图7-3我们可以看出这里目标是由不同群体引出的。例如，组织目标01由股票持有人S、债权人Cr以及管理者M引出；组织战略S1由目标01和06引出，依次类推。这样就可以列出MIS的目标、约束以及设计战略。

7.3.3 企业系统规划（BSP）法

BSP是美国IBM公司在20世纪70年代初用于企业内部系统开发的一种方法。这种方法是基于用信息支持企业运行的思想，首先是自上而下地识别系统目标、识别企业的过程、识别数据，然后再自下而上地设计系统目标，最后把企业的目标转化为管理信息系统规划的全过程。BSP 方法是把企业目标转化为信息系统（IS）战略的全过程。它支持的目标是企业各层次的目标。

进行 BSP 工作是一项系统工程性工作，要很好地准备。准备工作包括接受任务和组织队伍。一般接受任务是由一个委员会承担。这个委员会要明确规划方向和范围，在委员会下应有一个系统规划组，其组长应全时工作，并具体参加规划活动。委员会委员和系统组成员思想上要明确"做什么"（what），"为什么做"（why），"如何做"（how），以及"希望达到的目标"是什么。要准备必要的条件：一个工作控制室、一个工作计划、一个采访交谈计划、一个最终报告的提纲，还有一些必要的经费。所有这些均落实后，还要得到委员会主任认可。在这里我们要再强调一下准备工作，如果准备工作没做好，不要仓促上阵。否则会适得其反，危害整个工程。

7.3.3.1 定义及原则

企业系统规划法（Business System Planning，BSP）是通过全面调查，分析企业信息需求，制定管理信息系统总体方案的一种方法。BSP 方法支持的目标是企业各层次的目标。

（1）信息系统必须支持企业的目标；

（2）系统的规划应当表达出企业各管理层次的需求；

（3）信息系统能向整个企业提供一致的信息；

（4）信息系统对组织机构和管理体制的变化具有适应性；

（5）信息系统的战略由信息系统总体结构中的子系统开始实现。

7.3.3.2 BSP 法的作用

企业系统规划法是一种能够帮助规划人员根据企业目标制定出 MIS 战略规划的结构化方法。通过这种方法可以做到：

（1）确定出未来信息系统的总体结构，明确系统的子系统组成和开发子系统的先后顺序。

（2）对数据进行统一规划、管理和控制，明确各子系统之间的数据交换关系，保证信息的一致性。BSP 法的优点在于利用它能保证信息系统独立于企业的组织机构，使信息系统具有对环境变更的适应性。即使将来企业的组织机构或管理体制发生变化，信息系统的结构体系不会受到太大的冲击。

7.3.3.3 BSP 法的工作步骤

用 BSP 制定规划是一项系统工程，其主要的工作步骤为：

（1）准备工作。成立由最高领导牵头的委员会，下设一个规划研究组，并提出工作计划。弄清楚工作的期望和期望输出。委员会要简介企业的现状，包括政治上、经济上、管理上敏感的问题，还应介绍企业的决策过程、组织功能、关键人物、用户的期望、用户对现有信息系统的看法等。由信息系统负责人介绍信息人员对于企业的看法，同时应介绍现有项目状况、历史状况以及信息系统的问题。通过介绍让大家对企业和对信息支持的要求有个全面的了解。

（2）调研。规划组成员通过查阅资料，深入各级管理层，了解企业有关决策过程、组织职能和部门的主要活动和存在的主要问题。

(3) 定义业务过程（又称企业过程或管理功能组）。定义业务过程是 BSP 方法的核心。业务过程指的是企业管理中必要且逻辑上相关的、为了完成某种管理功能的一组活动。系统组每个成员均应全力以赴识别它们、描述它们，对它们要有透彻的了解，只有这样 BSP 才能成功。企业过程定义为逻辑上相关的一组决策和活动的集合，这些决策和活动是管理企业资源所需要的。整个企业的管理活动由许多企业过程组成。识别企业过程可对企业如何完成其目标有个深刻的了解，识别企业过程可以作为信息识别构成信息系统的基础，按照企业过程所建造的信息系统，在企业组织变化时可以不必改变，或者说信息系统相对独立于组织。

(4) 业务过程重组。业务过程重组是在业务过程定义的基础上，找出哪些过程是正确的，哪些过程是低效的，需要在信息技术支持下进行优化处理，还有哪些过程不适合计算机信息处理的特点，应当取消。

(5) 定义数据类。数据类是指支持业务过程所必需的逻辑上相关的数据。对数据进行分类是按业务过程进行的，即分别从各项业务过程的角度将与该业务过程有关的输入数据和输出数据按逻辑相关性整理出来归纳成数据类。

(6) 定义信息系统总体结构。定义信息系统总体结构的目的是刻画未来信息系统的框架和相应的数据类。其主要工作是划分子系统，具体实现可利用 U/C 矩阵。

(7) 确定总体结构中的优先顺序。即对信息系统总体结构中的子系统按先后顺序排出开发计划。

(8) 完成 BSP 研究报告，提出建议书和开发计划。

7.3.3.4 U/C 矩阵图

BSP 法将过程和数据类两者作为定义企业信息系统总体结构的基础，具体做法是利用过程/数据矩阵来表达两者之间的关系。矩阵中的行表示数据类，列表是过程，并以字母 U（use）和 C（create）来表示过程对数据类的使用和产生。

表 7-2 中用功能与数据类交叉点上的符号 C（create）表示这类数据由相应功能产生，用交叉点上的符号 U（use）表示这类功能使用相应的数据类。

表 7-2 U/C 矩阵

功能＼数据类	客户	产品	订货	成本	操作顺序	材料表	零件规格	材料库存	职工	成品库存	销售区域	财务	机器负荷	计划	工作令	材料供应
经营计划				U								U		C		
财务计划				U					U			U		C		
资产规模												C				
产品预测	U	U									U			U		
产品设计	U	C				U	C									
产品工艺		U				C	C	U								
库存控制								C		C					U	U
调　度		U											U		C	
生产能力计划					U								C			U
材料需求		U				U										C
操作顺序					C								U		U	U
销售区域管理	C	U	U													

续表 7-2

功能＼数据类	客户	产品	订货	成本	操作顺序	材料表	零件规格	材料库存	职工	成品库存	销售区域	财务	机器负荷	计划	工作令	材料供应
销售	U	U	U								C					
订货服务	U	U	C													
发运		U	U							U						
通用会计	U	U							U							
成本会计			U	C												
人员计划									C							
人员考核									U							

A 调整功能/数据类矩阵

将功能这一列按功能组排列，功能组是指同类型的功能，如经营计划、财务计划、资产规模等属计划类型，归入到“经营计划”功能组。然后，调换“数据类”的横向位置，使得矩阵中的符号 C 最靠近对角线。最后，画出功能组对应的方框，并给框起一个名字，每个框就是一个子系统，如表 7-3 所示。

表 7-3 功能/数据类矩阵

功能组	功能＼数据类	计划	财务	产品	零件规格	材料表	材料库存	成品库存	工作令	机器负荷	材料供应	操作顺序	客户	销售区域	订货	成本	职工
经营计划	经营计划	C	U													U	
	财务计划	C	U													U	U
	资产规模		C														
技术准备	产品预测	U		U									U	U			
	产品设计			C	C	U							U				
	产品工艺			U	C	C	U										
生产制造	库存控制						C	C	U		U						
	调度			U					C	U							
	生产能力计划									C	U	U					
	材料需求			U		U					C						
	操作顺序								U	U	U	C					
销售	销售区域管理			U									C		U		
	销售			U									U	C	U		
	订货服务			U									U		C		
	发运			U				U							U		
财会	通用会计			U									U				U
	成本会计														U	C	
人事	人员计划																C
	人员考核																U

B 确定子系统之间的关系

用箭头把落在框外的符号 U 与子系统连接起来，表示子系统之间的关系，如表 7-4 所示。

表 7-4 子系统之间的关系

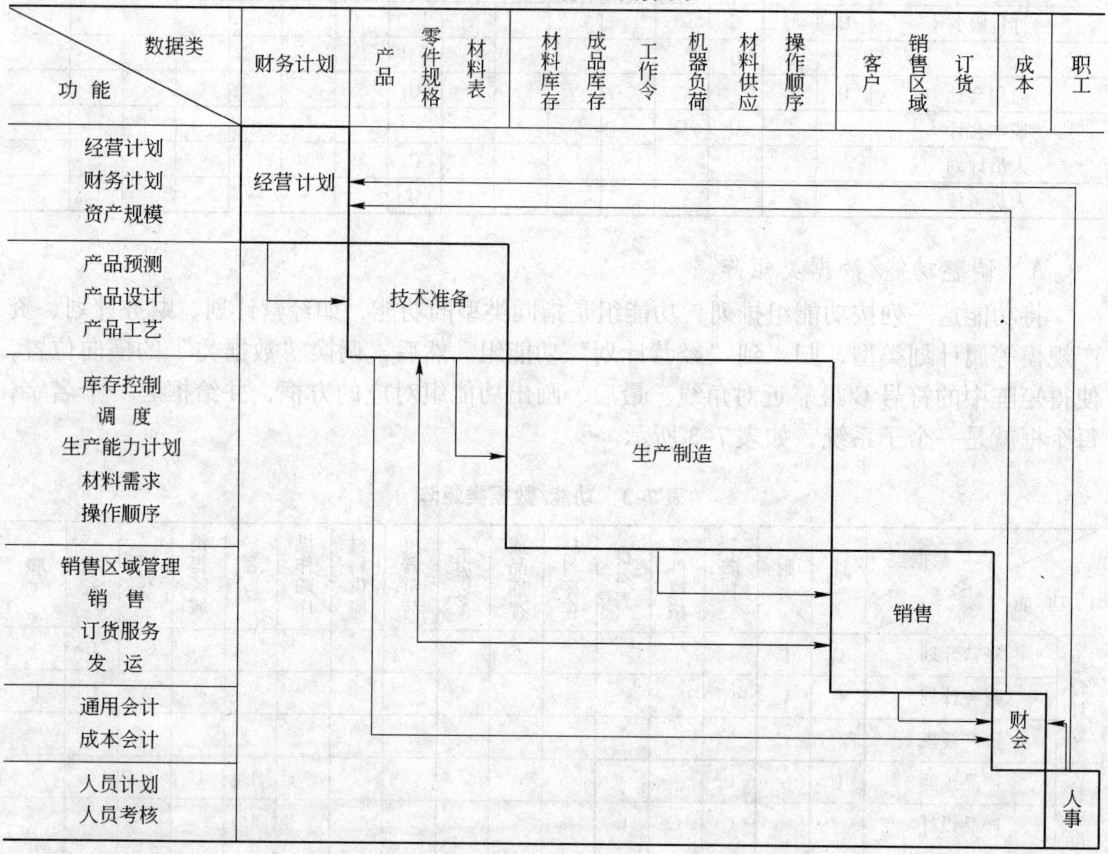

7.3.3.5 BSP 法的优点

BSP 法是最易理解的信息系统规划技术之一，相对于其他方法的优势在于其强大的数据结构规划能力；可以确定出未来信息系统的总体结构；明确系统的子系统组成以及子系统开发的先后顺序；并对数据进行统一规划、管理和控制；保证信息的一致性。

利用 BSP 法进行系统规划能保证所开发的信息系统独立于企业的组织机构。

BSP 法实施需要大量的时间和财力支持，该方法不能将新技术与传统的数据处理系统进行有效的集成。

7.3.3.6 各种规划方法的比较

CSF 方法：能抓住主要矛盾，使目标的识别突出重点。用这种方法所确定的目标和传统的方法衔接得比较好，但是一般最有利的只是在确定管理目标上。

优点：抓住主要矛盾、识别重点突出。

缺点：关键因素主观确定有随意性。

SST 方法从另一个角度识别管理目标，它反映了各种人的要求，而且给出了按这种要求的分层，然后转化为信息系统目标的结构化方法。它能保证目标比较全面，疏漏较少，但它在突出重点方面不如前者。

BSP方法虽然也首先强调目标，但它没有明显的目标引出过程。它通过管理人员酝酿“过程”引出了系统目标，企业目标到系统目标的转换是通过组织/系统、组织/过程以及系统/过程矩阵的分析得到的。这样可以定义出新的系统以支持企业过程，也就把企业的目标转化为系统的目标，所以我们说识别企业过程是BSP战略规划的中心，绝不能把BSP方法的中心内容当成U/C矩阵。

缺点：没有明显的目标引出过程（对计划和控制没给出有效的识别过程），收集分析资料花费时间多、企业目标—转化—系统目标靠分析。

可以把这三种方法结合起来使用，把它叫CSB方法即（CSF，SST和BSP结合）。这种方法先用CSF方法确定企业目标，然后用SST方法补充完善企业目标，并将这些目标转化为信息系统目标，用BSP方法校核两个目标，并确定信息系统结构，这样就补充了单个方法的不足。当然这也使得整个方法过于复杂，而削弱了单个方法的灵活性。可以说迄今为止信息系统战略规划没有一种十全十美的方法。由于战略规划本身的非结构性，可能永远也找不到一个唯一解。进行任何一个企业的规划均不应照搬以上方法，而应当具体情况具体分析，选择以上方法的可取的思想，灵活运用。

7.3.4　基于BPR的信息系统规划

7.3.4.1　业务流程重组

业务流程重组（Business Process Reengineering，BPR）理论是当今企业和管理学界研究的热点。BPR理论是于1990年首先由美国著名企业管理大师迈克尔·哈默先生提出，美国的一些大公司，如IBM、柯达、通用汽车、福特汽车等纷纷推行BPR，试图利用它发展壮大自己，实践证明，这些大企业实施BPR以后，取得巨大成功。

业务流程重组是指通过资源整合、资源优化，最大限度地满足企业和供应链管理体系高速发展需要的一种方法。其目的是在成本、质量、服务和速度等方面取得显著的改善，使企业能最大限度地适应以顾客、竞争、变化为特征的现代经营环境。

7.3.4.2　特点

（1）根本性再思考。根本性再思考表明业务流程重组所关注的是企业核心问题，如“为什么要做现在这项工作”、“为什么要采用这种方式来完成这项工作”、“为什么必须由我们而不是别人来做这份工作”等。通过对这些企业运营最根本性问题的思考，企业将会发现自己赖以生存或运营的商业假设是过时的，甚至是错误的。

（2）彻底性再设计。彻底性再设计表明业务流程重组应对事物进行追根溯源。对已经存在的事物不是进行肤浅的改变或调整性修补完善，而是抛弃所有的陈规陋习，并且不需要考虑一切已规定好的结构与过程，创新完成工作的方法，重新构建企业业务流程，而不是改良、增强或调整。

（3）戏剧性提业绩。戏剧性表明业务流程重组追求的不是一般意义上的业绩提升或略有改善、稍有好转等，而是要使企业业绩有显著地增长、极大地飞跃和产生戏剧性的变化，这也是流程重组工作的特点和取得成功的标志。

7.3.4.3　企业内部业务流程重组的步骤

业务流程重组能够为企业创造优化的业务流程，提升企业的核心竞争力，在业务流程重组过程中的工作重点，就是要消除价值传递链中的非增值活动和调整核心增值活动。这里要遵循的步骤如下：

（1）清除。发现并消除非增值活动，如过量生产或过量供应、等待时间、运输、转移和移动、不增值或失控流程中的加工处理环节、库存与文档、缺陷、故障与返工、重复任务、信息格式重排或转移、调停、检验、监视和控制等。

（2）简化。在尽可能清除了不必要的活动之后，应该对剩下的必要活动进行简化，如程序和流程、沟通流程、技术分析流程和问题区域设置流程等。

（3）整合。经过简化的任务需要进一步整合，以使之流畅、连贯并能够满足用户需要。如为实现面向订单的单点接触的全程服务，由一位员工独立承担一系列任务的工作任务整合；为了高效优质地满足顾客需要，组建单个成员无法承担的系列任务的团队；整合顾客和供应商的资源等。

（4）自动化。在完成了流程与任务的清除、简化和整合的基础上，充分运用和发展信息技术的强大功能，实现以流程加速与提升顾客服务准确性为目标的自动化。

通常，重组之后的业务流程呈现以下特点：组织扁平化，决策权下放或外移；审核与控制明显减少；取消装配线式的工作环节；同步工作代替了顺序工作方式；通才或专案员主导型的工作方式；管理者的工作职责转变为指导、帮助和支持。

7.3.4.4 业务流程重组作用

业务流程重组强调以业务流程为改造对象和中心、以关心客户的需求和满意度为目标、对现有的业务流程进行根本的再思考和彻底的再设计，利用先进的制造技术、信息技术以及现代化的管理手段、最大限度地实现技术上的功能集成和管理上的职能集成，以打破传统的组织结构，建立全新的过程型组织结构，从而实现企业经营在成本、质量、服务和速度等方面的戏剧性改善。

企业业务流程重组的着力点一般集中在四个方面：

（1）建立面向客户的流程，强化和提升与客户满意有关的业务流程，剔除对客户无价值的流程，以更低的成本、更快的速度提交客户满意的产品和服务。

（2）通过规范的业务流程降低企业的经营风险。

（3）通过流程重组优化企业资源配置，降低成本。

（4）缩短工作完成时间，提高企业整体运作效率，提高市场响应速度。

7.3.4.5 主要内容

BPR的实施要依靠工业工程技术、运筹学方法、管理科学、社会人文科学和现代高科技，并且涉及到企业的人、经营过程、技术、组织结构和企业文化等各个方面，其基本内容包括以下几部分：

（1）人的重构：德国企业家罗伯特·纽曼说："企业推行BPR项目的最大阻力是项目启动时人们的惰性"。由此可见，实施BPR成败的关键取决于企业内部人员的整体素质与水平，高层领导者要有富于革新、勇于向风险挑战的精神。

（2）有强烈的市场竞争意识和危机感：对市场变化反应敏锐，善于决策，能与公司内外进行有效沟通，具备广泛的知识面，能深入领悟BPR的内涵，切实转变思想观念。美国英特尔公司总裁葛洛夫是在第二次世界大战中逃离匈牙利的犹太人，其危机感比一般人强烈，市场敏感性也高于常人，这一点是促使他决定在公司中推行BPR的关键所在。

(3) 技术的重构：用先进的信息技术改造企业的信息基础结构，利用先进的信息技术建立覆盖整个企业的信息网络，使每位员工通过网络就可得到与自己业务有关的各种信息。国外许多大企业在实施 BPR 时，都非常重视信息技术的作用，如美国一大型汽车零部件公司利用图像技术和存储系统重构产品报价过程，使产品定价更及时、合理，更具有竞争力，同时该公司还建立了企业级的信息网络和与供应商联络的通信网络，从而大大增强了公司的整体实力；柯达公司采用 CAD/CAM 系统和并行工程技术重构传统产品开发过程，使产品开发周期由 70 周缩短为 38 周；福特汽车公司财务会计部采用公共数据库和网络技术重构付款过程，使该部员工由原来的 500 人精减为 125 人；德克萨斯仪器公司利用专家系统重构资本预算申请过程，使完成一整套申请准备由过去的 95h 减少到 40min。先进的设计思想与制造技术面对顾客多样化与个性化的需求以及产品结构与制造工艺日益复杂化的特点，企业在产品设计、工艺设计和制造装配上，应尽量采用标准化、模块化和成组技术的设计思想以及柔性制造系统、柔性装配系统等。

(4) 组织结构的重构：按具体项目组成面向经营过程的工作小组，设立小组负责人，对内指导、协调与监督小组中各成员的工作情况，对外负责及时将顾客的意见和建议反馈回小组，并尽快改进工作，明确小组内部各成员的作用和职责，做到责权利统一，使小组形成一个享有充分自主权和决策权的团体。美国许多大公司，如 IBM 公司、美国航空公司、苹果计算机公司、通用电气公司、英特尔公司和 3M 公司等被美国《幸福》杂志评为全美最富有革新精神的企业，它们均采用这种小组制的组织结构。在日本，这种组织结构也日益受到人们的重视，如川崎重工业公司，是日本名列前茅的重型设备生产企业，它将公司分为 150 个事业部，每个部全面负责该部的生产、采购、销售和研究开发工作，总公司只从人事和财务两方面提供支持。

(5) 企业文化的重构：当今，如果企业仅满足于以往的成就，安于现状、不思进取、固守老一套的思想作风和经营理念，就会在激烈的市场竞争中败下阵来。营造适宜的企业文化氛围，是企业实施上述重构的保障。

7.3.4.6 业务流程重组与信息化的关系

(1) 信息化的实施必须以业务流程重组为基础。仅靠信息技术并不能提升非增值作业，只会用电子方式去重复过去无效的流程，信息一致性与共享机制难以形成。只有通过业务流程重组，去除那些不产生增值的业务，确保企业各项业务有一个科学、规范的操作流程，才能借助信息化手段来提升企业的经营效率。

(2) 业务流程重组的成果必须用信息化流程给予固化。20 世纪 90 年代兴起的业务流程重组曾经席卷西方工业界，然而国外的业务流程重组项目大多没有达到预期的目标，甚至走向失败。原因有很多方面，其中一个重要的原因就是没有应用信息化管理技术。虽然实施业务流程重组可以理顺业务流程，但由于业务流程重组需要大量的信息交换，在缺少信息技术支持的情况下，业务流程重组难以实现，即使实现了也很难维持下来，最终必然会影响业务流程重组的效果甚至导致业务流程重组项目的失败。

一个形象的比喻来阐述业务流程重组和企业信息化的关系就是将业务流程重组比作通畅的道路，将信息化比作性能优良的跑车。跑车的性能非常好但道路泥泞，只能望车兴叹；再好的道路对于老牛破车也无济于事。同样的道理，没有业务流程重组形成的顺畅的业务流程，再先进的信息化软件也无法提高企业的管理效率和经济效益；业务流程优化的结果没有信息化系统支持，效果也不能持久。

［案例7-3］ 海尔现代物流（业务流程再造）

海尔现代物流在经历了企业五年的业务流程再造后，已着眼于在国际化开放的系统中，为全球客户提供增值服务，并以骄人的成绩被授予“中国物流示范基地”的美誉。海尔现代物流的发展先后经历了物流重组、供应链管理和物流产业化三个阶段，下面分别就这三个阶段进行介绍。

1. 物流重组阶段

在物流重组阶段，海尔整合了集团内分散在28个产品事业部的采购、原材料仓储配送、成品仓储配送的职能，并率先提出了三个JIT（Just in time）的管理，即JIT采购、JIT原材料配送、JIT成品分拨物流。

（1）JIT采购。海尔物流整合的第一步就是整合采购，将集团的采购活动全部集中，在全球范围内采购质优价廉的零部件。海尔通过整合采购，加强采购管理，全球集合竞价，使成本每年环比降低了6%。

（2）JIT原材料配送。海尔实施“物流革命”的核心是“围绕订单进行仓库革命”，即一切以订单为核心，没有订单的生产就是为库存生产，也就是为亏损而生产。所以海尔物流建立了两个国际化物流中心，减少了20万平方米的平面仓库。海尔不断推进看板拉动料件配送，着手建立快速响应订单的生产组织系统。

（3）JIT成品分拨物流。在采购整合后，海尔整合全球配送网络，将产品实时按要求配送到用户手中，并逐步通过与国家邮政局、中运集团等专业物流公司联手，建立全国最大的分拨物流体系。三个JIT的速度使海尔物流在瞬息万变的市场上，赢得了基于速度的竞争优势。

2. 供应链管理阶段

在供应链管理阶段，海尔物流创新性地提出了“一流三网”的管理模式。海尔特色物流管理的“一流三网”充分体现了现代物流的特征：“一流”是以订单信息流为中心；“三网”分别是全球供应链网络、全球配送资源网络和计算机信息网络。“三网”同步流动，为订单信息流的增值提供支持。

在海尔，仓库不再是储存物资的“水库”，而是一条流动的“河”，河中流动的是按照订单采购来生产的必需物资，这样，从根本上消除了呆滞物资、消灭了库存。

目前，海尔集团每个月平均接到60000多个销售订单，这些订单的定制产品品种达7000多个，需要采购的物料品种达26万余种。在这种复杂的情况下，自从海尔物流整合以来，呆滞物资降低了90%，仓库面积减少了88%，库存资金减少了63%。海尔建立了两个国际化物流中心，改存储物资的仓库为过站式配送中心，从最基本的物流容器单元化、标准化、集装化、通用化到物料搬运机械化，逐步深入日清管理系统的全面改革，看板拉动式管理实现了柔性生产，每条生产线每天可以生产几十个国家上百种规格的产品，实现了JIT过站式物流。

海尔通过整合内部资源，优化外部资源，建立起强大的全球供应链网络，供应商由原来的2200多家优化至721家，而目前世界五百强企业中有59家已成为海尔的合作伙伴。海尔实行并行工程，更有一批国际化大公司已经以其高科技和新技术参与到海尔产品的前端设计中，不但保证了海尔产品技术的领先性，增加了产品的技术含量，同时开发的速度也大大加快。

另外海尔还引进爱默生等国际化供应商在当地投资建厂，不仅为政府实现招商引资40多亿元，而且多产业的集聚，形成了一条完整的家电产业链。全球供应链的整合使海尔获得了快速满足用户需求的能力。

海尔整合全球配送网络，现在海尔物流配送网络已从城市扩展到农村，从沿海扩展到内地，从国内扩展到国际，国内可调配车辆16000辆。在全国建有42个配送中心，每天向1550个专卖店与9000多个网点配送50000多台产品；同时B2C产品与备件配送全面开展，形成了完善的成品分拨物流体系、备件配送体系与返回物流体系。

海尔在内部实施了ERP信息系统，建立了企业内部的信息高速公路，将用户信息同步转化为企业内部的信息，实现以信息替代库存，零资金占用。在企业外部，CRM与BBP平台搭建起企业与用户、企业与供应商沟通的桥梁。所有的供应商均在网上接收订单、网上查询计划与库存、网上招标、与招商银行合作网上支付，大大加快了订单响应速度。计算机网络搭建了海尔集团内部的信息高速公路，能将电子商务平台上获得的信息迅速转化为企业内部的信息，以信息代替库存，达到零营运资本的目的。

3. 物流产业化阶段

目前海尔物流在拥有了三个JIT的速度、一流三网的资源和信息化平台的支持，在不断完善内部业务运作同时，大力拓展社会化物流业务，目标是以客户为中心，建立起高效的供应链体系。

7.4 信息系统的可行性研究

7.4.1 信息系统的需求调研

需求调研即系统初步调查是系统分析的基础和必要条件。系统初步调查的对象是现行系统（包括手工系统和已采用计算机的管理信息系统），目的在于深入了解现行系统的状况，发现问题和薄弱环节，收集资料，为下一步的系统化分析，提出新系统的逻辑设计做好准备。

调查的范围应该是围绕组织内部信息流所涉及领域的各个方面。但应该注意的是，信息流是通过物流产生的，物流和信息流又都是在组织中流动的。故我们调查的范围就不能仅仅局限于信息和信息流。应该包括企业的生产、经营、管理等各个方面。

调查的具体内容包括组织机构和功能业务、组织目标和发展战略、工艺流程和产品构成、数据与数据流程、业务流程与工作形式、管理方式和具体业务的管理方法、决策方式和决策过程、可用资源和限制条件以及现存问题和改进意见。以上只是一种大致的划分，实际工作时应视具体情况而定。

需求调查是管理信息系统开发的一个重要步骤，其内容主要包括用户需求、现行系统的组织结构、现行系统运行状况等几个方面。

（1）用户需求的调查。用户需求是指用户对新系统应具有的全部功能和特性的要求。

主要包括：

1）功能需求。确定新系统要做什么，这是最主要的需求。

2）性能需求。给出所开发新系统的技术性能指标，包括存储容量限制、运行时间限制、安全保密等。

3）环境需求。系统运行以及所处环境的要求。

用户需求既包括了用户明确表达出来的需求，也包括了用户没有明确提出的需求。

用户虽然对自己的业务工作非常熟悉，但要清楚地表达需求非常困难。系统分析员虽然是系统开发方面的专家，却由于缺乏专门领域的业务知识，使得系统分析员和用户之间由于缺乏共同语言而无法进行良好的沟通。这就要求系统分析员在调查时要认真、仔细地确认用户的要求，这样才能保证开发的管理信息系统与用户提出的要求相吻合。

（2）现行系统组织结构的调研。要了解现行系统的整个活动状况，首先应从组织结构调查入手，了解现行系统概况。现行系统组织结构调查的主要目的是了解现行系统组织机构的划分及其相互关系。调查结果可用组织结构图的形式表示。

对组织结构的调查要掌握现行系统中信息处理的具体情况和系统内部的功能结构，以便设计出一个结构合理的逻辑模型，为新系统的设计工作打好基础，保证整个系统开发的质量。

（3）现行系统运行状况的调研。新系统的开发是在现行系统的基础上进行的，因此必须对现行系统运行情况进行详细的调查。系统运行现状调查主要包括以下几点：

1）收集并整理各部门使用的票据、表格。

2）调查这些部门信息的产生过程和处理过程（处理方式，涉及人员）及归档。

3）调查各部门的要求意见。

4）将调查结果绘制成业务流程图。

5）整理收集的信息，为数据文件产生提供条件。

6）对业务流程进行某些改动，使业务流向更趋于合理。

通过系统运行现状的调查分析，可以发现系统中存在的主要问题和薄弱环节，并提出解决问题的初步设想，使新系统设计功能更强，效率更高。

7.4.2 需求调研的方法与步骤

（1）业务需求的表格调研法。全面业务需求分析的问卷调查法指采用BSP（企业系统规划）方法中给出的调查表，对现行系统的各级管理人员进行全面的需求分析调查（填表），然后分析整理这些因素，以了解、确定管理业务的处理过程。对于那些结构性强、指标含义明确并且有具体内容的调查，适合使用表格来调查。一般可使用以下六种表格进行：

1）了解机构的目标、实现目标的关键成功因素以及存在问题的目标调查表。

2）了解机构的设置和职责、人员配备等基本情况的组织机构调查表。

3）了解业务部门的业务内容、业务处理相关流程的业务调查表。

4）收集和了解与本部门有关的上级、同级、本部门、下属单位各类文件的数量和信息量的文件类信息调查表。

5）了解报表的种类、用于何种任务、特性、保留期限以及信息量的报表数据调查表。

6）了解计算机应用情况和水平的计算机应用项目调查表。

调查表格法中重要的是问题的设计，设计合理的表格不仅可以收集到所需要的资料，而且便于统计分析。

(2) 谈话调研法。谈话调研法是一种通过调查人员与被调查人员面对面的、有目的的谈话获取资料的方法。谈话应从上而下，从概括到细微，先从领导开始，然后经中层至下层管理人员，甚至还可以扩大到全体职工。这样不仅能了解战略信息需要，而且能了解具体任务的信息需要。这种方法的成功与否主要取决于系统分析员的提问水平。该方法应采用 CSF（关键成功因素）方法，列举若干可能的问题，自顶向下尽可能全面地对用户进行提问，然后分门别类对询问的结果进行归纳，找出其中真正关系到此项工作成败的关键成功因素。

(3) 查阅档案资料法。该方法通过查阅组织的各种文件和档案资料，例如通过查阅组织的年度计划、年度工作总结、销售和生产经营报告等了解组织的发展目标和经营情况。

(4) 业务实践法（深入实际调研法）。业务实践法是一种了解当前系统最有效的调查方式，即系统分析员深入到调查环境中去，对调查对象在现行系统中的作业流程和方式进行观察和记录，可以较深入地了解现行系统中数据的产生、传递、加工、存储和输出等环节的工作内容。通过业务实践，可以增加系统开发人员的感性认识，有助于加快对业务流程和业务活动的理解。该方式要求用户的主管领导先作广泛动员，强调详细调查的意义，并组织用户讨论由系统分析员设计的调查提纲。然后，系统分析员在计算机信息管理部门的有关人员的配合和支持下，深入各管理职能部门，与各级管理人员面对面交谈，了解情况，通过不断的反复，最后双方确认各项调查的内容，并由系统分析员向用户提交供评审的系统分析的成果。

在实际的调查活动中，可以根据需要选择某种方法，也可以互相结合，取长补短，以获取最全面最可靠的调查资料，为新系统的设计提供准确的基础资料。

7.4.3 可行性研究的方法

在信息系统的目标需求确定后，系统分析人员就可以开始对项目的可行性进行研究。事实上，可行性研究是任何一项大型工程正式投入力量之前必须进行的一项工作。这对于保证资源的合理使用、避免浪费是十分必要的，也是项目一旦开始以后能顺利进行的必要保证。可行性是指在当前情况下，企业研制这个信息系统是否有必要，是否具备必要的条件。可行性的含义不仅包括可能性，还包括必要性、合理性。

信息系统的可行性研究应从以下三个方面考虑。

7.4.3.1 技术可行性

技术可行性是指：根据现有的技术条件，能否达到所提出的要求；所需要的物理资源是否具备。技术条件包括以下几个方面：

(1) 硬件。如计算机的存储量、运算速度，外部设备的功能、效率、可靠性，通讯设备的能力、质量是否满足要求等。

(2) 系统软件。如操作系统提供的平台是否符合需要，数据库管理系统、程序设计语言、网络软件的功能和性能是否满足需要等等。

（3）应用软件。如是否已有专用的软件。

（4）技术人员。各类技术人员的数量、水平、来源。

7.4.3.2 经济可行性

经济可行性分析要估计项目的成本和效益，分析项目经济上是否合理。如果不能提供研制系统所需要的经费，或者不能提高企业的利润，或一定时期内不能回收它的投资，就不应该开发该项目。就是说，经济可行性要解决两个问题：资金可行性和经济合理性。

（1）资金可行性。先要估计成本，计算项目投资总额。成本包括初始成本与日常维护费用。系统的初始成本包括：各种软、硬件及辅助设备的购置、运输、安装、调试费用；机房及附属设施（电源、通信、地板等）的建设费用；其他（差旅、办公、不可预见费用）费用。日常维护费用包括系统维护（软件、硬件、通信）、人员薪资、易耗品（表格、磁带、磁盘）、内务开销（公用设施、建筑物、远程通信、动力）等。应注意防止成本估计过低的倾向（经验表明，该费用往往低估2~4倍），如只计算开发费用而不计算维护费用；只考虑硬件而忽视软件等等。

（2）经济合理性。要说明经济合理性，需计算信息系统带来的效益。效益可分为直接经济效益和间接经济效益。直接经济效益是系统投入运行后，对利润的直接影响，如节省多少人员，压缩多少库存，增加多少产量及减少多少废品等等。这些效益可直接折合成货币形式。信息系统的效益大部分是难以用货币形式表现出来的社会效益。如系统运行后可以更及时地得到更准确的信息，为管理者的决策提供有力的支持；改善企业形象，增加竞争力等等。

7.4.3.3 社会可行性

社会可行性是指建立的信息系统能否在该企业实现，在当前操作环境下能否很好地运行，即组织内外是否具备接受和使用新系统的条件。从组织内部来讲，管理信息系统的建立，可能导致某些制度，甚至管理体制的变动。从组织外部来讲，管理信息系统运行后，报表、票证格式的改变，是否为有关部门认可和接收，将直接影响企业的营业额。对于涉及社会经济现象的系统，还应考虑原始数据的来源有无保证。

在可行性研究结束之后，应该将分析结果用可行性报告的形式编写出来，形成正式的工作文件。这个报告是非常必要的，因为我们把项目的目标用专门的语言表达出来，并按照我们的理解把它明确化、定量化，列出优选顺序并进行权衡考虑，这些是否符合使用者的原意，有没有偏离使用者的目标，都还没有得到验证。虽然我们是尽力去体会使用者的意图，但由于工作背景和职业的差别，仍难免发生一些误解与疏漏。因此，与使用者交流，请他们审核可行性分析报告是十分必要的。对可行性报告的讨论是研制过程中的关键步骤，必须在项目的目标和可行性问题上取得一致认识，才能正式开始项目的详细调查研究。

可行性报告包括总体方案和可行性论证两个方面。

（1）引言。说明系统的名称、系统目标和系统功能、项目的由来等。

（2）系统建设的背景、必要性和意义。

（3）拟建系统的候选方案。这部分要提出系统的逻辑配置方案，可以提出一个主要方案及几个辅助方案。

（4）可行性论证。从技术、经济、社会三方面对规划进行论证。报告要用较大的篇幅说明总体规划调查、汇总的全过程，使人信服调查是真实的，汇总是有根据的，规划是可信的。

（5）几个方案的比较。若结论认为是可行的，则给出系统开发的计划，包括各阶段人力、资金、设备的需求和开发进度。

7.5　综合案例——优胜公司信息系统规划案例分析

现在，诸多企业正在大搞快搞企业信息化建设，然而企业信息化的成功率却很低，在发达国家企业信息化的成功率大约有20%，在中国成功率更低。除少数企业取得成功外，不少企业在投入大额资金的情况下，由于缺乏经验，信息化发展到一定阶段后就暴露出了各种各样的问题，有的企业信息化以技术为导向，技术的应用没有很好地配合业务的发展；有的企业虽然信息化的建设是以业务为基础，但由于缺乏整体的信息规划，导致系统的建设没有整体性，资源无法很好共享等。“信息化黑洞”、“信息化孤岛”、“信息化无效”成为许多企业棘手和头痛的问题。如何构建企业的信息系统？在信息化过程中应注意哪些方面？我们通过对一家国有企业信息系统规划项目的实际案例研究，来探索这些问题。

7.5.1　背景及问题

优胜公司（化名）是国内一家大型企业，企业实行三级管理，即总公司——公司——分公司。企业实施信息化已有多年，每年在信息化建设方面都投入了大量的人力和财力，公司已建立了OA办公自动化系统、财务系统、人力资源系统等，并已搭建了公司广域网、局域网。由于公司提出了创国际一流企业的目标，因此公司希望在信息化建设方面也要与国际最先进的企业看齐，并使信息化建设成为公司实现创国际一流目标的重要推动力。

由于优胜公司在前期的信息化建设中是以服务支持软件应用为主，还没有站在战略的高度开展信息化工作，因此也没有制定完整的信息化规划，各信息系统的建设以总部的各部门、下面的各公司为主，各自为政，信息及系统没有集成，信息孤岛现象严重；系统中的业务流程以及相应的信息流存在断层现象，尤其是在营销、物资、工程、生产和财务等业务关联较密切的各环节；管理体制和资产归属不一致，导致各公司的硬件、网络管理各自为政，如广域网络和局域网络分别由两个不同的部门负责，管理十分不便，服务器系统十分分散，没有进行统一的维护管理等；机房的统一化和灾难恢复的功能也没有引起足够重视，没有配备专门的网络监控管理人员，存在较大的安全隐患；信息中心的培训内容主要针对新的信息技术和产品，对项目管理、信息规划、行业专业知识方面的培训比较缺乏，没有培养有效的信息技术决策和实施能力。

7.5.2　解决方案

针对上述问题，优胜公司对信息化现状进行了全面的调查和分析，挖掘造成问题的深层次原因，并以行业内的最佳实践标杆为依据，从信息系统对业务的支持、系统集成、基础设施与安全管理、信息管理组织架构几个方面重点提出了解决方案。

7.5.2.1 信息系统对业务的支持

由于以前的信息化建设主要以各业务部门为主导，系统的建设有明显的缺陷，主要建设的是部门级的系统，信息系统对业务的支持没有站在公司战略的高度，没有从企业业务整体发展的角度提出信息化建设的目标和规划，系统建设缺乏整体性、前瞻性、可扩展性和一致性。其实，企业信息化的建设必须能支持公司战略的发展，而对公司战略的支持又主要体现为对具体业务开展的支持，基于这种思想，优胜公司采用了需求分解法，从公司的战略入手，结合公司的业务发展状况，深入分析了企业发展对信息化建设提出的需求。例如：企业需要加强与客户的关系，体现在具体行动中就是必须先建立总公司层面的客户档案，以便进行客户细分，然后才能有针对性的为客户提供良好的产品和服务，建立与客户的良好关系。而要很好的配合这些行动，对信息化就提出了具体的要求，如首先可以实施客户关系管理系统，记录客户信息，然后集成企业资源计划与客户关系系统，使公司拥有一个全面的客户信息资源库，包括客户的基本信息、交易信息、服务信息等等。利用需求分解法，优胜从战略出发，详细分析了企业的业务行为和特征，提出了未来信息化建设的要求，即必须建设项目管理系统、财务系统、资产管理系统、客户关系管理系统、业务管理系统等，通过与现有信息化现状的比较，找出了差距，并结合企业战略进行了信息化建设的优先级分析，为企业的信息化建设指明了方向。通过上面的分析，优胜公司已明确信息化是必须考虑重点解决的问题。然而，需求分解法只能指出信息化建设的大方向，对于细部和局部的系统功能，需要在所有部门的配合下，结合业务流程和功能，才能发现目前运行的信息系统的缺陷与不足。如财务管理，发现总公司和分公司现在均分别采用国内的一套财务软件，虽然能够完成各财务部门所负责的总账，固定资产，日常报表功能，但无应收、应付的功能，且结账慢；又如项目管理，无统一软件，工程项目的进度管理、成本核算与分析所使用的系统均处于分散状态，因而影响了财务部门对工程项目的核算效率等。通过分析整理，优胜公司对每一套信息系统都提出了详细的业务需求。通过对国内外相关成熟信息系统的分析比较，在综合考虑需求满足程度、成本、服务、成功案例等各方面因素下，优胜公司选择了一套国外的成熟软件产品进行分步实施。

7.5.2.2 系统集成

优胜公司过去的信息化工作以部门为主，缺乏整体考虑，因此目前就暴露出了许多问题，首先是系统分散、没有整合，给系统的集成带来了很大的困难，信息不能共享；其次是数据缺乏标准化，无论是自行开发，还是从市场上买来的应用软件，一般都不注意数据的标准化，或数据标准自成一体，因而形成了许多“信息孤岛”，应用项目上得越多，信息孤岛就越多，数据的不一致性就越严重；最后是系统开发没有标准化，优胜公司在信息系统的建设过程中没有使用一致的开发平台和开发工具，不利于降低系统维护成本、技术人员培训成本等。要解决这些问题必须对系统进行集成，并建立信息化建设的统一标准。优胜公司通过对业务流程的分析，从业务的角度提出了企业的信息流，明确了系统间所需要的集成关系。为了很好地整合现有及未来的系统，实现信息的集成、共享与流转，减少手工的干预，优胜公司提出了信息技术架构和整合方案，包括信息模型、应用系统的组成与结构、信息和数据在应用系统之间的分布与流向、信息技术标准和规范等。同时还分析了目前市场上主流的系统集成的技术和产品，在尽量保护现有投资的同时又兼顾未来系统方便集成的原则，优胜公司选择了最合适的产品和技术对现有的系统进行分步整合。

基础设施与安全管理基础设施是信息化的基础，包括服务器、存储设备及网络设施等。优胜公司虽然在基础设施方面投入很大，但还不够完善，服务器没有集中管理，重复投资，维护成本高且难以管理；核心网络缺乏备份，一旦核心设备出现故障，将会造成网络全面瘫痪。安全管理也存在较大问题，没有从技术和管理两方面构建完整的安全体系，存在很大的安全隐患。针对存在的这些问题，优胜公司从四个方面入手对未来基础设施建设进行了规划：广域网络系统架构规划、局域网络系统架构规划、Internet 连接架构规划、服务器及存储系统架构规划。在安全管理方面，优胜公司首先从技术上提出了完整的安全解决方案，如把公司的 Web 服务器、Mail 服务器设置在防火墙之后等，同时还从管理的角度提出了具体的规范，包括通信和操作安全性管理、访问控制安全性管理、系统开发和维护的安全性管理等，这样优胜公司就从技术和管理两方面构建了一套完整的安全管理体系。

7.5.2.3 信息系统组织架构

合理的 IT 组织架构是企业信息化建设的有力保障，同时也可以从一个侧面反映信息化在企业中的地位。然而优胜公司的 IT 组织架构设置不尽合理，主要表现在以下方面：

(1) 总公司没设专门的信息部门，负责信息化建设的人员隶属于行政管理部。公司层次只设几个专职，也没有专门部门。分公司更是连专职也没有。企业还没有建立良好的信息化管理体系，职责缺乏明确合理的分工。

(2) 企业还没有建立起信息化的工作规程和制度，包括信息系统建设需求的提出、论证、选型、实施等都没有规范的流程，也没有明确的职责划分。

针对上面的问题，同时考虑到总公司、公司、分公司在日常管理上又有一定的独立性，优胜公司提出了信息化建设在业务上进行垂直指导，在行政上横向管理的矩阵方式，结合信息集中化管理的基本原则，其信息化管理框架实现了转变。优胜公司建立了集中的信息技术管理和资源共享的机制，将原来挂靠在行政管理部下的信息中心提升为信息技术部，作为独立的职能部门进行信息技术的管理，并为总公司及其下属的公司和分公司提供信息技术服务；拓展了信息技术管理的职能范围，统一系统规划、建设与管理，如合同管理、信息资产及文档的管理及 ERP、CIS、CRM 等应用系统的建设、实施、维护及技术支持等；统一整个企业网络、服务器、信息系统（数据库及应用软件）及客户端软硬件的搭建、维护、备份、升级与管理，以及网络、信息系统的安全管理等；建立分布式的信息技术组织布局，在公司和分公司的总工室下设 IT 专职人员，为本公司提供信息技术支持，但业务上受总公司信息技术部的指导。在设计方案中，优胜公司对三层体系之间的职责做了明确的划分，总部的信息技术部负责全公司信息化的管理与决策，如进行集中、统一的信息技术管理和规划，负责全公司网络架构及网络安全等；公司及分公司层次主要负责信息化的实施与维护。优胜公司通过对信息组织架构的设计，明确了各自的职责，理顺了管理流程，使企业的信息化建设有了组织和制度的保障。

7.5.2.4 信息系统的实施与执行

除了上述方面，对信息化建设规划来说还有一个非常关键的问题，即系统的实施及资源配置计划。只有明确了信息系统建设的时间表、优先级，才能更好地指导系统实施。因此优胜公司在综合分析了公司战略、业务及系统现状后，提出了系统实施计划。在实施计划中，不仅安排了实施的时间表，还给出了系统实施的大概预算及主要的产品供应商，同时提出系统实施需要注意的主要问题等，为以后几年的信息化建设提供了很好的参考依据。

7.5.3 案例目的及分析

本案例的目的在于说明信息系统规划的指导思想以及规划的内容涉及哪些方面。信息系统规划的指导思想是信息系统的规划要能够对公司的发展战略提供强有力的支持，对公司的业务发展提供有效的技术支撑。信息系统规划的内容不仅涉及具体的IT项目的规划而且还涉及到IT组织的规划、公司总体的信息技术标准的规划，这些方面都是非常重要的。

信息化规划是企业在其信息化建设过程中，对今后较长时期（一般是3~5年）内的信息化建设的愿景、目标、总体框架和行动方案的描述，是企业信息化建设的“蓝图”，是信息系统设计和实施的前提与依据。例如，某企业未来三年的信息化规划，必须指明三年以后，该企业的信息化水平，即建设了哪些信息系统，这些信息系统是如何发挥作用的；如何一步一步完成这些建设任务。

企业信息化规划是企业信息化建设的第一步，在企业信息化建设中占据重要地位。要深刻理解企业信息化规划的含义，就必须将它与其他相关概念加以辨析：

（1）信息化规划是对整个信息化建设的规划，不是单个信息化建设项目的规划。信息化规划的内容是确定企业需要建设哪些信息系统，各个信息系统应该如何连接起来形成一个有机整体。信息化规划要解决的问题是战略层次的，是关于整体性的。

单个信息化建设也需要规划，但这种规划是战略层次的，是针对单个系统的。

处于战略层次上的企业信息化规划是进行单个信息化建设项目规划的前提和依据。先有总体规划，再有局部的、单个信息系统的规划。

（2）信息化规划的重点是解决整体性的问题。企业信息化建设是一项庞大的系统工程，涉及到方方面面的问题。在规划的时候，是不可能把所有的问题都考虑清楚，都提出具体解决措施的。所以，只能是重点考虑涉及到整体性的问题，提出总体解决框架，而具体细节，需要在具体建设时再加以详细考虑。

美国的John Henderson 1994年在哈佛商学院提出了信息系统规划的一套思考框架：战略一致性模型（Strategy Alignment Model）。

从图7-4中可以看出，企业获得IT需求，并根据IT需求建设信息系统，可以有三条不同的途径。

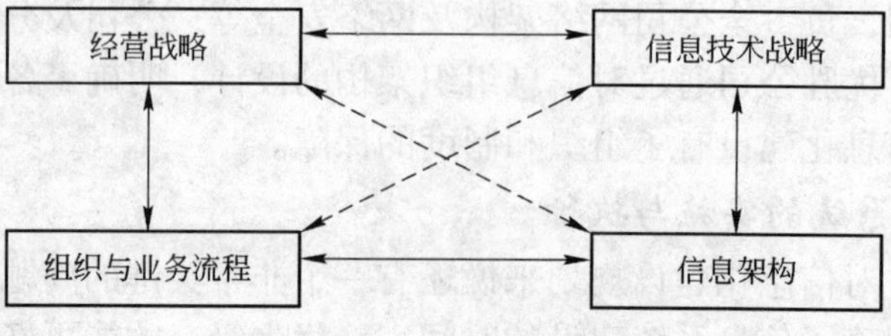

图7-4 战略一致性模型

路线1——由“组织与业务流程”至“IS结构”：当企业处在信息化管理的初级阶段，业务部门根据现有的业务流程，或组织根据管理需要，直接提出信息化需求，信息技术部门按照需求实施。如财务部门提出财务电算化的需求，运作部门提出库房管理的需求，信息技术部门会分别独立实施，这样就形成了一个完全基于企业组织与业务流程的IS结构，其中的各个信息系统分别对应于特定部门或特定业务流程。

路线2——由“经营战略”至“组织与业务流程”至“IS结构”：当企业处在信息化管理的中级阶段，公司会指定整体的经营战略，业务部门会根据公司经营战略和目标的指导，对现有的业务流程和组织进行变革（业务流程重组），然后由不同的业务部门分别提出信息化需求，由信息技术部门分别独立实施。这时候形成的IS结构是与优化后的组织及业务流程结构相对应的。

路线3——由“经营战略”至“信息技术战略”至“IS结构”：当企业处在信息化管理的高级阶段，公司会根据整体的经营战略，通盘考虑各业务部门的信息化需求，制定整体的IT战略，统一规划，分步实施，此时建立起来的IS结构，由企业IT战略统一指导，并与优化后的组织及业务流程相适应。

对于上述三种路线，我们可以通过表7-5加以分析。

表7-5 三条路线的比较

项 目	路线1	路线2	路线3
IT投资与战略的一致	未考虑	有所考虑	考虑
业务流程与组织的优化	未考虑	考虑	考虑
信息系统的集成	未考虑	未考虑	考虑
IS结构的应变能力	未考虑	未考虑	考虑

由表7-5可知，只有路线3才能确保IT战略与企业经营战略的一致性以及企业组织及业务结构与企业信息系统结构的一致性。

因此，企业在信息化建设中，必须首先进行总体规划，制订一个全面的IT战略，以此来指导企业信息化建设。

优胜公司的信息系统建设正是经历了从路线1到路线3的转变。使得公司的信息系统在能够支持公司战略、能够支持组织与业务流程优化以及信息系统能够统一集成的框架下步入信息系统建设的正规化。

7.6 热点话题——IT咨询为何重要？

咨询业受到国际IT巨头的高度重视，就是因为咨询扮演着“医生”的角色，它对之后进行的IT架构、技术实现手段等一系列环节起着导向性的决定作用。对于IT咨询这一“先导”产业的布道与争夺，必将影响整个IT产业（包括软件、硬件、服务）的发展。

2006年年底，深圳迈瑞生物医疗电子有限公司开始聘请IBM的咨询团队，共同制定IT建设的五年规划。IBM咨询团队工作的主要内容是，通过对公司高层的访谈，熟悉公司的业务模式，找出公司目前IT技术架构中存在的问题，帮助公司建立一个能够适应公司未来发展的IT架构。

时间退回到2002年。那一年，深圳迈瑞生物医疗电子有限公司刚上ERP项目，采用了美国QAD公司的系统，咨询服务由广东本地的一家咨询公司提供。“2002年，公司规模还不是很大，业务复杂程度不高，现在公司每年的增长速度都在50%左右，业务的迅速发展对IT建设提出了很高的要求。”深圳迈瑞生物医疗电子有限公司信息技术部经理表示。

这个例子只是中国众多企业的一个缩影。我们不难发现，一批曾经购买国内咨询服务的企业，当公司业务发展壮大从单个项目上升到公司整体的战略规划、中长期IT规划之后，还是选择了国际咨询公司。

国内咨询公司面临着从中低端向高端咨询突围的困境，也面临着国内咨询行业整体需要做大做强的局面。从这个意义上说，国内咨询公司还有很长的路要走。

IT规划成咨询新宠“如果你很清楚自己的病因是什么，就可以直接去买药；但是如果吃了药病还不好，或者你自己也不明白问题在哪里，就必须去找医生了。”正略钧策企业管理咨询有限公司副总裁打了一个形象的比喻。在IT领域，咨询公司正是承担了类似于“医生”的角色，而且，越来越多的企业也感觉到了“医生”的重要。

从战略咨询起家的正略钧策企业管理咨询有限公司，5年前开始涉足IT咨询领域，信息化很快就成为公司四大事业部之一，与企业战略咨询服务齐头并进。在该公司的客户中，80%都是集团公司，甚至很难用行业来划分这些客户了。“企业的规模越大，就越需要明晰自己的发展方向，一个业务方向的拖累，可能毁掉整个集团。”

我国机械装备行业的标志性企业三一重工先后购买过国内外好几家公司的咨询服务，2006年开始由汉普进行SAP的咨询和实施。“这些咨询主要是以项目为驱动的，如ERP项目、PDM项目等，还有一些公司管理方面的咨询。”三一重工股份有限公司IT本部IT规划部部长说。

国内很多企业在信息化建设初期缺乏统一的规划：各个部门分别从自己部门的业务需求入手，进行IT建设，比如营销部门建立营销系统、财务部门建立财务系统，到最后才发现信息系统之间不能实现数据共享。“2000年前后，很多EAI的产品非常火，就是为了解决这种数据整合的问题。”中国惠普有限公司企业计算及专业服务集团（TSG）咨询与集成事业部总经理说。

随着企业信息化建设的深入，原来以项目为牵引的IT咨询服务已经不能应对企业业务的快速发展。在这种背景下，一批信息化基础较好、具有经济实力的企业率先行动，开始制定符合企业发展的长期IT规划。今年7月，三一集团与IBM公司签订合作协议，共同完成三一集团IT基础设施规划项目，主要任务就是对集团的IT建设做出三年规划，并对一年期内需要实施的项目进行详细的方案设计。

“很多企业都会先从IT总体规划做起，在这方面大型企业走得最快，中小型企业面对的基本是本土市场，还没有实施这么大系统的需求。”吴龙华表示。惠普提供的咨询服务涵盖了IT总体规划、系统设计、业务流程梳理、系统实施等全过程，但是近年来，惠普提供的信息化战略规划服务明显增多。

某国际IT咨询服务商的负责人表示，国际上IT咨询服务具有很强的层次感：首先确定企业的战略目标，比如成为一家国际化企业，或者成为本土企业的老大；其次才是与这个战略目标对应的策略，包括业务策略、IT 发展策略、IT 规划等；接下来依次是架构、实现手段、实施和运营层面。其中，架构既包括企业的宏观架构，也包括 IT 方面的网络、系统、应用等架构。

显然，过去企业常常提到的软件购买和实施，其实只是咨询产业链最末端的实施和运营层面。而 IT 规划的逐渐流行，显示出企业开始从公司业务战略的高度看待信息化建设。“无论是企业的战略咨询，还是人力资源或者是营销咨询，最终都要靠 IT 咨询和 IT 工具来实现。”

在我国市场上，目前国外咨询公司仍然占据主导地位。根据易观国际最新的统计，2007 年第 1 季度，中国 IT 咨询市场总体规模达到 21.7 亿元人民币，位居前五位的都是国际咨询企业，其中，IBM、惠普、埃森哲位居前三位，三者的市场份额分别是 12.5%、10.5% 和 8.5%，同时跻身前五位的还有毕博和甲骨文。

不仅市场排名靠前，国际咨询企业的客户也多半集中于信息化水平较高的金融、电信等行业。如惠普的咨询服务纵向上主要集中在行业解决方案，如金融、电信、制造等行业，比如制造企业实施大型 ERP、MES、PLM、供应链管理等；金融行业的核心银行系统、呼叫中心等；电信行业的 BOSS 系统等。在跨行业的企业解决方案上，惠普主要提供行业通用的基础设施建设，为客户提供如网络规划、网络搭建、数据中心整合等方面的服务。

从某种程度上来说，IBM、惠普之所以能够在咨询市场上占据领先地位，与其软、硬件产品的先行不无关系。惠普认为，“自己在中国市场上的主要优势就是能够提供从硬件、软件到服务的一站式服务，以及客户化的实施”。国内某咨询公司的负责人则直接指出，跨国公司都是卖了硬件卖软件，卖完软件卖服务，丰富的客户资源成为它们开拓咨询服务市场的有力武器。

这其实是一个“鸡生蛋、蛋生鸡”的问题：国外软件占据主导地位，导致相当长一段时间内国外咨询的服务也占据主导，然而国外咨询服务占据主导，又进一步帮忙巩固了国外软件的市场地位。

正略钧策公司有自己的软件体验中心，对包括 SAP、Oracle、IFS、Hyperion、用友、金蝶等在内的国内外主流软件产品，并把软件的最终选择权交给企业。貌似公正客观的背后，隐藏的也许是不客观。某国际知名 IT 咨询服务商的负责人告诉记者，因为他们的客户多是国内大企业，而这些企业更倾向于选择国际知名的软件，如 SAP 等，这就造成国际咨询企业拥有更多的成功案例和更丰富的实施经验。

国内咨询企业因此不得不更多地仰仗价格、本土化人才和本地化服务的优势。虽然三一集团表示，影响他们选择咨询公司的主要因素，首先是公司是否具有同行业的成功实施案例，然后才是价格因素。但是，咨询公司却给出了相反的回答。

吴镝表示，企业之所以认可国内的咨询服务，50% 的因素都是价格，30% ~40% 的因素是项目经理的个人素质，剩下的 10% 则是考虑到适合中国国情。甚至出现了一些有意思的现象，“虽然我们在一些项目竞标中的价格并不比国外咨询公司的报价低，但是客户根据惯性思维，想当然地认为我们的价格会很低，从而选择了我们。”

除此之外，一些企业已经认识到一些国际咨询公司在国内市场提供服务时，主要团队也是由本土顾问人才构成的，这一点与本土咨询公司的差异并不大。“我们也接触过些国外公司，但是它们的很多咨询顾问也都来自国内。国外公司的优势主要在于形成了一套实施方法论，实施的内容较丰富。”徐国良说。

在知识库和方法论方面，国内咨询公司确实还有很长的路要走。毕竟，像正略钧策这样的国内咨询公司，在咨询领域只有15年的经验，更多时候需要依赖咨询顾问个人的才能和素质。而IBM、惠普这样的咨询公司通过多年的积累，已经形成了一套比较完整的方法论，知识库也更完整，咨询顾问只要遵循现成的模板和实施方法就可以了。

在吴镝看来，这也给国内咨询公司带来了机会：由于没有一套固定的实施方法的制约，国内咨询公司的顾问更能发挥自己创新性思维，并结合不同企业的具体情况更加灵活地实施。

在采访中，记者听到了这样一个真实的案例：不久前，一家中国汽车企业花费近千万元购买了全球最先进的管理软件，然而经过两三个月的实施后，这套先进的管理软件却成了企业的负担。其主要原因在于，企业内部没有做好相应的职能分配，也没有强有力的部门进行信息系统的推广和支持，连一项数据到底该由哪个部门录入都弄不清楚。虽然有了信息系统，但是80%的计划拆分仍然需要手工操作。后来，该汽车企业希望国内某咨询公司帮忙提出改进意见，并愿意给10万元作为报酬。“作为朋友，我们可以不要钱，但是10万元实在是侮辱了咨询专家的智慧。”该咨询公司的负责人说。

不惜斥巨资购买软件产品，却吝惜少得多的咨询投资，进而导致整体信息化投资浪费，这正是国内一部分企业信息化建设的现状：中国企业更看重软件和硬件等实物产品，对服务的价值认识不足。这也制约了国内咨询市场空间的进一步拓展。

从这个角度来看，“国外咨询公司帮助本土咨询企业进行了重要的前期市场培育工作，让国内企业开始意识到咨询的价值。”国内某知名解决方案提供商的负责人表示，虽然一些客户觉得国外公司的实施经验丰富、可靠、风险小，更愿意买国外公司的咨询，但是当客户接受了国外公司给出的顾问方案、进入投标阶段后，本土企业反而因为价格等原因面临着一些机会。国内咨询企业应该把握这种产业机会，把眼光放得更长远，甚至考虑如何让国内咨询业更好地带动国内软件业的发展。

2005年年初，上海宝钢股份不锈钢分公司希望建设一个面向销售，以财务为中心的钢铁企业生产综合自动化系统。最终，惠普作为总协调服务商，全力协调由宝信软件、BEA、Oracle、Veritas和Attunity等多家厂商组成的协作团队，提供了包括项目管理、搭建开发环境、设计应用系统框架等一系列服务。在这一系列软件提供商中，除了宝钢自己的宝信软件外，其他的都是国外软件。

IBM 2006年年报显示，其全球服务的营业额已占到全公司营业额的一半以上，IBM正在成为一个“服务+硬件+软件”的全面解决方案提供商，服务与软件在IBM公司战略体系中也占据了中心地位。多年来，IBM始终致力于改变其在客户心目中的形象：IBM不是一个卖服务器、卖Lotus等有形产品的公司，而是一个咨询和服务公司。咨询被IBM和惠普等国际巨头高度重视，就是因为咨询扮演着“医生”的角色，对之后进行的IT架构、技术实现手段等一系列环节起决定作用。所以，对于IT咨询这一“先导”产业的布道与争夺是影响整个IT产业（包括软件、硬件、服务）的关键点。IBM和惠普的成功经验表明，咨询影响着企业下一步信息化建设的IT架构、技术实现手段、实施、运营等一系列环节，也会给企业的软、硬件采购带来一定影响，因此，咨询产业可谓是软、硬件产业的“先导”。“先导”产业被外资占优，软、硬件市场自然也被外资占优，因此，对咨询产业的扶持也应该上升到国家政策的高度。

在IT咨询领域，政府有关的政策少得可怜。党的十六大提出了“以信息化带动工业化、以工业化促进信息化”，促进了企业信息化建设的热潮，客观上也促进了IT咨询行业的升温。然而，IT咨询行业基本处于自然发展的状态，国内软件企业也缺乏以咨询先行、带动自己软件销售的观念。在宏观政策的扶持下，国内咨询企业和软件企业联合起来，或将迎来更广阔的发展空间。

7.7 扩展学习模块——从宝供储运的成长看信息系统战略规划的作用

7.7.1 背景

宝供储运是广州的一家物流公司，其前身是广州的一个铁路货物转运站。刘武于1992年承包这个铁路货物转运站时，其规模还很小。但由于刘武灵活经营，承包的货运任务大多能及时完成，运输的质量比较好，仓库也比较干净，而且还是一家能够提供24h货运仓储的服务企业。而当时的国有物流企业，仓储和运输是分开的，服务质量差，仓库又脏又乱，这种截然鲜明的对比，使刘武的货物转运站越来越受到客户的好评。以至于1994年进入中国市场的宝洁公司也将业务交给这家小小的铁路货物转运站去做。

自从宝洁公司成为刘武的客户以后，这家铁路货物转运站的业务环境就发生了巨大的变化，并直接促成1994年广州宝供储运有限公司（简称“宝供”，下同）的成立。归纳起来，业务环境的变化表现在三个方面：

（1）业务总量的增加。宝洁交给宝供的第一笔业务是将4个集装箱发运到上海。为了做好这笔业务，刘武运作得非常仔细。刘武将集装箱送上火车以后，又马上乘飞机去了上海，一方面“督战”，一方面还可以考察各个环节，拿到第一手资料，这样才能保证少出问题，满足客户的要求。结果，宝洁对第一批业务感到非常满意，并从此开始陆续为宝供增加业务量，甚至一度把自己所有的铁路货运业务交给宝供储运。

然而，尽管第一笔业务效果很好，但由于成本很高，宝供并没有赚到什么钱。毫无疑问，如果每一笔业务都这样做，客户自然欢迎，但从经济效益的角度看却是不允许的。实际上，从1994年到1995年，宝供在全国已经有将近30万平方米的仓库，每天的发运量非常大，运营部的人每天都要花很大的力气了解这些货是不是按照客户的要求在规定时间之内发运出去，到达目的地的时间、破损率是不是在控制范围之内、有没有及时把货送到仓库去、签收情况又是怎么样等等。运营部的人拿一个硕大的笔记本，有单子就登记一下，对没有收到货的要及时打电话询问；对于有破损的，要发个传真调查一下。其烦琐的程度，仅仅靠人工是很难完成的。因此，面对发展迅速的业务量，如何提高运行效率，是摆在宝供面前亟待解决的一个问题。

（2）设立了分公司。分公司也是1994年由于业务发展迅速才成立的，并直接与宝洁有关。因为尽管铁路运输很便宜，但当时的铁路运输也有不少缺点，如环节多，时间不可靠，再加上一些装卸、运输过程中的野蛮作业，破损率比较高。而宝洁则一再表示：传统的储运公司让客户觉得很麻烦，货到了以后，还要委托另外一个供应商来提货，或者派自己的人去提货，而且一旦出现短少、破损或者提货不及时等问题时，往往就会造成互相扯皮的现象。面对这种情形，宝供立即在成都、北京、上海、广州设立了4个分公司，这4个分公司都按同样的操作方法、同样的模式与标准来运作。由宝供承运的货物到达目的地后，仍然由受过专门统一培训的宝供的人来接货、卸货、运货，为宝洁公司提供“一条龙”服务，而且从理论上看，总公司与分公司之间的信息沟通和协调应该比较方便。

然而，分公司建立以后，面临通讯问题，即总公司与4个分公司之间联系很频繁。用什么通讯方式才能保证业务的正常开展而且成本又很低？

宝供当时的做法是：1996年建立了一套基于DOS平台的用电话线连接的内部网络，以便在全国范围内的分公司之间传递一些信息。但在实际运作过程中，这种通讯方式效率低成本高。例如，总公司在与成都分公司通过计算机联系的时候，往往由于电话线路紧张而失败；另外操作复杂，稳定性差，长途电话成本高以及与宝洁也没有“接口”等等。因此，这又给宝供的未来发展提出了一个十分严峻的问题。

（3）兼顾客户的业务流程。自从宝洁成了宝供的客户以后，该公司就不断对宝供提出很多新的要求，如要求宝供提供安全、准确、及时、可靠的储运服务等。宝洁不只要求宝供在业务上满足他们的要求，而且还对所有在物流各个环节产生的信息非常关注。比如货物什么时候发运，用的是哪趟火车，预计何时到货，货物情况如何，有无破损，是否已经签收等。

鉴于宝洁上述方面的要求，宝供努力地按照宝洁的要求来设计业务流程和发展方向。但宝供原有的业务流程是建立在业务量较低的基础上的，业务量骤增以后，立即面临着很多问题。对于宝洁所要求了解的发运时间、车次、到货时间、破损情况、签收与否等情况，如果只有一笔业务，刘武自己可以跟踪解决，如坐飞机到上海、成都、北京等地；但如果有好几百笔业务都在同时做，那么每一笔业务都这样跟踪，显然是不可行的。事实上，宝洁与宝供刚刚合作的一年左右时间内，宝洁一直都较满意，但随着业务量的加大，宝供的反应速度明显下降，如发现到货时间不准，破损率上升，还有货运信息不能及时反馈等，甚至进一步影响到企业本身的发展，因此宝洁中止了与宝供的铁路运输总代理的合同。所有上述这些情况，又向宝供的业务流程和信息传递提出了挑战。

7.7.2 问题解决

宝供将如何解决上述问题？如果从信息系统的角度来分析上述问题，我们会发现宝供当时面临的最为本质的问题是信息管理，即如何解决信息瓶颈问题。因为在原来业务量小的情况下，事务处理过程可以由手工完成，而现在业务量大，事务处理过程变得繁重而复杂，如果仍通过手工的方式（用笔记本记录、打电话、发传真查询催问），即使花很大的力气也难以准确收集诸如发运时间、车次、预计到达时间、实际到达时间、破损率、入库时间、签收情况等有关信息。虽然宝供在成都、北京、上海、广州四处设立了分公司，可以保证按同样的模式和标准来运作业务流程，但对于信息管理而言，这样做实际上增加了中间层次，并随即面临总公司与各分公司之间的通讯问题。不仅如此，现代客户（如宝洁）与传统客户相比，要求更高，不仅要求提供安全、准确、及时、可靠的储运服务，而且还要求提供及时准确的货运信息。这样看来，宝供当时的“信息瓶颈”既表现为当时的信息管理水平和信息系统（IS）现状已不能实时监控各个储运环节，还表现为不能满足客户的需要。

正当宝供处于无法实时监控各个储运环节和“竞争激烈”这种内外交困的境地时，Internet 网的应用已被我国的有志之士所认同，企业信息系统及 Internet 应用专家唐友三此时对帮助解决这一“信息瓶颈”问题起了一个非常关键的推动作用。如果我们从内部业务现状、外部业务环境、内部 IS 现状、外部信息系统环境四个方面来分析宝供，不难发现下面这样一个业务与信息系统矩阵。

应该说，宝供当时的信息系统战略规划也并非完全一帆风顺。作为企业的第一把手，刘武已经意识到宝供的信息瓶颈可以通过 Internet 网来解决，即通过网站发布货运信息，全国各地的分公司和客户都可以共享这些信息。甚至可以说没有网络，宝供很难再往下发展了。然而，宝供当时的实际情况是，已有一些 PC 机了，并组建了一个基于 DOS 平台的网络，当时资金有限。唐友三与刘武多次商量以后，一致认为，为了企业的长远发展，信息系统规划必须与企业目标相统一，必须跟上国际潮流，要建立一个高起点高水平的企业信息系统，一个基于 Internet 网的信息系统。考虑到宝供的信息系统现状和业务现状，在硬件上能省就省，486 先用着，386 换成 586 兼容机，买一台新服务器，再将原来的 486 服务器升级一下，其他布线的活由企业内部职员做，这样硬件总共投入了大约 10 万元，软件部分也投入 10 万元，交由北京的英泰奈特公司来做。经过英泰奈特信息系统专家的查询访谈，整理出宝供的基本业务流程。

“客户发过来一个单子，也就是一套托运表，要填好货物品种、目的地、数量/重量等等，然后宝供的分公司根据这张表按照客户要求联系火车或者汽车准备第二天发运。若有车皮单子的货又少，还要马上准备调配其他客户一起发运。货到后要有车到火车站去装，根据要求还要加一些包装（如将怕漏水的加塑料布，怕磕碰的加用木架等）。装完以后车皮的门要锁住，封条要封好，封条的号码还要记下来通知接货的分公司。到达目的地后，分公司要到火车站去接收，把货拉到宝供当地的仓库里面去检验有没有损失，然后分类储存好，等待客户签收。客户签收后再把单子马上快递回货物始发的分公司，分公司上报总公司，总公司就凭这个找客户拿钱。”

当然，在实际操作中每笔货物都是不一样的，若标准流程中的任何一个环节有变化，都会衍生出一种新的流程。比如食品在仓储过程中有一个批号问题，考虑到保质期要“先进先出”，再比如有些货物在运输过程中必须分开，不能同批搭配运输等等。

基于上述业务流程的分析，宝供建立了以 Internet 网络构架的 IS，把货物的运输系统分解为接单、发运、到站、签发等环节，整个系统由接单模块、发运模块、运输过程控制模块、运输系统管理模块、仓库管理模块、查询模块等构成。系统采用集中数据存储，各个分公司对数据的“保有权”是有时效限制的。所有最终数据的维护均由公司的信息中心负责进行。

7.7.3 成本收益

如果要详细而具体地评述宝供信息系统战略规划的作用与影响，是十分困难的，不过我们通过对成本与收益的简要分析就可以得出较有说服力的结论。

在成本方面，虽然宝供信息系统在早期的规划与开发上占了不少便宜，如硬件很节约，软件报价低等，但后来的投入渐渐加大了，超过了200多万元，总部人手一台计算机，经理们有笔记本电脑。从企业财务的角度来看，这正是良性循环的必然结果。因为宝供储运的信息系统应用从基本的Internet构架到报表生成系统的开发，已经历了两个阶段。无论从事务处理的计算机化还从服务于管理决策的角度看，成本的投入都是值得的。这一点已从总经理对唐友三的信任上得到了证明。

在收益方面，信息系统战略规划给企业带来的好处很多。收益包括有形的收益和无形的收益两方面。有形的收益表现为成本的节约。例如，将信息系统建立在Internet/Intranet平台上，比原先的电话、传真方式所需的费用要低。虽然首期一次性投入（服务器、PC机、布线等）可能也不少，但运行时具有的规模效应具有较大的优势。另外，宝供从当初4个分公司发展到了31个城市都有分公司，客户也由原来专门为宝洁服务发展到后来的45个客户。从传统的角度看，业务量的增长，应有较多的人员去应付诸多管理上的事务。而实际上，借助先进的信息系统，宝供总公司业务部仅用12人就可以进行全盘监控了。这在以前简直是无法想象的。用刘武自己的话说："没有这个信息系统，宝供根本就做不大。现在我们在全国有那么多运营点，要对他们进行管理，我看不到又摸不着，只能依靠这套系统来监控。对提出的要求和标准，有没有达到？如果没有达到，具体是什么原因。我在电脑上一看，就知道出了什么事，及时采取补救措施。"

有形的收益不仅表现在成本的节约上，有时甚至能直接体现在业务指标的实现上。例如，以前从广州运到北京要15天，现在只需10天时间就可以了。在可靠性方面，原来能达到90%就不错了，可现在铁路运输已经提高到了95%，公路甚至可以达到99%以上。

信息系统战略规划的作用与影响在很多情况下还表现为一种看不见摸不着的东西。宝供新的信息系统刚开始运行的时候，曾遇到过不少阻力，主要是一些老资格的管理人员，他们不懂计算机，不懂Internet网，更不懂计算机联网后会提高管理效率，因而产生了抵触情绪。通过总经理对规划意图的讲解和参与计算机知识的培训，提高了企业的所有员工的素质，无形中提高了企业的综合素质。

思考题

1. 简述战略管理的含义。
2. 简述企业战略管理的四个阶段。
3. 简述信息系统规划含义。
4. 建设信息系统的主要模式有哪些？
5. 信息系统规划方法有哪些？简述制定管理信息系统战略规划的常用方法。
6. 什么是业务流程重组，企业流程重组（BRP）的定义及思想？
7. 业务流程重组的原则是什么？
8. 简述IT咨询的主要内容及分类。

8 系统生命周期方法论

生命周期法是用系统的思想，系统工程的方法，按用户至上的原则，结构化、模块化，自顶向下对信息系统进行分析与设计 。生命周期法也称结构化系统开发方法，是目前国内外较流行的信息系统开发方法，在系统开发中得到了广泛的应用和推广，尤其在开发复杂的大系统时，显示了无比的优越性。它也是迄今为止开发方法中应用最普遍最成熟的一种。生命周期方法是最传统也是最经典的软件开发方法学，它严格按照软件生命周期的阶段将系统开发过程划分为多个阶段：系统规划划分为问题定义、可行性研究、需求分析三个阶段，系统设计划分为总体设计、详细设计、编码、综合测试四个阶段，再加上系统维护阶段。

生命周期法强调整体上的协调和规划，为保证整体性和全局性，它要求用户在分析阶段能提出准确、完整的系统需求，开发者则据此给出严格的需求定义和描述，并按此进行阶段性的系统开发。为了保证生命周期法的成功必须满足两个条件：首先，用户应该能清楚、完整地提供有关系统的需求，而系统开发者要能完整、正确地理解和定义这些需求；其次，在整个开发期间，需求一旦定义就不会再发生变化。

本章讲述了系统分析的基本概念，详细阐述了为完成系统分析阶段的任务所使用的典型结构化方法和工具；并以实例形式展示了系统分析全过程及结果，以帮助理解掌握分析工作中的难点和重点；同时本章对生命周期方法的几个阶段进行了详细的阐述，对信息系统开发的其他几种方法也进行了介绍。

8.1 生命周期法的基本思想

美国学者霍尔（H·hall）最先提出了系统方法的“三维结构体系”，这是系统工程方法论的基础。“三维结构”是由时间维、逻辑维、知识维组成的一个立体结构，如图8-1所示。时间维将系统研制分为7个阶段来进行：

（1）规划阶段：对系统进行定义，确定系统目标，制定开发规划和策略。

（2）制订方案：提出具体实施方案。

（3）研制阶段：实现系统的研制方案。

（4）试运行阶段：将研制结果投入试验。

（5）安装调试阶段：整个系统安装好，拟定运行维护规范和运行计划。

（6）运行阶段：按预期目标运行系统。

（7）更新阶段：改进旧系统，使之成为新系统。

逻辑维是指系统开发过程中每个阶段经历的步骤。

（1）问题确定：通过收集数据，弄清问题的症结，确定这个阶段应该解决的问题。

（2）确定目标及评价标准：确定解决问题应达到的目标以及对阶段成果进行验证合

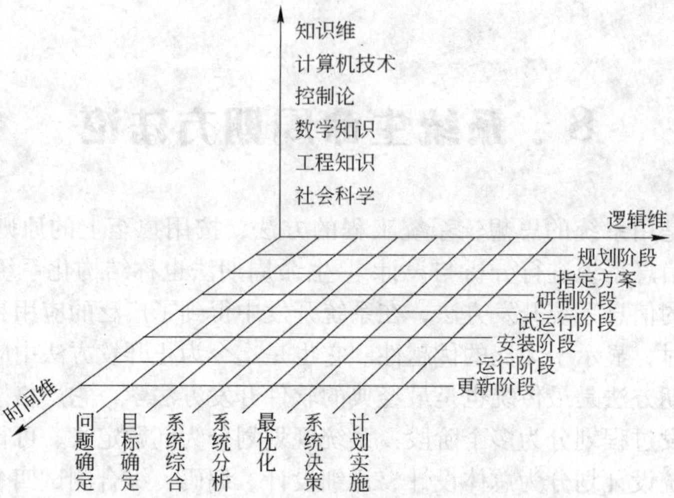

图 8-1　“三维结构”体

格的标准。

（3）系统综合：研究达到目标的各种方案和策略。

（4）系统分析通过建模，推断可选择各种方案的可能结果。

（5）最优化：对各种方案的可能结果进行比较、分析，求出最优的系统方案。

（6）系统决策：在系统最优方案中进行选择，做出最后决策。

（7）计划实施：将决策方案实施。

知识维是指完成各阶段、各步骤所需的知识，包括：工程知识、数学知识、社会科学、行为科学、控制论、计算机技术、通信技术、法律等。

MIS 开发阶段又分为系统分析、系统设计、系统实施三个阶段。根据上述的“三维结构”，可划分为系统规划、系统分析、系统设计、系统实施和系统运行与维护五个阶段，如图 8-2 所示。这样划分 MIS 的生命周期是为了对每一个阶段的目的、任务、采用技术、参加人员、阶段性成果、与前后阶段的联系等作深入具体的研究，以便更好地实施开发工程，开发出一个更好的系统，以及更好地运用系统以取得更好的效益。

上述生命周期法也称为结构化生命周期法，该方法把管理信息系统开发的全过程按其生存周期分成若干阶段，每个阶段有相对独立的任务，然后逐步完成各阶段的任务。在每一阶段的开始与结束都规定了严格的标准。前一个阶段的结束标准就是后一阶段开始的标准，而每个阶段任务相对独立而且比较简单，便于不同人员分工协作，从而降低了整个软件工程开发的困难程度。在软件生命周期的每个阶段都采用科学管理和良好的技术方法，而且在每个阶段结束之前都从技术与管理两个角度进行严格审查，合格后才开始下一阶段工作。这就使软件开发的全过程以一种有条不紊的方式进行，保证了软件质量，提高了软件的可维护性。这样不仅可以大大提高软件开发的成功率，还会提高生产率。用结构化系统开发方法开发一个系统，将整个开发过程划分为五个首尾相连接的阶段，一般称之为系统开发的生命周期（life cycle），如图 8-3 所示。

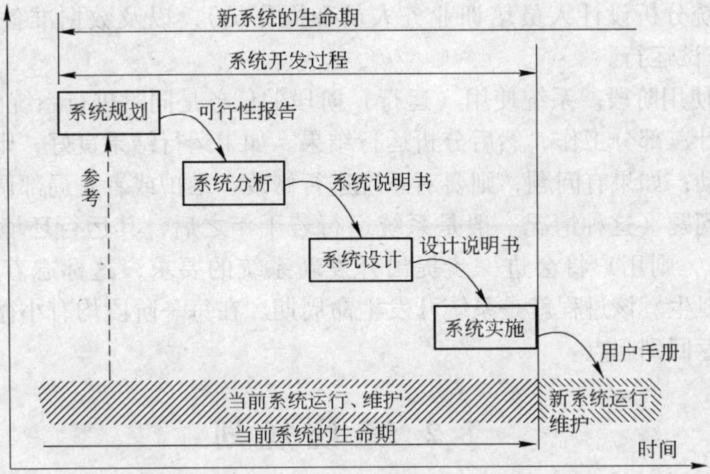

图 8-2　MIS 生命周期模型

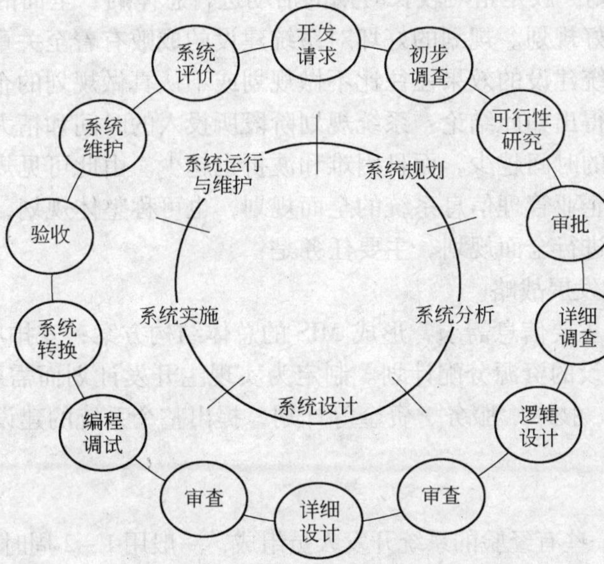

图 8-3　管理信息系统开发的生命周期

系统开发生命周期各阶段的主要工作有：

（1）系统规划阶段。系统规划阶段是根据用户的系统开发请求，进行初步调查，明确问题，确定系统目标和总体结构，确定分阶段实施进度，然后进行可行性研究。

（2）系统分析阶段。系统分析阶段的任务是：分析业务流程；分析数据与数据流程；分析功能与数据之间的关系；最后提出分析处理方式和新系统逻辑方案。

（3）系统设计阶段。系统设计阶段的任务是：总体结构设计；代码设计；数据库/文件设计；输入/输出设计；模块结构与功能设计。与此同时根据总体设计的要求购置与安装一些设备，进行试验，最终给出设计方案。

（4）系统实施阶段。系统实施阶段的任务是：同时进行编程（由程序员执行）和人员培训（由系统分析设计人员培训业务人员和操作员），以及数据准备（由业务人员完成），然后投入试运行。

（5）系统使用阶段。系统使用（运行）阶段的任务是同时进行系统的日常运行管理、评价、监理审计三部分工作，然后分析运行结果。如果运行结果良好，则送管理部门，指导生产经营活动；如果有问题，则要对系统进行修改、维护或者是局部调整；如果出现了不可调和的大问题（这种情况一般是系统运行若干年之后，其运行环境发生根本性变化时才可能出现），则用户将会进一步提出开发新系统的要求，这标志着老系统生命的结束，新系统的诞生。该过程就是系统开发生命周期。在每一阶段均有小循环，在不满足要求时，修改或返回到起点。

8.2 系统规划

系统规划是管理信息系统（MIS）生命周期的第一个阶段，是MIS概念形成时期，这一阶段的主要目标是制定MIS的长期发展方案，决定MIS在整个生命周期内的发展方向、规模和发展进程。规划一般是指对较长时期的活动进行总体的、全面的计划。管理信息系统建设的第一步是作好规划。规划的好坏对系统建设的成败有着至关重要的影响。凡是认真做规划的企业其系统建设的效果往往比不做规划或不认真做规划的企业效果好得多。有的企业管理人员甚至得出如此结论：系统规划阶段所投入的时间和精力越多，将来设计和实现时效果越好、花的时间越少，而且困难和波折也越少。由此可见规划的重要性。这里的系统规划是指整个企业管理信息系统的全面规划，也可称整体规划，就是如何用信息技术支持企业实现目标进行全面规划。主要任务是：

（1）制定MIS的发展战略。

（2）确定组织的主要信息需求，形成MIS的总体结构方案；安排项目开发计划。

（3）制定系统建设的资源分配计划。制定为实现主开发计划而需要的硬、软件资源、数据通讯设备、人员、技术、服务、资金等计划，提出整个系统的建设概算。

8.2.1 系统调查

系统初步调查由一些有经验的系统开发人员组成，一般用1~2周时间。调查内容包括：

（1）企业环境和概况。企业的发展简史、目前规模、经营效果、业务范围、管理水平、企业的总目标和总任务等。

（2）企业领导和管理人员的信息意识，信息意识强弱决定了新系统的成败。

（3）企业的组织机构和人员分工。调查企业的组织机构、领导关系、人员分工和配备情况，从中不但可以了解现有系统的构成、业务分工，还可以了解人力资源，发现组织和人事制度的不合理成分。

（4）现行信息系统运行情况。要建立一个新的信息系统，就要了解原来的信息系统存在哪些问题，有哪些好的方面是需要保留下来的，有哪些问题需要解决，为什么要建立一个新的信息系统来代替旧的信息系统，这些一定要弄清楚。现行的信息管理系统（人工的或人机的）运行状况。诸如系统的结构、功能、效率、可靠性、问题等。

(5) 新系统开发的条件。开发一个新的系统，准备要投入哪些资源，这个企业有没有旧的计算机化的信息系统，在旧的系统当中有哪些设备是可以继续用的，需要投入哪些新设备，开发新系统准备投入多少资金，这些资金的来源如何，这些都要弄清楚。包括计算机设备情况，计算机应用人员情况；原始数据的完整性和精确度；管理基础等。

(6) 问题和薄弱环节。企业期待 MIS 解决问题的重要性及解决这些问题的可能性。

(7) 企业领导对建立新的信息系统的看法和态度。这一点非常重要，根据企业的实际情况，如果说企业有必要建立一个新系统来代替旧系统，而且也有资源来建立新系统，但是，企业的领导没有一个积极的态度，不愿意在这方面合作的话，那信息系统还是不可能成功。所以，关键还是要了解企业各级领导对建立新信息系统的态度，尤其是主要领导的态度。

系统初步调查包括以下注意问题：

(1) 初步调查要注意宏观上的内容，如组织概况等，不要一下陷入具体细节中去。

(2) 注意对组织周围环境情况的调查，如同行业企业的情况、上级的态度、政策法规、企业产品的前景等。

(3) 多定量、少定性，收集具体数据。比如企业近三年的利润是××万元，以便在做可行性分析时用数据说话。

8.2.2 提出系统的总体方案

总体方案包括以下几个方面：

(1) 系统目标和范围的描述。要建立一个新的信息系统，希望新信息系统能够为企业起什么作用，这就是目标。另一方面就是它的范围，信息系统不可能涵盖所有的范围，有些信息系统可能包括企业主要的信息处理部分，有一些可能只包括几个重点的部门，所以范围一定要界定清楚。

(2) 系统运行环境的描述。建立一个什么层次的信息系统，跟运行环境有很密切的关系，这些会涉及信息系统将来的运行环境会受到哪些条件的约束，有哪些方面会对它产生制约。所以对外界的运行环境必须有个描述。

(3) 计算机的初步选型。为什么在提出总体方案时要提出选型呢? 因为选型跟将来计算机、设备和网络报价有直接的关系。初步选型只是大体上确定计算机的选型范围，以便从初步选型中做出财务规划。

(4) 系统的开发计划。系统开发计划主要是把系统的开发进度大体上排出来，对每一步所要达到的功能、每一步投入的资金、每一步完成的时间等都要有一个系统开发计划。

(5) 可行性方案。可行性研究主要从 3 个方面进行：

1) 经济上的可行性。要进行投资效益方面的分析，既要考虑直接经济效益和直接投入，也要考虑间接经济效益和间接投入。

2) 技术上的可行性。要考虑采用什么技术来支持信息系统的实现。一般不采用最新的计算机技术，因为最新的计算机技术通常很不稳定。

3) 运行上的可行性。看看运行的具体社会条件是否适合，是不是受到各方面的限制。

(6) 可行性报告。通过以上研究以后，就可以根据经济上的可行性、技术上可行性和运行上的可行性，写出一份分析报告。这个报告的结论可能可行，也可能不可行，也可能介于二者之间。一般来说总体规划和它的可行性研究是要求在很短的时间内完成的，都是请一些有经验的专家组成小组来进行工作，如果不可行，这阶段工作就等于没有产生任何效益。可行性报告通过以后，马上转入管理信息系统开发的实际工作，使用户对信息系统的要求明确化。所以报告是一个非常重要的阶段。

8.3 系统分析

系统分析阶段的目标，就是按系统开发的目标和用户的信息需求，提出系统的逻辑方案。系统分析在整个系统开发过程中，是要解决“做什么”的问题，把要解决哪些问题、满足用户哪些具体的信息需求调查、分析清楚，从逻辑上，或者说从信息处理的功能需求上提出系统的方案，即逻辑模型，为下一阶段进行物理方案（即计算机和通讯系统方案）设计、解决“怎么做”提供依据。

系统分析阶段的主要活动有：系统初步调查、可行性研究、系统详细调查、新系统逻辑方案的提出，如表8-1所示。

表8-1　系统分析阶段的主要活动

活动名称	目　标	关键问题	主要成果	管理决策
初步调查	明确系统开发的目标和规模	是否开发新系统？若开发，提出新系统的目标、规模、主要功能的初步设想，粗估系统开发所需资源	系统开发建议书	是否同意系统开发建议书？若同意，安排可行性研究工作
可行性研究	进一步明确系统的目标、规模与功能，提出系统开发的初步方案与计划	系统开发的技术可行性研究、经济可行性研究、营运可行性研究，系统开发初步方案与开发计划的制订	可行性研究报告，系统开发（设计）任务书（含计划）	审定可行性研究报告，若同意，下达系统开发（设计）任务书（或签协议、订合同）
现行系统详细调查	详细调查现行系统的工作过程，建立现行系统的逻辑模型，发现现行系统存在的主要问题	现行系统的结构、功能和数据流的详细分析，具体问题的认定	现行系统的调查报告	（审查现行系统的调查报告）
新系统逻辑方案的提出	明确用户信息需求，提出新系统的逻辑方案	用户需求分析，新系统逻辑模型的建立	系统说明书或需求分析报告	审查系统说明书，若批准，进入系统设计阶段

8.3.1 组织结构与功能分析

组织结构与功能分析主要掌握企业的管理情况，找出管理中的问题，了解用户的需求，对新系统应该干什么做出分析，这个分析就叫做新系统的逻辑模型。这个系统分析是在彻底掌握原来系统工作状况的基础上，吸收了原来工作系统的优点、克服原系统的缺点，并结合计算机技术特点提出新系统的逻辑模型。

(1) 组织结构调查。组织结构调查往往要画出一个组织结构图，第一个文档就是组织，它包括哪些职能部门、有哪些下属的机构，这个组织结构之间的关联都要用图形表示出来，就是组织的信息关联图。在组织结构中，哪些职能部门是要进入信息系统管理范围之内和作为调查的重点，哪些范围之外的部门或者是人员，与系统有哪些联系也要搞清楚，这是关于组织结构的调查。

（2）系统业务流程调查。组织结构调查以后，对管理信息系统范围之内的业务要进行详细调查，这种调查称为系统的业务流程调查。

（3）数据流程调查与分析。业务流程图具体处理以后，把它抽象为数据流程图，利用数据流程图把过程表示出来。

8.3.2 业务流程分析

组织机构图描述了系统边界之内的部门划分以及这些部门之间的关系，而功能分析图则反映了这些部门所具有的管理功能，这些都是有关信息系统工作背景的一个综合性描述，它们只反映系统的总体情况而不能反映系统的细节情况。但是，从这两张图上，我们可以看出信息处理工作集中在哪些部门以及这些部门的主要职责是什么，因此，下一步的任务就是要弄清这些职能是如何在有关部门具体完成的，以及在完成这些职能时信息处理工作的一些细节情况，这项工作称为业务流程分析。

在对系统的组织结构和功能进行分析时，需要从一个实际业务流程的角度将系统调查中有关该业务流程的资料都串起来作进一步的分析。业务流程分析可以帮助我们了解该业务的具体处理过程，发现和处理系统调查工作中的错误和疏漏，修改和删除原系统的不合理部分，在新系统基础上优化业务处理流程。恰当的业务流程分析结果将会给后续工作以及系统设计工作带来很多便利。

业务流程分析的具体内容包括以下五个方面：

（1）详细了解各个业务管理环节的任务、工作对象、工作方式、工作内容（需要的信息、数量和处理过程）。

（2）与其他机构和部门之间的信息关联（输入报表、产生的单证及其格式、输出报表等）。

（3）异常情况的处理（如临时性的需求以及发现错误、紧急情况的处理等）。

（4）有无冗余和无用的处理过程。

（5）哪些处理环节适合使用计算机代替人工处理。

业务流程分析则是在业务功能的基础上将其细化，利用系统调查的资料将业务处理过程中的每一个步骤用一个完整的图形串起来，在绘制业务流程图的过程中发现问题，分析不足，优化业务处理过程。所以说绘制业务流程图表是分析业务流程的重要步骤。

8.3.2.1 业务流程图的定义

业务流程图（Transaction Flow Diagram，TFD）就是用一些规定的符号及连线来表示某个具体业务处理过程，即表明系统内各单位和人员之间现实的业务关系、作业顺序和管理系统流动的流程图。

现实业务活动中的一些弊病很难凭空指出，而利用业务流程图可以细致地分析其业务流程的合理性、存在的问题及从何处入手进行修改。业务流程可能在一个部门或一个单位中，也可能是跨部门的，要视具体情况而定。现状业务流程图可以自底向上归并，即把下层图作为上层图的一步作业来画更粗的业务流程图。有关业务流程图的画法，目前尚不太统一，但也只是一些具体规定和所使用的图形符号有些不同，而在准确明了地反映业务流程方面是非常一致的。

业务流程图是系统各部门、人员之间关系、业务关系、作业顺序、管理信息流动的图形表示。它可以帮助分析人员找出业务流程中的不合理的地方，明白各环节需求信息、信息来源、流经去向、处理方法及信息形态。具体业务流程图的构成元素如图8-4所示。

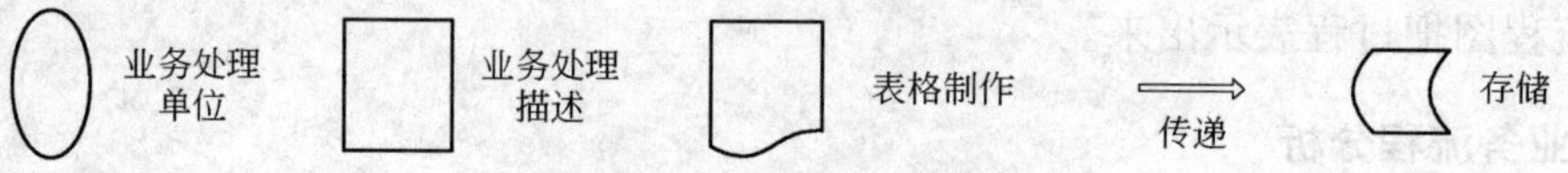

图8-4 业务流程图图例

8.3.2.2 实例

某高校社团管理系统的业务流程图，如图8-5所示。

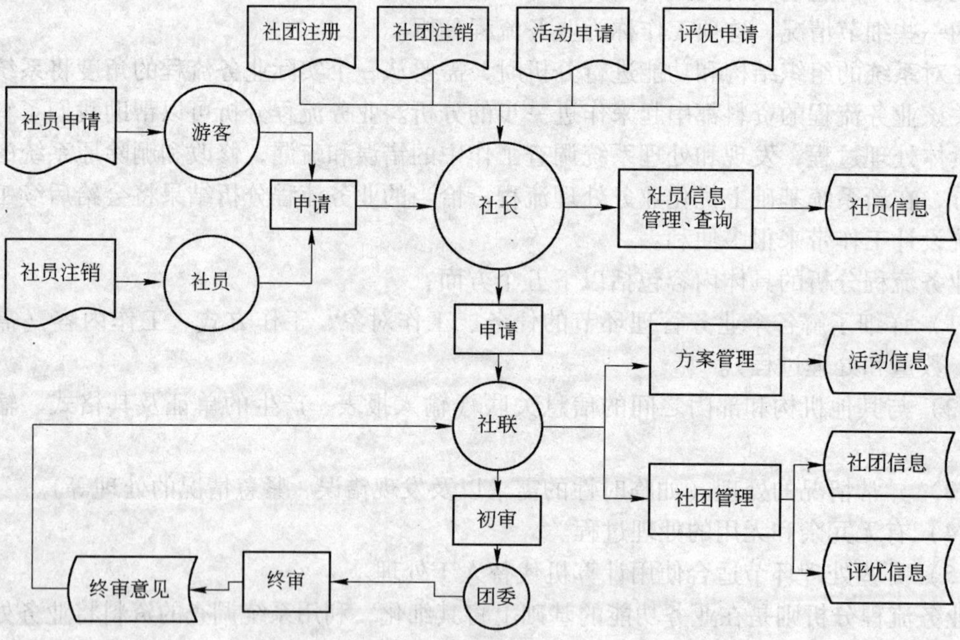

图8-5 某高校社团管理系统业务流程图

8.3.3 功能需求分析

业务需求反映了企业或组织对（软件）系统的业务要求，通常也包含问题或机会的定义。问题是指企业或组织运作过程中遇到的问题，例如物资供应脱节、用户投诉量大、客户流失率较高等。机会是指抓住外部环境变化所带来的机会，以便为企业带来新的发展，例如电子商务、网上银行、基于即时通信的工作协同系统等。业务需求通常由管理人员提出，业务需求的解决往往要结合制度、（人员）能力、系统功能等多方面。另外，业务需求也反映了企业或组织对（软件）系统的高层次目标要求，就是系统的建设目的以及目标。

功能需求（functional requirement）定义了开发人员必须实现的软件功能，使用户能完成他们的任务，从而满足了业务需求。在软件需求规格说明书（SRS）中说明的功能需求充分描述了软件系统应具有的外部行为。软件需求规格说明在开发、测试、质量保证、项目管理以及相关项目功能中都起了重要的作用。对一个大型系统来说，软件功能需求也许只是系统需求的一个子集，因为另外一些可能属于子系统（或软件部件）。应从用户的角度出发，始终把握新系统建设目标，定义新系统的功能。

用户需求是指描述用户使用（软件）系统需要完成什么任务，怎么完成，通常是在问题定义（业务需求）的基础上进用户访谈、调查，对用户使用的场景进行整理，从而建立用户角度的需求。解决如何使用（软件）系统完成具体工作。

软件系统需求是在业务需求的指导下，对用户需求进行整理、分析、提炼，从而指导开发的、更精确的、规格化的需求。一般来说，软件需求可以作为软件验收依据与合同契约。软件系统需求可以分为业务功能需求、系统功能需求、设计约束等方面的内容。

（1）业务功能需求：（软件）系统必须完成的业务功能，即为了向它的用户提供有用的功能，产品必须执行的动作。这部分工作将分散用户零散的需求采用结构化的方法去定义，以便支撑后续的设计、开发、测试。

（2）系统功能需求：（软件）系统必须具备的功能、性能、属性。包括系统性能（功能速度、响应时间、恢复时间等）、可靠性、易用性、安全性、移植、部署等方面的内容需求。

（3）设计约束的需求：影响系统实现各种设计约束，包括开发语言、数据完整性方针、资源的限制、运行环境的要求等等。

8.3.4　数据与数据流程分析

数据流程图就是组织中信息运动的抽象，是信息系统逻辑模型的主要形式。这个模型不涉及硬件、软件、数据结构与文件组织，它与系统的物理描述无关，用一种图形及与此相关的注释来表示系统的逻辑功能。由于图形描述简明、清晰，不涉及技术细节，所描述的内容是面向用户的，即使完全不懂信息技术的用户也容易理解。因此，数据流程图是系统分析人员与用户交流的有效手段，也是系统设计（即建立开发的系统的物理模型）的主要依据。

8.3.4.1　数据流程图的定义

数据流程图（Data Flow Diagram，DFD）是便于用户理解系统数据流程的图形表示，它能精确地在逻辑上描述系统的功能、输入、输出和数据存储等，而摆脱了其物理内容，是描述管理信息系统逻辑模型的最主要的工具。它不仅可以用来描述现行系统，而且可以用来描述新系统，是结构化系统最基本、最重要的工具。

数据流程图是对系统信息运动的抽象描述，不涉及具体的物理实现，不涉及诸如时间等控制信息，它用“一种图形及与此相关的注释来表示系统逻辑功能”，是管理信息系统逻辑模型的主要形式。由于图形描述简明、清晰，不涉及具体技术细节，所描述的东西是面向用户的，即使完全不懂信息技术的用户也能理解。因此，它是系统分析员与用户进行交流的有效手段，是建立所开发的系统物理模型的主要依据。

8.3.4.2 数据流程图的基本符号

数据流程图由四种基本符号组成，数据流图基本成分有很多种表示方法，描述本系统逻辑模型时使用的图例如图8-6所示。主要由外部实体、数据流、数据处理（或称数据加工）、数据存储（或称存储文件）。

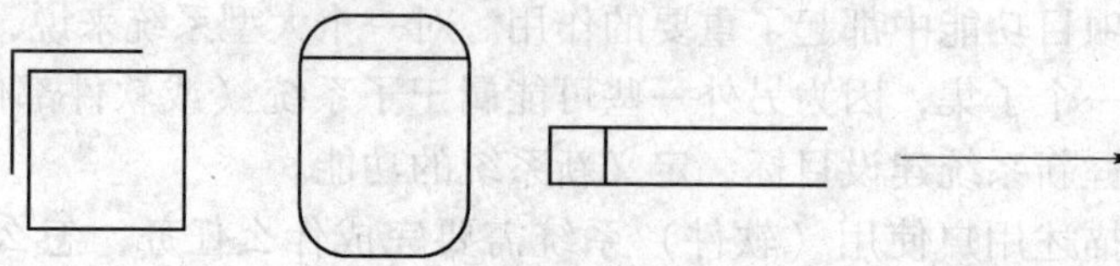

图8-6 数据流程图的符号

（1）外部项（实体）。外部实体是指在所研究系统外独立于系统而存在的，但又和系统有联系的实体，它表示数据的外部来源和去向，它可以是某个人员、组织、某一信息系统或某种事物，它是系统的数据来源或数据终点。确定了系统的外部实体，也就确定了系统与外界的分界线，从而确定系统的范围。

（2）数据处理（加工）。数据处理是对输入数据流进行的操作，数据处理也称为加工。数据处理包括两方面的内容：一是变换数据的组成，即改变数据结构；二是在原有的数据内容基础上增加新的内容，形成新的数据。

（3）数据存储（存储文件）。数据存储用来表明数据保存的地方。这里所说的“地方”，并不是指保存数据的物理地点或物理介质，而是数据存储的逻辑描述。数据存储符号由两部分组成：标识和数据存储名称。为了区别于其他的数据存储，加了标识部分。标识部分一般由字母D和数字组成。数据存储名称就是存储数据时起的名字。

（4）数据流。数据流是数据载体的一种表现形式，用来说明数据流动方向的符号。数据流用带有名字的箭头表示，名字表示流经的数据，箭头则表示流向。

将上述四种符号连接起来，就可以表达一个管理信息系统的信息处理流程、逻辑功能以及系统各部分之间的复杂关系，这就是该系统的数据流程图。

8.3.4.3 数据流程图的特点

数据流程图不仅要反映现行系统的逻辑功能，更重要的是能反映将要建立的新系统的逻辑功能，熟练地掌握数据流程图的画法，对系统分析员来说是至关重要的。概括地说，画流程图应当遵循以下原则：

（1）找出数据流程图的起点和终点，也就是确定系统的外部实体。确定这个系统与外部环境的分界线的关键要领就是首先要识别不能受系统控制的，但是影响系统运行的外部因素有哪些，系统的数据输入来源和输出对象是什么。

（2）确定系统在正常运行时的输入和输出。

（3）画图时，先从左侧开始，标出外部实体。左侧的外部实体，通常是系统主要的数据输入来源。然后画出由该外部实体产生的数据流和相应的处理逻辑。如果需要将数据保存，则标出其数据存储。接收系统数据的外部实体一般画在数据流程图的右侧。

（4）从外部实体的输出数据流出发，按照系统的逻辑需求，逐步画出一系列逻辑处理，直到找到外部实体所需的输入数据流，形成数据流的封闭。

(5) 第一张草图只是集中反映系统中主要的、正常的逻辑功能和与之有关的数据变换，不反映出错和例外处理。出错和例外处理应该留在以后比较低层的数据流程图里反映。

数据流程图是描述管理信息系统逻辑模型的主要工具，它主要有两个特点：

(1) 抽象性。数据流程图不考虑具体的物理因素，如具体的组织机构、工作场所、物流、存储介质、具体的处理方法和技术手段等，只是抽象地反映数据的流向、自然的逻辑过程和必要的逻辑数据存储。

数据流程图既不反映起始点，也不反映终止点，所有与计算机有关的专业技术都不在数据流程图中反映。我们只能抽象地总结出管理信息系统的任务，以及各项任务之间的顺序和关系，从信息处理的角度将一个复杂的实际系统抽象成一个逻辑模型。

(2) 概括性。数据流程图把系统对各种业务的处理过程联系起来，形成一个综合的数据流程整体，具有很强的概括性。

8.3.4.4 数据流程图绘制应用实例

绘制数据流程图采用自顶向下，逐层分解的方法。即先将整个系统按总的处理功能画出顶层的流程图，然后逐层细分，画出下一层的数据流程图。基于纳米的技术机会分析系统数据流程图设计，如图 8-7 ~ 图 8-10 所示。

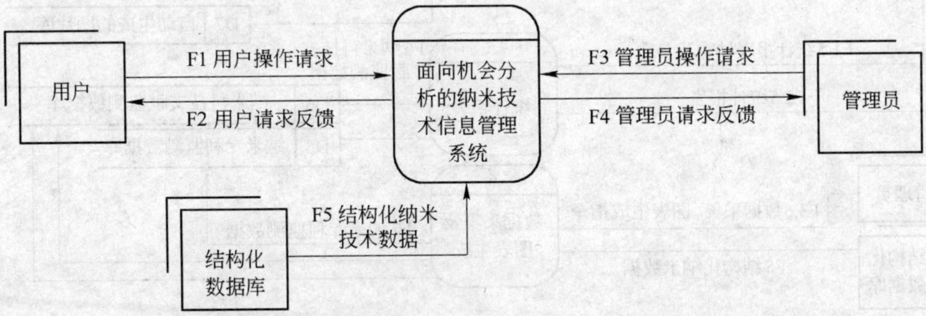

图 8-7 “面向机会分析的纳米技术信息管理系统” 顶层图

技术机会分析（Technology Opportunities Analysis，TOA）最初是由美国佐治亚理工学院 Alan Porter 等人提出的，其出发点是以数据分析为基础，对特定单一技术领域、方向进行定量监测、评估，并应用竞争策略，侧重与捕捉、预测新技术生长点的技术评估和预测新方法。

实际上，在这个概念被明确提出之前，对技术进行分析已经是科研管理工作中一项重要的内容，是技术预测、技术评价、技术项目评估以及科技计划制定过程中必要的一步，为科技管理决策者做出正确判断和选择提供了重要依据：

对国家来说，只有通过技术分析，对各个技术领域的研发现状、科研立项情况和发展潜力有全方位的把握，才能在制定科技计划、遴选关键技术、确定优先发展领域和立项评审工作中做出正确的决策；对从事技术研发的科研机构及企业来说，只有通过技术分析，才能了解国内外相关技术研发的现状，正确评估自身资源，相应调整自己的战略，或者选

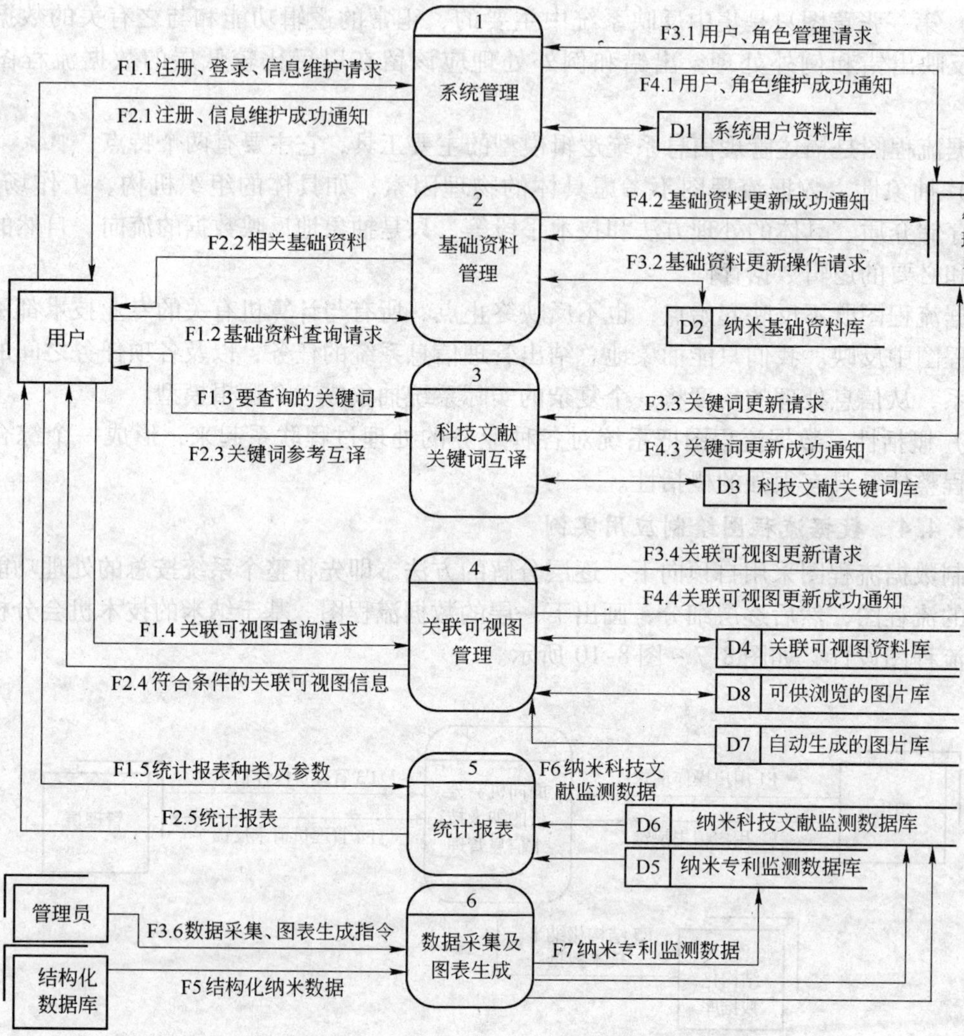

图8-8 “面向机会分析的纳米技术信息管理系统”第一层数据流图

择合适的合作机构；对热心科技的普通公众来说，技术分析的结果能够更直观地让其了解相关技术的研发趋势，有利于科学技术知识的普及。

8.3.5 数据字典

数据流程图是系统划分行之有效的工具，它抽象地描述了系统数据处理的情况，但无法描述系统中各个处理的详细内容。只有当数据流程图中出现的每一个成分都给出说明后，才能完整、准确地描述一个系统。因此，还需要其他工具对数据流程图加以补充说明。数据字典就是这样的工具，它对数据流程图中出现的数据流和处理等做进一步的补充说明，弥补数据流程图对数据的具体内容不能详细说明的不足。数据字典的建立能帮助系统分析员全面地确定用户的要求，为以后的系统设计提供参考依据。

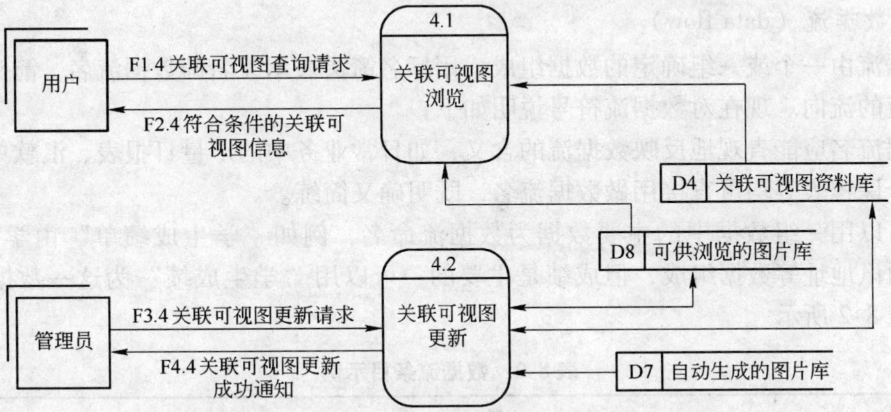

图 8-9　“关联可视图”子系统第二层数据流图

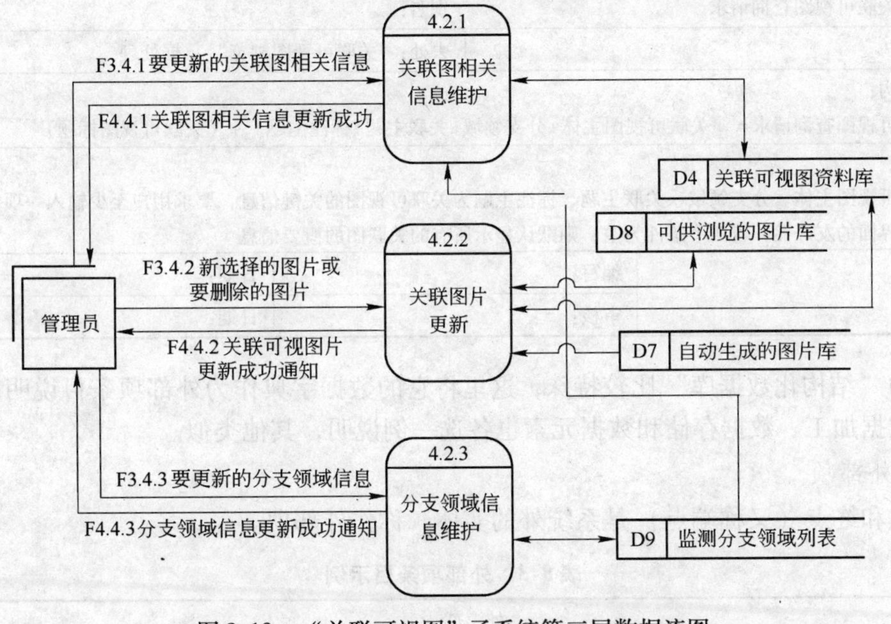

图 8-10　“关联可视图”子系统第三层数据流图

8.3.5.1　数据字典的含义

数据字典（Data Dictionary，DD）是指以特定格式记录下来的、对系统数据流程图中各个基本要素（数据流、文件、加工等）的具体内容和特征所作的完整的定义和说明。它是结构化系统分析的另一重要工具，是对数据流程图的重要补充和注释。

8.3.5.2　数据字典的内容

数据字典包括的项目有：数据项、数据结构、数据流、处理逻辑（加工）、数据存储文件、外部实体。

这里就数据流、数据存储、数据元素、数据加工以及外部项分别举一例说明。见表8-2～表8-6。

首先以“关联可视图查询请求”为例来说明利用数据字典对数据流进行进一步描述的方法，其他数据流条目的数据字典类似。

A 数据流（data flow）

数据流由一个或一组确定的数据组成。用标名箭头表示，名即数据流名，箭头指向表示数据流的流向。现在对数据流符号说明如下：

数据流名应能直观地反映数据流的含义，如日常业务中的产量日报表、汇款单、录取通知书、课程表等均可直接用做数据流名，既明确又简练。

也可以用一组数据中的主要数据为数据流命名，例如“学生成绩单”由学生姓名、成绩、通讯地址等数据组成，但成绩是主要的，可以用“学生成绩”为这一数据流的名字。如表8-2所示。

表8-2 数据流条目示例

<table>
<tr><td colspan="4">数 据 流</td></tr>
<tr><td colspan="2">系统名：关联可视图子系统</td><td colspan="2">编号：F1.4</td></tr>
<tr><td colspan="2">条目名：关联可视图查询请求</td><td colspan="2">别名：</td></tr>
<tr><td colspan="2">来源：用户</td><td colspan="2">去处：“关联可视图浏览”数据处理</td></tr>
<tr><td colspan="4">数据流结构：
关联可视图查询请求=［关联可视图主体+分支领域+关联主题+标注主题］+（关联可视图标题）</td></tr>
<tr><td colspan="4">简要说明：
关联可视图主体、分支领域、关联主题、标注主题为关联可视图的关键信息，要求用户至少输入一项，但是考虑到用户界面的友好性，若四个条件为空，则默认显示所有的关联图的概要信息</td></tr>
<tr><td rowspan="2">修改记录：</td><td colspan="2">编写：</td><td>日期：</td></tr>
<tr><td colspan="2">审核：</td><td>日期：</td></tr>
</table>

因为“结构化数据库”比较特殊，这里将它的数据字典作为外部项条目说明的示例。另外，数据加工、数据存储和数据元素也各选一例说明，其他类似。

B 外部项

源点和终点（又称端点）是系统外的实体，称作外部项。

表8-3 外部项条目示例

<table>
<tr><td colspan="4">外 部 项</td></tr>
<tr><td colspan="2">系统名：面向机会分析的纳米技术信息管理系统</td><td colspan="2">编号：W3</td></tr>
<tr><td colspan="2">条目名：结构化数据库</td><td colspan="2">别名：</td></tr>
<tr><td colspan="2">输出数据流：
F5 结构化纳米技术数据</td><td colspan="2">输入数据流：</td></tr>
<tr><td colspan="4">主要特征：
可以为“数据采集及图片自动生成子系统”提供结构化的数据来源，而且权威可靠的数据库，主要是专利和科技文献数据库</td></tr>
<tr><td colspan="4">简要说明：
结构化数据库本身是一种数据存储，但对开发的系统来说，它是数据来源之一，系统开发不能改变其结构和特点，应作为外部项</td></tr>
<tr><td rowspan="2">修改记录：</td><td colspan="2">编写：</td><td>日期：</td></tr>
<tr><td colspan="2">审核：</td><td>日期：</td></tr>
</table>

C 数据存储

数据存储是用来存贮数据的。在分层 DFD 中，数据存储一般仅属于某一层或某几层，因此又称数据存储为局部文件。现对数据存储符号说明如下：

(1) 数据存储名写在开口的长方框内，应概要地说明文件中的主要数据。

(2) 数据存储上一定要有数据流。如果数据流指向数据存储是写操作，离开数据存储则是读操作。有的加工要修改数据存储，则要读、写操作，因此，在加工和数据存储之间的数据流是双向的，用两个数据流表示。

(3) 为便于说明和管理，数据存储亦应编号，编号写在文件符号左端小方格中，以“D”开头。

表 8-4 数据存储条目示例

数 据 存 储		
系统名：面向机会分析的纳米技术信息管理系统	编号：D1	
条目名：系统用户资料库	别名：用户基本信息存储	
存储组织： 每个用户一条记录，按编号排列	记录数：	主关键字： 用户 ID
记录组成： 项名：用户 ID 用户名 密码 性别 注册时间 角色 联系电话 电子邮件 …… 近似长度：8 50 16 1 8 1 20 50 (字节)		
简要说明： 用户可凭默认用户名“user”进入系统； 每个用户都必须要有用户名和密码； 角色由管理员依据一定的角色设置规则分配给各个用户，默认为普通用户； “用户 ID”和“角色”均非空，“角色”是代表权限的角色 ID，作为与“角色基本资料”联系的外键，从中获取用户权限设置		
修改记录：	编写：	日期：
	审核：	日期：

D 数据加工

加工又称处理亦称变换，它表示对数据流的操作。加工的符号分成上、下两部分，从上到下分别是标识部分和功能描述部分。标识部分用于标注加工编号，加工编号应具有唯一性，标识加工，以“P”开头。功能描述部分用来写加工名。为使 DFD 清晰易读，加工名应简单，能概括地说明对数据的加工行为，其详细描述在数据词典中定义。

加工要逐层分解，以求得分解后的加工功能简单、易于理解。

表 8-5 数据加工条目示例

数 据 加 工	
系统名：关联可视图更新	编号：P4.2.2
条目名：关联图片更新	别名：
输入： F3.4.2 新选择的图片或要删除的图片信息	输出： F4.4.2 关联可视图片更新成功通知

续表 8-5

数据加工		
处理逻辑： 浏览现有关联可视图及其相关信息，如果已有的图片需要更新，则执行图片更新操作； 若需要上传新的图片，则将新选择的图片及其信息输入系统，执行添加操作； 若有图片需要删除，执行删除操作		
简要说明： “关联可视图主体、分支领域、关联主题、标注主题”四个属性唯一地决定一张关联可视图，所以在添加或修改时，会自动检查是否已经存在这样的关联可视图，若存在，则不能添加；若已存在的图片不正确，只能先删除错误的图片，然后添加正确的图片。 另外，删除操作要求操作者再次确认删除，以减少误操作		
修改记录：	编写：	日期：
	审核：	日期：

E 数据元素

表 8-6 数据元素卡片示例

数据元素		
系统名：面向机会分析的纳米技术信息管理系统		编号：
条目名：专利申请号		别名：
属于数据流： F7 纳米专利监测数据		存储处： D5 纳米专利监测数据库
数据结构： 数据类型：字符型数字 长度：12 取值范围及含义：第 1～4 位 申请年号 第 5 位 申请种类号 第 6～12 位 申请流水号		
简要说明： 依据我国《专利申请号标准》设计		
修改记录：	编写：	日期：
	审核	日期：

8.4 系统设计

管理信息系统设计阶段的主要目的是将系统分析阶段提出的反映用户信息需求的系统逻辑方案转换成可以实施的基于计算机与通信系统的物理（技术）方案。

系统设计是指根据系统分析阶段确定的新系统的逻辑模型、功能要求，在用户提供的环境条件下，设计出一个能在计算机网络环境上实施的方案。即建立新系统的物理模型。

系统设计是开发管理信息系统的第二阶段，系统设计的目标是在保证实现逻辑模型的基础上，尽可能提高系统的各项指标，即系统的工作效率、可靠性、工作质量、经济性等。

系统设计通常可分为两个阶段进行，首先是总体设计，其任务是设计系统的框架和概貌，向用户单位和领导部门作详细报告并认可，在此基础上进行第二阶段：详细设计，这两部分工作是互相联系的，需要交叉进行。

这一阶段的主要任务是从管理信息系统的总体目标出发，根据系统分析阶段对系统的逻辑功能的要求，并考虑到经济、技术和运行环境等方面的条件，确定系统的总体结构和系统各组成部分的技术方案，合理选择计算机和通信的软、硬件设备，提出系统的实施计划，确保总体目标的实现。

系统设计阶段的工作是一项技术性强、涉及面广的活动，包括：

(1) 总体结构设计。

1) 划分子系统。把整个系统按功能划分若干个子系统，明确各子系统的目标和功能。该部分的主要工作已经在系统分析阶段完成，根据需要，可以进一步优化和调整。

2) 功能结构图设计。按层次结构划分功能模块，画出功能结构图。

3) 处理流程图设计。

4) 物理系统配置方案设计。包括设备配置、网络的选择和设计以及数据库管理系统的选择等。

(2) 详细设计（详细设计、概要设计）。

1) 代码设计。为了便于整个系统的信息交换和系统数据资源共享，也为了便于计算机处理，要对被处理进行统一的分类编码，确定代码对象和编码方式。

2) 数据库设计。主要是根据系统分析阶段得到的数据流程图和数据字典，再结合系统处理流程图，进行数据文件结构设计和数据库设计。

3) 人-机界面设计。根据数据处理的要求以及用户的使用习惯，设计输入输出方式和数据输入输出的格式。

(3) 系统实施进度与计划编写。

(4) “系统设计说明书”的编写。

8.4.1 系统设计的任务要求

管理信息系统开发是一项系统工程，为了保证系统的质量，设计人员必须遵守共同的设计原则。

(1) 系统性。系统是作为统一整体而存在的，因此，在系统设计中，要从整个系统的角度进行考虑，系统的代码要统一，设计规范要标准，传递语言要尽可能一致，对系统的数据采集要做到数出一处、全局共享，使一次输入得到多次利用。

(2) 灵活性。为保持系统的长久生命力，要求系统具有很强的环境适应性，为此，系统应具有较好的开放性和结构的可变性。在系统设计中，应尽量采用模块化结构，提高各模块的独立性，尽可能减少模块间的数据耦合，使各子系统间的数据依赖减至最低限度。这样，既便于模块的修改，又便于增加新的内容，提高系统适应环境变化的能力。

(3) 可靠性。可靠性是指系统抵御外界干扰的能力及受外界干扰时的恢复能力。一个成功的管理信息系统必须具有较高的可靠性，如安全保密性、检错及纠错能力、抗病毒能力等。

（4）经济性。经济性指在满足系统需求的前提下，尽可能减小系统的开销。一方面，在硬件投资上不能盲目追求技术上的先进，而应以满足应用需要为前提；另一方面，系统设计中应尽量避免不必要的复杂化，各模块应尽量简洁，以便缩短处理流程、减少处理费用。

8.4.2 总体设计

总体设计主要是指在系统分析的基础上，对整个系统的划分（子系统）、机器设备（包括软、硬设备）的配置、数据的存贮规律以及整个系统实现规划等方面进行合理的安排。

（1）系统模块结构设计。系统模块结构设计的任务是划分子系统，然后确定子系统的模块结构，并画出模块结构图。

在这个过程中必须考虑几个问题：如何将一个系统划分成多个子系统；每个子系统如何划分成多个模块；如何确定子系统之间、模块之间传送的数据及其调用关系；如何评价并改进模块结构的质量。

（2）计算机物理系统配置方案设计。在进行总体设计时，还要进行计算机物理系统具体配置方案的设计，要解决计算机软硬件系统的配置、通信网络系统的配置、机房设备的配置等问题。计算机物理系统的具体配置方案要经过用户单位和领导部门的同意才可实施。

8.4.2.1 系统总体结构设计的任务

系统总体结构设计是系统设计阶段第一步，其任务是根据系统的总目标和功能将整个系统合理划分成若干个功能模块，正确处理模块之间的调度关系和数据关系，定义各模块内部结构等。也就是说系统结构设计是从计算机实现的角度出发，对前一阶段划分的子系统进行校核，使其界面更加清楚和明确，并在此基础上，将子系统进一步逐层分解，直至划分到模块。

8.4.2.2 系统总体结构设计的原则

系统总体结构设计应该遵循以下几条主要原则：

（1）分解协调原则：整个系统是一个整体，具有整体的目标和功能，但这个目标和功能的实现又是由相互联系的各个组成部分共同工作的结果。在处理过程中需要根据系统的总体要求来协调各部分的关系。在系统中，这种分解和协调都具有一定的要求和依据。

1）分解的主要依据：按各子系统相对独立完成部分管理功能的要求分解；按业务信息逻辑方式分解；从管理科学化出发进行分解；不受管理体制可能变化的影响；子系统间边界清晰，系统内业务和数据联系紧密；按开发、维护和修改的方便性分解。

2）协调的主要依据：目标协调、工作进程协调、工作规范和技术规范协调、信息协调、业务内容协调。

（2）模块化原则：结构化设计的基础是模块化，结构化方法规定了一系列模块分解协调原则和技术，将整个系统分解成相对独立的若干模块，通过对模块的设计和模块之间关系的协调来实现整个系统的功能。

（3）自顶向下的原则：抓住系统的总目标，逐层分解，即先确定上层模块的功能，在确定下层模块的功能。将系统分解为子系统，各子系统功能总和为上层系统的总的功能，再将子系统分解为功能模块，下层功能模块实现上层的模块功能。这种从上往下进行功能分层的过程就是由抽象到具体，由复杂到简单的过程。这种步骤从上层看，容易把握整个系统的功能不会遗漏，也不会冗余，从下层看各功能容易具体实现。

（4）层次性原则：分解是按层分解的，同一个层次是同样由抽象到具体的程度。各层具有可比性。如果某层次各部分抽象程度相差太大，那极可能是划分不合理造成的。

（5）一致性原则：要保证整个系统设计过程中具有统一的规范、统一的目标、统一的文件模式等。

（6）明确性原则：每个模块必须功能明确、接口明确，消除多重功能和无用接口。

8.4.2.3 划分子系统

根据上述原则，第一步将整个系统划分为若干个子系统，有纵向划分和横向划分两种。

（1）纵向划分即按管理职权的不同级别把系统分成战略管理级、战术管理级和作业处理级三个层次。

（2）横向划分则是按照不同的管理对象和管理职能将企业（系统）划分为市场销售、生产计划、物资供应、财务会计、质量管理、设备管理、技术管理、库存管理和能源管理等。

8.4.3 系统总体结构设计的工具

结构化设计方法的基本思想是使系统模块化，即把一个系统自上而下逐步分解为若干个彼此独立而又有一定联系的组成部分，这些组成部分称为模块。对于任何一个系统都可以按功能逐步由上向下，由抽象到具体，逐层将其分解为一个多层次的、具有相对独立功能的模块。在这一基本思想的指导下，系统设计人员以逻辑模型为基础，并借助于一套标准的设计准则和图表等工具，逐层将系统分解成多个大小适当、功能单一、具有一定独立性的模块，把一个复杂的系统转换成易于实现、易于维护的模块化结构系统。

8.4.3.1 模块结构图

模块是组成目标系统逻辑模型和物理模型的基本单位，它的特点是可以组合、分解和更换。模块结构图是用于描述系统模块结构的图形工具，它不仅描述了系统的子系统结构与分层的模块结构，还清楚地表示了每个模块的功能，直观地反映了块内联系和块间联系等特性。

一个模块应具备以下四个要素：（1）输入和输出；（2）处理功能；（3）内部数据；（4）程序代码。

前两个要素是模块的外部特性，即反映了模块的外貌。后两个要素是模块的内部特性。在结构化设计中，主要考虑的是模块的外部特性，其内部特性只做必要了解，具体的实现将在系统实施阶段完成。

8.4.3.2 信息系统流程图

系统流程图可以反映各种处理功能与数据存储之间的关系。系统流程图以新系统的数据流程图和模块结构图为基础，首先找出数据之间的关系，即由什么输入数据，产生什么中间输出数据（可建立一个临时中间文件），最后又得到什么输出信息。然后，把各种处理功能与数据关系结合起来，形成整个系统的信息系统流程图。

8.4.3.3 HIPO 图

HIPO（Hierarchy Plus Input/Processing/Output）图是美国 IBM 公司 20 世纪 70 年代发展起来的表示软件系统结构的工具，是用图形方法来表达一个系统输入输出功能和模块层次的技术。HIPO 图由两部分组成：可视目录表和 IPO 图。可视目录表给出程序的层次关系，由体系框图、图例、描述说明三部分组成。IPO 图则为程序各部分提供具体的工作细节。

（1）体系框图。

又称层次图（H 图），是自顶向下分解所得到的系统的模块层次结构的图形表示，可经 DFD 图变换得到。而 IPO 图用来描述分层图中一个模块的输入输出和处理内容。图 8-11是用 H 图表示的新系统的总体功能结构。

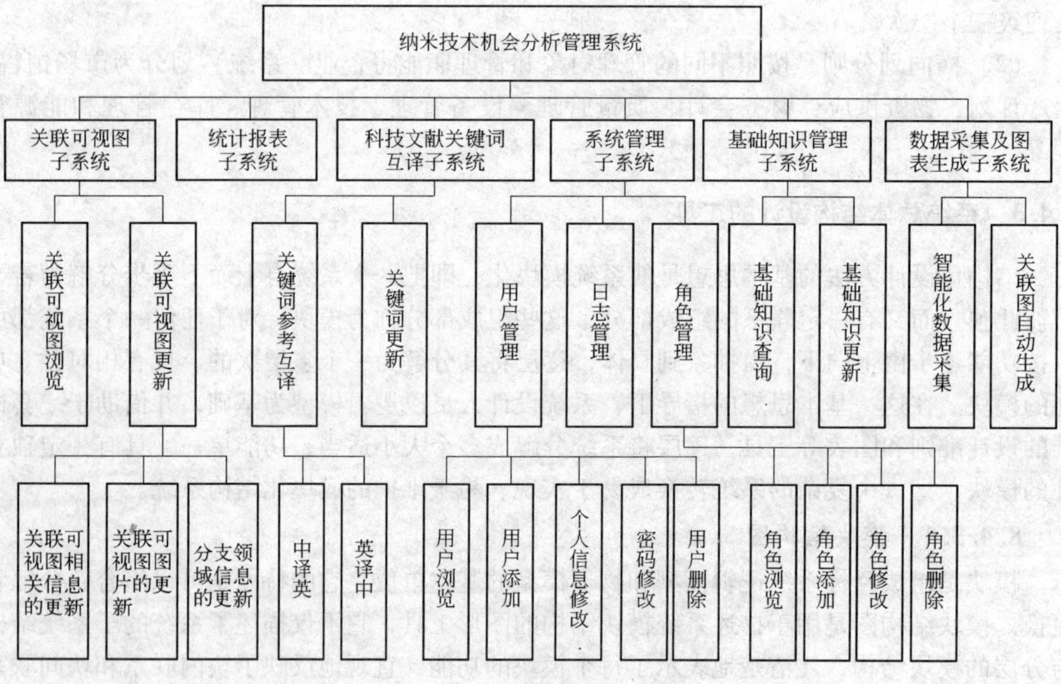

图 8-11 “纳米技术机会分析管理系统”总体功能划分（H 图）

（2）图例。

每一套 HIPO 图都应当有一个图例，即图形符号说明。附上图例，不管人们在什么时候阅读它都能对其符号的意义一目了然。

它是对层次图中每一框的补充说明，在必须说明时才用，所以它是可选的。描述说明可以使用自然语言。

（3）IPO 图。

IPO 图为层次图中每一功能框详细地指明输入、处理及输出。通常，IPO 图有固定的格式，图中处理操作部分总是列在中间，输入和输出部分分别在其左边和右边。由于某些细节很难在一张 IPO 图中表达清楚，常常把 IPO 图又分为两部分，简单概括的称为概要

IPO 图，细致具体一些的称为详细 IPO 图。

概要 IPO 图用于表达对一个系统，或对其中某一个子系统功能的概略表达，指明在完成某一功能框规定的功能时需要哪些输入、哪些操作和哪些输出。

IPO 图就是用来说明每个模块的输入、输出数据和数据加工的重要工具。

IPO 图的主体是算法说明部分，该部分可采用结构化语言、判定表、判定树，问题分析图和过程设计语言等工具进行描述，要准确而简明的描述模块执行的细节。

开发人员不仅可以利用 IPO 图进行模块设计，而且还可以利用它评价总体设计。用户和管理人员可利用 IPO 图编写、修改和维护程序。因而，IPO 图是系统设计阶段的一种重要文档资料。

IPO 图的处理过程描述较为困难。因为对于一些处理过程较为复杂的模块，用自然语言描述其功能十分困难，并且对同一段文字描述不同的人还可能产生不同的理解。

8.4.3.4 控制流程图

控制流程图（Flow Chart，FC）又称框图（见图 8-12），它是最常使用的程序细节描述工具。框图的三种基本成分：

（1）处理步骤；

（2）条件判断；

（3）控制流。

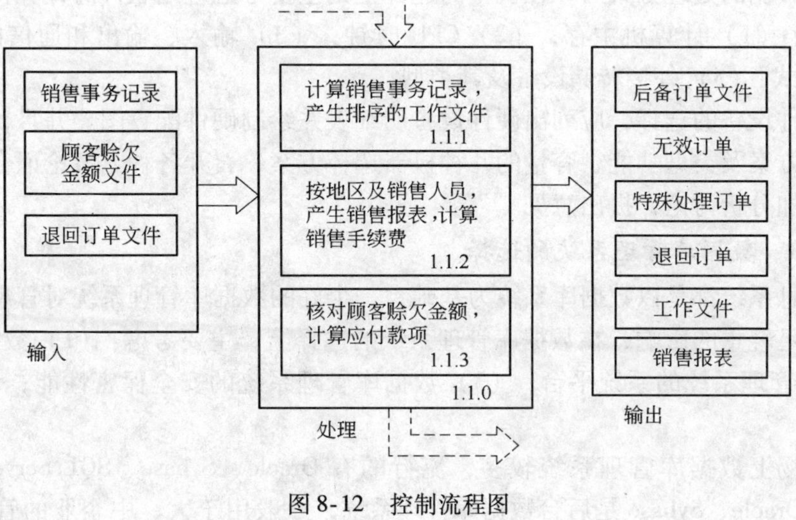

图 8-12　控制流程图

8.4.4 系统物理配置方案设计

8.4.4.1 设计依据

（1）系统的吞吐量。每秒钟执行的作业数为系统的吞吐量，用 TPS（Transaction Per Second）表示。系统的吞吐量越大，则 TPS 的值越大，同时也说明系统的处理能力越强。

（2）系统的响应时间。从用户向系统发出一个作业请求开始，经系统处理后，再给出应答结果的时间称为系统的响应时间。如果一个系统的响应时间越快，则计算机的运算速度越快，并且通信线路的传递速率也越快。

（3）系统的可靠性。系统的可靠性可以用联系改造的时间来表示。例如，每天需要24h连续工作的系统，则系统的可靠性就应该很高，这时可以采用双机双工系统结构方式。

（4）数据管理方式。如果用文件系统管理数据，则操作系统应具备文件管理功能；如果用数据库方式规律数据，那么系统中应配备DBMS或分布式DBMS系统软件和其他网络管理软件。

如果一个系统的处理方式是集中式的，既可以是单机系统，也可以是网络系统。如果一个系统的处理方式是分布式的，则必须采用网络方案。

如果一个系统的功能比较简单，并且规模不大，那么采用单用户或多用户的单机系统可以满足要求；否则就要采用多机系统，以便解决资源共享问题，通常为网络结构形式。

需要根据系统覆盖的地域范围来决定是采用广域网还是局域网。

8.4.4.2 计算机硬件选择

计算机硬件的选择取决于数据的处理方式和运行软件。管理对计算机的基本要求是速度快、容量大、通道能力强、操作灵活方便，但是计算机的性能越高，其价格也就越昂贵，因此，在计算机硬件的选择上应全面考虑。一般来说，如果系统的数据处理是集中式的，系统应用的主要目的是利用计算机的强大的计算能力，则可以采用浏览器/服务器系统，以高性能的计算机作为服务器，更为灵活、经济。若对企业管理等应用，其应用本身就是分布式的，服务器/客户端方式，可以使系统具有较好的性能。

确定了数据的处理方式后，在机型的选择上则主要考虑应用软件对计算机处理能力的需求，包括：（1）计算机主存；（2）CPU时钟；（3）输入、输出和通信的通道数目；（4）显示方式；（5）外接转储设备及其类型。

对于硬件设备的选择，应列出硬件设备明细表并绘制硬件配置图。并且，最好准备几种设备配置方案及类型功能、容量的几种机器选择方案，召开各种方案论证会，请相关人员和专家参加分析讨论，提出意见。

8.4.4.3 数据库管理系统的选择

管理信息系统都是以数据库系统为基础，一个好的数据库管理系统对管理信息系统的应用有着举足轻重的影响，在数据库管理系统的选择上，主要考虑：（1）数据库的性能；（2）数据库管理系统的系统平台；（3）数据库管理系统的安全保密性能；（4）数据的类型。

目前市场上数据库管理系统较多，流行的有Oracle、Sybase、SQL Server、Informix、FoxPro等，Oracle、Sybase是后台数据库管理系统，一般用于大、中企业的管理信息系统中。近年来，Microsoft推出的Access、FoxPro是一种桌面数据库管理系统，主要用于小型管理信息系统开发中。

8.4.4.4 应用软件的选择

随着计算机产业的发展，出现了许多商品化应用软件，这些软件技术成熟，设计规范，管理思想先进，直接应用商品化软件既可以节省投资，又能够规范管理过程，加快系统应用的进度。选择应用软件应考虑：

（1）软件是否能够满足用户的需求？在软件功能上应注意以下问题：

1）系统必须处理哪些事件和数据？软件能否满足数据表示的需要？如记录的长度，

文件最大长度等。

2）系统能够产生哪些报表、文档或其他输出？

3）系统要储存的数据量及事件数？

4）系统必须满足哪些查询需求？

5）系统有哪些不足之处，如何解决？

（2）软件是否具有足够的灵活性？由于用户需求和管理需求的不确定性，系统应用环境经常发生变化，因此，应用软件要有足够的灵活性，以适应对软件输入、输出的要求。

（3）软件是否能够获得长期、稳定的技术支持？对于商品化软件，稳定的技术支持是必需的。这一方面是为了保证软件能够满足需求的变化，另一方面是便于今后随着系统平台的升级而不断升级。

8.4.5 详细设计

详细设计主要包括处理过程设计、代码设计、界面设计、数据库设计、输入输出设计等。一般来说，处理过程设计要确定每个模块内部的详细执行过程、局部数据组织、控制流、每一步的具体加工要求等。处理过程模块详细设计的难度已不太大，关键是用一种合适的方式来描述每个模块的执行过程，常用的有流程图、问题分析图、过程设计语言等。

8.4.5.1 代码设计

代码是代表客观存在的事物名称、属性和状态等的符号。代码的符号可以是数字、字母或者是由数字和字母混合组成。

A 代码的功能

（1）使用代码可以提高计算机处理的效率和精度。按代码对事物进行分类、合并、更新、检索，可以十分迅速。

（2）利用代码可以节省计算机的存储空间，提高运算速度。例如在物资管理系统中，通过相应的代码就可以反映出物资的种类、规格、型号等内容，因此可以减少计算机处理的数据量，提高处理速度，并可以节省存储空间。

（3）利用代码可以提高系统的可靠性。通过在代码中加入校验码，可以在输入数据时利用计算机进行检验，以保证输入的数据准确可靠，从而可以提高整个系统的可靠性。

（4）利用代码可以提高数据的全局一致性。对同一事物，在不同场合有不同的叫法，都可以用代码统一起来，减少了因数据不一致而造成的错误。

（5）代码是人和计算机的共同语言，是两者交换信息的工具。

现代企业的编码系统已由简单的结构发展成为十分复杂的系统。为了有效地推动计算机应用和防止标准化工作走弯路，我国十分重视制订统一编码标准的问题，并已公布了GB 2260—80中华人民共和国行政区划代码、GB 1988—80信息处理交换的七位编码字符集等一系列国家标准编码，在系统设计时要认真查阅国家和部门已经颁布的各类标准。

代码设计在系统分析阶段就应当开始。由于代码的编制需要仔细调查和多方协调，是一项很费事的工作，需要经过一段时间，在系统设计阶段才能最后确定。

B 代码设计的原则

合理的编码结构是信息处理系统是否具有生命力的一个重要因素，在代码设计时，应遵循以下基本原则：

（1）唯一性。每一个代码只能唯一地代表系统中的一个实体或实体属性。而一个实体或实体属性也只能唯一地由一个代码来表示。

（2）标准性。代码设计时要尽量采用国际或国家的标准代码，以方便信息的交换和共享，并可为以后对系统的更新和维护创造有利条件。

（3）合理性。代码设计必须与编码对象的分类体系相适应，以使代码对编码对象的分类具有标识作用。

（4）可扩充性。编码时要留有足够的备用代码，以适应今后扩充代码的需要。但备用代码也不能留得过多，以免增加处理的难度。

（5）简单性。代码结构要简单，要尽量缩短代码的长度，以方便输入，提高处理效率，并且便于记忆，减少读写的差错。

（6）适用性。代码设计要尽量反映编码对象的特点，以便于识别和记忆，使用户容易了解和掌握。

（7）规范化。代码的结构、类型、编码格式必须严格统一，以便于计算机处理。

C 代码的种类

（1）顺序码。顺序码也称为系列码，它是一种用连续数字代表编码对象的码。

例如：用1001代表张三，1002代表李四等等。

顺序码的优点是短而简单，记录的定位方法简单，易于管理，处理容易，设计和管理也容易。但这种码没有逻辑基础，不适宜分类，本身也不能说明任何信息的特征，在项目比较多的时候，编码的组织性和体系性较差。

此外，追加编码只能在连续号的最后添加一个号，删除则造成空码。所以，顺序码通常只起序列作用，作为其他码分类中细分类的一种补充手段。

（2）层次码（区间码）。也叫组别分类码或群码，就是将整个代码按位分成若干段，按从左到右的次序各段子码依次表示编码对象的大、中、小类别，这样就组成了一个有层次及隶属关系的代码。

比如学生学号201104010207，2011表示学生入学的年份代码，04表示学生就读的院系代码，01表示学生就读专业的代码，02表示就读专业的班级代码，07表示学生在班级的序号。从左至右范围依次由大到小说明学生的身份。

区间码的优点是：信息处理比较可靠，排序、分类、检索等操作易于进行。但这种码的长度与它分类属性的数量有关，有时可能造成很长的码。在许多情况下，码有多余的数。同时，这种码的修改也比较困难。

（3）表意码（助记码）。表意码是把直接或间接表示对象属性的文字、数字、记号原封不动地作为编码。

例如：TV—电视，B（Black）—黑色，cm—厘米，mm—毫米，kg—公斤。表意码的特点是，可以通过联想帮助记忆，容易理解。但随着编码数量的增加，其位数也要增加，给处理带来不便。因此，表意码一般适用于数据项数目较少的情况（一般少于50个），否则可能引起联想出错。

表意码适用于物资的性能、尺码、重量、容积、面积和距离等。例如：TV-B-12代表12英寸黑白电视机，TV-C-20代表20英寸彩色电视机。

（4）合成码。合成码是把编码对象用两种以上的编码进行组合，可以从两个以上的角度来识别、处理的一种编码。

合成码的特点是容易进行大分类、增加编码层次，做各种分类统计也很容易。缺点是位数和数据项目个数比较多。

8.4.5.2 数据文件和数据库设计

在管理信息系统中对数据的存贮和管理有文件、数据库两种方式（也可以把数据库看做是文件的集合）。

A 文件设计

文件是按一定的组织方式存放在存储介质上的同类记录的集合。文件设计就是根据文件的使用要求、处理方式、存储的数据量、数据的活动性及所能提供的设备条件等，确定文件类别、选择文件媒体、决定文件组织方法、设计记录格式，并估算文件容量。

具体内容如下：

（1）对数据字典（一种用户可以访问的记录数据库和应用程序源数据的目录）描述的数据存储情况进行分析，确定哪些数据需要作为文件组织存储，其中哪些是固定数据，哪些是流动数据，哪些是共享数据等等，以便决定文件的类别。

（2）决定需要建立的文件及其用途和内容，并为每个文件选取文件名。

（3）根据文件的使用要求选择文件的存储介质和组织形式。例如经常使用的文件应该采用磁盘介质随机方式（硬盘或软盘），不常用但数据量大的文件可采用磁带方式和顺序存储组织方式。

（4）根据数据结构设计记录格式。记录格式设计内容包括：确定记录的长度；确定要设置的数据项数目以及每个数据项在记录中的排列顺序；确定每个数据项的结构；若需要时，确定记录中的关键字（数据项）。

文件中记录的长度取决于各个数据项的结构和数据项的数目。各数据项在记录中的排列顺序可根据实际需要和使用习惯决定。每个数据项的结构，包括数据项名称、数据类型及数据长度。在设计时不仅要考虑实际的需要，还要考虑计算机系统软件或语言所提供的条件和限制。

（5）根据记录长度、记录个数和文件总数估算出整个系统的数据存储容量。

整个系统的存储容量等于各个存储容量之和。文件存储容量的计算与文件的组织方式、存储介质、操作系统和记录格式等有密切关系。详细计算文件存储容量的过程比较复杂，读者可参考有关资料。在微机管理信息系统中，一个估计文件存储容量的简单方法就是将记录长度乘以估计的记录个数。

B 数据库设计

信息系统的主要任务是通过大量的数据获得管理所需要的信息，这就必须存储和管理大量的数据。因此建立一个良好的数据组织结构和数据库，使整个系统都可以迅速、方便、准确地调用和管理所需的数据，是衡量信息系统开发工作好坏的主要指标之一。数据库设计是指在现有数据库上建立数据库的过程，它是管理信息系统的重要组成部分。

数据库设计的内容是：对于一个给定的环境进行符合应用语言的逻辑设计，以及提供一个确定存储结构的物理设计，建立实现系统目标，并能有效存储数据的数据模型。

在数据存储设计中，还涉及到一项较为重要的问题，这就是数据（文件或数据库）的安全性和完整性保护。安全性保护可防止机密数据泄露，防止无权者使用、改变或有意破坏他们无权使用的数据。完整性保护是保护数据结构不受损害，保证数据的正确性、有效性和一致性。由于数据的保护与计算机系统环境的保护是密切相关的，因此这个问题需要在更大的范围内才能彻底解决，例如计算机系统所在的环境，硬、软件，信息和通信设施等方面的保护，以及必要的行政和法律手段。而在系统设计与实施阶段的关键任务，是从软件方面设计和实现数据保护的功能，例如对数据并行操作（即多个用户同时存取和修改同一数据）的控制和管理，设置口令校验功能等。

数据结构组织和数据库或文件设计，就是要根据数据的不同用途、使用要求、统计渠道、安全保密性等来决定数据的整体组织形式，以及决定数据的结构、类别、载体、组织方式、保密级别等一系列的问题。一个好的数据结构和数据库应该充分满足组织的各级管理要求。同时还应该使后继系统开发方便、快捷，系统开销（即占用空间、网络传输频带、磁盘或光盘读写次数等）小，易于管理和维护。

对于指标体系中数据的结构在建库前还必须进行规范化的重新组织。

在进行了数据基本结构的规范化重组后，还必须建立整体数据的关系结构。这一步设计完成后数据库和数据结构设计工作就基本完成，待系统实现时将数据分析和数据字典的内容带入到本节所设计的数据整体关系结构中，一个规范化数据库系统结构就建立起来了。

8.4.5.3 用户界面设计

用户界面设计即人机界面设计是计算机系统与人的接口设计。系统与用户之间接口的作用已经越来越重要。这一部分设计得好，系统运行时使用方便，操作简单，将会增加用户对整个系统的满意程度。人-机界面设计目前已经成为评价软件质量的一条重要指标。所谓人-机界面是指软件系统与使用者交互的接口，通常包括输出、输入、人-机对话的界面方式等。

用户界面是人和计算机联系的重要途径。操作者可以通过屏幕窗口与计算机进行对话、向计算机输入有关数据、控制计算机的处理过程并将计算机的处理结果反映给用户（见图8-13）。因此，用户界面设计必须从用户操作方便的角度来考虑，与用户共同协商界面应反映的内容和格式。

在设计图形用户界面时，应掌握以下几条原则：

（1）图形对象一般占用系统资源较多，且处理速度较慢，因此，在对时间的响应要求较高且硬件资源档次较低的环境中，不宜采用图形界面。

（2）设计的图形对象，应具有直观、清楚、易理解的特点，以便于用户操作和使用。

（3）图形对象的选择和设计应尽可能利用系统本身提供的图形工具软件，或是通过继承的方式重用类库中已有的图形对象，以提高现有资源的利用率。

8.4.5.4 系统安全与数据完整性设计

随着经济信息化的迅速发展，大量的决策与管理信息存储在已联成网络的 MIS 中。设计 MIS 不仅要考虑到用户使用系统的方便性，友好性，还必须考虑到 MIS 的系统安全与数据完整。系统安全指的是 MIS 的各组成部分都处于安全状态，包括计算机安全、网络安全与数据库安全等方面。数据完整性泛指与损坏和丢失相对的数据的状态，通常表明

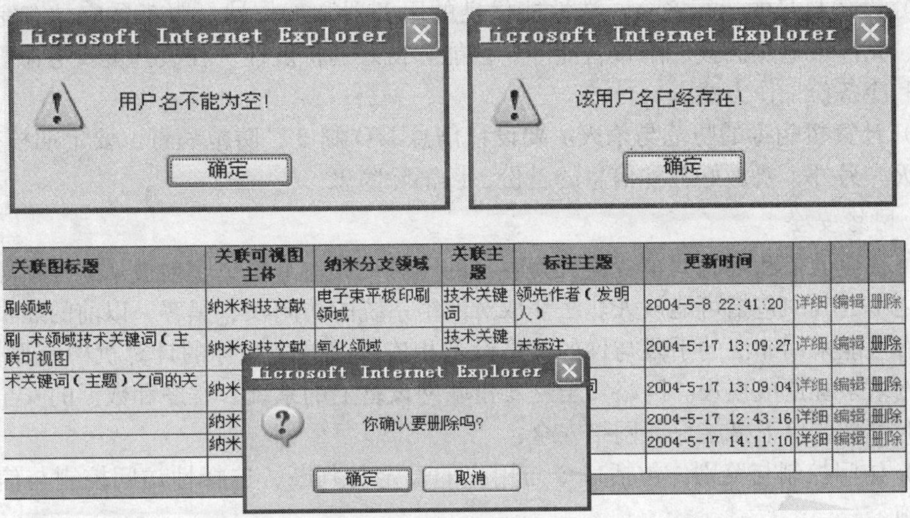

图 8-13 用户界面设计例图

数据的可靠性与准确性是可以信赖的。

A 计算机安全

计算机安全的主要目标是保护计算机资源受损坏、替换、盗窃和丢失。计算机资源包括：计算机设备、存储介质、软件、计算机输出材料和数据等等。影响计算机安全的因素主要有：人为或自然造成的硬件故障，包括磁盘故障、I/O 控制器故障以及主板、芯片、存储器、设备、备份等方面的故障；人为或自然造成的软件故障；数据交换错误；病毒侵入；人为侵害等。在系统设计上可以采取如下措施：

（1）访问控制。是指进入系统的控制。通常工作站或终端上使用凭“用户名”（USER-ID）和“口令”（PASSWORD）进入系统的措施，以防范非法侵入。在设计上尽量用长口令（5 位以上）和字母与符号的混合口令。口令输入时加以屏蔽。另外在设计上还要考虑强制要求定期的口令更换，限制登录时间与次数，并进行必要的提示，记录登录过程以备核查。

（2）选择性访问控制。也称选择性访问控制（Discretionary Access Control，DAC）。指对进入系统的不同用户授予不同级别的访问权限，如允许有的用户操作输入子系统，有的可以操作输出或系统管理子系统等。还可对用户的读（允许读一个文件）、写（允许建立和修改一个文件）、执行（运行一个程序）的访问权力进行限定。

（3）加密。指将原有的可读信息（程序与数据）进行翻译，译成密码或密文的代码形式，以保护信息的安全。解密是加密的逆过程，即把经加密后的代码形式的密文恢复成原来可读信息的过程。加密方法很多，在此不一一述及。

（4）生物识别技术。是指某些对人而言是唯一的特征，其中包括指纹、声音、图像、笔迹甚至人的视网膜血管图像等识别信息用于满足各种不同要求的安全系统中。这种识别技术只用于控制访问极为重要的 MIS，用于极为仔细地识别人员。

（5）物理安全。通过物理措施，如制定安全运行制度、采取对门、锁、访问卡等方面的安全措施，限制对计算机的物理接触。

（6）设备自身的运行安全。选性能优良的服务器和工作站。服务器应具有完善的容错能力、允许带电热插拔、附带智能I/O性能和良好的扩展性。在设计上要考虑服务器的热备份和冷备份工作方式。

（7）计算机病毒的防范与杀灭。要设计信息I/O制度，防范病毒。要定期核查病毒，加以杀灭。另外，要做好各种信息的备份，以消除隐患。

B 网络安全

网络在使通信和信息共享变得更为容易的同时，其本身也更多地被暴露在损坏或毁坏的攻击之中，其中包括可能被人非法获取对网络系统的访问权、黑客、以前的雇员和其他人，都有可能采用非法的手段与你的网络设备相连，就像坐在你的计算机中心那样工作，给你的网络系统造成损失。网络安全主要指联网设备上的系统、程序和数据的安全。在系统设计时可采取以下措施保证网络安全：

（1）访问控制与鉴别。包括口令与用户的设定与判断，选择性访问控制与信息的鉴别等措施。

（2）加密。将信息编码成不易被侵入者阅读或理解的形式，以此方法保护数据的信息。

（3）调制解调器安全。防止对网络拨号设备的非授权访问，以及限制只有授权的用户才能对系统进行访问。

（4）传输介质的安全。传输介质可能受到电磁干扰或截获窃听的威胁。应考虑防电磁泄漏的防护措施和利用加密方法对抗截获窃听。

（5）防火墙（fire wall）。在网络中心或关键之处建成专用的防火墙，以防止攻击能容易地在网络之间移动，四处传播的数据。防火墙通常有两部分：门和闸。门的功能是在网络之间移动数据；闸的功能是阻拦数据从一个网络传到另一个网络中去，实际是数据过滤包。

C 数据库安全

数据库的安全是指数据库的任何部分都不允许受到恶意侵害，或未经授权的存取与修改。数据库是MIS的核心部分，有价值的数据资源都存放在其中。这些共享的数据资源既要面对必需的可用性要求，又要面对被篡改、损坏和被窃取的威胁。一般来说，数据库的破坏来自下列四个方面：系统故障、并发操作所引起的不一致、转入或更新数据库的数据有错误，更新事务未遵守保持数据库一致的原则、人为的破坏，例如：数据被非法访问，甚至被篡改或破坏。前三个方面属于数据库的可靠性问题，通常从硬件，软件与运行规程三个方面综合考虑加以解决。第四个方面属于数据库安全性问题，可通过以下措施加以防范：

（1）制定切实可行的安全计划制度和用户手册。尽量使此计划愿意为大家接受，落到实处。该计划要经得起测试、在保密状态下执行。

（2）限制可移动介质的访问。主要指限制通过磁带、磁盘、光盘等可移动介质对数据库的存取。窃取、计算机病毒对数据库的威胁大都是通过这些可移动介质加以实施的。

（3）访问限制。设立DBA（数据库管理员）岗位。数据库用户及其访问权限应由DBA根据DBMS（数据库管理系统）所提供的功能进行控制，DBA的特权不能转让。

（4）数据加密。

（5）跟踪审查。是一种监视措施，它对某些保密的数据实施跟踪，记录有关数据的访问活动。一旦发现潜在的窃密企图，如重复的、相似的查询，可以根据这些数据进行事务分析和调查。跟踪审查的结果记录在一个特殊的文件上，该文件称跟踪审查记录（audit trail），一般包括以下内容：操作类型（如修改、查询等）；操作日期和时间；操作终端标识与操作者标识；所涉及的数据（如：表、视窗、记录、属性等）。下面是一个SQL语言对表施加跟踪的例子：

```
AUDIT  SELECT  INSERT, DELETE, UPDATE
                    ON<表名>  WHENEVER  SUCCESSFUL
```

撤销对表的所有跟踪审查的例子：

```
                    NOAUDIT  ALL  ON <表名>
```

D　数据完整性

对数据完整性来说，危险常常来自一些简单的计算不周、混淆、人为的错误或设备出错导致的数据丢失、损坏或不当的改变。数据完整性的目的就是保证计算机系统，或计算机网络系统上的信息处于一种完整和未受损坏的状态。针对可能的硬件故障、网络故障、逻辑问题、灾难性事件与人为因素，在系统设计时，可用以下办法提高数据完整性：

（1）备份。是用来恢复出错系统或防止数据丢失的一种最常用的办法。

（2）镜像技术。执行时可用逻辑镜像，也可用物理镜像。

（3）归档。将文件从在线存储器上拷贝到磁带或光学介质上以便长期保存。

（4）分级存储管理。与归档相似，是一种能将数据从在线存储器上归档到靠近在线存储器上的自动系统，也可以进行相反的过程。

（5）奇偶校验。是提供一种监视的机制来保证不可预测的内存错误不至于引起服务器出错以至造成数据完整性的丧失。

（6）灾难恢复计划。是编制在自然灾害或重大人为灾害造成的废墟上如何重建系统的指导性文件。

（7）故障前预兆分析。设计出一个分析判断故障前兆的系统，以防患于未然。

（8）电源调节。是指在不间断电源基础上增加一套电源调节装置，为MIS提供恒定平衡的电压。

8.4.5.5　系统设计说明书

系统设计的目标是建立目标系统的物理模型。如何表述物理模型则成为系统设计最后阶段的重要任务。系统设计阶段的最后一项工作是将系统设计的各项成果编辑成一套完善的文档资料，即系统设计说明书。设计说明书是整个系统设计的完整描述，是系统设计的阶段性成果的具体体现，也是系统实施的最重要依据。

系统设计说明书包括以下内容：

（1）系统模块结构设计说明。系统的模块化结构及其说明，各主要模块处理流程图及其说明等。

（2）输入输出设计和人-机对话说明。输入输出设备的选择，输入输出的格式，以及输入数据的编辑校验方法等。

（3）网络设计说明。画出网络的拓扑结构图。说明所选网络软硬件平台、线路种类以及联网的目标和具体方案等。

(4) 代码设计说明。说明编码对象的名称、代码结构、校验位的设计方法和相应的编码表等。

(5) 数据文件和数据库的设计说明。说明各数据文件和数据库的命名、功能、结构等。

(6) 说明。说明系统安全设计措施及细节，说明数据完整性设计的具体内容，给出系统安全计划文本。

编写好的系统设计说明书，交有关部门批准后，即可正式转入系统实施阶段。

8.5 系统实施

系统实施是新系统开发工作的最后一个阶段。所谓实施指的是将系统设计阶段的结果在计算机上实现，将原来纸面上的新系统方案转换成可执行的应用软件系统。系统实施阶段的主要任务是：按总体设计方案购置和安装设备；建立数据库系统；程序设计和调试；整理基础数据，培训操作人员；系统切换和试运行。在这五项任务中，第一项购置和安装设备及第二项建立数据库系统前面已有叙述。下面着重讨论后三项的任务。

8.5.1 系统实施阶段的任务

系统实施是一项复杂的工程，管理信息系统的规模越大，实施阶段的任务越复杂。一般来说，系统实施阶段主要有以下几个方面的工作：

(1) 物理系统的实施。管理信息系统的物理系统的实施是计算机系统和通信网络系统设备的订购、机房的准备和设备的安装调试等一系列活动的总和。具体说是计算机和通信设备的安装、电缆线的铺设及网络性能的调试等工作。

(2) 程序设计。程序设计是给出解决特定问题的程序过程，是软件构造活动中的重要组成部分。程序设计往往以某种程序设计语言为工具，给出这种语言下的程序。程序设计过程应当包括分析、设计、编码、测试、排错等不同阶段。专业的程序设计人员常被称为程序员。

(3) 系统调试。所谓调试就是用各种手段进行查错和排错的过程。系统的应用软件通常由多个功能模块组成，每个模块由一个或几个程序构成。在单个程序调试完成以后，尚需进行分调。分调就是将一个功能内所有程序按次序串联起来进行调试，目的是要保证模块内各程序间具有正确的控制关系，同时可以测试模块的运行效率。

(4) 人员培训。对信息系统的用户及相关人员进行相关的技术指导及使用信息系统的业务培训。

(5) 系统切换。

1) 系统切换含义，指由旧的、手工处理系统向新的计算机信息系统过渡。

2) 信息系统的切换方法：

①直接切换法。在某一确定时刻，原系统停止运行，新系统投入运行，新系统一般要经过较详细的测试和模拟运行。

考虑到系统测试中试验样本的不彻底性，一般只有在老的系统已完全无法满足需要或新系统不太复杂的情况下采用这种方法。

②并行切换法。新系统投入运行时，原系统并不停止运行，而是与新系统同时运行一段时间，对照两者的输出，利用老系统对新系统进行检验。一般可分两步进行：

第一步：以新系统为正式作业，原系统作校核用；

第二步：经过一段时间运行，在验证新系统处理准确可靠后，原系统停止运行。

并行处理的时间根据业务内容而定，短则 2 ~ 3 个月，长则半年至一年。转换工作不应急于求成。

③试点过渡法（分阶段切换）。先选用新系统的某一部分代替老系统，作为试点，逐步代替整个老系统。系统切换过程中，应注意以下问题，这些问题解决得好，将给系统的顺利切换创造条件。

新系统的投运需要大量的基础数据，这些数据的整理与录入工作量特别庞大，应及早准备、尽快完成。

系统切换不仅是机器的转换、程序的转换，更是人工的转换，应提前做好人员的培训工作。

系统运行时会出现一些局部性的问题，这是正常现象，系统工作人员对此应有足够的准备，并做好记录。

系统只出现局部性问题，说明系统是成功的，反之，如果出现整体的问题，则说明系统设计质量不好，整个系统需要重新设计。

8.5.2 程序设计

编程的目的是为了实现开发者在系统分析和系统设计中提出的管理方法和处理构想。在编程和实现中，建议尽量借用已有的程序和各种开发工具，尽快尽好地实现系统，而不要在具体的编程和调试工作中花费过多的精力和时间。

结构化程序设计方法是当今程序设计的主流方法之一。其主要强调三点：模块内部程序各部分要自顶向下的结构化划分；各程序部分应按功能组合；各程序部分的联系尽量使用调用子程序方式（CALL-RETURN），不用或少用 GOTO 方式。

衡量编程工作质量的指标是多方面的，这些指标随着系统开发技术和计算机技术的发展也要不断变化。从目前技术的发展来看，衡量编程工作质量的指标大致可有如下四个方面：

（1）可靠性。系统的可靠性指标在任何时候都是衡量系统质量的首要指标。可靠性指标可分为两个方面：一方面是程序或系统的安全可靠性，如数据存取的安全可靠性，通信的安全可靠性，操作权限的安全可靠性等，这些工作一般都要靠系统分析和设计时来严格定义。另一方面是程序运行的可靠性，这一点只能靠调试时的严格把关来保证。

（2）规范性。即系统的划分，书写的格式，变量的命名等等都要统一规范，这对于程序的阅读、修改和维护都是十分必要的。

（3）可读性。即程序清晰，没有太多繁杂的技巧，他人容易读懂。可读性对于大规模工程化地开发软件非常重要。因为可读程序是今后维护和修改程序的基础，如果很难读懂则无法修改，而无法修改的程序是没有生命力的。通常在程序中插入大量解释性的语句，以对程序中的变量、功能、特殊处理细节等进行解释，为阅读该段程序提供方便。

（4）可维护性。使系统便于修改、更新，扩充。

目前市场上能够支持系统实现的编程工具十分丰富。目前工具技术的发展趋势不仅是数量和功能上突飞猛进，而且在内涵的拓展上也日新月异，为我们开发系统提供了很多实用手段。在信息系统开发中，了解和选用恰当的工具是系统实现这一环节质量和效率的保证。目前比较流行的软件工具为：编程语言、数据库系统、程序生成工具、专用系统开发工具、客户/服务器型工具，以及面向对象的编程工具等。为了说明问题，我们在此先给出工具的典型系统，然后再将其中最常用的工具的性能特点分类列出，以供实际工作时选择。

（1）常用编程语言类。如：C语言、C++语言、BASIC语言、COBOL语言、PL/1语言、PROLOG语言和OPS语言等。

（2）数据库类。目前市场上提供的数据库软件工具产品主要有两类，一类是以微机关系数据库为基础的XBASE系统，其最为典型的产品有：dBASE-Ⅳ、dBASE-Ⅴ和FoxBase以及FoxPro的各种版本。另一类是大型数据库系统，目前最为典型的系统有：Oracle系统，SYBASE系统，INGRES系统，INFORMIX系统，DB2系统等。

（3）程序生成工具类。程序生成工具或称第四代程序生成语言（4th Generation Language，4GL）是一种基于常用数据处理功能和程序之间对应关系的自动编程工具。

（4）系统开发工具类。系统开发工具类是在程序生成工具基础上的进一步发展，它不但具有4GL的各种功能，而且更加综合化、图形化，因而使用起来也更加方便。目前系统开发工具主要有两类：即专用开发工具类（如SQL，SDK等）和综合开发工具类（如FoxPro，Dbase-Ⅴ，Visual BASIC，Visual C++，CASE，Team Enterprise Developer等）。

（5）客户/服务器工具类。客户/服务器工具类是当今软件工具发展过程中出现的一类新的系统开发工具。市场上的客户/服务器类工具有：Windows下的FoxPro，Visual BASIC，Visual C++，Excel，Powerpoint，Word以及Borland International公司的Delphi Client/Server，Powersoft公司的PowerBuilder Enterprise，Sysmantec的Team Enterprise Developer等等。

（6）面向对象编程工具类。面向对象编程工具主要是指与OO（包括OOA，OOD）方法相对应的编程工具。目前面向对象编程工具主要有C++（或Visual C++）和Smalltalk。

8.6 系统使用与维护

软、硬件维护人员要对系统进行必要的修改与完善；为了使系统适应用户环境的变化，满足新提出的需要，也要对原系统做些局部的更新，这些工作称为系统维护。主要目的为保证系统正常可靠地运行。

系统维护工作在整个系统生命周期中常常被忽视。人们往往热衷于系统开发，当开发工作完成以后，多数情况下开发队伍被解散或撤走，而在系统开始运行后并没有配置适当的系统维护人员。这样，一旦系统发生问题或环境发生变化，最终用户将无从下手，这就是为什么有些信息系统在运行环境中长期与旧系统并行运行不能转换，甚至最后被废弃的原因。

随着信息系统应用的深入，以及使用寿命的延长，系统维护的工作量将越来越大。系统维护的费用往往占整个系统生命周期总费用的60%以上，因此有人曾以浮在海面的冰山来比喻系统开发与维护的关系，系统开发工作如同冰山露出水面的部分，容易被人看到而得到重视，而系统维护工作如同冰山浸在水下部分，体积远比露出水面的部分大得多，但由于不易被人看到而常被忽视：从另一方面来看，相对具有“开创性”的系统开发来讲，系统维护工作属于“继承性”工作，挑战性不强，成绩不显著，使很多技术人员不安心于系统维护工作，这也是造成人们重视开发而轻视维护的原因。但系统维护是信息系统可靠运行的重要技术保障，必须给予足够的重视。

8.6.1 系统维护

系统维护是面向系统中各个构成因素的，根据维护对象不同，系统维护的内容可分为以下几类：

（1）系统应用程序维护。系统的业务处理过程是通过应用程序的运行而实现的，一旦程序发生问题或业务发生变化，就必然引起程序的修改和调整，因此系统维护的主要活动是对程序进行维护。

（2）数据维护。业务处理对数据的需求是不断变化的，除了系统中主体业务数据的定期正常更新外，还有许多数据需要进行不定期的更新，或随环境或业务的变化而进行调整，以及数据内容的增加、数据结构的调整。此外，数据的备份与恢复等，都是数据维护的工作内容。

（3）代码维护。随着系统应用范围的扩大，应用环境的变化，系统中的各种代码都需要进行一定程度的增加、修改、删除，以及设置新的代码。

（4）硬件设备维护。主要就是指对主机及外设的日常维护和管理，如机器部件的清洗、润滑，设备故障的检修，易损部件的更换等，这些工作都应由专人负责，定期进行，以保证系统正常有效地工作。

（5）机构和人员的变动。信息系统是人机系统，人工处理也占有重要地位，人的作用占主导地位。为了使信息系统的流程更加合理，有时涉及到机构和人员的变动。这种变化往往也会影响对设备和程序的维护工作。

8.6.2 系统评价

信息系统的评价是一项难度较大的工作，它属于多目标评价问题，目前大部分的系统评价还处于非结构化阶段，只能就部分评价内容列出可度量的指标，不少内容还只能用定性方法作出叙述性的评价。以下按系统性能指标、直接经济效益指标和间接经济效益指标等三个方面提出信息系统的评价指标。

（1）直接经济效益评价。它是指企业运行管理信息系统后，使用计算机管理所节约的开支与企业在管理信息系统实施过程中一次性投资（包括软件、硬件投资）的折旧和运行费用相比较的结果。管理信息系统的应用，增加了投资和一些费用，但可以减少管理人员，这就减少了工资及劳动费用，通过实现管理现代化，节约物资消耗，降低成本消耗，减少库存资金，节约管理费用，还能够堵塞资金漏洞等。科学的计划决策更能带来难以估价的经济效益。

（2）间接经济效益的评价。它是指企业在运行管理信息系统后，在提高管理效率方面和数据集中管理方面，以及在建立网络系统之后数据的共享和数据传递的及时性、准确性方面，可以实现实时、定量的管理方面，提高了企业竞争力而带来效益的评价。其主要表现在通过管理手段，提高整体管理工作水平带来综合经济效益。这类综合性的效益，往往要经过一段时间才能反映出来，而且越是向高级阶段发展，这类效果就越显著，并能对企业产生根本性的战略影响。它主要反映在能够使企业管理工作自动化、基础数据现代化、管理体制合理化、管理决策科学化、管理效果最优化等方面。

（3）系统性能指标。包括人机交互的灵活性与方便性；系统响应时间与信息处理速度满足管理业务需求的程度；输出信息的正确性与精确度；单位时间内的故障次数与故障时间在工作时间中的比例；系统结构与功能的调整、改进及扩展，与其他系统交互或集成的难易程度；系统故障诊断、排除、恢复的难易程度；系统安全保密措施的完整性、规范性与有效性；系统文档资料的规范、完备与正确程度等指标。

8.7 原型法

所谓原型（prototype），是指由系统分析设计人员与用户合作，在短期内定义用户基本需求的基础上，开发出来的一个只具备基本功能、实验性的、简易的应用软件。原型方法（prototyping），也称渐进法（evolutionary）或迭代法（iterative），是20世纪80年代随计算机软件技术发展，特别是在关系数据库系统（RDBS）、第四代程序生成语言和各种系统开发生成环境产生的基础上，提出的一种从设计思想、工具、手段都全新的系统开发方法。与前面介绍的结构化方法相比，它扬弃了那种一步步周密细致地调查分析，然后逐步整理出文字档案，最后才能让用户看到结果的繁琐作法。原型法一开始就凭借着系统开发人员对用户要求的理解，在强有力的软件环境支持下，给出一个实实在在的系统原型，然后与用户反复协商修改，最终形成实际系统。

从上述流程来看，原型方法无论从原理到流程都是十分简单的，并无任何高深的理论和技术，但为什么会备受推崇，在实践中获得了巨大的成功呢？我们认为与结构化方法相比，原型方法具有如下几方面的特点：

（1）从认识论的角度来看，原型方法更多地遵循了人们认识事物的规律，因而更容易为人们普遍接受。

（2）原型方法将模拟的手段引入系统分析的初期阶段，沟通了人们的思想，缩短了用户和系统分析人员之间的距离，解决了结构化方法中最难于解决的一环。

（3）充分利用了最新的软件工具，摆脱了老一套工作方法，使系统开发的时间、费用大大减少，效率、技术等方面都大大提高。

8.7.1 原型法的基本步骤

原型法的基本工作流程可描述为以下几步：

（1）用户提出开发实际需求和系统的初步需求。

（2）系统开发人员识别用户需求。利用工具构造一个系统原型。

（3）双方一起进行测试和评价，确定下一步处理方式：如果根本不可用，抛弃该原型，返回到上一步，重新构造；如果满意，则对该原型进行分析和整理，并根据新的要求修改。

(4) 反复对修改后的原型进行测试和评价，直至符合用户的要求，即构成最终系统。

上述工作流程如图8-14所示。

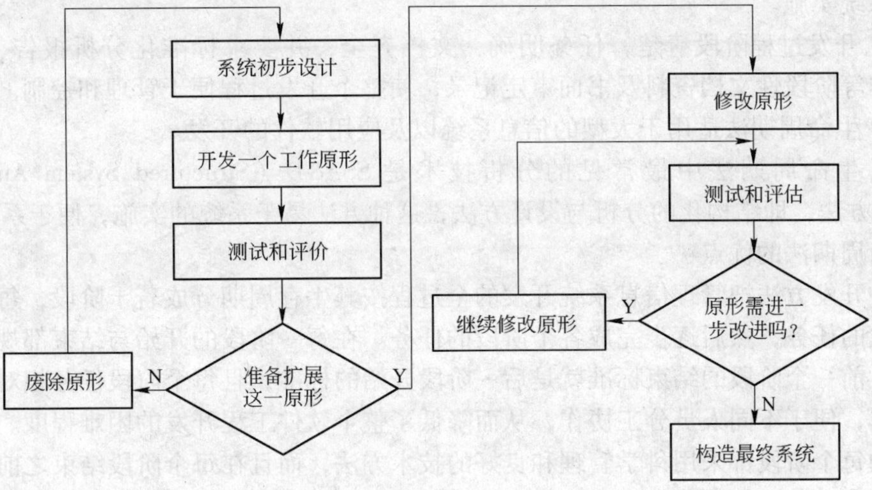

图8-14 原型法的基本工作流程

8.7.2 原型法的优缺点

作为一种具体的开发方法，原型法不是万能的，有其一定的适用范围和局限性。这主要表现在：

(1) 对于一个大型的系统，如果不经过系统分析来进行整体性划分，想要直接用屏幕来一个一个地模拟是很困难的。

(2) 对于大量运算的、逻辑性较强的程序模块，原型方法很难构造出模型来供人评价。因为这类问题没有那么多的交互方式（如果有现成的数据或逻辑计算软件包，则情况例外），也不是三言两语就可以把问题说得清楚的。

(3) 对于原基础管理不善、信息处理过程混乱的问题，使用有一定的困难。首先是由于工作过程不清，构造原型有一定困难；其次是由于基础管理不好，没有科学合理的方法可依，系统开发容易走上机械地模拟原来手工系统的轨道。

(4) 对于一个批处理系统，其大部分是内部处理过程，这时用原型方法有一定的困难。

原型方法是在信息系统研制过程中的一种简单的模拟方法，它站在前者的基础之上，借助于新一代的软件工具，螺旋式地上升到了一个新的更高的起点，它“扬弃”了结构化系统开发方法的某些繁琐细节，继承了其合理的内核，是对结构化开发方法的发展和补充。这种相互补充、相互促进的系统开发方式将会是今后若干年信息系统或软件工程中所使用的主要方法。

8.7.3 生命周期法与原型法的比较

8.7.3.1 生命周期法

生命周期法的特点是：

（1）采用系统的观点与系统工程的方法，自上而下进行系统分析与设计，并自下而上进行系统实施。

（2）开发过程阶段清楚，任务明确，文档齐全，并要求标准化分析报告、流程图、说明文本等阶段性文档资料及书面审定记录，使整个开发过程便于管理和控制。

（3）生命周期法适用于大型的信息系统以及应用软件的开发。

（4）生命周期法中最常见的分析技术是SSA&D（Structured System Analysis and Design）方法，即结构化的分析与设计方法，这种方法易于系统的实施，便于系统维护。

生命周期法的优点：

这种开发方法把管理信息系统开发的全过程按其生存周期分成若干阶段，每个阶段有相对独立的任务，然后逐步完成各个阶段的任务。在每一阶段的开始与结束都规定了严格的标准。前一个阶段的结束标准就是后一阶段开始的标准，且每个阶段任务相对独立而且比较简单，便于不同人员分工协作，从而降低了整个软件工程开发的困难程度。在软件生命周期的每个阶段都采用科学管理和良好的技术方法，而且在每个阶段结束之前都从技术与管理两个角度进行严格审查，合格之后才开始下一阶段工作。这就使得软件开发全过程以一种有条不紊的方式进行，保证了软件质量，提高了软件的可维护性。这样不仅可以大大提高软件开发的成功率，软件开发的生产率也会明显提高。且简单明了，结构清晰。

同时把文档资料作为每个阶段的产品之一，而且加以标准化，作为每个阶段结束的重要标准。它保证了在系统开发结束时有一个完整准确的软件配置交付使用。文档资料是通讯的工具，它清楚地说明了到这个时候为止关于该项工程已经知道或做了什么，同时确定了下一步的工作基础。文档资料也起着备忘录的作用，如果文档不完整或与上一阶段的文档不衔接则一定在工作上有不完整的地方。文档资料另一重要作用是有利于与用户交流，检查错误，用户评价。文档资料也是系统维护的依据，通过每一阶段生成的文档资料，使开发人员和用户易于使用维护。

生命周期法的缺点：

（1）用户进入系统开发的深度不够，系统需求难以准确确定。

（2）生命周期法开发周期长、文档多。

（3）各阶段的审批工作困难。

（4）专业开发人员开发用户使用的系统开发模式，开发人员与用户都要花时间去掌握对方专业领域的知识以期产生共同语言，导致用户系统分析不充分，理解不透彻，或表达的二义性，造成软件生命周期中越早潜入的错误发现越晚，系统分析时引入的错误往往要到运行时才发现，其修正的代价是相当昂贵的。

（5）用户热情没有自始至终调动，不能从根本上解决让用户参加系统开发的问题。系统维护就十分困难。且文档资料缺乏实用价值，特别是早期的系统规格说明——专业知识的缺乏使得用户难以理解文档的内容，文档资料没有起到应有的作用，反而延长了开发时间。

8.7.3.2 原型法

原型法通过快速创建出管理信息系统的测试版（可用来演示和评估），借助这种测试版本挖掘用户的需求，然后在此版本的基础上进行修改、增强。其由 4 个开发阶段组成：确认基本需求；开发原型系统；使用原型系统；修改增强原型。

原型法的优点：

提高用户的可接受度，降低开发风险，可在一定程度上减少开发费用。

快速原型法突出一个“快”字，采用结构化生命周期法作系统分析时要反复和用户讨论，这种讨论费时费力，而且终究是“纸上谈兵”，原型法则是“真枪实弹”，能够使用户立刻与想象中的目标系统作出比较。开发人员向用户提供一个“样品”，用户迅速向开发人员作出反馈，提高系统质量，快速原型法要求在获得一组基本的用户需求后，快速实现新系统的一个“原型”，可以说是以用户需求为中心，又不完全依赖于用户需求，它对用户需求的定义采用启发的方式，引导用户在对系统逐渐加深理解的过程中作出响应，鼓励用户参与到系统的设定与开发中去，便于系统的维护和使用。

原型法的不足：

快速原型法，虽然能够积极调动用户参与到系统开发与设计中去，但局限性是只能适用于中小型企业的管理信息系统开发，大型企业，管理信息系统本身十分复杂，各种不确定性因素多变，对那些简单的数据操作和记录管理的应用比较适合用原型法开发。而对那些批处理或大量计算和有着复杂过程逻辑的系统一般不适合用原型法处理。原型法更适合较小的应用开发，对大型系统须分成几部分，一部分一部分地分别建立原型。如果缺乏用传统方法进行透彻的需求分析，就无法对大型系统进行划分，因为一开始很难分辨系统各部分之间存在哪些相互的影响。如果冒昧使用快速原型法，会导致管理信息系统出现漏洞。

由于原型法不经过系统分析，因此整个系统没有一个完整的概念。系统开发的文档无法统一，给以后的维护带来困难。其适用范围比较有限，适合于小型、简单、处理过程比较明确、没有大量运算和逻辑处理过程的系统。

8.7.3.3 结构化方法

结构化方法的基本思想：

用系统工程的思想和工程化的方法，根据用户至上的原则，自始至终按照结构化、模块化，自顶向下地对系统进行分析与设计。具体来说，就是先将整个系统开发过程划分为若干个相对独立的阶段，如系统规划、系统分析、系统设计和系统实施等。在前三个阶段坚持自顶向下对系统进行结构化划分。在系统实施阶段，则应坚持自底向上逐步实施，即组织资源从最底层的模块开始编程和调试，然后按系统设计结构，将模块按层次一个个拼接到一起进行调试，自底向上，逐层地构建整个系统。

结构化方法的优点主要表现在如下三个方面：

（1）易于实现。

（2）有利于应用软件总体结构的优化。

（3）实现的系统具有较好的维护性。

结构化系统设计方法的缺点：

最突出的表现是它的起点太低，系统开发周期过长，带来了一系列的问题（如在这段漫长的开发周期中，人们原来所了解的情况可能发生较多变化等)。另外，这个方法要求系统开发人员在调查中充分了解用户需求、管理状况及预见可能发生的变化，这不大符合人们循序渐进地认识客观事物的规律性。因此，在实际工作中实施有一定困难。

8.7.3.4 面向对象方法的优缺点

面向对象方法的主要优点是：

(1) 采用面向对象思想，使系统的描述及信息模型的表示与客观实体相对应，符合人类的思维习惯，有利于系统开发过程中用户与开发人员的交流和沟通，缩短开发周期，提高系统开发的正确性和效率。

(2) 系统开发基础统一于对象之上，各阶段工作平滑，避免了许多中间转换环节和多余的劳动，加快了系统的开发进程。

(3) 面向对象技术中的各种概念和特性，如继承、封装、多态性及消息传递机制等，使软件的一致性、模块的独立性以及程序的共享性和重用性大大提高，也与分布式处理、多机系统及网络通讯等发展趋势相吻合，具有广阔的应用前景。

面向对象方法的缺点

面向对象的开发中也存在明显的不足。首先，必须依靠一定的软件技术支持，其次，在大型项目的开发上，具有一定的局限性，必须以结构化系统开发方法的自顶向下的系统调查和系统分析作基础，否则，会存在系统结构不合理，关系不协调的问题。

8.8 综合案例——某大学数字化校园（暨校园信息系统）规划方案

8.8.1 某大学数字化校园概述

某大学数字化校园的建设从根本上要服务于学校“十一五”发展规划规定的各项学校发展的战略目标，通过数字化校园的建设开创学校教学、科研、管理、对外宣传的新局面，数字化校园的建设要服务于教师、服务于学生、服务于管理、服务于学校的各项事业，努力把学校建设成为高水平的院校。

数字化校园建设的目标可以概括为：网上办公、网上管理、网上教学、网上服务。具体包括：

(1) 实现校园内教学、科研、服务的数字化、信息化、网络化、电子化。

(2) 实现信息资源和信息服务的合理规划，合理分配，合理利用。

(3) 保证资源和服务的可靠性，安全性，科学性。

(4) 提高该大学管理过程和管理系统的质量、效率和效益。

数字化校园的建设涉及学校管理的方方面面，因此需要一个强大的领导核心来推进这项事业。因此，需要成立一个数字化校园建设领导小组，由校长担任组长，各院系、处室负责人作为成员，外聘的信息专家作为顾问，由外聘的IT公司和校内的信息中心、网络中心工作人员共同组成数字化校园建设项目组负责具体执行相应的决策。

(1) 数据标准化、规范化、统一化、可共享。信息标准是做好信息管理的基础，信息只有遵循一个统一的标准进行组织，才能构成一个可流通、可共享的信息库。在前一阶段的校园数字化建设中，虽然制定了一些信息标准（如教务系统的统一编码），但是还远远不够，数字化校园所要求的统一数字空间需要各个层次的信息标准来规范整个学校的数字化建设工作。

信息标准是数字化校园中不同层次的系统尤其是应用系统能够互相访问的基础，是高校信息化建设的必要条件；同时信息标准的水平也反映了高校信息化建设的水平和高度。

校园信息化建设必须依照教育部教育管理信息中心推出的《教育管理信息化标准》来规范信息的编码设计，并在实施过程中按照标准设计与实施，并利用相关的测试认证中心提供的服务，通过几个中心实验室提供的咨询、培训、认证测试等手段，使最终的应用系统达到完全符合《教育管理信息化标准》的要求。

另外，以前分散在各个子系统的数据要统一整合起来，达到能够互访、共享。如招生录取信息系统、教务管理系统、学生管理系统、操行评定系统、人事管理系统、科研管理系统等数据要能够统一起来，避免同一对象的同一数据在不同系统中存在多个不同版本的情况。

（2）统一规划、分步实施。数字化校园的建设要遵循“依据需求、统筹规划、分步实施、成熟可靠”的原则。

1）数字化校园的建设要考虑学校的需要与可能，首先要满足教学需要，要把服务教学作为数字化校园的出发点。

2）数字化校园的规划方案要符合学校长远发展规划，应将基础设施建设、教学软件建设和人员培训统筹规划。

3）建设数字化校园时，根据经费情况，可一步到位，也可统筹规划、分步实施、逐步到位。

4）数字化校园方案的制订要采用经过实践证明是成熟的、先进的，同时又能满足学校要求的技术。

8.8.2 现状分析

8.8.2.1 校园网现有基础设施

A 现有规模

该大学除了主校区外，还有南校区，两校区相距近 10km。主校区校园网包括主干网络、各学院（部、处、室）部门局域网络、学生宿舍网络及校园网到中国教育和科研网（CERNET）和公用网络（CHINANET）广域网的互联。主校区校园主干网络覆盖了综合楼、图书馆、网络中心、教学楼等 10 余栋建筑物，各楼之间通过千兆光纤互联，光缆长度覆盖近 15km。

主校区内的骨干光纤包括主路由和备份路由两部分。主路由是以综合楼网络中心机房为中心，分别向 12 个建筑区（科技楼、理化楼、环保楼、交流中心、图书馆、计算中心和教师公寓等）铺设 8 芯室外单模光缆。备份路由是为保证校园网不受主干光缆（主路由）中断影响，在教学实验楼和交流中心分别建立骨干网络光纤备份路由。备份路由采用 4 芯室外单模光缆。

学生宿舍网络作为校园网的重要部分，包括学 1 至学 10 楼约 5000 多个信息点，通过光缆覆盖到各学生宿舍楼，各楼通过光纤千兆连接到交流中心机房，交流中心核心交换机与网络中心交换机采用多个千兆捆绑互联。

校园网通过光缆以100Mbps与CERNET华北地区网络节点相连，并与CHINANET以10Mbps连接，实现双出口备份连接。

南校区的各教学楼、宿舍楼、计算中心之间也是由千兆光纤互联。南校区通过骨干光纤连接到主校区网络中心机房。目前全校教师学生中已有约8000网络用户。

B 网络结构及特点

校园网主干为全光纤千兆网络，采用核心、汇聚、接入三层架构设计。网络核心层为一级节点，各楼汇聚层为二级节点，通过光纤千兆接入核心交换机，各楼内的局域网接入交换机为三级节点，通过光纤千兆接入汇聚交换机，实现千兆主干到楼、百兆交换到桌面。

主要特点：

（1）校园主干网采用了千兆光纤网络，主干链路实现路由备份。

（2）到CERNET和CHINANET双出口备份。

（3）核心层网络设备双冗余、备份。

（4）全网设备统一管理、流量实时监控。

C 网络系统配置及提供的服务

校园网的主要网络设备采用华为3COM和Cisco公司的产品：包括三台S8500核心交换机、两台Secpath1000F防火墙、两台NE40和AR46-40路由器、多台S6500系列汇聚交换机，多台Cisco3550、2950交换机。目前应用系统包括DNS、Mail、Web、计费和网管服务等，分别运行在Windows2000、UNIX和Linux平台，网络服务器包括Sun公司的Enterprise450服务器、IBM x346服务器等，应用系统采用EMC300作网络存储阵列。

提供的服务有：

（1）电子邮件服务（mail. cumtb. edu. cn）。

（2）WWW服务（www. cumtb. edu. cn）。

（3）中文期刊镜像服务。

（4）二级单位网站的信息发布。

8.8.2.2 现有管理信息系统分析

（1）本科生教务管理系统。本科生教务管理系统包括C/S和B/S两部分，C/S部分主要用于教务处内部办公使用，包括教学计划、教学大纲、课程、教师等信息的录入与查询统计、排课等功能。B/S部分包括本科生网上选课、教师网上录入成绩等功能。

（2）学生管理系统。学生管理系统主要是学生工作部门（学工处、各院系学生工作办公室）使用，主要用来管理学生住宿、考勤、奖评、党团事务等事宜。

（3）学生网上互评系统。主要用于本科生评优时在网上进行同班同学之间的互相打分评定，班主任给予每个学生德智体等方面的评定。评定的结果作为评选优秀学生的重要依据。

（4）校园网计费系统。为每个上网的用户设置一个账号，用于流量统计、网费收取。

（5）就餐卡系统。用于师生员工在各食堂刷卡就餐。由终端刷卡机、就餐卡管理中心主机以及相应网络、软件组成。

（6）洗澡卡系统。用于师生员工在各浴池刷卡洗澡。由终端刷卡机、洗澡卡管理中心主机以及相应网络、软件组成。

（7）图书管理系统。包括借书证的发放、图书借阅管理、图书订购管理、统计查询等功能。

（8）校园网信息发布系统。包括校园网上信息管理、发布等功能。

（9）财务管理系统。工资管理、助学金管理以及各种津贴、奖金、科研经费的管理等。

8.8.2.3 存在的主要问题

校园网基础设置建设还是不错的，目前存在的最主要问题是各系统之间信息不能共享。

各管理职能部门基本都有一套自己的办公系统，有些是基于简单的 Excel、Access 等办公软件来完成数据的处理，有些是购买一些现有的专门软件来协助日常办公。有的部门还有不止一套系统，如后勤集团的就餐卡、洗澡卡系统等。各系统之间数据不能共享，如教务处的本科生教务管理系统就不能和学工处的学生管理系统实现信息共享，在每年学生评优时，学工处需要根据教务管理系统打印出的各学期成绩单来计算成绩，学生管理系统不能从教务管理系统中自动提取数据进行相应计算。

另外，各职能处室之间的数据不能共享，如科研处和人事处的关于教师基本情况及科研情况的数据也不能共享，各院系的相关数据与职能处室的数据不能共享。各个系统都是分离的，形成了多个信息孤岛。增加了许多办公成本，降低了管理效率。

因此需要统一规划，引进或开发相应的信息系统，实现各部门各类数据的整合共享。

缺乏其他相应的信息系统，如：

（1）研究生教务管理系统。随着学校研究生招生规模的扩大，需要引进或开发研究生教务管理系统，使其可以在网上选课、录入成绩等。

（2）校外访问校内资源代理服务系统。目前，许多教师住在校外，不能访问校内的电子资源，不能访问校园网上运行的 B/S 系统（如教务管理系统等），这给住在校外的教师带来很大不便。因此，需要架设相应的代理服务器，使得校外教师通过身份认证后可以访问校内资源和相应的信息系统。

8.8.3 数字化校园建设内容

通过现状调查和分析，经过数字化校园建设领导小组和数字化校园建设项目组的全体成员的充分讨论，决定推进以下子项目的建设。

（1）管理流程界定与分析。参照其他高校信息系统建设的成功经验，一般来讲，高校信息系统包括的子系统基本类似，大都包括校园网系统、教务管理系统、人事管理系统、科研管理系统、学生管理系统、招生就业管理系统、后勤管理系统、校园一卡通系统、财务管理系统、办公自动化系统等。因此，这里管理流程的调查分析的重点不在于研究应该建设什么样的子系统，而在于调查具体的某一管理活动是否存在改善的可能，是否可以把它从某一系统并入另一系统中，另一方面是调查管理流程所涉及到的数据，调查各数据项的授权修改人员、授权查询人员，为下一步数据标准化建设提供依据。

（2）数据标准化建设。根据上一步调查的各管理流程涉及到的数据，对这些数据进行相应的分析、合并处理，并依照教育部教育管理信息中心推出的《教育管理信息化标准》来进行信息的编码设计和格式设计，包括数据字典的设计、数据表的设计、办公文档（如授课任务单、会议通知单等）、各种表格格式（如本科生教学记录表、教师科研情况登记表等）、学生论文格式设计等。

(3) 数据中心建设。分析各子系统设计的数据量的大小，数据访问的并发需求，各系统用户终端的分布情况等，制订各数据库服务器的分布位置、数据中心的位置、提出校园网基础设施改进方案，如各应用系统数据库服务器与数据中心之间光纤网络的建设方案等，利用数据中心对各应用系统的数据进行热备份。并在主校区与南校区之间建立远程数据备份。

(4) 统一身份认证系统。统一认证，是指用户只需要进行一次登录，就可以访问到所有的授权服务，并为用户提供自动登录应用系统的功能。

(5) 信息服务系统。根据统一身份认证系统提供的功能，不同的用户登录界面是相同的，但可以查询、访问、发布的信息不同。

信息服务系统主要有两类功能：

1) 信息查询功能。根据用户的需求，将信息按照用户的逻辑提取出来，以方便的接口提供给用户。比如，校长可以查询所有教师的基本信息，人事处的相关人员可以更改教师的基本信息，而教师只可以修改无需审核的一些个人信息，班主任可以查询本班学生的基本信息和成绩信息。系统为用户提供多种查询逻辑与灵活的查询条件设置方法，以满足用户对各个系统数据的查询需要。

2) 信息发布功能。提供各办公自动化系统、各管理信息系统发布信息的接口。该系统将各种信息（包括办公、教学、科研、人事、财务、设备、后勤等）整合起来，为不同类型用户提供个性化的信息发布服务。校内的各类用户只需通过一个统一的界面登录，系统即可按该用户身份和授权，定制出他可以访问、发布的信息范围。

(6) 办公自动化系统。主要提供日常办公需要的一些功能，如公文管理、个人办公、信息发布等。

(7) 一卡通系统。原有的校园卡有就餐卡、洗澡卡、借书证、上机卡等。而校园一卡通就是要替代所有这些卡使得学生不需要办这么多张卡，一方面方便携带，另一方面也节约成本、便于管理。

校园IC卡一卡通系统主要涉及到人事处（教工IC卡管理），教务处（学生IC卡管理），图书馆，计算机中心，校医院，后勤处等实体。保卫处的门禁管理也可以作为IC卡的一个应用子系统。

(8) 综合教务系统。学校综合教务系统是一个集Client/Server和Browser/Web Server技术于一体、涉及教务管理各环节、面向学校各部门以及各层次用户的多模块综合性信息管理系统，教务系统的各子系统既可独立运行，也可联合运行，实现数据共享。使整个校园网甚至Internet上的用户都可以在不同地域、任意时间段、用不同方式以不同身份来访问教务系统中的数据，并且要通过成熟的安全技术和策略保障数据的安全。

因为本科生的管理和研究生的管理方式不同，管理部门不同，所以，综合教务系统主要包括本科生教务管理系统和研究生教务管理系统两部分。这两部分的主要功能模块相同，但是具体的管理流程不同。

(9) 学生管理系统。学生管理系统主要供学工处、各院系学生管理部门使用。学生管理系统主要提供学生住宿信息、奖惩信息、成绩信息、交费信息、家庭情况信息的查询和管理。其中，有些信息是来自于其他的系统，如成绩信息来自于教务管理系统。在此，要设计好与其他系统的接口和权限划分问题。

(10) 人事管理系统。人事管理信息化建设是学校信息化建设的一个重要组成部分，它可以有效地提高人事管理工作的效率和质量，并且能够及时提供可靠数据，为校领导的科学决策提供重要依据。

(11) 财务管理系统。财务管理系统的总体目标是：

1) 减少工作层次和中间环节，提高工作效率。

2) 以核算为中心过渡到以管理和服务为中心。

3) 加强财务数据分析、评价，辅助领导决策。

(12) 科研管理系统。科研管理信息系统的总体设计思想是使学校拥有更完备、更准确的科研信息，提高科研管理的整体水平和工作效率，为各级领导提供科学的决策支持。

系统采用 B/S 为一体化的解决方案，具有较强的扩展性和可维护性。系统集中维护共享信息，自动实现 Web 信息发布。可以实现面向各类用户的查询服务，如：科研成果查询，职工科研情况查询，并进行各类统计。

(13) 数字图书馆。根据学校“十一五”发展规划，继续加强电子图书、文献资源库建设，全面升级图书馆现有硬件设备。新建一个 100 座电子阅览室；增加馆藏电子图书 60 万册；增加电子期刊 30 万册；购买若干国内外知名数据库。通过建设，把图书馆建成全国同类院校一流水平的数字化图书馆。

(14) 校园网基础设施建设。校园无线网工程建设：建设校园无线上网工程，使校园无线网络覆盖到学校的各个地方。方便教学楼、办公楼、校园广场、报告厅及大型学术会议的网络应用。

校内代理服务器架设：架设相应的代理服务器，使得校外教师通过身份认证后可以访问校内资源和相应的信息系统。

8.8.4 数字化校园建设进度计划与预算安排

数字化校园建设进度和大概的预算安排见表 8-7，具体的预算还会随着各项目的推进及需求有所调整。

8.8.5 案例目的及分析

本案例通过一个比较详细的信息系统规划和实施方案，来说明信息系统规划的主要内容和规划实施的基本框架。

某大学信息系统规划方案是一个比较粗略的规划方案，由于篇幅有限，不可能把一个单位的详细规划原封不动的搬过来，在此只是说明信息系统规划的内容和规划的基本框架。另外，在这个案例中，并没有遵循前述的某一种规划方法，而是灵活运用了战略目标集转化法 (Strategy Set Transformation, SST) 和企业系统规划法 (Business System Planning, BSP)。

信息系统规划的方法很多，但具体在做信息系统规划时，绝对不是按照某种方法一成不变的来进行，而是按照信息系统规划的指导思想和有关原则，参照本行业成功规划的案例来进行的。一般在做信息系统规划时，用 SST 方法将企业的战略目标转化为信息系统的规划目标，进行信息系统粗略的战略定位，而后用 BSP 规划法分析企业各个管理活动和管理流程，抽象出全局的数据模型，而后进行具体的信息系统项目的设计和实施。

表8-7 数字化校园建设进度计划与预算安排

项目		资金投入				2007年12月（预期目标、验收要点）	2008年12月（预期目标、验收要点）	2009年10月（预期目标、验收要点）
子项目	具体内容	2007年	2008年	2009年	合计/万元			
管理流程界定与分析	调查各单位各项活动的具体流程，调查流程中所涉及到的各类数据的来源、格式、经过的处理、去向、权限等。分解出各项管理活动以及所涉及到的数据	60			60	流程分析调研报告、流程优化分析报告		
数据标准化	遵照《教育管理信息化标准》结合学校实际情况设计各项数据、表格、报表、办公文档等的标准格式。建立数据字典	6			6	各项数据编码方案；数据字典、表格格式设计报告		
校园网基础设施建设	无线网络建设、校内代理服务器架设	8			8	能够投入运行，通过验收		
一卡通系统	一卡通系统的软件、硬件、网络设施的设计与建设，系统要完成本规划中所规定的功能	2	5	60	67	一卡通系统调研论证	一卡通系统设计方案验收	一卡通系统整体验收
办公自动化系统	办公自动化系统的设计与开发，关键是解决好数据共享与互访问题、角色与权限的划分问题、与统一身份认证系统的接口问题		6	14	20		系统分析与设计报告通过验收	系统整体测试通过
综合教务系统	本科生教务管理系统的设计与开发（C/S和B/S两部分）		10		10		系统整体测试通过	
	研究生教务管理系统的设计与开发（C/S和B/S两部分）		4	6	10		系统分析与设计报告通过验收	系统整体测试通过
	网络教学系统的媒体制作中心建设、课程录播系统建设、网上学习平台建设		30	20	50		系统设计方案、设备采购预算	系统实测验收

续表 8-7

项目		资金投入				2007 年 12 月（预期目标、验收要点）	2008 年 12 月（预期目标、验收要点）	2009 年 10 月（预期目标、验收要点）
子项目	具体内容	2007 年	2008 年	2009 年	合计/万元			
学生管理系统	学生管理系统的设计与开发,关键是解决好数据共享与互访问题、角色与权限的划分问题、与统一身份认证系统的接口问题			5	5			系统整体通过验收
人事管理系统	人事管理系统的设计与开发,关键是解决好数据共享与互访问题、角色与权限的划分问题、与统一身份认证系统的接口问题			6	6			系统整体通过验收
财务管理系统	财务管理系统的设计与开发,关键是解决好数据共享与互访问题、角色与权限的划分问题、与统一身份认证系统的接口问题		6	8	14		系统分析与设计报告通过验收	系统整体测试通过
科研管理系统	科研管理系统的设计与开发,关键是解决好数据共享与互访问题、角色与权限的划分问题、与统一身份认证系统的接口问题			3	3			系统整体通过验收
数字图书馆	100 座电子阅览室建设、60 万册馆藏电子图书、30 万册电子期刊的购买、购买国内外知名论文库	100			100	系统整体通过验收		
信息服务系统	针对不同的人员提供不同的信息查询和信息发布服务。解决好和办公自动化系统及其他子系统的边界划分、接口问题	1	3	2	6	组织专家进行系统论证	系统设计方案通过验收	系统整体通过验收（验收报告）
统一身份认证系统	统一身份认证系统方案设计;软、硬件的采购与设计;要求具有安全的认证功能、灵活的权限划分、配置功能;与要划分权限的实际信息系统的接口设计;具有可扩充性		10		10		身份认证系统整体解决方案	
数据中心建设	校园网中控机房及数据中心规划、建设	2	90	3	95	建设方案通过验收	关键设备采购、安装完毕	系统整体通过调试
合计		179	164	127	470			

8.9　扩展学习模块——A公司人力资源管理信息系统的项目实施

8.9.1　实施项目优先序的评定

（1）关键程度，即反映流程或系统功能需求对A公司的目标，战略和设想的重要程度。

在关键程度的衡量方面，有三个对比的尺度。如下：

1）没有对该需求的解决方案，A公司将无法实现其战略目标。

2）没有该领域的解决方案，A公司的战略目标的实现会受到限制。在对该领域进行重大投资前应当进行调查。

3）该系统功能的优先级较低，对A公司战略的实现不重要。

（2）当前IT系统对该需求的支持程度如何。在这个方面，主要分析以下三点：

1）当前，是否有IT系统支持该需求。

2）当前的IT系统是否可能充分支持该需求。

3）当前，如果没有大的修改，不太可能一直满足需要，是否重新开始可能比较便宜和简单。

通过对A公司的情况进行调查并作对比分析，可以得到具体的实施计划（见表8-8）。

系统主要有5个模块：人事信息管理，事务管理，工资管理，考勤管理，企业人才库。

表8-8　该公司项目实施的主要内容

序号	实施内容和项目	细节实施内容	总天数/天
一	人力资源管理系统开发和设计		200
	1	系统规划（前期调查，问题陈述，决定要解决的问题，进度安排等）	50
	2	系统分析（进行详细的系统需求分析）	50
	3	系统设计（制定对应需求的详细的技术蓝图和规格说明）	60
	4	系统实现（产生相应的软硬件技术方案）	90
二	人力资源管理系统基础平台部署		20.5
	（一）落实部署环境场地		1
	1	数据管理设备场地	1
	（二）设备采购		13
	1	后备系统设备	4
	2	数据库管理系统	3
	3	网络通讯设备	3
	4	服务器设备	3
	（三）网络		3
	1	数据管理中心-人力资源部门接口	1
	2	数据管理中心-经理部门接口	1

续表 8-8

序号	实施内容和项目		细节实施内容	总天数/天
	3	数据管理中心-远程办公系统接口		1
	（四）系统设备安装			3.5
	1	环境改造及电源、通讯线路铺设		2
	2	系统的安装		1
	3	准备试运行环境		0.5
三	完善人力资源管理系统信息准备			30
四	系统调试及试运行			2.5
	1	准备试运行环境		1
	2	试运行		1
	3	清除试运行数据		0.5

在系统正式运行之前，还有一系列的培训和宣传工作（见表 8-9）。

表 8-9 系统实施过程中的主要培训内容

一	产品使用培训		6
	1	管理人员培训	1
	2	人力资源部工作人员培训	2
三	系统验收		2
四	系统启动		1
六	系统正式运行		

8.9.2 经费预算

（1）说明。本规划中的经费预算只是大概的数据，具体的投资经费，还需在系统设计后作更加详细的预算。

（2）基本建设投资。人力资源管理系统基础平台设备（见表 8-10）。

表 8-10 人力资源管理系统基础平台设备

项　目	计算公式/万元	备　注
主机、PC 机及操作系统	150	主要的操作系统就是开发的人力资源管理系统
后备系统设备及管理软件	40	
服务器	50	
数据库管理系统	100	
网络通讯设备	30	
总计	370	

（3）其他的一次性支出（见表8-11）。

表8-11 其他的一次性支出

项 目	费用/万元	备 注
培训费	2	
其 他	2	
合 计	4	

（4）经常性支出（见表8-12）。

表8-12 经常性支出

项 目	费用/万元	备 注
系统维护费		一般为系统建设费的5%

思考题

1. 简述结构化开发方法的基本思想。
2. 解释业务流程图及数据流程图。
3. 简述管理信息系统分析的任务，系统设计的主要工作、分类、特点。
4. 何谓原型法，它有哪些主要特点？
5. 如何进行系统功能结构的划分，子系统和模块划分的方法有哪几种？
6. 请画出管理信息系统的生命周期模型，并说明各阶段的主要内容和文档。
7. 何谓系统的生命周期，分析系统生命周期法的优缺点。
8. 信息系统生命周期包括几个阶段，使用阶段涉及哪些工作？
9. 简述管理信息系统的开发过程，以及每一过程的主要工作内容。
10. 就“系统分析实质上就是分析了解待开发系统的实际和进一步的管理需求”这句话，结合系统分析中各主要工作，说明如何分析了解待开发系统的实际，以及如何了解待开发系统的进一步的管理需求？

9 面向对象的系统分析与设计

面向对象技术现在已经逐渐取代了传统的技术，成为当今计算机软件工程学中的主要开发技术，随着面向对象技术的不断发展，越来越多的软件开发人员加入了它的阵营。面向对象技术之所以会为广大的软件开发人员青睐，是由于它作为一种先进的设计和构造软件的技术，使计算机以更符合人的思维方式去解决一系列的编程问题。使用面向对象技术编写的程序极大地提高了代码复用程度和可扩展性，使得编程效率也得到了极大的提高，同时减少了软件维护的代价。

面向对象技术发展的重大成果之一就是出现了统一建模语言（UML）。UML 是面向对象技术领域内占主导地位的标准建模语言，它统一了过去相互独立的数十种面向对象的建模语言共同存在的局面，通过统一语义和符号表示，系统地对软件工程进行描述、构造，形成了一个统一的、公共的，具有广泛适用性的建模语言。

面向对象系统的开发方法是从 20 世纪 80 年代各种面向对象的程序设计方法（如 small talk，C++等）逐步发展而来的。面对对象方法（Object Oriented，OO 方法）一反那种功能分解方法只能单纯反映管理功能的结构状态，数据流程模型（Data Flow Diagram，DFD）只是侧重反映事物的信息特征和流程，信息模拟只能被动地迎合实际问题需要的做法，从面向对象的角度为我们认识事物，进而为开发系统提供了一种全新的方法。

9.1 面向对象方法的基本思想

面向对象的软件开发方法是在结构化开发范型和实体关系开发范型的基础上发展而来的，它运用分类、封装、继承、消息等人类自然的思维机制和其支持技术，允许软件开发者处理更为复杂的问题域，在很大程度上缓解了软件危机。面向对象技术发端于程序设计语言，以后又向软件开发的早期阶段延伸，形成了面向对象的分析和设计。

随着计算机在各个领域的大规模应用，也出现了一些更复杂的软件设计问题，如人机交互的用户界面问题、多媒体技术的应用问题等。为了描述这些问题就必须用复杂的、包含多个相互关联子系统的大系统。面对这种复杂的大系统，传统的结构化方法就无法胜任了。因而寻求解决复杂大系统问题的新方法就更加迫切。正是在这种局面下，产生了面向对象的方法。面向对象的概念和方法从面向对象的程序设计语言发展演变而来。

1960 年，O. J. Dahl 和 K. Nygard 等人设计出了用于仿真的程序设计语言 Simula67，其中最早引入了类和继承的概念，被认为是面向对象语言的先驱。

1970 年，Xerox 公司在设计 Dynabook 系统时开发了一种语言 Smalltalk。继 Smalltalk72 之后，经过了 74、76 版的不断改进，于 1981 年推出了商用的 Smalltalk80。Smalltalk80 已经具备了面向对象语言的特征：对象、类、继承、多态性、元类等，这标志着面向对象程序设计语言已经发展成熟。至今，Smalltalk 仍被认为是面向对象理念最纯粹的实现。

其他许多基于对象的语言对面向对象程序设计语言的形成和发展也起到了积极的作用，如 Lisp、Object Pascal、CLU、Modula-2 和 Ada83 等。

还有一些语言是在已有过程式程序设计语言的基础上加入面向对象的概念形成的，如以 C 语言为基础的 Objective-C 和 C++。C++对面向对象技术的发展起了非常重要的推动作用，它的流行促进了面向对象技术的普及，使之被程序员广泛接受。新一代软件开发平台 Visual Studio. NET 是微软 .NET 战略产品的重要部分，Visual Studio. NET 集成了 VB. NET、C#、ASP. NET 的开发环境，而微软第一次统一了 VB 和 VC 的底层对象，使 VB. NET 和 C#能够在同一个运行平台的基础上访问相同组件的属性和方法。

随着网络和 Internet 的发展，1995 年诞生了 Java 语言。Java 是一种纯面向对象的语言，并且具有网络化、跨平台和多线程的特性，目前已成为流行的网络编程语言。

面向对象编程语言和技术的发展逐渐延伸到软件开发的早期阶段，形成了面向对象的分析和设计，它们一起构成了面向对象的方法学。

面向对象分析（OOA）是分析系统功能应当通过哪些对象的协作来实现。为此，它引入了用于描述现实世界中的实体及其关系的基本概念及相应的表示法。分析的结果是建立系统的分析模型。面向对象设计（OOD）是在分析模型的基础上确定如何构造符合要求的系统，并建立一个展示系统实现蓝图的设计模型。

由于面向对象分析和设计使用相同的建模概念，因而这两个阶段之间的分界线比较模糊。设计基本上就是向基础的分析模型中加入详尽的实现细节，分析模型在整个开发过程中将保持不变。从这个角度看，面向对象的软件开发可以被视为一个“无缝”的过程：分析、标识现实世界系统中的有关对象，并在软件中直接表示这些对象。

20 世纪 80 年代末、90 年代初，先后出现了几十种面向对象的分析设计方法。其中，Booch、Coad/Yourdon、OMT 和 Jacobson 等方法得到了面向对象软件开发界的广泛认可。各种方法对许多面向对象概念的理解不尽相同，即使概念相同，各自技术上的表示法也不同。通过 20 世纪 90 年代不同方法流派之间的争论，人们逐渐认识到不同的方法既有其容易解决的问题，又有其不容易解决的问题，彼此之间需要融合和借鉴；而且，各种方法的表示有很大差异，不利于进一步的交流与协作。缺乏统一的建模概念和表示法，所谓的“无缝”软件开发过程也只能停留在设想阶段。在这种情况下，统一建模语言（Unified Modeling Language，UML）于 1990 年代中期应运而生。

UML 的产生离不开三位面向对象方法学专家 G. Booch、J. Rumbaugh 和 I. Jacobson 的通力合作。他们从多种方法中吸收了大量有用的建模概念，使 UML 的概念和表示法在规模上超过了以往任何一种方法，并且提供了允许用户对语言做进一步扩展的机制。UML 使不同厂商开发的系统模型能够基于共同的概念，使用相同的表示法，呈现彼此一致的模型风格。1997 年 UML 被对象管理组织（OMG）正式采纳为标准的建模语言，并在随后的几年中迅速发展为事实上的面向对象建模语言国际标准，而且可以想象，在可预知的将来 UML 会作为主要的面向对象建模表示法继续发展下去。

9.1.1 OO 方法的基本概念

面向对象（OO）是认识事物的一种方法，是一种以对象为中心的思维方式。这里介绍它的几个主要概念：对象、类、封装、继承、多态性、消息、关联等。

9.1.1.1 对象

对象（Object）是数据及其操作所构成的封装体，是系统用来描述客观事物的一个封装，是构成系统的基本单位。对象是面向对象（Object-Oriented，OO）系统的基本构造块，是一些相关变量和方法的软件集。对象经常用于建立现实世界中我们身边的一些对象的模型。对象是理解面向对象技术的关键。其三要素为：标识、状态、行为。

以五子棋为例：标识即名称，黑棋还是白棋；状态：走还是等待；行为：走到哪？

世界上所有的事物都可以称为对象。对象可以是有形的，如：一台电视机等。

也可以是无形的如：账户、一项记录等。对象具有静态特征和动态特征。

一个对象就是一个独立存在的客观事物，它由一组属性和对属性进行操作的一组操作构成。

属性和操作是对象的两大要素。属性是对象静态特征的描述，操作是对象动态特征的描述。对象名也称为对象标识。

如电视的属性有：品牌、尺寸、重量等。操作有：收视、选台、音量调节等。

9.1.1.2 类

类是现实世界中实体的形式化描述，类将该实体的数据和函数封装在一起。

类（Class）是具有相同属性和操作的一组对象的组合，也就是说，抽象模型中的“类”描述了一组相似对象的共同特征，为属于该类的全部对象提供了统一的抽象描述。例如，名为“学生”的类被用于描述为被学生管理系统管理的学生对象。

一个对象又被称作类的一个实例，也称为实体化（Instantiation）。术语“实体化（Instantiation）”是指对象在类声明的基础上创建的过程。比如说，我们声明了一个“学生”类，我们可以在这个基础上创建“一个姓名叫王龙的学生”这个对象。

类的确定和划分没有一个统一的标准和方法，基本上依赖于设计人员的经验、技巧以及对实际项目中问题的把握。通常的标准是“寻求共性、抓住特性”，即在一个大的系统环境中，寻求事物的共性，将具有共性的事物用一个类进行表述，在用具体的程序实现时，具体到某一个对象，要抓住对象的特性。确定一个类的步骤通常包含以下几个方面：

（1）确定系统的范围，如学生管理系统，需要确定一下与学生管理相关的内容。

（2）在系统范围内寻找对象，该对象通常具有一个和多个类似的事物。

（3）将对象抽象成为一个类，按照上面类的定义，确定类的数据和操作。

在面向对象程序设计中，类和对象的确定非常重要，是软件开发的第一步，软件开发中类和对象的确定直接影响到软件的质量。如果划分得当，对于软件的维护与扩充以及体现软件的重用性方面，都非常重要。

类包含：数据和函数，数据就是属性；函数就是功能。仍以五子棋为例：不论黑或白棋，都是棋子的一种，它二者具有一些共同的属性、共同的一些功能，所以这个“棋子”就是一个类。

对象和类的关系：对象是类的实际例子。例如，棋子是一个类，那么黑子和白子就是这个类里面的两个对象。

根据抽象的原则对客观事物进行归纳和划分，只关注与当前目标相关的特征，把具有相同特征的事物归为一个类。它是一个抽象的概念。

类是具有相同属性和相同操作（服务）的对象集合。它包括属性和操作（注：类的服务和操作只是叫法上的区别）。

类是创建对象的模板，从一个类实例化的每个对象具有相同的结构和行为。一旦定义了一个类，程序员就可以创建这个类的任意数目的对象，然后操作这些对象。对象是面向对象程序的基本元素。例如，在图9-1的程序中创建了一个Circle类的对象cobj。

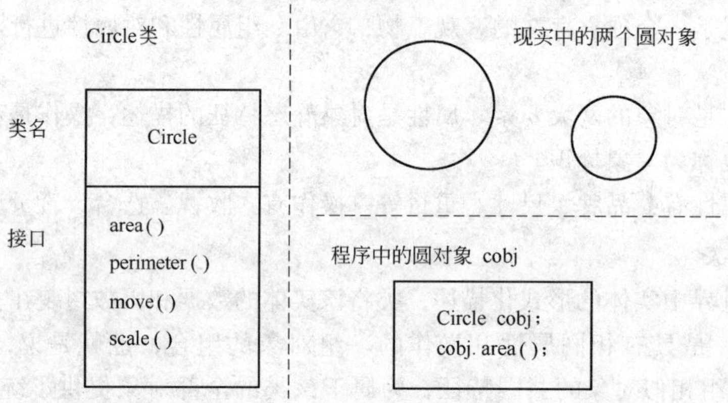

图9-1 圆形类Circle

客观世界中的每一匹马都属于动物类（见图9-2），其中的一匹马就是动物类的一个实例，即一个动物对象。

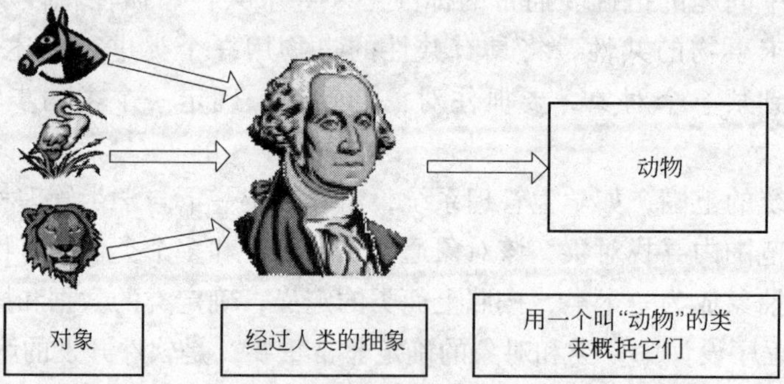

图9-2 对象概念实例

9.1.2 OO方法的基本思想及特点

对象已经成为现代软件无所不在的构造块，而面向对象是当代软件工程实践的普遍范型。面向对象具有以下特性：封装、对象、类、信息/实现隐藏、消息传递、继承、多态性。

9.1.2.1 封装

封装（encapsulation）就是把对象的状态和行为绑到一起的机制，使对象形成一个独立的整体，并且尽可能地隐藏对象的内部细节。封装有两个含义：一是把对象的全部状态和行为结合在一起，形成一个不可分割的整体。对象的私有属性只能够由对象的行为来修改和读取。二是尽可能隐蔽对象的内部细节，与外界的联系只能够通过外部接口来实现。

封装是指按照信息屏蔽的原则，把对象的属性和操作结合在一起，构成一个独立的对象。外部对象不能直接操作对象的属性，只能使用对象提供的服务。

在图9-3中，我们不用关心电视机的内部工作原理，电视机提供了选台、调节音量等功能让我们使用。

例如，图9-4表示圆形（circle）对象的属性和操作。圆形对象的状态由两个属性描述：圆心 center 和半径 radius。这些属性隐藏了起来，不对外公开。从外部不能通过直接修改 center 或 radius 来改变一个圆的状态。圆形还提供了一些操作：获取圆心的 getCenter、获取半径的 getRadius、计算面积的 area、移动操作 move 和缩放操作 scale。这些操作对外公开，构成圆形的接口。通过调用接口中的这些操作，从外部就可以查询圆的状态或对圆进行移动和缩放操作。例如，使用 getRadius 操作可以获取圆的半径，调用 move 操作可以改变圆心，引起 center 属性值的变化，即改变圆的状态。

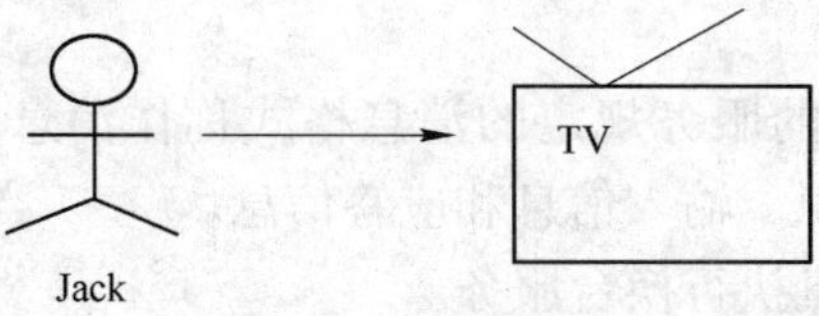

图9-3 封装思想示例

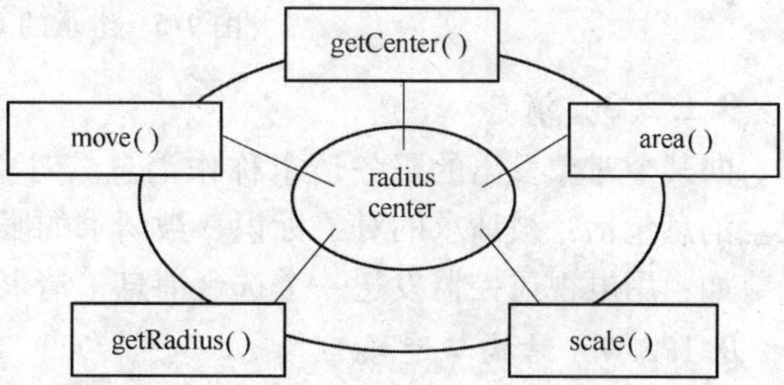

图9-4 圆形对象的操作和属性

9.1.2.2 继承

对象的思想本身是一种很方便的机制。可以将数据和功能封装在一起，以描述问题空间中的概念，而不必使用底层的机器用语。如果在创建新类时发现它的功能和某个已有类有些相似，那么从头创建一个全新的类似乎就不是一种很好的方法。是否可以选取已有的类，克隆它，再对这个克隆进行增加或修改呢？这是更好的办法。

例如，已经有一个矩形类 Rectangle，如果想要创建一个新的正方形类 Square，就可以克隆 Rectangle 类，修改其中不适合正方形的操作，得到 Square 类。

面向对象的继承允许在已有类的基础上定义新类，这个新类自动拥有已有类的属性和操作，并且可以增加自己特有的功能或者修改继承得到的功能。如果 B 继承了 A，则 B 类的对象可以使用原来只有 A 类对象才能够使用的操作和属性。A 称为 B 的基类、超类或者父类，B 称为 A 的派生类或子类。也可以说 B 是从 A 派生的，如图 9-5a 和 b 所示。如果一个子类只继承了一个父类，称为单继承。如果一个子类继承了两个或更多的父类，则称为多重继承。

例如，如果在继承矩形类的基础上定义正方形类，那么Rectangle就叫做父类或基类，而Square就叫做子类或派生类。Square将拥有Rectangle的所有属性和操作，但是也需要修改继承得到的部分功能，如改变矩形长和宽的scale( )操作，因为正方形的四条边要保持相等，如图9-5c所示。两个类之间的继承关系用带三角箭头的连线表示，箭头指向父类。

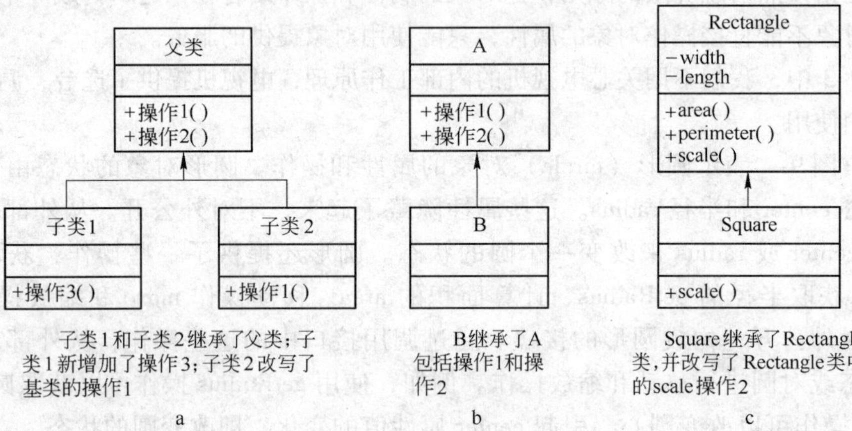

图9-5 继承的UML图示

9.1.2.3 消息

向某个对象发出的服务请求称作消息。对象提供的服务规定的消息格式称作消息协议。消息包括：被请求的对象标识、被请求的服务标识、输入信息和应答信息。

如：用电视遥控器发送一个选台消息，请求电视机执行换台服务。

9.1.2.4 结构与连接

一个系统一般由很多对象组成，对象之间并不是互相孤立的，而是存在着各种各样的关系。包括：部分/整体、一般/特殊、实例连接、消息连接。

（1）部分/整体。对象之间存在部分与整体的结构关系。如CPU是PC机的一个部分，PC机由CPU、内存、硬盘、显示器、键盘等组成。

部分/整体关系中有两种方式：组合和聚合。一个部分对象（CPU）只能属于一个唯一的整体对象（PC机）。组合关系中部分和整体的关系很紧密。聚合关系中则比较松散，一个部分对象可以属于几个整体对象。

（2）一般/特殊。对象之间存在着一般和特殊的结构关系，也就是说它们存在继承关系。很多时候也称作泛化和特化关系。

（3）实例连接。实例连接表现了对象之间的静态联系，它通过对象的属性来表现对象之间的依赖关系。对象之间的实例连接称作链接，对象类之间的实例连接称作关联。

（4）消息连接。消息连接表现了对象之间的动态联系，它表现了这样一种联系：一个对象发送消息请求另一个对象的服务，接收消息的对象响应消息，执行相应的服务。

9.1.2.5 多态性

多态性是面向对象的又一核心概念。多态性“polymorphism”一词来自希腊语，是

“many form” 的意思。面向对象中的多态性是一种机制，指一个操作名字或属性名字可以在多个类中定义，并且在各个类中有不同的实现。

在现实中，经常会遇到多态性的概念。例如，人们会说：开汽车、开火车、开飞机，都是“开”，但作用的对象不同，具体的动作也不同。用一个词表达类似的含义，就可以在更高的抽象级别上考虑问题。

在处理类层次结构时，如果不把对象看做是属于某一特殊类型，而是将它看做是属于基类类型的，就可以在更高的抽象层次上编写出不依赖特定类型的代码。增添新类型来处理新情况是扩展面向对象程序最普通的方法，而这种不依赖特定类型的高层次代码具有更好的可扩展性。

多态性是指一般类中定义的属性和服务，在特殊类中不改变其名字，但通过各自不同的实现后，可以具有不同的数据类型或具有不同的行为。多态是指两个或多个属于不同类的对象对于同一个消息或方法调用所做出不同响应的能力。面向对象设计也借鉴了客观世界的多态性，体现在不同的对象可以根据相同的消息产生各自不同的动作。

如一个绘图系统中类的多态性：向图形对象发送消息进行绘图服务请求后，图形对象会自动判断自己所属类然后执行相应的绘图服务（见图 9-6）。

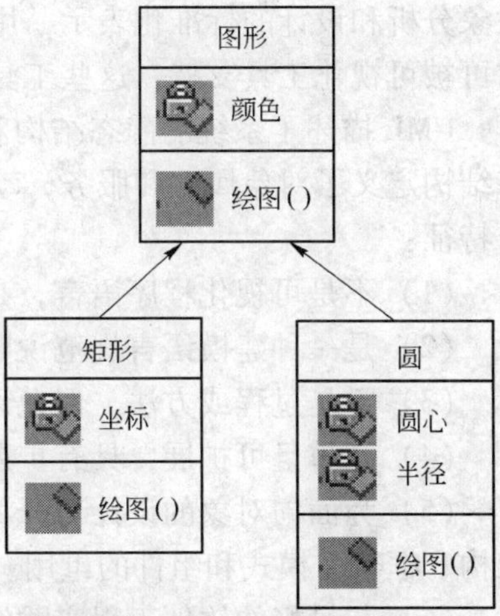

图 9-6　多态性示例

9.1.2.6　组件

软件系统可替换的物理组成部分，封装了实现体，并提供一组接口的实现方法。组件应当具备：可变性和通用性。组件的产生体现了程序设计的模块化的发展。比如：对现金的交易就是一个模块即一个组件，当存款组件设计并建立好后，它就实现了从前台获取信息的接口到后台递交信息并进行处理反馈的一系列完整过程，那么取款模块只需要在其基础上做操作和参数的相应修改即可，这样大大提高了程序设计的可变性和通用性。

9.1.2.7　模式

是一条由三部分组成的规则，它表示了一个特定环境、一个问题和一个解决方案之间的关系。

模式是一个软件能够被简单、快速、正确复用的方案。

9.1.2.8　复用

将已有的软件及其有效成分用于构造新的软件或系统。

组件技术是软件复用的关键

9.1.3　面向对象开发方法的特点

面向对象开发方法具有的优点：

（1）分析、设计中的对象和软件中对象的一致性。

（2）利用特定的软件工具直接完成从对象客体的描述到软件之间的转换。

（3）缩短开发周期。

（4）解决了结构化方法从设计到软件模块结构之间多次转换的复杂过程。

（5）重用性好、可维护性好。

（6）系统模型的基本单元是对象，是客观事物的抽象，具有相对稳定性，因而面向对象法开发的系统有较强的应变能力，重用性好、维护性好，并能降低系统开发维护费用和控制软件的复杂性。

面向对象开发方法具有的缺点（面临的问题）：

（1）不易于大型管理信息系统的开发。

（2）在大型管理信息系统开发中，若不经自顶向下的整体划分，而是一开始就自底向上地采用 OO 方法开发系统，会造成系统结构不合理、各部分关系失调等等问题。易使系统整体功能的协调性差，效率降低等。

9.2 统一建模语言——UML

统一建模语言（Unified Modeling Language，UML）是通用的可视化建模语言，是面向对象分析和设计的标准化表示，用于软件描述、可视化处理、构造和建立软件系统文档。它可被可视化工具支持，这些工具提供了代码生成器和报表生成器。

UML 描述了系统的静态结构和动态行为。将系统描述为独立的相互作用的对象，静态结构定义了对象属性和服务，动态行为定义了对象时间性和相互通信的机制。其具有 6 个特征：

（1）不是可视化程序语言，是可视化建模语言。

（2）是一种建模语言规范说明，是面向对象分析与设计的一种标准表示。

（3）不是过程或方法，但允许任何一种过程和方法使用它。

（4）简单且可扩展，具有扩展和专有化机制，便于扩展，无需对核心概念进行修改。

（5）为面向对象的设计与开发涌现出的高级概念提供支持，强调在软件开发中，对架构、框架、模式和组件的重用。

（6）与最好的软件工程实践经验集成。

UML 作为一个通用语言，可以供所有建模者使用，建立在计算机界普遍的认同基础上，它包括了各种主要的方法，并可作为他们的建模语言。最终目标是在尽可能简单的同时能够对应用系统的各个方法面建模。

9.2.1 UML 语法描述

为了使 UML 各组件和概念的界限更加明显，创造出视图的方式表现。最上一层的视图被划分为 3 个视图域：结构、动态行为、模型管理。结构描述了各成员及其相互关系；动态行为描述系统随时间变化的行为；模型元素描述类、用例、构件、节点。

UML 提供了 9 种主要的图来建模：用例图、类图、对象图、构件图、部署图、状态图、序列图、协作图、活动图。

UML 包含 4 种事物：构件事物、行为事物、分组事物、注释事物。

（1）构件事物：UML 模型的静态部分，描述概念或物理元素，它包括以下几种：

1）类：具有相同属性相同操作 相同关系相同语义的对象的描述。

2）接口：描述元素的外部可见行为，即服务集合的定义说明。

3）协作：描述了一组事物间的相互作用的集合。

4）用例：代表一个系统或系统的一部分行为，是一组动作序列的集合。

5）构件：系统中物理存在，可替换的部件。

6）节点：运行时存在的物理元素。

另外，参与者、信号应用、文档库、页表等都是上述基本事物的变体。

(2) 行为事物：UML 模型图的动态部分，描述跨越空间和时间的行为。

1）交互：实现某功能的一组构件事物之间的消息集合，涉及消息、动作序列、链接。

2）状态机：描述事物或交互在生命周期内响应事件所经历的状态序列。

(3) 分组事物：UML 模型图的组织部分，描述事物的组织结构。

包：把元素组织成组的机制。

(4) 注释事物：UML 模型的解释部分，用来对模型中的元素进行说明，解释。

注解 ：对元素进行约束或解释的简单符号。

UML 语法里面包含了四种关系：

(1) 依赖。依赖（dependency）是两个事物之间的语义关系，其中一个事物（独立事物）发生变化，会影响到另一个事物（依赖事物）的语义。

(2) 关联。关联（association）是一种结构关系，它指明一个事物的对象与另一个事物对象间的联系。

(3) 泛化。泛化（generalization）是一种特殊/一般的关系。也可以看做是常说的继承关系。

(4) 实现。实现（realization）是类元之间的语义关系，其中的一个类元指定了由另一个类元保证执行的契约。

在 UML 元模型中定义了很多模型元素，如：Use Case、对象类、接口、组件等，为了模型的可视化，UML 为每个模型元素规定的特定的图形符号来表示。

9.2.2　模型元素符号与图形

UML 中各种模型元素符号及图形如表 9-1 所示。

表 9-1　模型元素符号与图形

元　素	解　释	图　形
活动者（actor）	活动者是作用于系统的一个角色或者说是一个外部用户。活动者可以是一个人，也可以是使用本系统的外部系统	 活动者名
用例（use case）	用例就是对活动者使用系统的一项功能的交互过程的陈述	 用例名

续表 9-1

元　素	解　释	图　形
对象类（class）	对象类（类）是具有相同属性和相同操作的对象的集合	
接口（interface）	接口是一种抽象类，它对外提供一组操作，但自己没有属性和方法（操作的实现），它是在没有给出对象实现的情况下对对象行为的描述。接口使用对象类的图形表示方法，接口名前面加构造型 interface	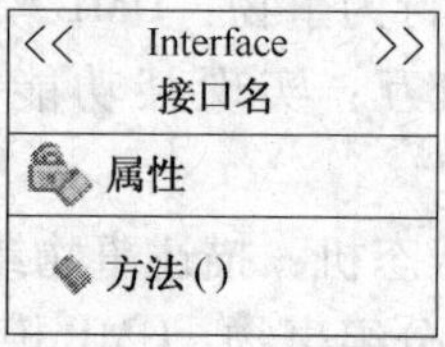
组件（component）	组件体现了系统中逻辑模型元素的物理实现	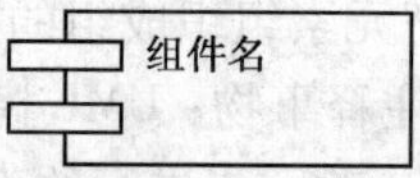
包（package）	包也是一种模型元素，可以把语义相近的模型元素组织在一个包里，增加对模型元素的可维护性	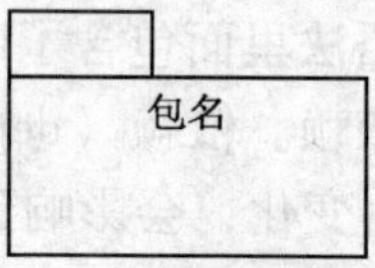
节点（node）	节点是表示计算机资源运行时的物理对象，一般指有处理能力的硬件设备。节点上可以包含对象和组件的实例	
关联（association）	关联就是类或对象之类链接的描述	
组合（composition）	组合关系用于表示对象之间部分和整体关系，关系很紧密	
整合（aggregation）	聚合关系也用于表示对象之间部分和整体关系，但关系比较松散	
泛化（generalization）	泛化用于表示对象之间一般和特殊的结构关系	
依赖（dependency）	依赖表示两个或多个模型元素之间语义上的关系	
实现（realization）	实现是指一个模型元素（如：类）是另一个模型元素（如：接口）的实现	
消息（message）	一般消息 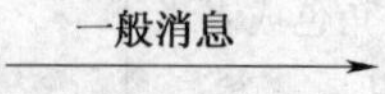	返回消息 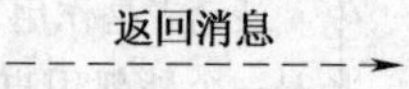
状态（state）	状态描述了对象在生命周期中的一个时间段	
注释（comment）	注释没有特定的语义，它用于对其他模型元素的补充说明	

9.3 系统分析工具——UML图

UML包括了一些可以相互组合为图表的图形元素。由于UML是一种语言，所以UML具有组合这些元素的法规。这里先不介绍这些元素和规则，而是直接介绍UML各种图的用法，因为这些图是进行系统分析时要用到的。

UML提供这些图的目的是用多个视图来展示一个系统，这组视图被称为一个模型（model）。一个系统的UML模型有点像一个建筑物按照比例缩小并经艺术家粉饰后的建筑模型。在这里要注意的一点是一个UML模型只描述了一个系统要做什么，它并没告诉我们系统是如何被实施的。

9.3.1 类图

考虑一下你周围的世界。你周围的事物大部分都可能具有某些属性（特性），并且它们以某种方式体现出各自的行为。我们可以认为这种行为是一组操作。

你还会发现，事物很自然地都有其各自所属的种类（汽车、家具、洗衣机……）。我们把这些种类称为类。一个类（class）是一类或者一组具有类似属性和共同行为的事物。举一个例子，属于洗衣机（washing machine）类的事物都具有诸如品牌（brand name）、型号（model name）、序列号（serial number）和容量（capacity）等属性。这类事物的行为包括“加衣物（accept clothes）”、“加洗涤剂（accept detergent）”、“开机（turn on）”和“关机（turn off）”等操作。

图9-7是一个用UML表示法表示的洗衣机属性和行为的一个例子。矩形方框代表类的图标，它被分成3个区域。最上面的区域中是类名，中间区域是类的属性，最下面区域里列出的是类的操作。类图就是由这些类框和表明类之间如何关联的连线组成。

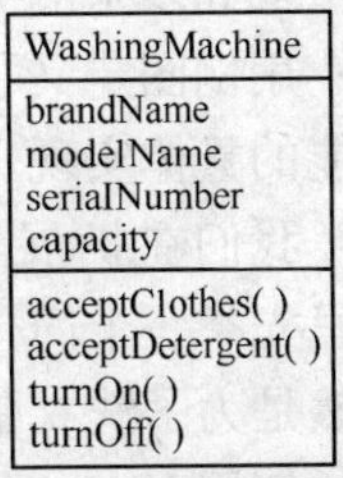

图9-7 UML类图标

注意类名、属性名和操作名之间的间隔。在UML中，由多个单词组成的类名，每个单词的首字母要大写，并且单词和单词之间不用空格（例如，WashingMachine）。属性名和操作名也遵从相同的约定，但其首字母不用大写（例如，acceptClothes）。

为什么要如此麻烦地考虑事物的分类和它们的属性及行为呢？为了与我们所处的这个复杂世界进行交互，大部分现代软件都模拟现实世界的某些方面。几十年的经验告诉我们，当软件代表了现实世界中的事物的类时，采用这种模拟方式开发软件最容易。类图就能为开发人员提供这种模仿现实世界的表达方式。

类图对系统分析也有很大帮助。它可以让分析员使用客户所采用的术语和客户交流，这样就可以促使客户说出所要解决的问题的重要细节。

9.3.2 对象图

对象（object）是一个类的实例，是具有具体属性值的一个具体事物。例如，你的洗衣机的品牌可能是“Laundatorium”，型号为“Washmeister”，序列号为“GL57774”，容量为16磅。

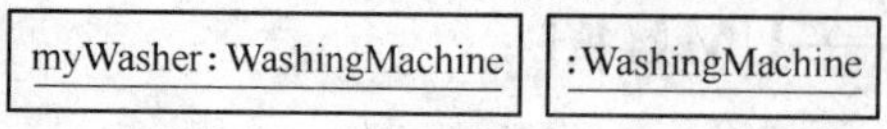

图9-8 UML对象图标

图9-8中的图标说明了如何用UML来表示对象。注意对象的图标也是一个矩形，和类的图标一样，但是对象名下面要带下划线。在左边的这个图标中，具体实例的名字位于冒号的左边而该实例所属的类名位于冒号的右边。实例的名字以一个小写字母开头。也可能是一个匿名的对象，如图9-8右边的图标所示。这仅仅意味着尽管你指明了对象所属的类，但你并没有提供一个具体的对象名。

9.3.3 用例图

用例（use case）是从用户的观点对系统行为的一个描述。对于系统开发人员来说，用例是一个有价值的工具：它是用来从用户的观察角度收集系统需求的一项屡试不爽的技术。这对于那些试图建立一个供人使用的（而不是计算机设备使用的）系统是很重要的。

用例图定义：由参与者（actor）、用例（use case）以及它们之间的关系构成的用于描述系统功能的动态视图称为用例图。

用例图（user case）是被称为参与者的外部用户所能观察到的系统功能的模型图，呈现了一些参与者和一些用例，以及它们之间的关系，主要用于对系统、子系统或类的功能行为进行建模。

用例图展示了用例之间以及同用例参与者之间是怎样相互联系的。用例图用于对系统、子系统或类的行为进行可视化，使用户能够理解如何使用这些元素，并使开发者能够实现这些元素。将每个系统中的用户分出工作状态的属性和工作内容，方便建模，防止功能重复和多余的类。

用例图定义了系统的功能需求，它是从系统的外部看系统功能，并不描述系统内部对功能的具体实现。

我们在扩展学习模块还要详细讨论用例。这里先举一个简单的例子。你使用一台洗衣机，显然是为了洗衣服（wash clothes）。图9-9说明了如何用UML用例图来描述这个需求。

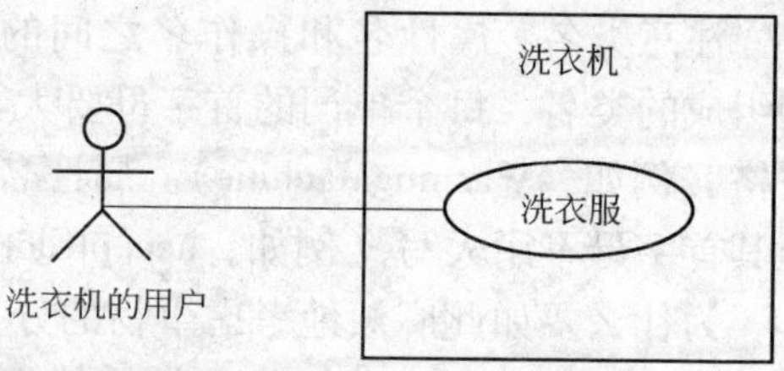

图9-9 UML用例图

代表洗衣机用户的直立小人形被称为参与者（actor）。椭圆形代表用例。注意参与者（它是发起用例的实体）可以是一个人也可以是另一个系统。还应该注意，用例位于一个代表着系统的矩形中，而参与者在矩形之外。

9.3.4 状态图

状态图（statechart diagram）是描述一个实体基于事件反应的动态行为，显示了该实体如何根据当前所处的状态对不同的事件做出反应的。通常我们创建一个UML状态图是为了以下的研究目的：研究类、角色、子系统、或组件的复杂行为。

在任一给定的时刻，一个对象总是处于某一特定的状态。一个人可以是新生儿、婴儿、儿童、少年、青年或者成人。一个电梯可以处于上升或停止状态。一台洗衣机可以处于浸泡（soaking）、洗涤（washing）、漂洗（rinsing）、脱水（spinning）或者关机（off）状态。

UML状态如图9-10所示，该图能够描述上面所提及的状态。该图说明洗衣机可以从一个状态转移到另一个状态。

在图中，最顶端的符号代表起始状态，而最底端的符号表示终止状态。

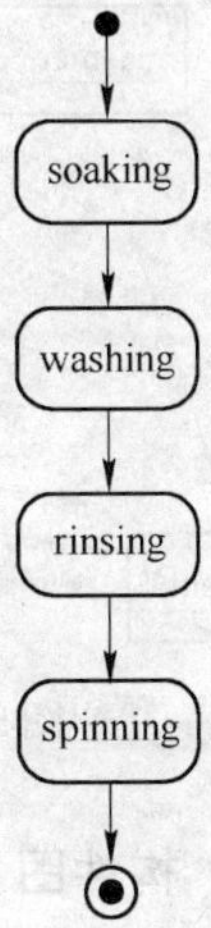

图9-10 UML状态图

9.3.5 顺序图

类图和对象图表达的是系统的静态结构。在一个运行的系统中，对象之间要发生交互，并且这些交互要经历一定的时间。UML顺序图所表达的正是这种基于时间的动态交互。

顺序图是将交互关系表示为一个二维图。纵向是时间轴，时间沿竖线向下延伸。横向轴代表了在协作中各独立对象的类元角色。类元角色用生命线表示。当对象存在时，角色用一条虚线表示，当对象的过程处于激活状态时，生命线是一个双道线。

UML顺序图一般用于：确认和丰富一个使用情境的逻辑。一个使用情境就是系统潜在的使用方式的描述，也就是它的名称所要描述的。一个使用情境的逻辑可能是一个用例的一部分，或是一条备选线路；一个贯穿单个用例的完整流程，例如动作基本过程的逻辑描述，或是动作的基本过程的一部分再加上一个或多个的备用情境的逻辑描述。或是包含在几个用例中的流程，例如一个学生注册入学之后，立即就要在三个班级注册。使你能够感觉到你的应用程序的那个类将会变得复杂的，这意味着你需要为那些类画状态图了。

9.3.6 活动图

活动图（activity diagram）也称为动态图是阐明业务用例实现的工作流程。业务用例工作流程说明了业务为所服务的业务主角提供其所需的价值而必须完成的工作。业务用例由一系列活动组成，它们共同为业务主角生成某些工件。工作流程通常包括一个基本工作流程和一个或多个备选工作流程，其结构可用活动图来进行说明。

9.3.7 协作图

协作图（Collaboration Diagram /Communication Diagram），也叫合作图是一种交互图（interaction diagram），强调的是发送和接收消息的对象之间的组织结构。一个协作图显示了一系列的对象和在这些对象之间的联系以及对象间发送和接收的消息。对象通常是命名或匿名的类的实例，也可以代表其他事物的实例，例如协作、组件和节点。使用协作图来说明系统的动态情况。协作图使描述复杂的程序逻辑或多个平行事务变得容易。

协作图显示某组对象如何为了由一个用例描述的一个系统事件而与另一组对象进行协作的交互图。使用协作图可以显示对象角色之间的关系，如为实现某个操作或达到某种结果而在对象间交换的一组消息。如果需要强调时间和序列，最好选择序列图；如果需要强调上下文相关，最好选择协作图。

协作图用于显示对象之间如何进行交互以执行特定用例或用例中特定部分的行为。设计员使用协作图和序列图确定并阐明对象的角色，这些对象执行用例的特定事件流。它们是主要的信息来源，用于确定类的职责和接口。

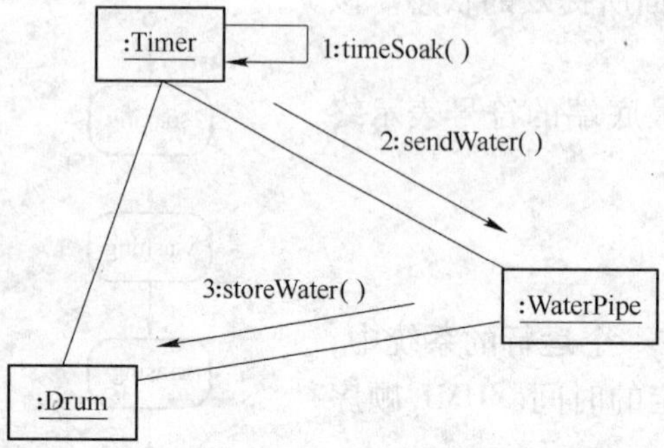

图 9-11 UML 协作图

系统的工作目标是由系统中各组成元素相互协作完成的，建模语言必须具备这种协作关系的表达方式。前面提到的顺序图就具备这种功能，图 9-11 所示的 UML 协作图（communication diagram）也能够完成此项任务，不过其表达方式和顺序图略有不同。顺序图和协作图都能够表示对象之间的交互。因此，UML 中它们被合称为交互图（interaction diagram）。

9.3.8 构件图

构件图主要用于描述各种软件构件之间的依赖关系，例如，可执行文件和源文件之间的依赖关系，所设计系统中的构件的表示法及这些构件之间的关系构成了构件图，在构件图中，系统中的每个物理构件都使用构件符号来表示。通常，构件图看起来像是构件图标的集合，这些图标代表系统中的物理构件。构件图的基本目的是：使系统人员和开发人员能够从整体上了解系统的所有物理构件。同时，也使我们知道如何对构件进行打包，以交付给最终客户。最后，构件图显示了所开发系统构件之间的依赖关系，依赖关系符号表示构件之间的关系。

构件图从软件架构的角度来描述一个系统的主要功能，如系统分成几个子系统，每个子系统包括哪些类、包和构件，它们之间的关系以及它们分配到哪些节点上等。使用构件图可以清楚地看出系统的结构和功能。方便项目组的成员制定工作目标和了解工作情况，同时，最重要的一点是有利于软件的复用。

构件（component）是系统中遵从一组接口且提供其实现的物理的、可替换的部分。构件能够完成独立功能，它是软件系统的组成部分。在功能划分的软件系统中，软件被分成一个个的模块。随着面向对象技术的引用，软件系统被分成若干个子系统、构件。每个构件能够实现一定的功能，为其他构件提供使用接口，方便软件的复用。

构件图和下一个要介绍的部署图将不再使用洗衣机这个例子来做说明，因为构件图，部署图和整个计算机系统密切相关。

现代软件开发是基于构件的，这种开发方式对群组开发尤为重要。这里暂不对此做详细介绍，仅用图 9-12 来说明如何用 UML 表示软件构件。

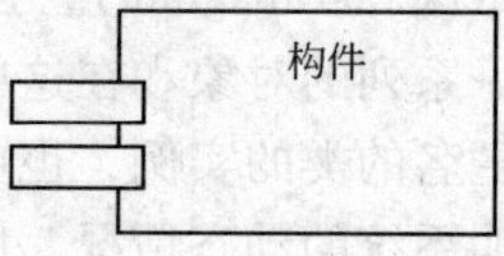

图 9-12 UML 1. X 版本中的软件构件图标

9.3.9 部署图

部署图（deployment diagram），也称作配置图是用来显示系统中软件和硬件的物理架构。从部署图中，您可以了解到软件和硬件组件之间的物理关系以及处理节点的组件分布情况。使用部署图可以显示运行时系统的结构，同时还传达构成应用程序的硬件和软件元素的配置和部署方式。

UML 部署图显示了基于计算机系统的物理体系结构。它可以描述计算机，展示它们之间的连接，以及驻留在每台机器中的软件。每台计算机用一个立方体来表示，立方体之间的连线表示这些计算机之间的通信关系。图 9-13 是部署图的一个例子。

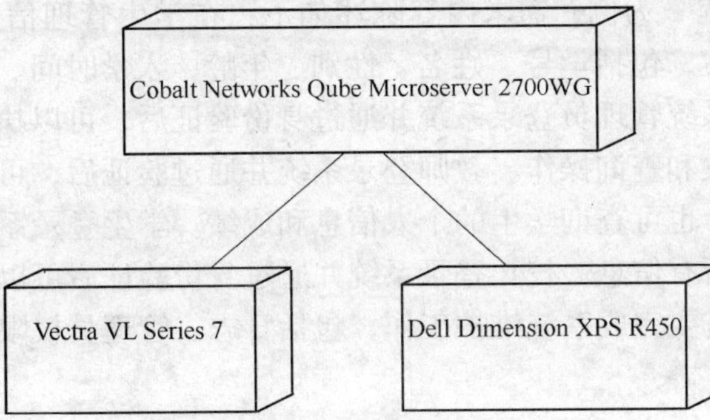

图 9-13 UML 部署图

9.4 面向对象的需求分析方法

面向对象分析的目的是认知客观世界的系统并对系统进行建模。那么就需要在面向对象分析过程中，根据客观世界的具体实例来构造问题域中准确、具体、严密地分析模型。构造分析模型的用途有三种：第一种是用来明确问题域的需求；第二种是为用户和开发人员提供明确需求；第三种是为用户和开发人员提供一个协商的基础，作为后继的设计和实现的框架。需求分析的结果应以文档的形式存在。

图 9-14 为面向对象的分析过程。

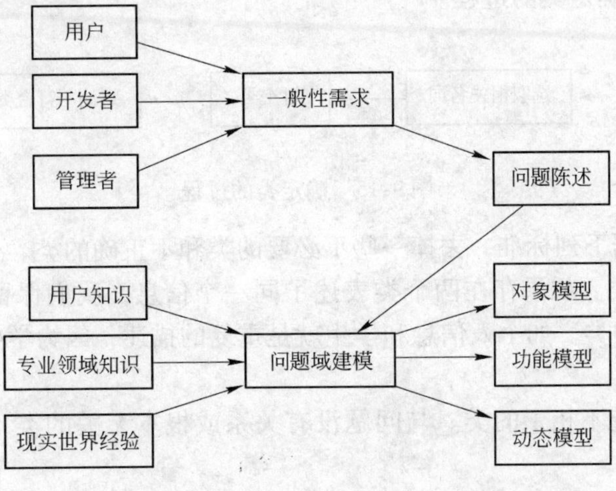

图 9-14 面向对象的分析过程

9.4.1 获取需求内容陈述

系统分析的第一步就是获取需求内容陈述。分析者必须同用户一块工作来提炼这些需求，必须搞清楚用户的真实意图是什么，其中的过程涉及对需求的分析及关联信息的查找。

以“学生管理系统”为例，需求内容陈述如下：在学生管理信息系统中，要为每个学生建立个人信息档案，包括学号、姓名、性别、年龄、入学时间、专业、联系电话和家庭住址等个人信息。系统管理员登录系统并通过身份验证后，可以执行对学生个人信息档案的添加、删除、修改和查询操作。教师登录系统并通过验证后，可以录入自己负责的科目、学生的考试成绩，也可查询学生的个人信息和成绩。学生登录系统并通过身份验证后可以查询自己的个人所有信息。校长登录系统并通过身份验证后可以查询学校所有学生的全部信息。系统管理员要完成系统维护工作，包括日志、管理员权限、学生信息、数据库的维护等工作。

9.4.2 建立系统的对象模型结构

系统分析的第二步就是建立系统的对象模型结构。要建立系统的对象模型结构首先要标识和关联类，因为类的确定以及关联影响整个系统的结构和解决问题的方法；其次是增加类的属性，进一步描述类和关联的基本网络，在这个过程中我们可以使用继承、包等来组织类；最后是将操作增加到类中作为构造动态模型和功能模型的副产品。下面就分别进行介绍。

9.4.2.1 标识和确定类

构造对象模型的第一步是标出来自问题域的相关对象类，这些对象类包括物理实体和概念的描述。所有类在应用中都应当是有意义的，在问题陈述中，并非所有类都是明显给出的，有些是隐含在问题域或一般知识中的。通常来说，一个确定类的过程包括：从需求说明中选取相关的名词确定一些类，然后对这些类进行分析，过滤掉不符合条件的类。如图9-15所示是一个确定类的过程。

图9-15 确定类的过程

接下来我们根据下列标准，去掉一些不必要的类和不正确的类。

(1) 消除冗余类。如果存在两个类表述了同一个信息，我们保留最富有描述能力并且和系统紧密相关的类。如个人信息和学生就是重复的描述，因为学生最富有描述性，因此保留它。

(2) 去掉与系统不相干的类。与问题没有关系或根本无关的类，在类的确定中应当去除掉。

(3) 去掉模糊类。由于类必须是明确的，有些暂定类中边界的定义模糊或范围太广，如软件就是模糊类，就这个系统而言，它是指学生管理系统。

(4) 去掉属性。某些名词描述的是其他对象的属性，应当把这些类从暂定类中删除掉。但是如果某一个名词的独立性很重要，就应该把它归属到类，而不把它作为属性。如学生的考试成绩和学生的班级属于学生信息的属性，应当去除。

(5) 去掉操作。如果问题陈述中的名词中有动作含义的名词，则含有这样描述的操作的名词就不应当是类。如数据库维护属于操作而不是类。

在图书管理信息系统中，根据上面的标准，把软件、个人信息、学生的考试信息、学生的班级、数据库维护等这些类除去。

9.4.2.2 准备数据字典

为所有建模实体准备一个数据字典来进行描述。数据字典应当准确描述各个类的精确含义，描述当前问题中类的范围，包括对类的成员、用法方面的假设或限制等。比如，学生的信息应当包括姓名、学号、年龄、性别、入学时间等。

9.4.2.3 确定关联

关联是指两个或多个类之间的相互依赖。一种依赖表示一种关联，可用各种方式来实现关联。关联常用描述性动词或动词词组来表示，其中有物理位置的表示、传导的动作、通信、所有者关系、条件的满足等。从问题陈述中抽取所有可能的关联表述，把它们记下来，但不要过早地细化这些表述。

系统中所有可能的关联，大多数是直接抽取问题中的动词词组而得到的。在陈述中，有些动词词组表述的关联是不明显的。最后，还有一些关联与客观世界或人的假设有关，必须同用户一起核实这种关联，因为这种关联在问题陈述中找不到。

学生管理信息系统问题陈述中的关联如下：

(1) 每个学生建立一个个人档案，只有系统管理员有权对学生的信息进行添加、删除、修改，包括各个专业的学生，一个学生有多个科目的成绩，一个班级有多个学生，系统管理员完成系统维护工作。

(2) 维护包括日志、管理员权限、学生信息、数据库的维护等工作。

(3) 系统提供个人信息的安全保证。

(4) 使用下列标准去掉不必要和不正确的关联。

(5) 如果某个类被删除，那么与它有关的关联也必须删除或者用其他类来进行重新表述。

(6) 不相干的关联或实现阶段的关联应当被删除。删除所有问题域之外的关联或涉及实现结构中的关联。

(7) 某些动作应当被删除。关联应该描述应用域的结构性质而不是瞬时事件，因此对一些瞬时事件的描述也应当被删除。

(8) 派生关联应当被删除。省略那些可以用其他关联来定义的关联，因为这种关联是冗余的。

9.4.2.4 确定属性

属性是个体对象的性质，属性通常用修饰性的名词词组来表示。形容词常常表示具体的可枚举的属性值，属性不可能在问题陈述中完全表述出来，必须借助应用域的知识及对客观世界的知识才可以找到它们。只考虑与具体应用直接相关的属性，不要考虑那些超出问题范围的属性。首先找出重要属性，避免那些只用于实现的属性，要为各个属性取个有意义的名字。按下列标准删除不必要的和不正确的属性：

（1）可以作为对象的属性。若实体的独立存在比它的值重要，那么这个实体不是属性而是对象。例如，在邮政目录中，城市可以看做是一个属性，然而在人口普查中，城市则被看做是对象。在具体应用中，具有自身性质的实体一定是对象。

（2）对象的限定词。若属性值取决于某种具体上下文，则可考虑把该属性重新表述为一个限定词。

（3）对象的名称。名称常常作为限定词而不是对象的属性，当名称不依赖于上下文关系时，名称即为一个对象属性，尤其是它不唯一时。

（4）对象的标识符。在考虑对象模糊性时，引入对象标识符来表示。在对象模型中不列出这些对象标识符，它是隐含在对象模型中的，只列出存在于应用域的属性。

（5）对象的内部值。若属性描述了对外不透明的对象内部状态，则应从对象模型中删除该属性。

（6）细化的细节。忽略那些不可能对大多数操作有影响的属性。

9.4.2.5 使用继承来细化类

使用继承来共享公共属性，以此来对类进行组织，一般可以使用下列两种方式来进行：

（1）自底向上通过把现有类的共同性质一般化为父类，寻找具有相似属性、关系或操作的类来发现继承。例如，博士生和本科生是类似的，可以一般化为大学生。这些一般化结果常常是基于客观世界边界的现有分类，只要可能，尽量使用现有概念。

（2）自顶向下将现有的类细化为更具体的子类。具体化常常可以从应用域中明显看出来。在应用域中各枚举情况是最常见的具体化来源。例如，按钮可以有普通按钮、单选按钮、多选按钮等，这就可以把按钮类具体细化为各种具体按钮的子类。当同一关联名出现多次且意义也相同时，应尽量具体化为相关联的类。在类层次中，可以为具体的类分配属性和关联。各属性和关联都应分配给最一般的适合的类，有时也加上一些修正。应用域中各枚举情况是最常见的具体化来源。

9.4.2.6 完善对象模型

对象建模不可能一次就能保证模型是完全正确的，软件开发的整个过程就是一个不断完善的过程。模型的不同组成部分多半是在不同的阶段完成的，如果发现模型的缺陷，就必须返回到前期阶段去修改，有些细化工作是在动态模型和功能模型完成之后才开始进行的。以下为几种可能丢失对象的情况及解决办法：

（1）同一类中存在毫无关系的属性和操作，则分解这个类，使各部分相互关联。

（2）一般化体系不清楚，则可能分离扮演两种角色的类。

（3）存在无目标类的操作，则找出并加上失去目标的类。

（4）存在名称及目的相同的冗余关联，则通过一般化创建丢失的父类，把关联组织在一起。

（5）对于多余类还需要进行查找，如果类中缺少属性、操作和关联，则可删除这个类。对于丢失的关联的查找，如果丢失了操作的访问路径，则加入新的关联以回答查询。

9.4.3 建立对象的动态模型

进行分析的第三步是建立对象的动态模型，建立对象动态模型的过程一般包含下列几个步骤：

（1）准备脚本。动态分析从寻找事件开始，然后确定各对象的可能事件顺序。在分析阶段不考虑算法的执行，算法是实现模型的一部分。

（2）确定事件。确定所有外部事件。事件包括所有来自或发往用户的信息、外部设备的信号、输入、转换和动作，可以发现正常事件，但不能遗漏条件和异常事件。

（3）准备事件跟踪表。把脚本表示成一个事件跟踪表，即不同对象之间的事件排序表，对象为表中的列，给每个对象分配一个独立的列。

（4）构造状态图。对各对象类建立状态图，反映对象接收和发送的事件，每个事件跟踪都对应状态图中的一条路径。

9.4.4 建立系统功能模型

进行分析的第四步是建立对象的功能模型，功能模型用来说明值是如何计算的，标明值与值之间的依赖关系及相关的功能。数据流图有助于表示功能依赖关系，其中的处理在状态图的活动和动作中进行标识，其中的数据流对应于对象图中的对象或属性。

（1）确定输入值、输出值。先列出输入、输出值，输入、输出值是系统与外界之间事件的参数。

（2）建立数据流图。数据流图说明输出值是怎样从输入值得来的，数据流图通常按层次组织。

9.4.5 确定类的操作

在建立对象模型时，确定了类、关联、结构和属性，还没有确定操作。只有建立了动态模型和功能模型之后，才可能最后确定类的操作。

9.4.5.1 面向对象设计的准则

面向对象设计的准则包括模块化、抽象、信息隐藏、低耦合和高内聚等，下面我们对这些特征进行一一介绍。

（1）模块化。面向对象开发方法很自然地支持了把系统分解成模块的设计原则：对象就是模块。它是把数据结构和操作这些数据的方法紧密地结合在一起所构成的模块。类的设计要很好地支持模块化这一准则，这样使系统能够有更好地维护性。

（2）抽象。面向对象方法不仅支持对过程进行抽象，而且支持对数据进行抽象。抽象方法的好坏以及抽象的层次都对系统的设计有很大的影响。

（3）信息隐藏。在面向对象方法中，信息隐藏是通过对象的封装性来进行实现的。对象暴露接口的多少以及接口的好坏都对系统设计有很大的影响。

（4）低耦合。在面向对象方法中，对象是最基本的模块，因此，耦合主要是指不同对象之间相互关联的紧密程度。低耦合是设计的一个重要标准，因为这有助于使得系统中某一部分的变化对其他部分的影响降到最低程度。低耦合的程序有助于类的维护，也是衡量类好坏的一个很重要的指标。

(5) 高内聚。在面向对象方法中，高内聚也是必须满足的条件，高内聚是指在一个对象类中应尽量多地汇集逻辑上相关的计算资源。如果一个模块只负责一件事情，就说明这个模块有很高的内聚度；如果一个模块负责了很多毫不相关的事情，则说明这个模块的内聚度很低。内聚度高的模块通常很容易理解，很容易被复用、扩展和维护。较低的耦合度和较高的内聚度，也即我们常说的“低耦合、高内聚”，是所有优秀软件的共同特征。

9.4.5.2 面向对象设计的启发规则

在面向对象设计中，我们可以通过使用一些实用的规则来指导我们进行面向对象的设计。通常这些面向对象设计的启发规则包含以下内容：

(1) 设计的结果应该清晰易懂。使设计结果清晰、易懂、易读是提高软件可维护性和可重用性的重要措施。显然，人们不会重用那些他们不理解的设计。

如果要使设计的结果清晰易懂，一般要做到如下几个方面。

用词一致。用词不一致会产生理解不一致，增加理解的负担。

使用已经存在的函数或方法。已经存在的函数或方法有助于减少函数或方法的数量。

减少消息模式的数量。减少消息模式的数量会减少很多不必要的记忆。

避免模糊的定义。模糊的定义会给设计和阅读带来麻烦。

(2) 一般到具体结构的深度应适当。通常来说，从一般到具体的抽象过程，抽象得越深，对于程序的可移植性也就越好，但是抽象层次过多会给编写和维护带来很大的麻烦，一般来讲，适度的抽象能够更好地提高软件的开发效率和维护工作。具体的情况需要系统分析员根据具体的情况进行抽象。

(3) 尽量设计小而简单的类。系统设计应当尽量设计小而简单的类，这样便于开发和管理程序。为了保持类的设计简单，通常应该注意以下几点：

1) 类中避免包含过多的属性。

2) 每一个类应当有自己明确的定义。

3) 尽量简化对象之间的合作关系。

4) 对外不要提供太多的操作。

(4) 使用简单的消息协议。简单的消息协议有助于帮助记忆和测试，一般来讲，消息中参数的个数不要超过三个。

(5) 使用简单的函数或方法。通常来讲，面向对象设计出来的类中的函数或方法要设计得尽可能的小，有一些书上建议一个函数或方法一般只有三至五行源程序即可，可以用仅含一个动词和一个宾语的简单句子来描述它的功能。

(6) 把设计变动减至最小。通常，设计的质量越高，设计结果保持不变的时间也越长。即使出现必须修改设计的情况，也应该使修改的范围尽可能小。提高设计质量是系统设计工作的一大挑战。

9.4.6 系统设计

系统设计是问题求解及建立解答的高级策略。必须制定解决问题的基本方法，系统的高层结构形式包括子系统的分解、系统的固有并发性、子系统如何分配给硬软件、数据存储管理、资源协调、软件控制实现、定义人机交互接口等等。

系统设计一般是先从高层入手，然后细化。系统设计要决定整个结构及风格，这种结构为后面设计阶段更详细地设计策略提供了基础。下面介绍整个系统设计的一般步骤。

（1）分解系统。系统中主要的组成部分称为子系统，子系统既不是一个对象也不是一个功能，而是类、关联、操作、事件和约束的集合。

（2）确定并发性。分析模型、现实世界及硬件中的不少对象均是并发的。

（3）处理器及任务分配。必须分配给各并发子系统单个的硬件单元，要么是一个一般的处理器，要么是一个具体的功能单元。

（4）数据存储管理。系统中的内部数据和外部数据的存储管理是一项重要的任务。通常各数据存储可以将数据结构、文件、数据库组合在一起，不同数据的存储要在费用、访问时间、容量及可靠性之间做出折中考虑。

（5）全局资源的处理。必须确定全局资源，并且制定访问全局资源的策略。

（6）选择软件控制机制。分析模型中所有的交互行为都表示为对象之间的事件。系统设计必须从多种方法中选择某种方法来实现软件的控制。

（7）人机交互接口设计。设计中的大部分工作都与稳定的状态行为有关，但必须考虑用户使用系统的交互接口。

9.5 扩展学习模块——ChinaHR-EHR 职位管理用例图设计

中华英才网（ChinaHR. com）成立于1997年，是国内最早成立的专业招聘网站之一。自成立以来，中华英才网始终致力为企业找到更优秀的人才，帮助求职者找到更好的工作机会，通过不懈的创新引领行业的发展。2008年，中华英才网成为全球领先的网络招聘公司 Monster 旗下成员。

企业客户将其欲招聘职位的描述录入系统，在 EHR 系统中生成静态页面，并可对所发布信息实现各种操作，进行各类记录与统计。

（1）新增职位必填项可参考目前项目设置。

（2）新增职位时，接收简历的“其他邮箱”项目，最多允许填写3个邮箱，使用英文逗号分隔。

（3）所新增职位可以选择接受简历的方式。如信函、传真、电话、E-mail。（应聘简历库）为默认方式。

（4）新增职位时，可以选择保存或发布或取消。

（5）新增职位时，可以选择新增职位模板，填写后可选择发布或保存。

（6）新增职位时，可以在职位正式发布之前预览职位。

（7）新增职位时，只能新增合同范围内区域。如果当前服务有区域限制（职位发布或简历查询），则发布职位或查询简历时，对合同外地区进行限制；新增模板时，不作限制可照常保存，但使用时将自动屏蔽合同外的职位内容。

（8）如职位（发布或未发布）内容已存，应能够随时查看其详细信息。

（9）如果客户没有新增职位的权利，系统将给出提示。

（10）在填写时提示职业列表，弹出页面提示中英对照列表（见表9-2）。

表 9-2　中英对照列表

用例名称	新增职位	编号	
参与者	企业 HR 用户		
使用频率	高	业务优先级	1
描述	企业客户将其欲招聘职位的描述录入系统，在 EHR 系统中生成静态页面，并可对所发布信息实现各种操作，不一定即时发布		
前置条件	1. 用户具有新增职位的角色权限； 2. 用户已经登录智聘系统		
典型过程	1. 基本事件流 （1）企业客户选择新增职位，开始用例； （2）判断是否外部用例的参数传入：职位列表管理的复制子用例，如果有则把复制的职位信息传入新增职位的 UI 信息项； （3）企业客户填写新增职位页面的每个信息项； （4）系统校验每个信息项的合法性； （5）如果企业客户选择取消按钮，则用例结束，返回已发布职位的详细列表； （6）用户填写相应的信息项；用户选择设置机构，设置完毕返回该用例，同时更新所属机构的下拉框的记录； （7）用户选择修改自动回复邮件模板，进入自动邮件模板设置用例，此用例结束后，返回该用例，继续新增； （8）用户选择发布或者保存； （9）如果用户选择发布职位，则智聘系统对该职位进行发布，如果发布成功，则弹出发布成功提示，并显示公司已发布职位的列表管理用例； （10）如果用户选择保存职位，则保存该职位为未发布状态，保存成功，弹出保存成功提示，进入显示公司未发布职位的列表管理用例； （11）系统存储介质更新职位数据，用例结束。 2. 可选事件流 （1）新增职位模板。企业客户进入新增职位模板用例，该用例结束。 （2）预览职位： 1）在 IE 中浏览求职者看到的广告页面； 2）关闭 IE，返回基本事件流的第 2 步。 （3）设置机构： 1）新弹出页面窗口，进入管理企业机构用例； 2）企业客户设置相应机构； 3）如果该用例结束后，该新增或者修改模板页面上的所属机构需要更新。 （4）修改回复邮件模板： 1）用户选择修改自动回复邮件模板； 2）进入自动邮件模板设置用例，此用例结束后，返回该用例，继续新增模板		
扩展过程	1. 发布或者保存不成功： （1）提示用户保存不成功； （2）返回页面，页面上必须保留用户开始输入的数据； （3）提示用户重新确认并发送。 2. 数据输入格式不正确： （1）系统提示用户有哪些输入项格式不正确； （2）企业用户重新输入这些输入项，确认并再次提交。 3. 必填项为空： （1）系统提示必填项不能为空； （2）用户输入相应不能为空的信息项，确认并再次提交		

续表 9-2

异常过程	提交数据库异常： （1）系统弹出不成功提示； （2）写异常日志； （3）返回页面，页面上必须保留用户开始输入的数据； （4）提示用户重新确认并发送		
结果	系统存储介质新增职位数据		
业务规则	（1）必填项可参考目前项目设置； （2）接收简历的“其他邮箱”项目，最多允许填写 3 个邮箱，使用英文逗号分隔； （3）所新增职位可以选择接受简历的方式。如信函、传真、电话、E-mail。（应聘简历库）为默认方式； （4）最后新增方式可以选择保存或发布或取消； （5）可以选择“新增职位模板”，填写后可选择发布或保存； （6）可以在职位正式发布之前预览职位； （7）新增职位时，只能新增合同范围内区域。如果当前服务有区域限制（职位发布或简历查询），则发布职位或查询简历时，对合同外地区进行限制；新增模板时，不作限制可照常保存，但使用时将自动屏蔽合同外的职位内容； （8）如职位（发布或未发布）内容已存，应能够随时查看其详细信息； （9）如果客户没有新增职位的权利，系统将给出提示； （10）在填写时提示职业列表，弹出页面提示中英对照列表； （11）该职位所属机构应该只在该用户管辖机构内，即所属机构的下拉框内容控制要求； （12）地区或职业类别的选择规则为，添加了大类则不能添加其小类，添加了小类，如果再添加大类则将小类剔除；最多可选三项，地区不限； （13）每个职位都有其相应标识的唯一 ID		
非功能性要求	（1）性能：需要在 4 秒内得到响应； （2）可用性：高； （3）安全性：防止特殊字符恶意攻击		
补充说明	（1）选择职位模板在 UI 设计的时候要突出，引导用户充分利用职位模板； （2）新增职位界面上面弹出良好的说明性提示，参考老版本的说明		

思 考 题

1. 典型的程序设计范型有哪些，各自有什么特点？
2. 面向对象方法有哪些特征？
3. 什么是封装，什么是信息隐藏和实现隐藏？它们有什么意义？
4. 什么是对象，什么是类，类和对象有什么关系？请举例说明。
5. 什么是继承，它描述什么样的关系？请举例说明。
6. 继承层次中子类和父类有什么关系，子类如何区别于父类？
7. 什么是多态性？请举例说明。
8. 查阅 UML 的文献资料，了解类、对象、继承这些概念的 UML 表示法。
9. 对比系统开发的主要方式，说明各种方式的优缺点。
10. 请简述面向对象法开发系统的优缺点及适用场合。

第4部分

管理信息系统的管理方法

10 管理信息系统开发的项目管理

在软件项目的开发过程中，项目管理日益受到人们的关注。软件项目管理是为了使软件项目能够按照预定的成本、进度、质量顺利完成，而对成本、人员、进度、质量、风险等进行分析和管理的活动。成本管理是软件项目管理的一个主要内容，就目前发展来看，成本管理是软件项目管理中一个比较薄弱的方面，许多软件项目由于成本管理不善，造成了软件造价的成本上升，软件质量得不到保证。

美国项目管理学会（PMI）项目管理知识体系（PMBOK）是对项目管理专业知识的一个总结。诞生于20世纪80年代的PMBOK第一版由多名项目管理专家历经4年而成，之后分别在1991年、1996年和2000年对其进行了增订、完善和发展。PMBOK把项目管理划分为9个知识领域，即范围管理、时间管理、成本管理、质量管理、人力资源管理、沟通管理、采购管理、风险管理和综合管理。国际标准化组织（ISO）1997年以PMBOK为框架提出了“项目管理质量指南”（ISO 10006），成为ISO 9000族中重要的支持性技术指南。近十多年来，由于PMBOK的基本内容跨越行业界限而得到“普遍认可”，因而受到国内外专业学术领域的广泛重视。对信息系统的建设来讲，它同样具有指导价值，IT建设工程项目团队，包括业主、承包商、工程监理，也将从中受益。

2002年9月我国颁布了项目管理的标准，项目管理员（国家执业资格4级）、助理项目管理师3级、管理师2级和高级项目管理师1级。

项目管理有四个要素，工作范围、时间、质量、成本。项目中要管理的成功要素包括：

（1）范围（scope）。也称为工作范围，指为了实现项目目标必须完成的所有工作。一般通过定义交付物（deliverable）和交付物标准来定义工作范围。工作范围根据项目目标分解得到，它指出了“完成哪些工作就可以达到项目的目标”，或者说“完成哪些工作项目就可以结束了”。后一点非常重要，如果没有工作范围的定义，项目就可能永远做不完。要严格控制工作范围的变化，一旦失控就会出现“出力不讨好”的尴尬局面：一方面做了许多与实现目标无关的额外工作，另一方面却因额外工作影响了原定目标的实现，造成商业和声誉的双重损失。

（2）时间（time）。项目时间相关的因素用进度计划描述，进度计划不仅说明了完成项目工作范围内所有工作需要的时间，也规定了每个活动的具体开始和完成日期。项目中的活动根据工作范围确定，在确定活动的开始和结束时间还要考虑他们之间的依赖关系。

（3）成本（cost）。指完成项目需要的所有款项，包括人力成本、原材料、设备租金、分包费用和咨询费用等。项目的总成本以预算为基础，项目结束时的最终成本应控制在预算内。特别值得注意的是，在IT项目中人力成本比例很大，而工作量又难以估计，因而制定预算难度很大。

（4）质量（quality）。是指项目满足明确或隐含需求的程度。一般通过定义工作范围中的交付物标准来明确定义，这些标准包括各种特性及这些特性需要满足的要求，因此交付物在项目管理中有重要的地位。另外，有时还可能对项目的过程有明确要求，比如规定过程应该遵循的规范和标准，并要求提供这些过程得以有效执行的证据。

本章主要是从IT项目管理的视角了解信息系统建设的质量管理，掌握信息系统项目的计划、费用与进度管理，信息系统项目的人员管理，信息系统建设的质量管理过程与方法。

10.1 项目开发的成本与进度管理

项目成本管理包括确保在批准的预算范围内完成项目所需的各个过程。项目成本管理过程包括资源计划、成本估算、成本预算、成本控制。资源计划包括决定为实施项目活动需要使用什么资源（人员、设备和物资）以及每种资源的用量。资源计划的输出是资源需求清单；成本估算包括估计完成项目所需资源成本的近似值。该过程的主要输出是成本估算、辅助的细节和成本管理计划；成本预算包括将整体成本估算配置到各单项工作，以建立一个衡量绩效的基准计划。成本预算过程的主要输出是成本基准计划；成本控制包括控制项目预算的变化，成本控制过程的主要输出是修正的成本估算、更新预算、纠正行动、完工估算和历史回顾。

项目进度管理是指在项目实施过程中，对各阶段的进展程度和项目最终完成的期限所进行的管理。是在规定的时间内，拟定出合理且经济的进度计划（包括多级管理的子计划），在执行该计划的过程中，经常要检查实际进度是否按计划要求进行，若出现偏差，便要及时找出原因，采取必要的补救措施或调整、修改原计划，直至项目完成。其目的是保证项目能在满足其时间约束条件的前提下实现其总体目标。

10.1.1 信息系统项目成本的构成及测算的一般过程

随着知识经济、信息时代的来临，计算机软件业迅猛发展。商品化、资本化、资产化的计算机软件价值评估的社会需求也日益增多，而且有越来越多的趋势。由于系统软件通常是一些规模大、复杂程度高的人-机系统，因此，系统软件的开发、使用、维护、管理的过程，是一个非常复杂的系统工程，需要有巨大的人力、物力、财力资源，需要各种计算机软、硬件的支持。这一特点是在系统软件评估中应予充分考虑的，也是从成本途径评估系统软件价值时应予着重关注的。据统计，软件成本在软、硬件总成本中的份额，已从20世纪50年代的百分之十几，上升到近期的百分之七八十，而且还在持续上升。软件成本中的开发成本和维护成本的比例，也从50年代的接近1∶1，达到了近期的1∶2。

10.1.1.1 项目软件成本构成

系统软件的成本作为一个经济学范畴，应反映软件产品在其生产过程中所耗费的各项费用，为原材料、燃料、动力、折旧、人工费、管理费用、财务费用各项开支的总和。

从财务角度来看，列入系统软件的成本有如下的项目：

（1）硬件购置费，如计算机及相关设备的购置，不间断电源、空调器等的购置费；

（2）软件购置费，如操作系统软件、数据库系统软件和其他应用软件的购置费；

（3）人工费，主要是开发人员、操作人员、管理人员的工资福利费等；

（4）培训费；

（5）通讯费，如购置计算机网络设备、通讯线路器材、租用公用通讯线路等的费用；

（6）基本建设费，如新建、扩建机房、购置计算机机台、机柜等的费用；

（7）财务费用；

（8）管理费用，如办公费、差旅费、会议费、交通费；

（9）材料费，如打印纸、包带、磁盘等的购置费；

（10）水、电、气费；

（11）专有技术购置费；

（12）其他费用，如资料费、固定资产折旧费及咨询费。

从系统软件生命周期构成的两阶段，即开发阶段和维护阶段看，系统软件的成本由开发成本和维护成本构成。其中开发成本由软件开发成本、硬件成本和其他成本组成，包括了系统软件的分析或设计费用（含系统调研、需求分析、系统分析）、实施费用（含编程或测试、硬件购买与安装、系统软件购置、数据收集、人员培训）及系统切换等方面的费用；维护成本由运行费用（含人工费、材料费、固定资产折旧费、专有技术及技术资料购置费）、管理费（含审计费、系统服务费、行政管理费）及维护费（含纠错性维护费用及适应性维护费用）。

10.1.1.2 项目软件的成本测算程序

（1）根据待开发软件的特征、所选用硬件的特征、用户环境特征及以往同类或相近项目的基础数据，进行软件规模测算。

（2）结合成本影响因素、环境因素以及以往同类或相近项目数据分析，进行软件成本测算。其中包括安装、调试的人力和时间表、培训阶段的人力和时间表。

（3）软件成本测算的风险分析，这是基于系统软件成本测算的不确定性、成本测算的理论和测算技术的不成熟性而提出的工作程序。系统软件成本测算的风险因素应包括：

1）对目标系统的功能需要、开发队伍、开发环境等情况的了解的正确性；

2）所运用历史数据及模型参数的可靠性；

3）系统分析中的逻辑模型的抽象程度、业务处理流程的复杂程度及软件的可度量程度；

4）软件新技术、替代技术的出现和应用对成本测算方法的冲击的影响；

5）用户在系统软件开发中的参与程度，开发队伍的素质及所采用开发模式对开发成本的影响；

6）对软件开发队伍复杂因素认识程度；

7）软件开发人员及其组成比例的稳定性；

8）软件开发和维护经费，时间要求等方面的变更等非技术性因素所带来的风险等。

在软件价值评估中实施上述程序进行成本测算时，除了应坚持资产评估操作程序中规定的各项原则外，还应遵循真实性与预见性原则、透明性与适应性原则和可操作性与规定性原则。

10.1.2 软件开发规模与成本估算的方法

软件项目的规模是影响软件项目成本和工作量的主要因素。在基于代码行（Line of Code，LOC）和功能点（function point）的估算方法中，利用代码行和功能点来表示软件系统的规模，并通过对软件项目规模的估算进而来估算软件项目的成本和工作量。

显然，一个软件项目的代码行数目越多，它的规模也就越大。软件代码行的数目易于度量，许多软件开发组织和项目组都保留有以往软件项目代码行数目的记录，这有助于在以往类似软件项目代码行记录的基础上对当前软件项目的规模进行估算。

用代码行的数目来表示软件项目的规模简单易行、自然、直观且易于度量。但是其缺点也非常明显。在软件开发初期很难估算出最终软件系统的代码行数；软件项目代码行的数目通常依赖于程序设计语言的功能和表达能力；采用代码行的估算方法会对那些设计精巧的软件项目产生不利的影响；该方法只适合过程式程序设计语言，不适合非过程式程序设计语言（如函数式或者逻辑语言）。

针对上述问题，人们提出用软件系统的功能数目来表示软件系统的规模。1979 年 IBM 的 albrecht 提出了计算功能点的方法。该方法需要对软件系统的两个方面进行评估，即评估软件系统所需的内部基本功能和外部基本功能，然后根据技术复杂度因子对这两个方面的评估结果进行加权量化，产生软件系统功能点数目的具体计算值。以下是软件系统功能点的计算公式：

$$f_p = c_t \times (0.65 + 0.01 \times s_{f_i}) \quad (i = 1 \cdots 14)$$

其中，c_t 是 5 个信息量的“加权和”，f_i 是 14 个因素的“复杂性调节值”（$i = 1 \cdots 14$），0.65 和 0.01 是经验常数。

c_t 的计算方法如表 10-1 所示，c_t =（简单用户输入数 × 3 + 一般用户输入数 × 4 +复杂用户输入数 × 6）+（简单用户输出数 × 4 + 一般用户输出数 × 5 + 复杂用户输出数 × 7）+（简单用户查询数 × 3 + 一般用户查询数 × 4 + 复杂用户查询数 × 6）+（简单文件数 × 7 + 一般文件数 × 10 +复杂文件数 × 15）+（简单外部界面数 × 5 + 一般外部界面数 × 7 + 复杂外部界面数 × 10）。其中，用户输入数是指由用户提供的、用来输入的应用数据项的数目；用户输出数是指软件系统为用户提供的、向用户输出的应用数据项的数目；用户查询数是指要求回答的交互式输入的项；文件数是指系统中主文件的数目；外部界面数是指机器可读的文件数目（如磁盘或者磁带中的数据文件）。

表 10-1 c_t 值的加权计算

参数、取值、加权	加权因子			最终值
	简 单	一 般	复 杂	
用户输入数	3	4	6	
用户输出数	4	5	7	

续表 10-1

参数、取值、加权	加权因子			最终值
	简　单	一　般	复　杂	
用户查询数	3	4	6	
文件数	7	10	15	
外部界面数	5	7	10	
c_t =				

f_i（i=1…14）14 个因素的“复杂性调节值”取值见表 10-2。

表 10-2　f_i 的取值表

序号 i	问　题	
f_1	系统需要可靠的备份和复原吗	
f_2	系统需要数据通信吗	
f_3	系统有分布处理功能吗	
f_4	性能是临界状态吗	
f_5	系统是否在一个实用的操作系统下运行	f_i 的取值（0，1，2，3，4，5）
f_6	系统需要联机数据项吗	0—没有影响
f_7	联机数据项是否在多屏幕或多操作之间进行切换	1—偶有影响
f_8	需要联机更新主文件吗	2—轻微影响
f_9	输入、输出、查询和文件很复杂吗	平均影响
f_{10}	内部处理复杂吗	4—较大影响
f_{11}	代码需要被设计成可重用吗	5—严重影响
f_{12}	设计中需要包括转换和安装吗	
f_{13}	系统的设计支持不同组织的多次安装吗	
f_{14}	应用的设计方便用户修改和使用吗	

例如，假设项目组要开发一个软件项目 a。根据用户的需求描述，该软件项目的 c_t 取值如表 10-3 所示。进一步的，假设该软件项目的 14 个复杂性调节值全部取平均程度。那么根据表 5 可知，该软件项目的 $c_t=341$，14 个复杂性调节因素的累加值 $s_{f_i}=42$，因而根据公式 $f_p=c_t\times(0.65+0.01\times s_{f_i})$（$i$=1…14）可知，该软件项目的功能点 $f_p=341\times(0.65+0.01\times42)=364.87$，即该项目的功能点数目大致为 364。

表 10-3　软件项目 a 的 c_t 值

参数或取值或加权	加权因子			最终值
	简　单	一　般	复　杂	
用户输入数	6×3	2×4	5×6	56
用户输出数	7×4	6×5	5×7	103
用户查询数	2×3	0×4	5×6	36
文件数	0×7	3×10	3×15	75

续表 10-3

参数或取值或加权	加权因子			最终值
	简　单	一　般	复　杂	
外部界面数	2×5	3×7	4×10	71
c_t =				341

用功能点来表示软件项目规模的好处是：软件系统的功能与实现该软件系统的语言和技术无关，而且在软件开发的早期阶段（如需求分析）就可通过对用户需求的理解获得软件系统的功能点数目，因而该方法可以较好地克服基于代码行软件项目规模表示方法的不足。其不足主要体现在：该方法没有直接涉及算法的复杂度，不适合算法比较复杂的软件系统；功能点计算主要靠经验公式，主观因素比较多；此外计算功能点所需的数据不好采集。

大量的实践表明：针对特定的程序设计语言，软件系统的功能点和代码行二者之间存在某种对应关系（如表 10-4 所示）。根据该表的数据，一个功能点如果用汇编语言来实现大约需要 320 行代码，如果用 C 语言来实现大约需要 150 行代码，如果用 smalltalk 语言来实现大约需要 21 行代码。从另一个角度上看，该表反映了不同程序设计语言的描述能力是不一样的。

表 10-4　功能点和代码行之间的转换表

序　号	程序设计语言	代码行/功能点
1	汇编语言	320
2	C	150
3	cobol	105
4	fottran	105
5	pascal	91
6	ada	71
7	pl/1	65
8	prolog/lisp	64
9	smalltalk	21
10	代码生成器	15

假设用 L 表示软件系统的规模（或者用 loc 表示，或者用 f_p 来表示）。针对一个具体的软件项目，可以采用自顶向下或者自底向上等多种方式来估算出软件项目规模的乐观值 a、悲观值 b 和一般值 m，然后根据以下公式估算出软件项目规模的期望值 e：

$$e=(a+4\times m+b)/6$$

根据软件项目规模的期望值 e 以及下列公式，就可以估算出软件项目的成本和工作量。

生产率：

$$pm=L/e$$

式中，L 表示软件项目的规模（单位：loc 或者 f_p），e 表示软件工作量（单位：人·月），pm 表示单个人每月能够生产的功能点或者代码行数。

平均成本：$ckl = s/L$

其中，s 为软件项目总开销，L 表示软件项目的规模（单位：loc 或者 f_p），ckl 表示每行代码或者每个功能点的平均成本。

对于一个特定的软件开发组织或者项目组而言，其软件生产率和平均成本在不同的软件项目实施中可能是比较稳定的。如果有以往软件项目的历史信息，可以很容易地获得关于软件开发组织或者项目组的 pm 和 ckl 值。因此，一旦估算出了软件项目的规模，获得了软件开发组织或者项目组的 pm 和 ckl 的值，就可根据公式 $ckl = s/L$ 计算出软件项目的成本 $s = ckl \times L$，也可根据公式 $pm = L/e$ 计算出软件项目的工作量 $e = L/pm$。

例如，假设项目组要开发一个软件项目 a，经过估算该项目的规模是 364 个功能点。进一步的，根据以往的历史数据，该项目组软件开发的生产率是 $8f_p$/(人·月)，每个功能点的平均成本为12000 元人民币，那么该软件项目的开发成本 $s = 6800$ 元×364 = 2475200 元人民币，工作量为 $e = 364/8 = 45.5$ 人·月。

10.1.3 信息系统项目的进度和成本计划

项目经理与客户签订开发合同后，接下来的工作就是组织项目团队、绘制专业领域技术编制表、建立工作分析结构以及项目组成员的责任矩阵，并在此基础上进行工期和预算的分摊，也就是制定项目的进度和成本计划。

10.1.3.1 成员能力评估

为了让项目组成员各负其责，确定他们在项目组里分担的责任是很重要的。比较有效的方法是绘制技术编制表及责任表。在项目开始时就要恰当地搭配好人员、技术及工作任务。随着项目的进展，有可能必须把已分的工作再细分或进行新的调整，为此，项目经理应该清楚地了解项目组成员各自掌握的技术。

首先，绘制技术编制表（见表 10-5），为项目组人员打分，其方法是按照对专业领域的熟悉程度打分。例如，将专业领域分为五个：系统分析员、程序员、测试工程师、硬件工程师、数据库管理员，并将最高分定为 5 分。随后根据每个成员对上述专业领域的熟悉程度打分，熟悉程度越高，打分越高。如此一来，就可以对项目组人员及技术状况一目了然，并据此分配工作。

表 10-5 专业领域技术编制表

项 目	系统分析员	程 序 员	测试工程师	硬件工程师	数据库管理员
赵 伊	5	4	3	2	1
王 耳	5	5	4	3	2
张 山	2	5	4	4	3
李 斯	2	5	5	5	4
邓 武	3	4	5	2	4
崔 柳	2	3	3	3	5
陈 琪	2	2	3	5	3
高 跋	3	4	3	3	5

技术编制表绘制完成之后，项目经理就可以根据项目的实际需求来绘制责任表（见表10-6）。该表是项目主管与项目组成员之间的工作合同文件，也是进行人员任用或让其承诺某项工作的重要手段。

表10-6 项目组成员责任表

项目	赵伊	王耳	张山	李斯	邓武	崔柳	陈琪	高跛
系统分析	P	S			S			S
数据库设计				S		P		S
编程实现	S	S	P	S	S			S
设备采购			S			S	P	
系统测试		S	S	P	S			

在表10-6中，P表示负主要责任，S表示负辅助责任。每项任务只需要一个人负主要责任，但可以安排几个项目组成员辅助他。

10.1.3.2 工期与预算分摊

责任表一旦建立，就可以进行项目各建设活动的工期估计和预算分摊估计。工期估计和预算分摊估计可以采用两种办法：其一是自上而下法，即在项目建设总时间和总成本之内按照每一工作包的相关工作范围来考察，按项目总时间或总成本的一定比例分摊到各个工作包中；其二是自下而上法，由每一工作包的具体负责人进行工期和预算估计，然后再进行平衡和调整。

经验表明，让某项工作的具体负责人进行估计是较好的方法，因为这样做既可以得到该负责人的承诺，对他产生有效的参与激励，又可以减少由项目经理独自估计所有活动的工期所产生的偏差。

在上述估计的基础上，项目经理完成各工期的累计和分摊预算的累计，并与项目总建设时间和总成本进行比较，根据一定的规则进行调整。

10.1.4 信息系统项目计划的变更和控制

项目计划是指导项目执行的依据，也是衡量项目组绩效的基准，做好计划至关重要。项目计划是由项目总体计划和子计划组成的。通常，进度计划、质量计划、风险计划、测试计划、配置管理计划以及沟通计划是项目计划中比较重要、对实际工作也比较有指导意义的几个子计划。其中，进度计划是所有计划的基础，它确定了项目的时间范围，它让你知道在哪个时间应该完成哪项工作；质量计划则告诉你这项工作是否已经完成，是否满足要求；风险计划将会告诉你完成这项工作可能出现的障碍，应如何解决，比如对于维护型的项目要考虑到人员常被借调，突发任务对计划的影响等；测试计划将会告诉你如何循序渐进的发现工作中存在的漏洞，是否可以交工；配置管理计划将会为你列举一下这项工作将由哪些部分组成，哪些是关键的，哪些是可变的；沟通计划将告诉你在做这项工作的过程中你要跟哪些对象共事，应如何跟他们协调一致。另外要注意项目计划是项目组全员参与的，目的是项目组团队对计划取得一致，另一个原因是获得双向的一个承诺。

（1）针对确认的需求评估工作量，评估要基于功能细节来做，经过估计计划才有意义，与实际偏差才会少一些。

(2) 项目计划的缓冲时间。按常规的项目计划，一般预留 10% ~20% 的缓冲时间，以应对中间可能出现的风险，比如人员变动带来的影响或接口部门的节奏不一致对项目计划造成的影响。

(3) 接口沟通的重要性。一般项目中最难掌控的就是接口系统的开发进度，不同部门的工作习惯和人员能力不同，加强沟通和引导。通俗地讲，是项目组在沟通过程中，要预先把这部分的工作分析好。对涉及双方沟通的结果需要有文档记录，比如会议纪要。确定责任人、完成时间等。出了问题后可追述到人。追究毕竟不是项目组要的结果。为确保项目能顺利进行，接口的沟通是很重要的，比如研发组在沟通过程中能否处于权威的地位？能不能领导其他接口系统的工作？可视情况适当借助上级或对方上级的力量，对相关接口人进行督促。保障项目的进度。

(4) 项目计划是渐进明细的过程：计划也不是一蹴而就的，任何人也没有料事如神的本事，它是一个由宏观到微观、由粗到细逐渐分解逐渐细化的过程。如果不考虑外部因素的影响，计划变更的频率和幅度，可直接反映出制订计划时存在的问题，比如可操作性。总结经验，避免下次再犯同样的问题。

(5) 项目计划的粒度。按 PMI 提倡工作任务的分配规则是 80h 的单位，软件行业属于高新产业，对进度的控制相对要比建筑行业更紧凑一些。所以软件研发类的项目更应该控制在 2 ~3 内比较合适，即 16 ~24h。

10.2 项目开发的人员管理

10.2.1 项目开发的人员构成

项目人力资源管理就是有效地发挥每个参与项目人员能力的过程。主要过程包括组织计划编制、人员获取、团队建设。组织计划编制：包括对项目角色、职责以及报告关系进行识别、分配和归档。这个过程的主要成果包括分配的角色和职责；人员获取：包括获得项目所需的并被指派到项目的成员；团队建设：包括为提高项目绩效而要建立的每个人和项目组的技能。

高级经理具体参与项目或产品的时间并不多，但对项目的成败却起到了至关重要的作用。通常高级经理参与项目过程中各个关键环节的活动，关注产品开发的进度，对风险控制、资源提供做出决策。

产品经理（项目经理）作为客户方和公司内部交流的纽带，对项目过程进行监控，对项目的进度、质量负责。产品经理应该是软件工程领域内的专家，但不一定是业务领域内的专家。产品经理的基本活动包括：制订计划、协调资源、关注和控制计划进度、控制客户期望值。其中控制客户期望值这一项在工程性质的项目中尤其重要。

开发经理是具体开发过程的领导者，必须由熟悉业务和开发技术的专家担任。开发经理的职责是界定需求，确定适当的技术构架和体系，保证软件产品按照设计的标准开发。

设计师是软件蓝图的设计者。通常设计师可以分需求分析师、构架设计师、业务设计师三种，在小规模的开发团队中，这三个角色通常由一个人承担。设计师一定是业务领域和技术领域内公认的专家，具有丰富的项目经验，能够准确把握客户需求并提供可行的实现思路。设计师的基本活动包括：进行需求分析、进行构架设计和功能设计，按照规范编写相应的文档，将设计思路传播给开发人员、测试人员。

测试经理是测试活动的领导者，是公司内部认定的产品质量责任人（项目经理是对外的软件质量责任人）。测试经理的责任是计划和组织测试人员对目标产品进行测试，发现 bug、跟踪 bug 直到解决 bug；计划和组织用户培训工作。产品经理、开发经理、设计师、测试经理作为一个项目的高层，对项目的成败起关键作用。

开发人员根据设计师的设计成果进行具体编码工作，对自己的代码进行基本的单元测试。通常 3 ~4 个开发人员组成一个开发小组，由一个 teamleader 带领进行开发活动。开发小组 teamleader 由小组内技术和业务比较好的成员担任。teamleader 通常还负有进行详细设计和走查小组成员代码的职责。考虑到 teamleader 需要进行详细设计、编写文档和小组成员进行沟通，因此一个 teamleader 的开发任务不能超过开发人员的平均任务量。对开发人员而言，必须具备产品开发所需要基本技术、技能，比如编程语音、数据库应用开发经验等。如果发现开发人员不完全具备这些技能，开发经理和项目经理应该提供必要的内部或外部、培训，以使开发人员具备这些必要的技能。

测试人员根据测试经理的计划和测试总体方案对目标产品进行测试，编写测试 case 和测试代码，发现和跟踪 bug；编写用户手册；进行用户培训和教育。测试人员介入项目的时机从理论上讲越早越好，但考虑到测试人力资源，通常在需求分析确定后介入比较合适。对测试人员而言，除了要求和开发人员相同的技术技能外，还应该熟悉测试理论和测试方法，尽可能做到总是站在使用者的角度观察和思考问题。

项目实施人员是针对工程性质的项目所必需的人员配置。项目实施人员负责软件系统安装配置、系统割接、运行期间的维护工。

10.2.2 项目开发的人员组织及管理

大型软件项目需要很多人的合作，花费一年或数年的时间才能完成。为了提高工作效率，保证工作质量，软件开发人员的组织、分工与管理是一项十分重要和复杂的工作，它直接影响到软件项目的成功与失败。首先，由于软件开发人员的个人素质差异很大，因此对软件开发人员的选择、分工十分关键。1970 年，Sackman 对 12 名程序员用两个不同的程序进行试验，结论是：程序排错、调试时间差别为 18 : 1；程序编制时间差别为 15 : 1；程序长度庆功别为 6 : 1；程序运行时间差别为 13 : 1。近年来，随着软件开发方法的提高、工具的改善，上述差异可能会减小，但软件人员的合理选择及分工，充分发挥每个人的特长和经验显然是十分重要的。其次，因为软件产品不易理解、不易维护，因此软件人员的组织方式十分关键。一个重要的原则是，软件开发人员的组织结构与软件项目开发模式和软件产品的结构相对应，这样可以达到软件开发的方法、工具与人的统一，从而降低管理系统的复杂性，有利于软件开发过程的管理与质量控制。按树形结构组织软件开发人员是一个比较成功的经验。树的根是软件项目经理和项目总的技术负责人。理想的情况是项目经理和技术负责人由一个人或一个小组担任。树的结点是程序员小组，为了减少系统的复杂性、便于项目管理，树的结点每层不要超过 7 个，在此基础上尽量降低树的层数。程序员小组的人数应视任务的大小和完成任务的时间而定，一般是 2 ~5 人。为降低系统开发过程的复杂性，程序员小组之间，小组内程序员之间的任务界面必须清楚并尽量简化。

软件项目或软件开发小组可以配置若干个秘书、软件工具员、测试员、编辑和律师等。秘书负责维护和软件配置中的文档、源代码、数据及所依附的各种磁介质；规范并收集软件开发过程中的数据；规范并收集可重用软件，对它们分类并提供检索机制；协助软件开发小组准备文档，对项目中的各种参数，如代码行、成本、工作进度等进行估算；参与小组的管理、协调和软件配置的评估。大型软件项目需专门配置一个或几个配置管理人员，专门负责软件项目的程序、文档和数据的各种版本控制，保证软件系统的一致性与完整性。软件开发小组内部和小组之间经常交流情况和信息，以便减少误解，删除软件中的个人特征，提高软件的质量。

软件项目的开发实践表明，软件开发各个阶段所需要的技术人员类型、层次和数量是不同的。软件项目的计划与分析阶段只需要少数人，主要是系统分析员、从事软件系统论证和概要设计的软件高级工程师和项目高级管理人员。概要设计时要增加一部分高级程序员，详细设计时，要增加软件工程师和程序员，在编码和测试阶段还要增加程序员、软件测试员。在此过程中软件开发管理人员和各类专门人员逐渐增加，到测试阶段结束时，软件项目开发人员的数量达到顶峰。软件运行初期，参加软件维护的人员比较多，过早解散软件开发人员会给软件维护带来意想不到的困难。软件运行一段时间以后，由于软件开发人员参与纠错性维护，软件出错率会很快衰竭，这时软件开发人员也就可以逐步撤出。如果系统不做适应性或完善性维护，需要留守的维护人员就不多了。

10.3 信息系统建设的质量与风险管理

项目风险管理是指在信息系统开发项目实施过程中，尽管经过前期的可行性研究以及一系列管理措施的控制，但其效果一般来说还不能过早地确定，它与风险联系着，可能达不到预期的效果，费用可能比计划的高，实现时间可能比预期的长，而且，硬件和软件的性能可能比预期的低，等等。

项目风险管理要把有利事件的积极结果尽量扩大，而把不利事件的后果降低到最低程度。主要过程有风险识别、风险量化、风险应对计划制定和风险应对控制。风险识别包含确定哪种风险可能影响一个项目，并将各风险的特征归档；风险量化涉及对风险及风险的相互作用的评估，以评价项目可能结果的范围；风险应对计划制定包括采取措施增大机会和制定应对威胁的措施。风险应对计划制定的输出是风险管理计划：风险应对控制涉及对整个项目管理过程中的风险进行应对。该过程的输出包括应对风险的纠正以及风险管理计划的更新。

10.3.1 项目质量管理的内容、方式、体系

项目质量管理就是将质量融入项目管理核心过程并进行管理的过程。主要包括以下内容：

（1）进行质量策划，确定质量目标；

（2）编制质量计划；

（3）实施质量计划；

（4）总结项目质量管理工作，提出持续改进的要求。

质量控制实际上主要是监控项目活动的进程和结果，包括监控项目实施过程的质保措

施和特定的项目结果，以确定其是否符合相关的质量标准；分析产生质量问题的原因，并制定相应措施来消除导致不符合质量标准的因素，确保项目质量得以持续不断地改进。这个过程常与质量管理所采用的工具和技术密切相关。

在信息系统工程项目实施过程中，为保证工程质量，应建立一套完善的质量控制体系，设置关键的质量控制点，并通过若干质量控制技术与手段，发现问题及时修正。

按照软件开发调研、需求分析、设计、编码、测试、部署、测试、维护等几个过程阶段，每一个阶段过程需要注意的质量管理方面的问题具体如表 10-7 所示。

表 10-7　项目开发过程中的质量管理规范

阶段	形成文档（使用工具）	文档成果描述	负责人	备注
初始阶段	项目约定书（Word）	明确甲乙双方责任及义务，需双方签字确认	项目经理	大部分业务建模和需求，少部分分析设计
	业务需求说明书（Word）	阐述业务范围及内容	项目经理或系统分析员	
	技术方案设计书（Word）	开发组负责制定最优技术设计方案	项目经理或系统分析员	
	程序草图设计（Word、DW、PS）	让用户直接了解设计思路	项目经理或系统分析员	
	项目工程简报	提交领导查阅	项目经理	
	项目开发计划（Project）	用户、领导、项目组都了解项目进度	项目经理	
设计阶段	业务流程总体设计书（Word、Visio、Rose）	项目组成员分配任务	项目经理或系统分析员	大部分分析设计，部分实施编程及测试，开始考虑部署
	数据库关系设计图（PowerDesigner/Rose）	便于项目开发	系统分析员	
	数据库关系流程图（PowerDesigner/Rose）	便于项目开发	系统分析员	
	项目开发管理规范书（Word）	约定开发人员技术规范书	项目经理或系统分析员	
	任务分配文档（Word）	明确每个组员的开发任务及职责	项目经理或系统分析员	
实施阶段	开发文档（Word）	每个开发人员填写个人开发模块	系统分析员或程序员	大部分实施及测试，部分部署
	问题说明报告（Word）	让用户、领导及组员及时了解和发现问题	项目经理	
	业务变更文档（Word）	记录用户提出的业务需求变更情况	系统分析员	
	项目测试方案及报告（Word）	记录项目测试的方法	系统分析员	
收尾阶段	用户使用手册（Word）	方便用户使用软件而提供的使用说明书	系统分析员或程序员	部署及维护
	项目开发文档（Word）	汇总整个项目使用的技术、思路、过程	系统分析员或程序员	
	项目验收报告（Word）	记录甲乙双方签订项目验收报告	项目经理	
	项目总结性报告	项目组通过此项目总结经验及不足	项目经理或系统分析员	

10.3.2 信息系统项目的风险与风险管理

风险是指出现损失或损害的可能性。任何风险都包括两个基本要素：一是风险因素发生的不确定性；二是风险发生带来的损失。

风险管理是一个识别和度量项目风险，制定、选择和管理风险处理方案的系列过程。项目风险管理是为了最好地达到项目的目标，识别、分配、应对、减少和避免项目生命期内风险的现代科学管理方法。从资源分配的角度来看，风险管理是一项投资，即风险管理需要花费与识别风险、分析风险和规避减轻风险相关的成本。

项目风险管理包括以下内容：

（1）项目风险识别：

1）收集与项目风险有关的信息；

2）确定风险因素；

3）编制项目风险识别报告。

（2）项目风险评估：

1）项目风险评估的内容：

①风险因素发生的概率；

②风险损失量的估计；

③风险等级评估。

2）风险损失量估计的内容：

①工期损失的估计；

②费用损失的估计；

③对工程的质量、功能、使用效果等方面的影响。

（3）项目风险响应：

1）风险响应应确定针对项目风险的对策；

2）常用的风险对策有风险规避、风险减轻、风险自留、风险转移；

3）项目风险对策应形成文件。

（4）项目风险控制。

预测未来的风险并提出预警，纳入项目进度报告；组织应对可能出现的风险因素进行监控，制订应急计划。

10.3.3 风险管理计划与风险识别

10.3.3.1 风险管理计划

风险管理活动首要工作是编制风险管理计划。对于信息系统工程项目，在编制风险管理计划时，最常用的方法是头脑风暴法和 Delphi 法。其中头脑风暴法适合于在项目启动的时候，组织召开的项目启动会议中使用，会议通过召集与项目有关的项目干系人共同参与，就项目章程、建设目标、项目范围、工程投资、工程进度以及项目面临的风险和应急措施进行充分讨论，主张与会者从各个方面踊跃提出自己的见解和意见，编织出包含面广、覆盖风险点全的网。Delphi 适合于在专家座谈会中使用，通过征询专家成员对风险预测、管理、监控等方面的意见，梳理成条例清晰、脉络明确的纲领。最后根据会议讨论的结果以及专家提出的意见，结合公司自身风险管理策略，编制出适合于本项目的风险管理计划。编制计划的目的是为了参照实施，故实际工作中应严格按照此计划开展风险管理活动。

10.3.3.2 风险识别

信息系统项目自身唯一、独特且繁复等特点，决定了其风险的多样性和复杂性。依据风险源进行梳理分析，一般可将信息系统项目的风险依性质划分为三类，即技术风险、管理风险和需求风险。

（1）技术风险识别：一个信息系统项目要涉及计算机信息技术的很多知识，比如数据挖掘、建模分析、网络架构、软件工程、信息安全、系统测试等。而随着信息化的发展及电子化的进步，这些与信息系统密切相关的软件技术、硬件技术及网络技术等都在飞速发展。得益于这些新技术，信息系统在功能及性能上也发生着翻天覆地的变化，如B/S架构的广泛启用，多路服务器取代了早年单路服务器，硬盘数据存储升级为云存储等，同时单一业务功能的信息系统也逐步发展为集业务管理、数据挖掘、决策辅助、客户管理、知识管理等多功能合一的大型系统。另外，也不能忽视具体实施信息系统的企业，其自身业务知识的重要性。这些技术的掌握与运用，对建设方提出了很高的要求，特别是人的综合能力及个人素质。

（2）管理风险识别：项目管理所包含的范畴很广，可以说信息系统项目各环节均离不开有效的管理，因此，管理风险自然也是涉及面最广的。典型的管理风险包括进度风险、成本风险、范围风险、沟通风险、人力资源风险、采购风险、整理管理风险以及质量风险等。这里面，由于缺乏计划或计划落实不到位、管理层对项目支持力度不够、项目经理及团队经验不足、沟通不充分、变更控制不力等，最容易出现问题。

（3）需求风险识别：由于信息系统项目工程中涉及的项目干系人众多，且关系复杂，常常导致各方需求的矛盾性、局限性、隐蔽性及不确定性给项目带来巨大风险。需求作为项目开展的方向标及驱动力，同样涉及项目各环节领域，这其中系统开发人员对于新技术的追逐、使用者对于功能的期望及投资者对项目进度及成本的严格要求构成了需求的主要对立面。这些项目干系人、个人习惯和知识背景差异巨大，他们对项目成本、进度、范围、质量四方面的认识及要求有很多局限性和不确性，甚至矛盾冲突。另外，外部环境的影响也是不容忽视的一个问题，如国家法律法规及行业政策发生调整，以及企业自身业务流程不断发生变化等，同样会给需求带来不确定性风险。

10.4 综合案例——某市电子政务信息系统工程项目开发

某市电子政务信息系统工程，总投资额约500万元，主要包括网络平台建设和业务办公应用系统开发，通过公开招标，确定工程的承建单位是A公司，按照《合同法》的要求与A公司签订了工程建设合同，并在合同中规定A公司可以将机房工程这样的非主体、非关键性子工程分包给具备相关资质的专业公司B，B公司将子工程转手给了C公司。

在随后的应用系统建设过程中，监理工程师发现A公司提交的需求规格说明书质量较差，要求A公司进行整改。此外，机房工程装修不符合要求，要求A公司进行整改。

项目经理小丁在接到监理工程师的通知后，对于第二个问题拒绝了监理工程师的要求，理由是机房工程由B公司承建，且B公司经过了建设方的认可，要求追究B公司的责任，而不是自己公司的责任。对于第一个问题，小丁把任务分派给程序员老张进行修改，此时，系统设计工作已经在进行中，程序员老张独自修改了已进入基线的程序，小丁默许了他的操作。老张在修改了需求规格说明书后采用邮件通知了系统设计人员。

合同生效后，小丁开始进行项目计划的编制，开始启动项目。由于工期紧张，甲方要求提前完工，总经理比较关心该项目，询问项目的一些进展情况，在项目汇报会议上，小丁给总经理递交了进度计划，公司总经理在阅读进度计划以后，对项目经理小丁指出任务之间的关联不是很清晰，要求小丁重新处理一下。

新的计划出来了，在计划实施过程中，由于甲方的特殊要求，需要项目提前2周完工，小丁更改了项目进度计划，项目最终按时完工。

10.4.1　案例目的

本案例在于分析信息系统项目管理中频率发生较高的问题，在项目管理中，应注意项目的计划、风险等方面的管理，在项目开发中都尤为重要；同时项目实施中应注意我国法律法规的问题。

10.4.2　案例分析

（1）小丁在接到任务后开始项目计划的编制工作，编制的计划应包括：

1）项目总计划（包括范围计划、工作范围定义、活动定义、资源需求、资源计划、活动排序、费用估算、进度计划以及费用计划）。

2）项目辅助计划（质量计划、沟通计划、人力资源计划、风险计划、采购计划等）。

（2）根据《中华人民共和国招投标法》第48条：中标人应当按照合同约定履行义务，完成中标项目。中标人不得向他人转让中标项目，也不得将中标项目肢解后分别向他人转让。

中标人按照合同约定或者经招标人同意，可以将中标项目的部分非主体、非关键性工作分包给他人完成。接受分包的人应当具备相应的资格条件，并不得再次分包。

中标人应当就分包项目向招标人负责，接受分包的人就分包项目承担连带责任。

本案例中，A公司将子项工程分包给B，B又将其分包给C，显然违背了招投标法的这一条款。根据条款中的内容："中标人应当就分包项目向招标人负责，接受分包的人就分包项目承担连带责任。"A公司显然要承担责任，同时B公司也负连带责任。

（3）在项目执行过程中，项目发生的变更，程序员小张擅自修改了已进入基线的程序，作为项目经理的小丁不应该默许他的操作，且修改后的东西没有经过评审。

项目中缺乏变更控制的体系，需要建立变更控制流程，确保项目中所做的变更保持一致，并将产品的状态、对其所做的变更，以及这些变更对成本和时间表的影响通知给有关的项目干系人，以便于资源的协调。同时，项目团队所有成员要清楚变更程序的步骤和要求。

提出以下建议：

（1）建立配置管理体系；

（2）建立变更请求流程；

（3）组建变更控制委员会。

10.5 扩展学习模块——信息系统开发各岗位说明

10.5.1 岗位：项目经理

项目经理的主要职责包括：

（1）计划：

1）项目范围、项目质量、项目时间、项目成本的确认。

2）项目过程或活动的标准化、规范化。

3）根据项目范围、质量、时间与成本的综合因素考虑，进行项目的总体规划与阶段计划。

4）各项计划得到上级领导、客户方及项目组成员认可。

（2）组织：

1）组织项目所需的各项资源。

2）设置项目组中的各种角色，并分配好各角色的责任与权限。

3）定制项目组内外的沟通计划（必要时可按配置管理要求写项目策划目录中的《项目沟通计划》）。

4）安排组内需求分析师、客户联系人等角色与客户的沟通与交流。

5）处理项目组与其他项目干系人之间的关系。

6）处理项目组内各角色之间的关系、处理项目组内各成员之间的关系。

7）安排客户培训工作。

（3）领导：

1）保证项目组目标明确且理解一致。

2）创建项目组的开发环境及氛围，在项目范围内保证项目组成员不受项目其他方面的影响。

3）提升项目组士气，加强项目组凝聚力。

4）合理安排项目组各成员的工作，使各成员工作都能达到一定的饱满度。

5）制定项目组需要的招聘或培训人员的计划。

6）定期组织项目组成员进行相关技术培训以及与项目相关的行业培训等。

7）及时发现项目组中出现的问题。

8）及时处理项目组中出现的问题。

（4）控制：

1）保证项目在预算成本范围内按规定的质量和进度达到项目目标。

2）在项目生命周期的各个阶段，跟踪、检查项目组成员的工作质量。

3）定期向领导汇报项目工作进度以及项目开发过程中的难题。

4）对项目进行配置管理与规划。

5）控制项目组各成员的工作进度，及时了解项目组成员的工作情况，并能快速地解决项目组成员所碰到的难题。

6）不定期组织项目组成员进行项目以外的短期活动，以培养团队精神。

结语：项目经理是在整个项目开发过程中项目组内对所有非技术性重要事情做出最终决定的人。

10.5.2 岗位：系统架构师（技术总监）

系统架构师的主要功能及职责包括：

（1）系统架构师是软件项目的总体设计师，是软件组织新产品的开发与集成、新技术体系的构建者。

（2）系统架构师是在技术上对所有重要事情做出决定的人（系统架构师在整个软件开发过程中都起着重要作用，并随着开发进程的推进而其职责或关注点不断地变化）。

（3）需求阶段，软件架构师负责理解和管理非功能性系统需求，比如软件的可维护性、性能、复用性、可靠性、有效性和可测试性等。审查客户和市场人员提出的需求，确认开发团队提出的设计；组织开发团队成员和开发过程的定义；协助需求分析师完成“用户需求说明书”、“需求变更说明书”。

（4）设计阶段，架构师负责对整个软件架构、关键构件、接口的设计。协助系统分析师完成《系统概要设计说明书》。

（5）编码阶段，架构师则成为程序员的顾问，并且经常性地要举行一些技术研讨会、技术培训班等。

（6）测试及实施阶段，随着软件开始测试、集成和交付，集成和测试支持将成为软件架构师的工作重点。

结语：系统架构师也可以理解成技术总监。系统架构师是在部门内所有软件项目中，对技术上所有重要的事情做出决定的人。

10.5.3 岗位：需求分析师

需求分析师的主要职责包括：

（1）在项目前期根据《需求调研计划》对客户进行需求调研。

（2）收集整理客户需求，负责编写《用户需求说明书》。

（3）代表项目组与用户沟通和项目需求有关的所有事项。

（4）代表客户与项目组成员沟通项目需求有关的所有事项。

（5）负责《用户需求说明书》得到用户的认可与签字。

（6）负责将完成的项目模块给客户做演示，并收集对完成模块的意见。

（7）完成《需求变更说明书》，并得到用户的认可与签字。

（8）协助系统架构师、系统分析师对需求进行理解。

结语：需求分析师是项目前期与客户方打交道最多的人，对于客户来说，他可以代表整个项目组，对与项目组成员来说他的意见可以代表客户方的意见，项目组内所有与客户需求相关的事情必须得到他的认可。

10.5.4 岗位：系统分析师

系统分析师的主要职责包括：

（1）协助需求分析师进行需求调研。

（2）分析、解析《用户需求说明书》，将系统需求整理成《软件需求规格说明书》。

（3）负责解决《软件需求规格说明书》被评审后发现的问题。

（4）在分析系统前，负责向架构设计师解释《软件需求规格说明书》的内容。

（5）协助架构设计师进行架构设计，并协助其完成《系统架构说明书》。

（6）根据《系统架构说明书》对系统进行建模。

（7）系统分析及建模完成后，负责将建模成果转化为《系统概要设计》。

（8）协助数据库设计师按《系统概要设计说明书》进行数据库逻辑设计和物理设计，完成数据库CDM及PDM图，并协助其完成《数据库设计说明书》。

（9）协助软件设计师按《系统概要设计说明书》进行《系统详细设计说明书》。

（10）指导软件工程师按《系统详细设计说明书》进行代码实现。

（11）负责重点代码检查。

（12）协助项目经理进行配置管理，并提供优化改进建议。

（13）定期对项目组成员进行技术方面的培训。

结语：系统分析师是项目组中的首席执行官，他涉及项目的所有方面，是项目进度的推动者，也是项目成功的关键。

10.5.5 岗位：数据库设计师

数据库设计师的主要职责包括：

（1）根据《系统架构说明书》与系统架构师、系统分析师一同进行数据库建模。

（2）根据数据库建模结果，绘制数据库CDM与PDM图。

（3）根据数据库PDM图进行数据库建库。

（4）对数据库进行维护、备份、恢复、同步。

（5）负责客户数据的导入导出。

（6）对数据库进行初始化操作。

（7）协助软件设计师完成“系统详细设计说明书”中与数据库相关的部分。

（8）根据“系统详细设计说明书”编写对应的视图、存储过程、函数、触发器等。

（9）对项目组其他成员进行SQL方面的指导。

（10）定期对项目组其他成员进行数据库方面知识的培训。

（11）为测试经理及测试工程师建立测试数据。

结语：数据库设计师又称DBA，是项目组中唯一能对数据库进行直接操作的人。对项目中与数据库相关的所有重要事情做最终决定的人。

10.5.6 岗位：软件设计师（模块）

软件设计师的主要职责包括：

（1）根据《系统概要设计说明书》编写分模块的《系统详细说明书》。

（2）负责对软件工程师讲解《系统详细设计说明书》内容。

（3）协助软件工程师按《系统详细设计说明书》进行代码实现。

（4）控制本模块的开发进度。

结语：软件设计师又称模块设计师，协助系统分析师对分模块进行详细设计，并直接管控该模块的进度，对于本模块中所有重要的事做最终决定的人。

10.5.7 岗位：软件工程师

软件工程师的主要职责包括：

（1）根据《系统详细设计说明书》进行代码实现。

（2）对自己代码进行复查，并进行简单的测试。

结语：软件工程师是最终实现代码的成员。

10.5.8 岗位：测试经理

测试经理的主要职责包括：

（1）独立编写测试计划。

（2）独立编写测试用例。

（3）协调测试团队内部的工作以及与开发团队之间的工作。

（4）完成"执行测试"的工作。

（5）掌握较深层次的测试方法、测试技术和较复杂的业务流程。

（6）负责测试过程工具的研究、推广与维护，负责测试数据库维护工作。

（7）负责编写"用户手册"、"操作手册"和相关培训教材。

（8）负责项目的质量审查。

结语：测试经理其实应该是整个项目中最关心项目质量的人，他的主要工作就是找到项目中存在的不合理、不合格的部分，并要求项目其他成员按其给定的项目质量完成项目。

10.5.9 岗位：测试工程师

测试工程师的主要职责包括：

（1）在测试经理的安排和指导下，编写测试用例。

（2）在测试经理的安排和指导下，完成"执行测试"的工作。

（3）在测试经理的指导下，按测试计划进行测试工作。

（4）按测试用例进行测试工作。

（5）负责被分派项目的质量审计。

（6）了解项目的基本流程，可以熟练的进行项目中各种流程的操作。

结语：测试工程师是项目质量的保证，是最终进行项目测试的成员。

10.5.10 岗位：实施经理

实施经理的主要职责包括：

（1）负责制定项目实施计划。

（2）在项目实施计划的约束下，协调项目组相关资源，完成系统实施相关工作（包括系统安装、用户培训、系统上线、系统试运行等）。

（3）在项目实施阶段，跟踪、检查实施人员的工作质量。

（4）负责协助用户进行“用户确认测试”和编写《确认测试报告》。

10.5.11 岗位：实施工程师

实施工程师的主要职责包括：

（1）在实施经理安排和指导下，执行项目用户现场实施任务。

（2）参与编写“用户手册”、“操作手册”和相关培训教材。

（3）参与进行“用户确认测试”和编写“确认测试报告”。

10.5.12 岗位：美术工程师

美术工程师的主要职责包括：

（1）负责完成软件设计师安排的功能界面设计。

（2）负责对项目整体色彩的调配。

（3）向系统分析师提出项目美化的建议。

（4）为BS项目提供一套或几套CSS样式表及HTML结构表。

（5）为CS项目提供符合项目内容的静态、动态图片。

（6）并为软件设计师提供界面指导。

10.5.13 岗位：客户经理

客户经理（当所开发的项目属于定制型的项目时设立，可由项目经理或部门经理兼任）的主要职责包括：

（1）策划并独立完成目标客户的拜访和沟通。

（2）定期分析、整理客户需求，制定有针对性的方案。

（3）进行重点客户的关系维护，了解并整理重点客户的需求，为开发更符合用户需求的产品提供富有价值的市场信息。

（4）参与产品定位的研讨，为产品策划献计献策。

10.5.14 岗位：产品经理

产品经理（当所开发的项目为产品型项目时设立，可由市场部成员兼任）的主要职责包括：

（1）对所负责的产品进行策划和管理。

（2）对所负责的产品进行市场调研和分析，及时提出应对措施。

（3）负责产品实现的内部管理，保证产品功能的顺利实现以及时满足市场需求。

（4）负责产品对外宣传与推广，开拓市场，提高产品品牌知名度和认可度。

（5）配合销售制订产品销售策略，支持市场销售业务。

思考题

1. 什么是信息系统工程项目成本控制，其任务、程序、要点和措施有哪些？
2. 什么是项目质量管理，项目质量管理程序有哪些？
3. 管理信息系统开发过程中主要哪些人员参与，包含哪些职能工作？
4. 项目开发中产品经理的职责是什么？
5. 信息系统质量的指标体系包括哪些内容？
6. 什么是风险管理计划、风险管理？

11 信息系统的监理、审计与评价

“信息化带动工业化”是我国长期的重要发展战略，我国信息化建设已经进入新的阶段，我国信息化事业已发展到一个新的阶段。各级政府正在积极推进“电子政务”，许多城市及企业也已着手整合与升级其信息化应用系统。可以预计，全国将有更多、更大的信息系统建设项目展开。但是，在信息化推进过程中，存在不同程度上的一些问题，主要表现在规划制订不够科学，项目管理不够严格，监理机制不够健全，系统运行效益不够明显。致使相当一部分信息化项目失败或未能实现预期目标，浪费了大量资源。究其根源主要原因之一是信息化建设第三方监管机制的缺失和标准的不健全。

国内外的实践表明：信息化是有风险的，信息系统规模越大，功能越复杂，风险也就越大。英国 Kalido 公司针对企业信息管理现状进行调查。调查显示，96%的企业对于本公司的信息管理系统感到不满。关于目前正在使用的信息系统，认为“所制作的报告缺乏一贯性”或者是“核对信息花费了太多时间”的企业约占70%。特别引人深思的是该调查是由美国 Harte-Hanks 以全球500强企业以及财富1000企业中的171家公司为对象通过问卷方式实施的。调查对象中，40%以上的企业年交易额超过20亿美元。其他主要调查结果如下：回答目前的信息系统不能灵活因应变化的企业约占60%；对于数据的精度表示担心的企业约占60%；60%以上的企业正在策划有关数据及信息的整合计划。这充分说明，信息系统的建设项目较之传统工业工程项目成功率更低，风险也更加突出。

11.1 信息系统监理的作用、依据

依据信息产业部《信息系统工程监理暂行规定》，信息系统工程监理是指依法设立且具备相应资质的信息系统工程监理单位，受业主单位委托，依据国家有关法律法规、技术标准和信息系统工程监理合同，对信息系统工程项目实施的监督管理。

信息产业部相继发布了《信息系统工程监理暂行规定》、《信息系统工程监理单位资质管理办法》和《信息系统工程监理工程师资格管理办法》（以下简称《暂行规定》、《资质管理办法》和《资格管理办法》）。该《暂行规定》、《资质管理办法》和《资格管理办法》是信息产业部按照职责分工，根据国务院颁布的《质量振兴纲要》和国务院关于加强质量工作的政策、规定，以及国务院关于加强信息化工程及电子政务工程建设管理的相关规定和要求，在进一步完善计算机信息系统集成资质管理体系的基础上，建立的一项保证信息系统工程建设质量的监理制度。

信息产业部在制定《暂行规定》、《资质管理办法》和《资格管理办法》过程中，对信息系统工程建设中的业主单位、承建单位和开展监理业务的有关单位进行了充分的调研，认真分析了信息系统工程的特点，充分考虑了我国信息系统工程建设的实际情况，借鉴了在工程中实施项目管理的有关知识和信息产业部已经成功实施的计算机信息系统集成

资质管理的模式，并参考了国外开展此项工作的许多经验。因此，该《暂行规定》、《资质管理办法》和《资格管理办法》的发布实施必将为确保各类信息系统工程建设的质量，为进一步推进我国国民经济和社会信息化工作起到积极的作用。

11.1.1 信息系统建设的风险

在全面推进国民经济和社会信息化进程中，用信息化改造传统产业，大力实施信息系统工程是努力实现我国经济跨越式发展的重要环节。我国加入世界贸易组织后，面临新的机遇与挑战，信息化对提升国家竞争力的作用日益显现，为保持一定的竞争能力，信息系统工程建设市场发展迅猛，信息化建设的投入进一步加大。

目前，我国信息系统工程项目建设风险较大，建设市场还需要进一步规范。为了减少信息系统工程建设的风险，规范信息系统工程建设市场，保证业主和承建单位双方利益，对信息系统工程建设进行有组织、规范化的监理就显得更加迫切和重要。国家重点的信息系统工程尤其是重点的电子政务工程更是需要有相应资质的监理单位实施监理，这样才能保证信息系统工程投资的质量和效益。

由于信息系统工程建设具有投资大、周期长、高风险的特点，科技含量高，涉及的领域宽广；而在信息系统工程建设中，很多单位在实施信息化项目的过程中，由于平时的主要工作方向所限，信息化人才较少，而承建方在信息化市场中有着多年的经验积累，这就使得项目业主方和承建方在信息系统工程建设中存在严重的信息不对称，项目业主很难经由自身所有的信息化工作部门和人员保证工程的有效性、安全性和可靠性，而依靠承建方的工作流程来保证工程质量是有很大的风险的，信息化建设经常性地出现系统质量不能满足应用需求，进度出现延期，资金使用不合理或超预算，建设过程出现扯皮、推诿现象、系统有安全漏洞或隐患，项目文档不全导致验收和审计难以顺利通过，建设完毕后项目难以移交使用单位等问题。

因此，为了减少信息系统工程建设的风险，规范信息系统工程建设市场，保证业主和承建单位双方利益，对信息系统工程建设进行有组织、规范化的监理就显得更加迫切和重要。重点的信息系统工程需要有相应资质的监理单位实施监理，这样能显著提高信息系统工程的质量和效益。因此，在信息系统工程建设中实施监理制度是极为必要的，这也是提高信息系统工程建设项目的投资效率、工程质量、技术性能的可靠保证。

咨询和监理有助于降低风险，具体如下：

(1) 信息系统工程监理可以帮助业主单位更合理地保证工程的质量、进度、投资，并合理、客观地处理好这些要素之间的关系。在项目建设全过程中，监理单位熟悉国家有关法律和项目相关技术标准，可以帮助或代表业主监督工程实施，对信息系统建设的过程进行控制，以保障工程质量。在确保质量、安全和有效性的前提下，合理的安排进度和投资，保障项目目标清晰，分项分步明确，同时也能节约项目资金。

因此监理单位是帮助业主单位对工程有关方面控制的再控制，是对承建单位项目控制过程的监督管理。

(2) 监理可以协调业主单位和建设单位之间的关系，协调不同分包之间建设单位的关系，确保各方沟通的顺畅有效。在信息系统工程建设中，很多时候业主单位和承建单位之间、各个分包的承建单位之间有许多问题存争议，各方都希望由第三方在工程的立项、设计、实施、验收、维护等各个阶段的效果都给予公正、恰当、权威的评价，这就需要监理单位通过专业的技术评审和组织机制来协调争议，保障工作顺利进行。

（3）信息系统工程监理的作用最终将体现在项目验收和移交时的齐备文档。通过执行信息工程监理的国家标准，将使项目文档齐备，资料完整，就能够很顺利的完成试运行阶段，通过项目验收和审计，达到业主单位的应用需求，使项目顺利移交，进入使用阶段。

11.1.2 信息系统监理的现状

目前信息系统工程的现状类似于20世纪80年代以前建筑工程的状态。自1988年建设部颁布《关于开展建设监理工作的通知》以后，特别是1996年建设监理全面推行后，建筑工程的质量普遍提高，业主和承建商之间的纠纷普遍减少，凡是出问题的工程，监理也有问题。因此，要求参考建筑工程的管理办法对信息工程实施监理的呼声日益高涨，这既是信息工程用户（业主）的愿望，也是系统集成商的愿望，信息工程市场呼唤“第三方”——信息系统工程监理的出现。

早在1995年，原电子工业部就出台了《电子工程建设监理规定（试行）》。1996年，深圳市成立了全国第一家信息工程质量监督机构——信息工程质量监督检验总站。1998年，西安协同软件股份有限公司经西安技术监督局和西安市科委批准，获得“计算机管理信息系统工程监理”资质认证，成为国内第一家获此资格的公司。1999年6月，深圳市政府在国内率先出台了包括实施信息工程监理条款在内的《深圳市信息工程管理办法》，并要求首届我国国际高新技术成果交易会信息网络工程实施监理。2000年7月，深圳市信息化建设委员会办公室制订了《深圳市信息工程建设管理办法实施意见》，要求“市、区、镇人民政府及其所属部门使用财政性资金（包括预算内资金、预算外资金、事业收入等），投资规模在100万元以上的信息工程建设项目必须遵照本实施意见进行立项、招投标、监理、质量监督、验收”。2002年7月，北京市信息化工作办公室制定了《北京市信息系统工程监理管理办法（试行）》，要求“本市推行信息系统工程监理制度，建设单位应当通过协议或者招标的方式优先选择具有相应资质等级的信息系统工程监理单位承担监理业务。各级财政全部补助或者部分补助以及为社会提供公共服务的重大信息化工程项目必须通过招标的方式选择信息系统工程监理单位，实行强制监理。”2002年11月，国家质量监督检验检疫总局公布《设备监理单位资格管理办法》，在该管理办法的21类设备工程专业中，涉及信息工程的共有三类，即信息网络系统、信息资源开发系统和信息应用系统。最近，在国家信息办和国家标准管理委员会直接领导下，信息化系统监理规范化项目正在加紧制定中，并且是作为电子政务标准化项目的一个子项目而提出的。预计在今年年底，监理规范就要完成，经过试用和修改后，将上升为国家标准。2002年12月，信息产业部在广泛征求意见和开展试点工作的基础上，正式颁布《信息系统工程监理暂行规定》，这标志着我国信息工程监理开始迈向科学化、专业化和规范化，也预示着在我国即将出现一个新的中介服务行业，将很快涌现一批监理机构和执业人员，从此信息系统工程监理工程师也将逐步成为国民经济和社会信息化的“警察”。

但我国的信息系统工程监理目前仅仅是处在起步阶段，事实上根据对国内信息化应用程度较高的行业部门（如银行、证券、保险、气象、社保、旅游等）和部分大型企业（如华北制药、哈尔滨轴承集团、哈尔滨飞机制造企业、跃进汽车集团、中国石化等）30

个样本作为调查对象的调查结果显示，对于大多数企业来说，项目监理是个新概念。只有30%的被调查者表示在某些信息化项目中使用过监理服务。在70%未使用过项目监理的被调查者中，5%表示听说过，95%表示知道建筑工程有监理，但在IT信息化项目中引入监理还是第一次听说。

目前，我国还没有一套完善的IT项目监理制度，相应的监理法规、监理内容、收费标准等也都没有制定。特别是收费标准问题，大多数用户采用协商解决。以北京城域网项目的监理费为例，其采用了建筑行业的监理服务收费标准（2%～10%），支付的服务费占整个项目资金支出的2%。广大用户也反映，项目监理的标准如何才能做到公正、科学，项目监理的工作流程是否也应该规范，如何界定和权衡监理公司、用户、IT厂商三方利益？监理过程中出了问题，该怎么办，这一系列问题都需要不断探索。只有使监理更加规范化，才能更好地推进监理工作，才能使信息系统的建设更加顺利。事实上，与建筑等其他发展很成熟的行业的监理相比，对IT项目的监理要难得多。并且由于信息技术是一个新兴技术，它本身还在不断发展和完善，因此，即使制定出的监理的内容和标准也不能僵化，需要不断地变更和完善。

11.1.3　信息系统监理的依据

信息系统工程监理的工作开展是有着严格依据的，首先就是国家出台的相关规定，具体如下：

（1）2002年，信息产业部发布《信息系统工程监理暂行规定》，2003年信产部又颁布了《信息系统工程监理单位资质管理办法》和《信息系统工程监理工程师资格管理办法》，这些办法确定了信息系统工程监理管理体系的框架。

（2）2005年到2007年国家质检总局和标准委接连颁布了《信息化工程监理规范》，包括总则、通用布缆、机房工程、网络工程、软件工程和信息安全六部分，建立了信息系统工程监理的工作标准。

（3）2007年国家发改委通过55号令颁布《国家电子政务工程建设项目管理暂行办法》，要求电子政务项目实行工程监理制。项目建设单位应按照信息系统工程监理的有关规定，委托具有信息系统工程相应监理资质的工程监理单位，对项目建设进行工程监理。

（4）项目招投标文件和项目参建各方的合同约定。

（5）国务院颁发的《质量振兴纲要》。

（6）现行国家、各省、市、自治区的有关法律、法规、规定。

（7）国际、国内IT行业质量标准规范。

（8）建设单位和承建单位的合同。

11.2　信息系统监理的主要内容

11.2.1　监理的程序和计划

11.2.1.1　项目监理的规划

监理规划的编制应针对项目的实际情况，明确项目监理机构的工作目标，确定具体的监理工作制度、程序、方法和措施，并应具有可操作性。

监理规划编制的程序与依据应符合下列规定：

（1）监理规划应在签订委托监理合同及收到设计文件后开始编制，完成后必须经监理单位技术负责人审核批准，并应在召开第一次工作会议前报送建设单位。

（2）监理规划应由总监理工程师主持、专业监理工程师参加编制。

编制监理规划应依据：

（1）信息系统工程的相关法律、法规及项目审批文件；

（2）与信息系统工程项目有关的标准、设计文件、技术资料；

（3）监理大纲、委托监理合同文件以及与信息系统工程项目相关的合同文件。

监理规划应包括以下主要内容：

（1）工程项目概况；

（2）监理工作范围；

（3）监理工作内容；

（4）监理工作目标；

（5）监理工作依据；

（6）项目监理机构的组织形式；

（7）项目监理机构的人员配备计划；

（8）项目监理机构的人员岗位职责；

（9）监理工作程序；

（10）监理工作方法及措施、制度。

在监理工作实施过程中，如实际情况或条件发生重大变化而需要调整监理规划时，应由总监理工程师组织专业监理工程师研究修改，按原报审程序经过批准后报建设单位。

11.2.1.2 监理实施细则

对中型及以上或专业性较强的工程项目，项目监理机构应编制监理实施细则。监理实施细则应符合监理规划的要求，并应结合工程项目的专业特点，做到详细具体、具有可操作性。

监理实施细则的编制程序与依据应符合下列规定：监理实施细则应在相应工程实施开始前编制完成，并必须经总监理工程师批准，监理实施细则应由专业监理工程师编制。

监理实施细则应包括下列主要内容：

（1）专业工程的特点；

（2）监理工作的流程；

（3）监理工作的控制要点及目标值；

（4）监理工作的方法及措施。

在监理工作实施过程中，监理实施细则应根据实际情况进行补充、修改和完善。

11.2.2 设计阶段监理工作

设计阶段监理工作内容包括：项目建议书监理工作、可行性研究监理工作、设计方案监理工作。

设计阶段监理工作程序应根据专业特点、项目特点、工作内容进行制定，制定监理工作程序应符合委托监理合同和施工合同的规定，要体现事前控制和主动控制的要求，并在监理工作实施中，根据实际情况的变化对监理工作程序进行调整和完善。

（1）监理工程师实施设计阶段的进度控制应重点做好以下工作：

1）确定合理的设计工期目标；

2）按照合同要求及时、准确、完整地提供设计所需的基础资料和数据；

3）审查设计单位的设计进度计划，并监督执行；

4）协调设计单位和外部有关部门，保障设计工作顺利进行；

5）加强设计变更的管理。

（2）监理工程师实施设计阶段的质量控制应重点做好以下工作：

1）论证总体质量目标，确定设计质量标准；

2）协助业主优选设计单位。采用招标方式时协助业主编制设计招标文件，起草设计合同，协助业主组织设计招标，参加合同谈判，为业主选择符合质量控制要求的设计单位；

3）督促设计单位建立和完善质量保证体系；

4）对设计单位所依据的设计资料和数据进行认真审查；

5）对设计实行全过程跟踪，进行设计工序控制，实施设计质量的跟踪检查；

6）组织设计方案的评定和设计文件的验收。

（3）监理工程师实施设计阶段的投资控制应重点做好以下工作：

1）审查设计概算的编制依据；

2）审核工作量；

3）审核定额的套用；

4）审核各种收费项目；

5）对设计概算与国内外同类工程进行分析对比；

6）对概算中的问题分析原因，进行修正和调整。

（4）设计方案监理工作内容包括：

1）根据项目建设要求和有关批文、资料，编制设计大纲，组织设计招标，协助业主选择设计单位，签订设计合同；

2）审查设计方案；

3）组织设计方案评审；

4）组织设计文件的报批、验收、分发、保管、使用和建档工作；

5）对设计工作进行协调和控制。

（5）监理工程师协助（或代理）业主做好招标工作，主要内容包括：

1）编制招标文件；

2）投标单位资格审查；

3）组织开标；

4）组织评标和定标；

5）签订设计合同。

（6）设计标书的评审内容包括：

1）设计方案的优劣，投入、产出经济效益比较；

2）设计进度，报价的合理性；

3）设计资历和信誉。

（7）监理工程师做好设计方案的审查工作，审查内容包括：系统分析的审查，系统目标的审查，系统设计的审查，实施计划的审查。

1）系统分析审查内容包括：用户系统的现状和分析，用户的需求分析。

2）系统目标审查内容包括：信息系统的定位和识别，总体目标，分类目标，阶段目标等。

3）系统设计审查内容包括：设计依据，设计原则，体系设计，模型设计，结构设计，功能设计，配置设计，分子系统设计等。

4）实施计划审查内容包括：任务分解，项目的进度计划，资金计划，设备清单，项目管理组织及职能等。

设计方案的设计深度审查包括：是否进行多方案比较，择优推荐；主要设计原则是否符合可行性研究报告要求；需求分析是否全面，是否符合业主要求；设计目标和设计方案的主要内容是否符合可行性研究报告和业主的要求；单项工程是否齐全，有无遗漏；主要设备和材料明细表是否符合订货要求；总概算是否控制在可行性研究报告投资估算之内；施工进度是否确有可能实现，各种外部因素是否考虑周全；投资总概算是否合理，年度安排是否妥当，设备投资是否节约；项目组织机构是否完备，各部门职能是否准确清晰，各部门任职人员是否具有资格，审批制度是否明确，运行机制是否有效。

11.2.3 施工阶段监理工作

11.2.3.1 施工准备的监理工作

在施工之前，总监理工程师应组织监理人员熟悉设计文件，如发现问题应及时向设计单位提出书面意见和建议。

项目监理人员应参加由业主（建设单位）组织的设计技术交流会，总监理工程师应对设计技术交流会纪要进行签认。

项目开工前，总监理工程师应组织专业监理工程师审查承包单位报送的施工组织报审表，提出审查意见，并经总监理工程师审核、签认后报建设单位。

项目开工前，总监理工程师应审查承包单位施工部门的质量管理体系、技术管理体系和质量保证体系。对报送的施工组织报审表，提出审查意见，并经总监理工程师审核、签认后报建设单位。对质量管理体系、技术管理体系和质量保证体系应审核以下内容：

（1）质量管理、技术管理和质量保证的组织机构；

（2）质量管理、技术管理制度；

（3）专职管理人员的资格。

分包工程开始前，专业监理工程师应审查承包单位报送的分包单位有关资质资料，符合有关规定后，由总监理工程师予以签认。

工程开工前，监理人员应参加由业主（建设单位）主持召开的第一次施工现场会议。会议内容应包括：

（1）业主（建设单位）、监理单位和承包单位分别介绍各自驻施工现场的组织机构、人员及其分工；

（2）业主（建设单位）根据委托监理合同宣布对总监理工程师的授权；

（3）建设单位介绍工程开工准备情况；

（4）承包单位介绍施工准备情况；

（5）建设单位和总监理工程师对施工准备情况提出意见和要求；

（6）总监理工程师介绍监理规划的主要内容；

（7）研究确定各方在施工过程中参加施工现场例会的主要人员，召开例会周期、地点及主要议题；

（8）第一次施工现场例会应由项目监理机构起草，并经与会各方代表会签。

11.2.3.2 工程进度控制监理工作

（1）在施工阶段，监理工程师进度控制的职责如下：

1）结合工程具体情况，制定工程的实施细则；

2）控制工程总进度，审核施工单位提供的施工进度计划；

3）向施工单位及时提供有关技术资料；

4）监督施工单位执行进度计划，并根据主要控制目标做好进度控制；

5）根据施工单位完成进度情况，签署月进度支付凭证；

6）督促施工单位做好设备等物资的供应工作；

7）组织召开进度协调会议，解决进度控制中的重大问题，签发会议纪要；

8）做好各种施工进度记录、监理记录，定期向业主提供工程进度报告；

9）组织阶段验收。

（2）在施工阶段，监理员进度控制的职责如下：

1）监督、检查分管工作的进度执行情况；

2）一旦发现现场出现问题，及时向施工单位提出建议，并向现场监理工程师报告；

3）坚持记监理日记；

4）审查月进度报表；

5）审查施工单位提出的施工更改措施；

6）作好施工总进度的平衡。

（3）在施工阶段，监理工程师进度控制的主要权限如下：

1）施工活动的全面控制权，保证工程建设按合同规定的日期开工与竣工。为此，施工单位必须尽快向监理工程师提交施工进度计划，经审查、修改、批准后根据监理工程师下达的开工令进行施工；

2）施工组织设计的审定权；

3）设计变更的签字权；

4）工程付款的签字权；

5）下达停工令和复工令；

6）合同条款的解释权和管理权；

7）索赔费用的核定权；

8）协调工作权；

9）验收签字权。

（4）进度控制的事先控制阶段具体内容如下：

1）编制施工阶段进度控制工作细则；

2）编制或审核施工总进度计划；

3）审核施工单位提交的施工进度计划；

4）审核施工单位提交的施工方案；

5）督促和协调各方作好施工准备工作。

（5）进度控制的事中控制阶段具体内容如下：

1）协助施工单位实施进度计划，了解进度实施内容；

2）检查、审核施工单位提交的进度分析资料和进度控制报表；

3）进行进度检查；

4）记好工程进度日记；

5）进行施工进度分析；

6）对工程进行动态控制；

7）为工程进度款的支付签署认证意见；

8）组织现场协调会；

9）处理工程延误事件；

10）定期向总监理工程师和业主报告工程进度情况。

11.2.3.3　工程质量控制监理工作

（1）在施工过程中，监理工程师的职责主要如下：

1）在施工过程中，当承包单位对已批准的施工组织进行调整、补充或变动时，应经专业监理工程师审查，并应由总监理工程师签认。

2）专业监理工程师应要求承包单位报送重点部位、关键工序的技术路线和质量保证措施，审核同意后予以签认。

3）当承包单位采用新技术、新设备时，专业监理工程师应要求承包单位报送相应的材料，组织专题论证，经审定后予以签认。

4）专业监理工程师应对承包单位报送的设备、材料的质量证明资料进行审核或检查。

5）总监理工程师应安排监理人员对施工过程进行巡视和检查。

6）专业监理工程师应对承包单位报送的分项工程的质量验评资料进行审核，符合要求后予以签认；总监理工程师应组织监理人员对承包单位报送的分项工程的质量验评资料进行审核和检查，符合要求后予以签认。

7）对施工中出现的质量缺陷，专业监理工程师应及时下达监理工程师通知，要求承包单位整改，并检查整改结果。

8）监理人员发现施工中存在重大质量隐患，可能造成质量事故或已造成质量事故时，应通知总监理工程师及时下达停工令，要求承包单位停工整改。整改完毕经监理人员复查符合要求后，总监理工程师应及时签署工程复工报审表和复工令。总监理工程师签署停工令和复工令，宜事先向业主报告。

9）对重要质量事故，总监理工程师应责令承包单位报送质量事故调查报告及处理意见。调查报告和处理意见应报业主认可；总监理工程师应及时向业主及本监理单位提交质量事故的书面报告，并应将完整的质量事故处理记录归档。

（2）质量的事先控制应包括如下内容：

1）掌握和熟悉质量控制的依据；

2）审查分包单位的资质；

3）审查施工单位提交的施工组织设计或施工方案；

4）协助承包单位完善质量管理制度；

5）组织设计交底和设计文件会审；

6）开工的控制。

（3）质量的事中控制应包括如下内容：

1）协助承包单位建立和完善工序控制体系，把影响质量的工序都纳入管理状态；

2）工序交接检验；

3）工程变更处理；

4）工程质量事故处理；行使质量监督权，下达停工令；

5）组织现场质量协调会；

6）记好质量监理日记；

7）定期或不定期向总监理工程师和业主报告有关质量动态情况；

8）对完成的分项工程进行验收检查。

（4）安全保密控制应包括如下内容：

1）制定安全和保密的监理程序，并报业主认可、总监理工程师签认；

2）审查施工单位承担信息安全项目的资质；

3）协助业主和承包单位签订安全保密协议；

4）督促承包单位落实安全保密组织管理体系；

5）审查和签署有关安全保密的工程文件；

6）审核承包单位提交的施工中的安全保密措施；

7）审核施工单位提交的关于工序交接的安全保密报告；

8）实施现场安全保密检查和监督，对安全保密情况进行追踪监督，做好有关安全保密记录；

9）调查和处理安全保密事故；

10）当安全保密状态得不到保证时，监理工程师可下达暂时停工令。

11.2.3.4　工程投资控制监理工作

（1）监理工程师对施工阶段投资的事前控制包括以下内容：

1）审查承包单位编制的资金使用计划；

2）审查承包单位报送的施工组织设计、施工技术方案和施工进度计划；

3）对工程风险进行预测和分析，制定防范措施，减少对业主索赔的发生；

4）督促和协助业主履行合同义务，减少向业主的索赔发生。

（2）监理工程师对施工阶段投资的事中控制包括以下内容：

1）做好工程协调工作，有效控制投资目标；

2）及时发出指令，避免延误工作造成投资的加大；

3）严格控制施工过程中的设计变更；

4）严格执行费用签证；

5）及时对已完工程进行验收，并向对方支付进度款；

6）监督施工单位执行合同情况，使其全面履约；

7）及时对工程费用进行分析，发现偏差及时纠正；

8）定期向总监理工程师和业主报告工程费用支出情况。

11.2.4 验收评估阶段监理工作

11.2.4.1 验收监理工作

（1）工程竣工验收、交付使用应达到下列标准：

1）已按设计要求完成硬件、软件、网络、应用等各项工程建设内容；

2）各项硬件设备安装配套，调试达到正常工作状态，并按要求实现联动；

3）各项软件功能、性能经测试达到设计要求，并按要求实现联动；

4）完成用户化工作，经试运行能满足用户使用要求；

5）完成用户技术培训；

6）技术文档齐全。

（2）竣工验收的主要依据包括：

1）上级主管部门的有关工程竣工的文件和规定；

2）工程设计和施工文件；

3）招投标文件和工程合同；

4）有关技术验收标准和规范；

5）工程统计资料。

（3）监理工程师应做好以下验收准备工作：

1）监督合同各方做好竣工准备工作，按规定准备技术资料，要求数据准确、种类齐全、文字精练；

2）审查施工单位提交的测试大纲，督促施工单位做好竣工前测试和预验工作；

3）审查设计、施工单位提交的测试报告、初验报告和正式验收申请报告；

4）组织验收班子亲临现场进行测试复查和初验，对发现的问题及时以书面形式通知施工单位返工修改。

（4）监理工程师应按照以下程序组织业主、设计单位、施工单位、质检部门等单位进行正式验收：

1）组织各方对竣工工程进行目测检查。

2）检查工程技术文档种类是否完整、齐备；逐一审查工程资料所列的内容是否完整、齐备。

3）举行现场验收会议，验收会议内容包括：设计单位、施工单位报告工程设计、施工情况，自检情况，竣工情况，出示竣工资料；监理工程师报告监理各种情况，测试情况，初验情况，发表竣工验收意见；业主就工程中的问题对设计、施工单位提出限期处理的意见；由质检部门会同业主、监理工程师讨论正式验收是否合格（讨论时其他代表可以休会）；由监理工程师宣布验收结果，质检人员宣布工程质量等级。

4）办理竣工验收签证书。

（5）监理工程师在竣工验收之前应对设计、施工单位提交的工程技术文档进行审核，这些技术文档应包括：

1）工程项目开工报告；

2）工程项目竣工报告；

3）设计方案和其他设计文件；

4）设计变更通知单；

5）技术变更核实单；

6）施工组织设计；

7）软硬件设备、材料质量合格证明资料；

8）测试大纲、测试记录和测试报告；

9）施工日记；

10）竣工资料、竣工图和各种竣工资料、质量评定材料、竣工验收资料。

（6）验收工作质量控制包括：

1）软硬件设备、材料质量合格证明资料应真实可靠，不得擅自修改、伪造和事后补做；

2）测试、检验必须根据有关规范和规定进行，不得擅自修改、减少测试大纲和测试项目，不得擅自修改、伪造和事后补做测试记录；

3）竣工资料、竣工图和各种竣工资料必须与竣工实际情况相符；

4）竣工资料、竣工图和各种竣工资料须保证绘制质量，做到规格统一，字迹清楚，符合技术档案的各种要求；

5）竣工资料、竣工图和各种竣工资料必须经过设计、施工单位主要技术负责人审核、签认。

项目竣工决算由监理工程师汇总编制，施工单位配合提供所需资料，竣工决算的内容要完整，数据要准确，竣工决算应在规定时间内编制完成。

（7）竣工决算质量控制包括：

1）根据设计概算和年度计划，审查有无计划外工程；

2）设计变更有无设计部门的变更通知；

3）工程增加和减少有无建设单位和施工单位双方签订的手续；

4）根据财务制度审查各项支出是否符合规定，有无扩大开支范围和铺张浪费等违反财经纪律的情况；

5）报废工程是否经过有权机关批准；

6）建设拨款和结余资金是否真实准确；

7）审查和分析投资效果；

8）审查文字说明是否符合实际，有无虚报情况。

11.2.4.2　工程评估的监理工作

工程评估包括目标评估、过程评估、效益评估、安全评估和可持续评估，监理工程师进行项目评估时应按下列程序进行：

（1）明确项目评估的具体对象、评估目的及具体要求。

（2）组建评估领导小组，制定项目评估工作计划。

（3）组建评估工作小组，根据评估工作计划制定详细调查提纲，进行调查，收集评估所需资料。

（4）评估小组采用定量或定性分析方法，针对问题进行分析研究。

（5）评估小组将分析研究材料汇总，编制出评估报告。

（6）向业主报告评估结果。

11.2.5 信息系统监理的主要内容

信息化工程监理规范（以下简称规范）技术参考模型由五部分组成，即监理支撑要素、监理阶段、监理内容、监理对象和信息安全。这五部分的相互关系如图11-1所示。

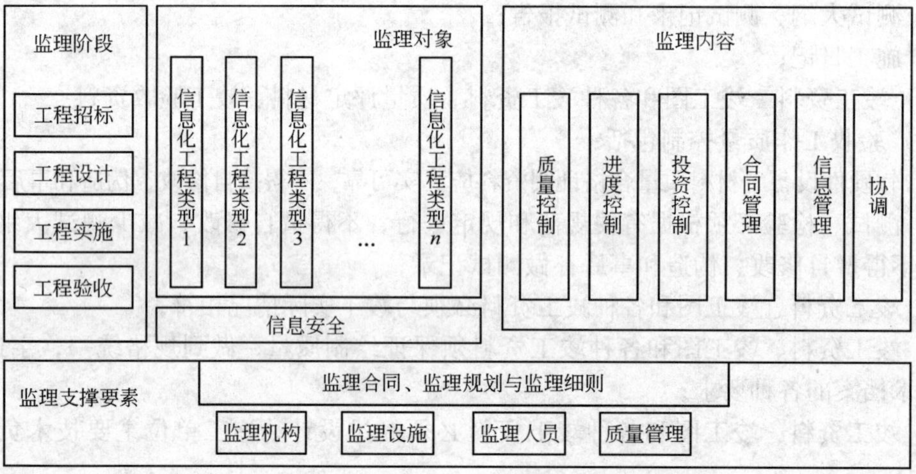

图11-1 信息化工程监理规范技术参考模型

参考模型表明，信息化工程的监理工作建立在监理支撑要素的基础上，在监理工作的各阶段结合各项监理内容，具体内容如表11-1所示，对监理对象进行监督和理顺，以保证信息化工程的建设达到预期的目标。

表11-1 咨询、监理服务内容

编号	系统名称	服务内容
1	系统总体	进行需求调研、制定总体信息化标准； 规划总体信息化建设； 优化技术方案、对工程和设备价格把关； 确保系统的先进性
2	系统和设备招标	编制招标文件； 在技术上把关
3	系统合同制定	在技术、价格上把关； 在合同条款上为甲方服务
4	设备和软件采购	确保设备和软件与合同有关条款一致、保证产品质量
5	工程施工和软件开发	建立监督和管理机制，确保工程质量和进度； 随时帮助甲方解决其中存在的重大技术和协调配合问题
6	系统调试运行	提供网络系统调试运行考核程序和指标； 提供关于软件系统的考核指标； 参与调试运行工作，提出运行考核报告

续表 11-1

编号	系统名称	服务内容
7	系统竣工验收	提供验收规范和标准； 编制施工验收条件、施工验收程序，把好工程质量关； 确保所建系统达到设计要求
8	系统相关工作	做好甲方委托的与系统相关的其他工作
9	其他工作	在公司的技术能力范围内，协助甲方做好相关工作

信息系统监理的主要业务范围有信息网络系统、信息资源系统、信息应用系统的新建、升级、改造工程。根据国内信息系统监理的实践，其涵盖计算机工程、网络工程、通信工程、结构化布线工程、智能大厦工程、软件工程、系统集成工程以及有关计算机和信息化建设的工程及项目。主干网、网站建设、系统集成建设等监理服务的内容具体如表 11-2 ~ 表 11-4 所示。其业务内容具体如下：

（1）帮助建设单位做好项目需求分析，协助建设单位选择合适的承建单位。

（2）审定承建单位的开工报告、系统实施方案、施工进度计划。

（3）对项目实施的各个阶段进行有效的监督和控制，帮助建设单位控制工程进度、投资和质量。

（4）审查和处理工程变更。

（5）参与工程质量和其他事故调查。

（6）调解建设单位与承包单位的合同争议，处理索赔、审批工程延期。

（7）组织进行竣工验收测试。

（8）组织建设单位和承建单位完成工程移交。

表 11-2 主干网部分监理内容

部分	阶段	质量控制要点	质量控制手段	验收方式
网络	网络详细设计	网络详细设计方案、具体实施进度	确认方案与进度的合理性	详细设计方案签字
	运输包装检查	包装是否符合规格，是否破损	现场检查、旁站	异常报告
	到货清点	货物数量和类型应与合同相符、在运输过程中外观无损坏，资料齐全、产品序列号	现场检查、旁站	设备清点验收报告
	初验	设备加电、软件详细点验	现场检查	初验报告
	集成	关键设备配置、整体网络功能、实施进度	随工检查、抽查	监理报告 设备分配清单、安装配置说明
	网络验收	是否完成设计及合同规定的功能	观察	验收测试报告

表 11-3 网站建设监理内容

部分	阶段	质量控制要点	质量控制手段	验收方式
网站	需求分析	内容，格式，数据源	调研	需求文档
	结构设计	数据流分析	讨论	结构图

续表 11-3

部分	阶段	质量控制要点	质量控制手段	验收方式
网站	静态内容分析	静态数据	讨论	文档
	动态内容分析	动态数据	讨论	文档
	页面风格设计	美观，甲方满意	讨论	页面模版
	静态页面开发	甲方满意	页面开发工具	静态页面
	动态页面开发	甲方满意	页面开发工具	动态页面
	网站静态页面测试	响应时间	网站测试工具	验收测试报告
	网站动态页面测试	响应时间	网站测试工具	验收测试报告
	网站性能测试	响应时间	系统性能分析工具	验收测试报告
	网站维护测试	数据录入，改版	测试	验收测试报告，用户手册

表 11-4 系统建设监理简要说明

阶段	质量控制的要点	质量控制的手段	验收方式
需求分析	调研提纲，包括：调研的对象、内容、程序和时间； 需求分析报告，包括：业务流程图、数据流程图、软件规格说明书和初步用户手册； 软件规格说明书包括系统目标、软件功能描述、软件性能及软件安全需求说明、软件规则描述和关键数据项的编码标准	甲方确认； 技术评审	甲方签字； 评审意见
系统设计	系统详细设计报告，包括：数据字典； 功能模块划分； 功能模块说明； 模块接口说明； 与现行系统接口说明； 界面设计； 编程规范； 测试标准	技术评审	评审意见
程序编写	编程的时间控制； 编程计划	进度报告； 技术评审	监理意见； 评审意见
系统测试	培训安排、培训教材、培训考核； 测试模型； 测试用例	技术评审	评审意见
系统试运行	修改出现的问题	汇总问题清单	程序修改确认
系统验收	竣工文件； 验收方案	参加验收工作	监理意见

11.2.6 信息系统监理的费用和收益

信息系统工程监理工作的收费标准目前还没有经国家物价局批准，但信息系统工程监理的工作难度显著高于建设工程监理的工作难度，聘用的人才要求也更加高，所以从这两个角度，可以合理地推论，信息系统工程的取费标准应该在同等规模的项目中高于建设工程监理的取费标准。

可以将信息系统工程中的监理工作难度加以区分，难度依次分为软件工程监理、方案设计监理、软件安装调试监理、工程实施监理、设备采购和安装监理，应采取以不同的比率收费，见表11-5。

表11-5 信息系统监理收取费率

工程类型	收费标准
软件工程监理	5%～8%
方案设计监理	参照建设部的设计监理标准×2
软件安装调试监理	参照建设部的设计监理标准×2
工程实施监理	参照建设部的设计监理标准×1.5
设备采购和安装监理	参照建设部的设计监理标准×1.3

如小型工程（合同金额小于等于30万元的项目）、业主单位有特殊要求的工程等，按人·月取费，见表11-6。

表11-6 信息系统监理按人·月收取费率 （元/(人·月)）

岗位＼范围	软件工程	方案设计	软件安装调试	工程实施
高级监理工程师	24000～28000	24000～28000	18000～22000	18000～22000
监理工程师	22000～26000	22000～26000	16000～20000	16000～20000
高级监理员	17000～21000	17000～21000	12000～16000	12000～16000
监理员	10000～14000	10000～14000	8000～12000	8000～12000

另外可以参考江苏省于2005年11月23日通过的信息系统工程监理的收费标准，见表11-7。

表11-7 江苏省信息系统工程监理收费标准

序号	工程概（预）算M/万元	信息系统工程监理费率a/%
1	$M \leqslant 200$	$a \geqslant 7$
2	$200 < M \leqslant 500$	$a \geqslant 5.5$
3	$500 < M \leqslant 1000$	$a \geqslant 4.4$
4	$1000 < M \leqslant 2000$	$a \geqslant 3.7$
5	$2000 < M \leqslant 5000$	$a \geqslant 3.0$
6	$5000 < M \leqslant 10000$	$a \geqslant 2.5$
7	$M > 10000$	$a \geqslant 2.0$

对于分阶段的信息系统工程监理项目，费率由业主与监理单位根据不同阶段的工作量，参照以上收费标准执行。

对于信息系统工程中软件开发比重大于20%的项目，软件工程监理费按软件经费8%～10%计算，其余部分按收费标准计算，合计数为总监理费。

有特殊要求的信息化工程项目，在收费标准基础上，由建设单位和监理单位酌情增加收费。

11.3 信息系统的审计

信息系统审计是全部审计过程的一部分，信息系统审计（IS audit）目前还没有固定通用的定义，美国信息系统审计的权威专家Ron Weber将它定义为“收集并评估证据以判断一个计算机系统（信息系统）是否有效做到保护资产、维护数据完整、完成组织目标，同时是最经济的使用资源”。

信息系统审计的目的是评估并提供反馈、保证及建议。其关注之处可被分为如下三类：

（1）可用性——商业高度依赖的信息系统能否在任何需要的时刻提供服务？信息系统是否被完好保护以应对各种的损失和灾难？

（2）保密性——系统保存的信息是否仅对需要这些信息的人员开放，而不对其他任何人开放？

（3）完整性——信息系统提供的信息是否始终保持正确、可信、及时？能否防止未授权的对系统数据和软件的修改？

信息系统审计业务将随着信息技术的发展而发展，为满足信息使用者不断变化的需要而增加新的服务内容，目前其基本业务如下：

（1）系统开发审计，包括开发过程的审计、开发方法的审计，为IT规划指导委员会及变革控制委员会提供咨询服务。

（2）主要数据中心、网络、通讯设施的结构审计，包括财务系统和非财务系统的应用审计。

（3）支持其他审计人员的工作，为财务审计人员与经营审计人员提供技术支持和培训。

（4）为组织提供增值服务，为管理信息系统人员提供技术、控制与安全指导；推动风险自评估程序的执行。

（5）软件及硬件供应商及外包服务商提供的方案、产品及服务质量是否与合同相符审计。

（6）灾难恢复和业务持续计划审计。

（7）对系统运营效能、投资回报率及应用开发测试审计。

（8）系统的安全审计。

（9）网站的信誉审计。

（10）全面控制审计等。

一个信息系统不等同于一台计算机。今天的信息系统是复杂的，由多个部分组成以做出商业解决方案。只有各个组成部分通过了评估，判定安全，才能保证整个信息系统的正常工作。对一个信息系统审计的主要组成部分分成以下几类：

（1）信息系统的管理、规划与组织——评价信息系统的管理、计划与组织方面的策略、政策、标准、程序和相关实务。

（2）信息系统技术基础设施与操作实务——评价组织在技术与操作基础设施的管理和实施方面的有效性及效率，以确保其充分支持组织的商业目标。

（3）资产的保护——对逻辑、环境与信息技术基础设施的安全性进行评价，确保其能支持组织保护信息资产的需要，防止信息资产在未经授权的情况下被使用、披露、修改、损坏或丢失。

（4）灾难恢复与业务持续计划——这些计划是在发生灾难时，能够使组织持续进行业务，对这种计划的建立和维护流程需要进行评价。

（5）应用系统开发、获得、实施与维护——对应用系统的开发、获得、实施与维护方面所采用的方法和流程进行评价，以确保其满足组织的业务目标。

（6）业务流程评价与风险管理——评估业务系统与处理流程，确保根据组织的业务目标对相应风险实施管理。

11.3.1 信息系统审计的由来与发展

信息系统审计（IS audit）目前还没有公认通用的定义，1985 年日本通产省情报处理开发协会信息系统审计委员会认为：信息系统审计是由独立于审计对象的信息系统审计师，站在客观的立场上，对以计算机为核心的信息系统进行综合的检查、评价，向有关人员提出问题与劝告，追求系统的有效利用和故障排除，使系统更加健全。国际信息系统审计领域的权威专家 Ron Weber 将它定义为“收集并评估证据以判断一个计算机系统（信息系统）是否有效做到保护资产、维护数据完整、完成组织目标，同时是最经济的使用资源”。这一定义既包括信息系统的外部审计的鉴证目标，即对被审计单位的信息系统保护资产安全及数据完整的鉴证，又包含内部审计的管理目标，即不仅包括被审计信息系统保护资产安全及数据完整而且包括信息系统的有效性目标。

在建立信息系统审计制度，开展信息系统审计研究方面，美国走在了前面。早在计算机进入实用阶段时，美国就开始提出系统审计（SYSTEM AUDIT）。1969 年在洛杉矶成立了电子数据处理审计师协会（EDPAA），1994 年该协会更名为信息系统审计与控制协会（INFORMATION SYSTEM AUDIT AND CONTROL ASSOCIATION）即 ISACA，总部设在美国芝加哥。该组织在世界上 100 多个国家设有 160 多个分会，现有会员两万多人，它是从事信息系统审计的专业人员唯一的国际性组织。在我国，信息系统审计才刚刚起步，经过几年的研究学习，目前还处在探索阶段。但是随着我国信息化程度的不断加深，信息系统审计的需求不断的扩展，信息系统审计也将逐渐成为一项重要的审计事项摆在审计工作者的面前。

我国的信息系统审计工作目前还处于探索阶段，还没有形成一套成形的专业规范，也没有形成一支能够全面开展信息系统审计业务的人才队伍。目前我国会计审计界所进行的一些计算机审计的探索和尝试以及开发的一些计算机审计软件还大都停留在对被审计单位的电子数据进行处理的阶段。无论是国际上大型的跨国公司还是国内一些规模较大的企业都在不断地扩大信息技术在其经营活动和会计领域应用范围，运用传统的会计审计知识已经不能对这样的客户进行风险评估、内控测试与评价，从而无法进行真正意义上的“风险基础模式”的审计业务，进而也影响到我国会计师行业审计业务的质量。这一现状使得我国的注册会计师行业在与国外大型会计公司的竞争中处于不利地位。

美国的政府计算机审计分为三个层次：计算机辅助审计技术（CAATS）、信息技术审计（IT审计）和网络审计。其信息技术审计与我们所说的信息系统审计较为类似。IT审计已经是美国政府计算机审计的重点，它是对载有与财务会计和财务管理有关的计算机系统进行审计。它不仅对财务会计和财务管理进行检查，而且还对记录与财务有关的系统和管理环境进行检查。

由于我们国家的信息系统审计工作尚未完全开展起来，一些计算机审计的探索与尝试还局限在电子数据的采集与处理领域，对信息系统的安全与控制的问题还没有充分的认识。从逻辑上讲，对系统的依赖是现代审计的基本策略，如果被审计对象全面采用计算机化的信息系统，而审计人员又没有对信息系统进行了解和审计，那么这种审计得出结论的可靠性就要受到质疑。整个审计行业，包括政府审计、注册会计师审计与内部审计在这方面所面临的问题日益严峻，已经危及到了审计行业的生存。“不搞计算机审计，我们就会失去审计的资格”已经逐渐成为审计业界的共识。

11.3.2 信息系统审计的基本内容

国际信息系统审计协会规定了信息系统审计的主要内容：

（1）信息系统审计程序。依据信息系统审计标准、准则和最佳实务等提供信息系统审计服务，以帮助组织确保其信息技术和运营系统得到保护并受控。

（2）IT治理（信息技术治理）。确保组织拥有适当的结构、政策、工作职责、运营管理机制和监督实务，以达到公司治理中对IT方面的要求。

（3）系统和基础建设生命周期管理。系统的开发、采购、测试、实施、维护和配置、使用，与基础框架，确保实现组织的目标。

（4）IT服务的交付与支持。IT服务管理实务可确保提供所要求的等级、类别的服务，来满足组织的目标。

（5）信息资产的保护。通过适当的安全体系（如安全政策、标准和控制），保证信息资产的机密性、完整性和有效性。

（6）灾难恢复和业务连续性计划。一旦连续的业务被中断或破坏，灾难恢复计划确保灾难对业务影响最小化的同时，及时恢复被中断的IT服务。

根据国外IS审计实践，IS审计有以下基本业务：

（1）信息系统的管理、规划与组织：评价信息系统的管理、计划与组织方面的策略、政策、标准、程序和相关实务。

（2）信息技术基础设施与操作实务：评价组织在技术与操作基础设施的管理和实施方面的有效性及效率，以确保其充分支持组织的商业目标。

（3）资产的保护：对逻辑、环境与信息技术基础设施的安全性进行评价，确保其能支持组织保护信息资产的需要，防止信息资产在未经授权的情况下被使用、披露、修改、损坏或丢失。

（4）灾难恢复与业务持续计划：这些计划是在发生灾难时，能够使组织持续进行业务，对这种计划的建立和维护流程需要进行评价。

（5）应用系统开发、获得、实施与维护：对应用系统的开发、获得、实施与维护方面所采用的方法和流程进行评价，以确保其满足组织的业务目标。

（6）业务流程评价与风险管理：评估业务系统与处理流程，确保根据组织的业务目标对相应风险实施管理。

在进行IS审计时，审计师通常根据两种方式对系统进行划分，一种方式是根据管理功能，保证信息系统的开发、维护、运行和维护以一种可控的方式进行，通常包括高层管理、信息系统管理、系统开发管理、程序管理、数据管理、质量保证管理、安全管理、运行管理等。第二种划分是根据应用功能划分，执行这些应用以达到信息可靠处理的目标。这种划分方式通常将大的应用系统逐层划分成子系统，然后针对子系统的输入、处理、输出、数据库等方面的数据完整性进行审计。

审计的实施主要包括以下几个环节：

（1）确定审计依据。信息系统审计师须了解规划、执行及完成审计工作的步骤与技术，并尽量遵守国际信息系统审计与控制协会的一般公认信息系统审计准则、控制目标和其他法律与规定。信息系统审计的依据主要包含：通用的信息系统审计准则和标准体系；控制目标；委托方的系统需求和业务规定；其他法律及规定。这些可以作为信息系统审计的总体纲要。

（2）审计准备。IS审计的准备主要包括收集背景信息，包括被审计方的组织结构，内部控制，系统流程等，估计完成审计需要的资源和技巧，以及合理进行人员分工等。确定审计范围时应该与被审计方和开发方举行一次正式的会议，需要领导的参与，确定审计范围和需要重点关注的内容，并制定日程，解释审计方法，保证审计工作的顺利实施。

（3）审计实施。根据标准和相关准则，选择具体的目标实施审计，描述由于没有获得每个目标可能导致的风险。审计的方法包括走查、现场审计等方法，在审计过程中，针对各个阶段进度方面出现的问题，提交以下报告：

1）针对项目中某一问题的专题分析报告，提出紧急改进方案或一般改进方案。

2）阶段性报告，在每一个里程碑结束后，提交阶段性审计报告。

3）综合审计报告。

（4）审计结束。在审计完成后，需要召开一次正式会议，向领导人交流审计结果，提出改进建议。这将确保高层领导对审计进一步的理解，增加审计建议的接纳程度，也提供给被审计者一个表达观点的机会。

11.3.3　计划阶段审计

计划阶段是整个审计过程的起点。其主要工作包括：

（1）了解被审系统基本情况。了解被审系统基本情况是实施任何信息系统审计的必经程序，对基本情况的了解有助于审计组织对系统的组成、环境、运行年限、控制等有初步印象，以决定是否对该系统进行审计，明确审计的难度，所需时间以及人员配备情况等。

了解了基本情况，审计组织就可以大致判断系统的复杂性、管理层对审计的态度、内部控制的状况、以前审计的状况、审计难点与重点，以决定是否对其进行审计。

（2）初步评价被审单位系统的内部控制及外部控制。传统的内部控制制度是为防止舞弊和差错而形成的以内部稽核和相互牵制为核心的工作制度。随着信息技术特别是以Internet为代表的网络技术的发展和应用，企业信息系统进一步向深层次发展，这些变革无疑给企业带来了巨大的效益，但同时也给内部控制带来了新的问题和挑战。加强内部控制制度是信息系统安全可靠运行的有力保证。依据控制对象的范围和环境，信息系统内控制度的审计内容包括一般控制和应用控制两类。

一般控制是系统运行环境方面的控制，指对信息系统构成要素（人、机器、文件）的控制。它已为应用程序的正常运行提供外围保障，影响到计算机应用的成败及应用控制的强弱。主要包括：组织控制、操作控制、硬件及系统软件控制和系统安全控制。

应用控制是对信息系统中具体的数据处理活动所进行的控制，是具体的应用系统中用来预测、检测和更正错误和处置不法行为的控制措施，信息系统的应用控制主要体现在输入控制、处理控制和输出控制。应用控制具有特殊性，不同的应用系统有着不同的处理方式和处理环节，因而有着不同的控制问题和不同的控制要求，但是一般可把它划分为：输入控制、处理控制和输出控制。

通过对信息系统组织机构控制，系统开发与维护控制，安全性控制，硬件、软件资源控制，输入控制，处理控制，输出控制等方面的审计分析，建立内部控制强弱评价的指标系统及评价模型，审计人员通过交互式人机对话，输入各评价指标的评分，内控制度审计评价系统则可以进行多级综合审计评价。通过内控制度的审计，实现对系统的预防性控制，检测性控制和纠正性控制。

（3）识别重要性。为了有效实现审计目标，合理使用审计资源，在制定审计计划时，信息系统审计人员应对系统重要性进行适当评估。对重要性的评估一般需要运用专业判断。考虑重要性水平时要根据审计人员的职业判断或公用标准，系统的服务对象及业务性质，内控的初评结果。重要性的判断离不开特定环境，审计人员必须根据具体的信息系统环境确定重要性。重要性具有数量和质量两个方面的特征。越是重要的子系统，就越需要获取充分的审计证据，以支持审计结论或意见。

（4）编制审计计划。以上程序为编制审计计划提供了良好准备，审计人员就可以据以编制总体及具体审计计划。

总体计划包括：被审单位基本情况；审计目的、审计范围及策略；重要问题及重要审计领域；工作进度及时间；审计小组成员分工；重要性确定及风险评估等。

具体计划包括：具体审计目标；审计程序；执行人员及时间限制等。

11.3.4 实施阶段审计

做好上述材料的充分的准备，便可进行审计实施，具体包括以下内容。

11.3.4.1 对信息系统计划开发阶段的审计

对信息系统计划开发阶段的审计包括对计划的审计和对开发的审计，可以采用事中审计，也可以是事后审计。比较而言事中审计更有意义，审计结果的得出利于故障、问题的及早发现，利于调整计划，利于开发顺序的改进。

信息系统计划阶段的关键控制点有：计划是否有明确的目的，计划中是否明确描述了系统的效果，是否明确了系统开发的组织，对整体计划进程是否正确预计，计划能否随经营环境改变而及时修正，计划是否制定有可行性报告，关于计划的过程和结果是否有文档记录等等。

系统开发阶段包括系统分析、系统设计、代码编写和系统测试4部分。其中涉及包括功能需求分析、业务数据分析、总体框架设计、结构设计、代码设计、数据库设计、输入输出设计、处理流程及模块功能的设计。编程时依据系统设计阶段的设计图及数据库结构和编码设计，用计算机程序语言来实现系统的过程。测试包括动态测试和静态测试，是系统开发完毕，进入试运行之前的必经程序。其关键控制点有：

（1）分析控制点：是否已细致分析企业组织结构；是否确定用户功能和性能需求；是否确定用户的数据需求等。

（2）设计控制点：设计界面是否方便用户使用；设计是否与业务内容相符；性能能否满足需要，是否考虑故障对策和安全保护等。

（3）编程控制点：是否有程序说明书，并按照说明书进行编写；编程与设计是否相符，有无违背编程原则；程序作者是否进行自测；是否有程序作者之外的第二人进行测试；编程的书写、变量的命名等是否规范。

（4）测试控制点：测试数据的选取是否按计划及需要进行，是否具有代表性；测试是否站在公正客观的立场进行，是否有用户参与测试；测试结果是否正确记录等。

11.3.4.2　对信息系统运行维护阶段的审计

对信息系统运行维护阶段的审计又细分为对运行阶段的审计和对维护阶段的审计。系统运行过程的审计是在信息系统正式运行阶段，针对信息系统是否被正确操作和是否有效地运行，从而真正实现信息系统的开发目标、满足用户需求而进行的审计。对信息系统运行过程的审计分为系统输入审计、通信系统审计、处理过程审计、数据库审计、系统输出审计和运行管理审计六大部分。

输入审计的关键控制点有：是否制定并遵守输入管理规则，是否有数据生成顺序、处理等的防错、保护措施、是否有效等。

通信系统实施的是实际数据的传输，通信系统中，审计轨迹应记录输入的数据、传送的数据和工作的通信系统。通信系统审计的关键控制点有：是否制定并遵守通信规则，对网络存取控制及监控是否有效等。

处理过程指处理器在接收到输入的数据后对数据进行加工处理的过程，此时的审计主要针对数据输入系统后是否被正确处理。关键控制点有：被处理的数据，数据处理器，数据处理时间，数据处理后的结果，数据处理实现的目的，系统处理的差错率，平均无故障时间，可恢复性和平均恢复时间等。

数据库审计是保障数据库正确行使其职能，如对数据操作的有效性和发生异常操作时对数据的保护功能（正确数据不丢失，数据回滚以保证数据的一致性）。其关键控制点有：对数据的存取控制及监视是否有效，是否记录数据利用状况，并定期分析，是否考虑数据的保护功能，是否有防错、保密功能，防错、保密功能是否有效等。

输出审计不同于测试阶段的输出审计，此时的输出是在实际数据的基础上进行的，对其进行审计可以对系统输出进行再控制，结合用户需求进行评价。关键控制点有：输出信息的获取及处理时是否有防止不正当行为和机密保护措施，输出信息是否准确、及时，输出信息的形式是否被客户接受，是否记录输出出错情况并定期分析等。

运行管理审计是对人机系统中人的行为的审计。关键控制点有：操作顺序是否标准化，作业进度是否有优先级，操作是否按标准进行，人员交替是否规范，能否对预计于实际运行的差异进行分析，遇问题时能否相互沟通，是否有经常性培训与教育等。

维护过程的审计包括对维护计划、维护实施、改良系统的试运行和旧系统的废除等维护活动的审计。维护过程的关键控制点有：维护组织的规模是否适应需要，人员分工是否明确，是否有一套管理机制和协调机制，维护过程发现的可改进点，维护是否得到维护负责人同意，是否对发现问题作了修正，维护记录是否有文档记载，是否定期分析，旧系统的废除是否在授权下进行等。

11.3.5 完成阶段审计

完成阶段是实质性的整个信息系统审计工作的结束，主要工作有：

整理、评价执行审计业务过程中收集到的证据。在信息系统审计的现代化管理时期，收集到的数据已存储在管理系统中，审计人员只需对其进行分析和调用即可。

复核审计底稿，完成二级复核。传统审计的三级复核制度对信息系统审计同样适用，它是保证审计质量、降低审计风险的重要措施。一级复核是由信息系统审计项目组长在审计过程进行中对工作底稿的复核，这层复核主要是评价已完成的审计工作，所获得的工作底稿编制人员形成的结论；二级复核是在外勤工作结束时，由审计部门领导对工作底稿进行的重点复核。在审计工作办公自动化的今天，二级复核制度同样可以通过网上报送及调用得以实现。

评价审计结果，形成审计意见，完成三级复核，编制审计报告。评价审计结果主要是为了确定将要发表的审计意见的类型及在整个审计工作中是否遵循了独立审计准则。信息系统审计人员需要对重要性和审计风险进行最终的评价。这是审计人员决定发表何种类型审计意见的必要过程，所确定的可接受审计风险一定要有足够充分适当的审计证据支持。签发审计报告之前，应当随工作底稿进行最终（三级）复核，三级复核由审计部门的主任进行，主要复核所采用审计程序的恰当性、审计工作底稿的充分性、审计过程中是否存在重大遗漏、审计工作是否符合事务所的质量要求等。三级复核制度的坚持是控制审计风险的重要手段。审计报告是审计工作的最终成果，审计报告首先应有审计人员对被审系统的安全性、可靠性、稳定性、有效性的意见，同时提出改进建议。在系统完成使用和维护过程的IT审计主要内容见表11-8和表11-9。

表11-8 IS完成阶段IT审计的主要内容

审计项目	IT审计	审计类型	定期审计
被审计单位	信息部		
审计目标	确保信息系统的可靠性、稳定性、安全性，及数据处理的完整性、准确性	审计人员	
审计范围	信息资产的管理、账号与权限管理、灾难恢复计划、信息安全、中心机房管理、SAP项目管理	审计依据	内部控制制度、行业惯例

审计具体内容：

	内容	审计程序	查核资料	配合部门
1	信息资产的管理	根据历史采购及信息部统计清单，盘点现有信息资产的完整性	信息资产清单	采购部、信息部、财务部
2		检查信息资产的报废、处置手续是否完整？审批权限是否完整？	资产报废申请单/报告	信息部、财务部
3		检查信息资产的异动、使用、保管手续是否完整？审批权限是否完整？	资产异动单/信息资产保管清单	信息部

续表 11-8

	内容	审计程序	查核资料	配合部门
4	信息资产的管理	检查信息资产的分布合理性，确定其同比人员与信息资产比率的一致性？	信息资产清单	使用部门
5		检查信息资产的维修/维护是否合理？是否存在维修/维护申请？	资产维修/维护申请单	信息部
6	账号与权限管理SAP专项	询问SAP系统操作人员，确定是否存在多人使用一个账号的情况？是否借用其账号给别人使用的情况？	SAP账号清单	使用部门
7		抽取部分具有SAP系统操作权限的人员账号，测试是否存在密码为空或密码过于简单（如：123456）的情况？	SAP账号清单	信息部
8		根据SAP系统操作人员清单，核对是否存在《账号与权限申请》？审批手续是否完整？	账号与权限申请单、SAP账号清单	信息部
9		检查是否存在已离职人员的账号与权限仍然存在，是否仍然被使用？	SAP账号清单	信息部、人力资源部
10		评估SAP系统操作手册的完整性，确定是否存在未涵盖的业务流程或控制缺失或控制薄弱环节？	SAP操作手册	信息部
11		检查SAP系统中主要业务模块，确定其数据处理是否完整、准确？		信息部
12		通过调查，确定SAP现有开发功能的完整性，是否存在未覆盖的业务模块或存在未满足相关需要的数据？		信息部、使用部门
13		检查SAP系统后台配置维护的权限是否合理？	SAP后台配置维护人员清单	信息部
14		SAP报表的开发程序是否完整？开发原理是否准确？程序开发与维护职能是否分离？	SAP报表开发原理	信息部
15	灾难恢复计划	检查是否制定信息数据的备份计划？确定备份计划（含备份内容、备份方式等）是否完整？	数据备份计划	信息部
16		检查《数据备份计划》的执行情况？是否按计划规定时间进行对应数据的备份？	数据备份计划、备份登记表	信息部
17		现场确认备份介质的保管是否合理？并确认备份数据的完整性？	备份清单	信息部
18		询问备份数据使用是否予以记录？如有，检查备份数据使用的合理性及审批权限的完整性？	备份数据使用记录	信息部
19		询问备份数据的清理程序，是否予以记录？如有，检查备份数据的清理是否合理，审批权限是否完整？	备份数据清理记录	信息部
20	中心机房管理	确定是否存在非机房管理员进出机房的登记记录？登记记录内容是否完整？	进出机房登记表	信息部
21		进出机房是否取得权限审批？与进出机房登记表核对是否一致？	进入机房申请单	信息部
22		确定机房管理员是否定期对机房进行清理，是否存在灰尘等？	机房清理日志	信息部
23		机房设备是否汇总登记？如有，根据登记设备清单，盘点机房设备的完整性？	机房设备清单	信息部
24		检查机房内UPS不间断电源的运作情况，是否存在UPS不间断电源运行异常？		信息部
25		检查机房是否有恒温、恒湿的测量仪器？如有，检查测量仪器的读数是否与规定的温湿一致？		信息部

续表 11-8

	内容	审计程序	查核资料	配合部门
26	信息安全管理	抽查部分电脑设备，是否存在未经授权的应用程序？非经授权的应用程序，是否具有特殊的审批？	授权应用程序清单	信息部、使用部门
27		确定应用程序中源代码的访问权限，哪些人员可访问应用程序的源代码？是否经授权？		信息部
28		源代码修改是否有明确规定？是否存在源代码的修改？如有，其修改是否经权限审批？审批层级是否完整？	源代码修改程序	信息部
29	信息安全管理	是否明确数据库、服务器等的访问权限规定？检查相关日志，确定是否存在非授权访问？		信息部
30		统计外部网络使用者清单，核对计算机应用权限申请，确定是否存在未授权使用网络的情况？	外部网络使用者清单、计算机应用权限申请	信息部
31		检查重要（如财务部）公共文件夹的安全性，是否存在未经授权人员可访问相应数据？并确定是否有输入、输出权限？		信息部
32		检查各重要（如财务部）公共文件夹内容是否设置读、写密码保护？是否存在未经授权人员写入权限？		信息部
33		检查防火墙或杀毒软件集中日志，是否存在异常事项？确定异常事项是否为非授权范围内操作引起？	工作日志	信息部
34		检查服务器日志，是否存在未经授权的访问？并确定是什么原因导致此访问？	服务器日志	信息部
35		统计具有公司可外发邮件的使用者，查看是否进行邮件监控？是否存在未经授权的邮件？	邮件使用者清单	信息部
36		检查内部收发文件的权限设置，是否存在未经授权的操作？		信息部

附：该IT审计仅涉及系统的执行与维护业务活动的范围，不涉及业务规划、业务开发等项目的审计。

表 11-9 审计查核相应清单

1	SAP 账号与权限申请单	信息部	
2	电脑账号与权限申请	信息部	电脑账号、上网及其他权限
3	信息资产清单	信息部、财务部	含电脑、周边设备及备件、服务器
4	邮件使用者清单	信息部	具有内部邮件的人员名单
5	SAP 系统使用者清单	信息部	拥有 SAP 操作的人员名单
6	SAP 系统使用者权限表	信息部	每一个操作人员的权限汇总
7	信息资产报废申请单	信息部	
8	信息资产处置申请单	信息部	含变卖、赠予等
9	信息资产移交单/异动单	信息部	
10	信息资产维修/维护申请单	信息部	内、外部维修
11	SAP 操作手册	信息部	所有业务模块
12	SAP 后台配置维护人员清单	信息部	
13	SAP 系统报表开发原理	信息部	所有二次开发的报表

续表 11-9

14	数据备份计划	信息部	
15	备份登记表	信息部	
16	备份清单	信息部	备份介质与内容统计
17	备份数据使用记录	信息部	备份数据借用或其他业务的登记
18	备份清理记录	信息部	从备份介质清理数据的记录
19	进出机房登记表	信息部	
20	进入机房申请单	信息部	
21	机房清理日志	信息部	机房管理员清扫、整理记录
22	机房设备清单	信息部	
23	授权应用程序清单	信息部	所有可允许使用的应用程序
24	源代码修改规定	信息部	管理规定
25	外部网络使用者清单	信息部	拥有上网权限的人员名单
26	服务器工作日志	信息部	
27	防火墙、杀毒软件工作日志	信息部	

11.3.6 信息系统审计师及相关组织

信息系统审计师是国际注册信息系统审计师的简称，也称为 IT 审计师，是指获得信息系统审计和控制协会颁发的 CISA 资格证书的专业人士。

注册信息系统审计师（Certified Information System Auditor，CISA）是指既通晓信息系统的软件、硬件、开发、运营、维护、管理和安全，又熟悉经济管理的核心要意，能够利用规范和先进的审计技术，对信息系统的安全性、稳定性和有效性进行审计、检查、评价和改造的专业人士。

信息系统审计与控制协会（ISACA）就是从事计算机审计人员（IT 审计师）组成的国际性专业组织，由该组织颁发的信息系统审计师（CISA）资格也是这一领域唯一的受国际认可的专业资格。凡通过 CISA 考试，在信息系统审计、控制或安全领域有 5 年的工作经验（在校生考试后 5 年内完成以上领域相关工作经验亦可申请：本科毕业折算为 2 年工作经验，研究生毕业折算为 6 年工作经验），遵守 ISACA 的职业道德，提出 CISA 资格申请，并得到批准，即可取得 CISA 资格。

国际上，信息系统审计与控制协会 ISACA（Information System Audit and Control Association）是唯一有权授予国际信息系统审计师资格的跨国界、跨行业的专业机构。该协会成立于 1969 年，总部在美国的芝加哥。目前在世界上 100 多个国家设有 160 多个分会，现有会员两万多人。

专业认证计划杰出的标志在于持证人提高了自身的价值并受到了人们的尊重。注册信息系统审计师 CISA 资格由 ISACA 授予，是信息系统审计领域唯一的职业资格，受到全世界的广泛认可。由于信息技术的国际性，国际信息系统审计师资格在世界任何一个国家的使用都不会受到制约。获得 CISA 资格证书有助于确立您作为一名合格的信息系统审计、控制和安全专业人才的声望。不论你是希望促进工作表现还是得到职务升迁，拥有

CISA 资格证书会使你拥有他人无法比拟的竞争优势。

取得 CISA 资格的条件：通过 CISA 考试；在信息系统审计、控制或安全领域5年的工作经验；遵守 ISACA 的职业道德；提出 CISA 资格申请并得到批准。

国际上 CISA 考试每年6月组织一次，考试时间为4个小时。目前国内从事 CISA 考试组织培训工作的单位是国家审计署干部培训中心，该中心确定的国内考试地点为上海、武汉、北京、深圳、成都等地。CISA 考试题型为200道客观选择题，全部为笔答，满分100分，75分及格。考试语言主要是英文，目前还没有中文考试。

11.4 信息系统的评价

11.4.1 信息系统的广义评价与狭义评价

信息系统的评价分为广义和狭义两种。广义的信息系统评价是指从系统开发的一开始到结束的每一个阶段都需要进行评价。狭义的信息系统评价（也称综合评价）是指在系统建成并投入运行之后进行的全面综合的评价。

一个典型的信息系统建设项目要经过这样一些发展阶段，即系统规划和可行性研究，系统分析，系统设计和系统实施，直至最后投入运行。项目在生命周期的每一个阶段都面临着决策，这一决策要以给定的条件和相应的分析评价为基础。单某一决策将项目推进一步，评价活动也就跟着需要进一步展开。可以说，伴随着系统开发的各主要阶段，都有相应的评价活动。

按评价的时间与信息系统所处阶段的关系，又可从整体上把广义的信息系统评价分为成立项评价，中期评价和结项评价。而狭义的信息系统评价工作主要包括三个方面的内容：综合评价指标体系及其评价标准的建立，这是真评价标准的前提；用定性或定量的方法（包括审计的方法）确定各指标的具体数值，即指标评价值；各评价值的综合，包括综合算法和权重的确定，总评价值的计算等。评价体系如图11-2所示。

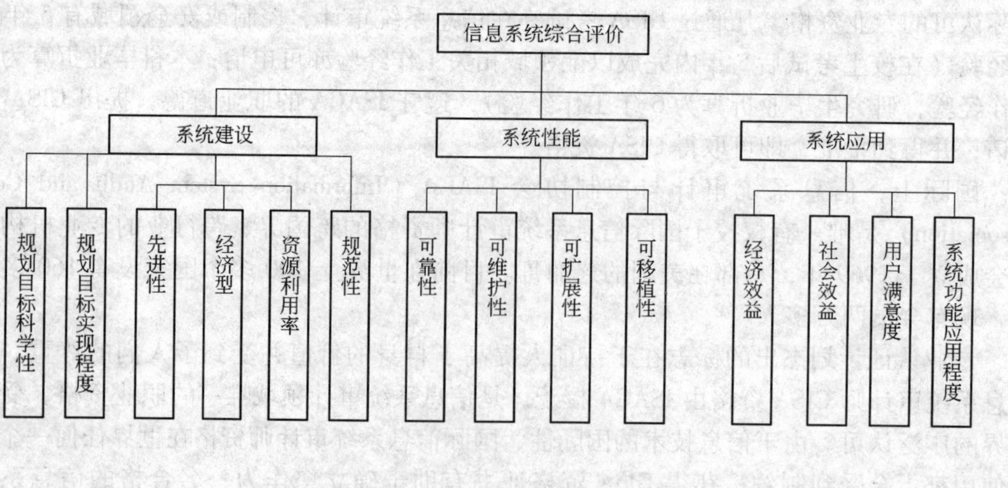

图11-2 信息系统建设评价体系

管理信息系统的评价历来是一项困难的工作。其所以困难是因为信息系统本身的诸多特点造成的。首先信息系统工程和一般工程不一样，其投资不可能是一次性的，也不可能只是硬件的投资。随着系统的建设和运行，将有一系列不明显的费用投资（如开发费用、软件费用、维护费用、运行费用等等），而且这些费用的比例越来越大。其二，信息系统的见效有着强烈的滞后性、相关性及不明显性。信息系统见效要在系统建成之后相当一段的使用时间之后，而且，信息系统的效益与管理体制、管理基础、用户使用的积极性、用户的技术水平等有着非常密切的相关性。

由此可见，影响信息系统的好与坏、成功与失败的因素极多，定性的、定量的因素，技术的、艺术的、观念的因素等等交叉在一起，于是如何评价一个信息系统就成为极复杂的课题。因此研究信息系统的科学评价方法，无论对促进信息系统的建设，还是加速企业信息化进程，都有十分重要的意义。

11.4.2 信息系统评价指标体系

在评价一个信息系统时，最重要的是建立评价指标体系。这个评价指标体系既包括了信息系统开发运行者，也就是信息系统主体，也包括信息系统的直接用户即信息系统的客体，更包括对外部社会即环境的影响。评价体系结构可表示为一个三层的同心圆，从核心向外依次为：系统开发运行者、用户、环境。其中环境的范围很大，从理论上讲，对环境的影响可能是无限的，时间上如此，空间上也如此。下面我们从三个角度来考虑信息系统的评价指标体系。

11.4.2.1 从信息系统建设、运行维护角度评价的指标

目前，大多数信息系统的建造和运行维护是由信息中心承担的，因此我们这里将信息系统的建造、运行、维护与管理放在一起考虑。其评价指标有：

（1）人员情况。包括信息系统所配置的人员数量、质量及结构。足够的数量，一定的质量以及合理的结构可保证信息系统建设的质量以及运行维护水平。

（2）领导支持。信息系统主管领导对系统的建设、运行维护的支持是保证系统建设成功极为重要的因素，也是系统正常运行、产生效益的重要因素。

（3）先进性。先进性是指所建信息系统在总体上是先进的，是能产生较大效益的，而且具有较长的生命周期。所以，这里讲的总体先进性不只是硬件或软件的先进性，而是指整个系统的方案、结构、功能、通讯、使用、安装等综合起来是先进的。

（4）管理科学性。信息中心的良好运行并产生效益不只决定于系统本身，管理是极为重要的因素。向管理要效率，向管理要质量的观念越来越被人接受。所谓管理科学性，是指是否有完整的规章制度、值班制度和日志记录制度，安全防火系统和制度、资料以及设备的管理制度、系统运行维护制度等等。

（5）可维护性。这是一个明显的指标，系统的维护、扩充、修改是绝对经常的，如果系统可维护性差，则系统的生命力就较差。

（6）资源利用情况。信息系统集中了许多高附加值的设备（硬、软件及其构成的系统）以及信息和人力资源，这三大资源中最重要的是信息的利用。目前有些信息系统的数据库不能产生效益，成为“死库”，不能为社会服务，这就是信息利用率不高的表示。也有些信息系统硬软件设备利用率很低，人力浪费，这些情况相当普遍和严重。因此，信

息资源（设备、人力、信息）的利用程度应是一个极为重要的指标。

(7) 开发效率。这是指信息系统的建设速度。一个信息系统从规划、可行性研究开始到系统分析、设计、实现直到正常运行，这个过程称“系统开发生命周期”，我们当然希望这个周期越小越好。但实际上许多系统开发周期比预计的长得多，长期见不到效益，装上的设备还未运行就落后，甚至是市场上已淘汰了的产品，这不能不说是一个极大的浪费，因此在评价指标通讯中不能忽视开发效率这一指标。

(8) 投资情况。是指要建立系统应有合理的投资，有些系统功能不多，但投资却很大。尽管有的单位资金雄厚，“有钱不怕花”，但作为科学评价而言，投资应作为一个指标。我们倾向多办事少花钱，也就是说投资越小越好。

(9) 效益性。这也是从用户角度来考虑的一个指标。信息系统产生社会和经济效益当然是评价信息系统建设的一个重要指标。目前有些信息系统建设者从系统本身的技术水平考虑的比较多，而忽视了“效益”是评价信息系统的关键指标。我们认为评价一个系统的好坏应是效益！

(10) 安全可靠。如今，作为计算机应用领域的一个重要分支的管理信息系统已经渗透到社会生活的各个领域。由于各种技术和非技术因素的存在和影响，管理信息系统的安全可靠已经成为严重而又深刻的问题。管理信息系统安全可靠一般指管理信息系统的系统资源和信息资源不受自然和人为有害因素的威胁和危害。

11.4.2.2 从信息系统用户角度考虑的指标

这里所指的信息系统的用户是直接用户，包括领导者和中下层管理者，也有10个指标：

(1) 重要性。信息系统对用户来说处于什么地位，是不可缺少的呢？还是可有可无的？是迫切需要的呢？还是不那么紧迫的？这对用户来说是评价系统的重要指标。如果说，一个信息系统的用户认为该系统对他们无关紧要或者至少说紧迫性不大，那么这个信息系统的建造时机还未成熟。

(2) 经济性。用户使用信息系统需要付费用，如果费用很高，用户承担不起，或者说用户感到经济上不太合算，宁愿用手工管理也不愿意使用信息系统时，这个信息系统的吸引力就不那么强了。

(3) 及时性。对信息系统用户来说，信息的及时提供并能使用是用户极为关心的事情。由于信息有时效性，及时提供信息，决策者就可以及时作出决策，过时的信息就可能是“马后炮”。

(4) 友好性。用户，尤其是高层领导，通常不太了解信息技术，他们需要的是方便，越方便越好，比如能像使用电视机、“傻瓜照相机”那样方便就好了。对用户来说，设计的信息系统是一个“傻瓜信息系统”那是很有吸引力的。

(5) 准确性。信息系统提供的信息必须真实。真实性是信息的第一原则。不真实或不够真实的信息要贻误决策，尤其是伪信息，还不如没有信息。

(6) 实用性。建立信息系统的根本目的是实际使用，水平再“高”的信息系统、缺乏实用性还不如不建。因此实用性是衡量一个信息系统的十分重要的标志。对用户来说，没有必要关心其技术的先进性和复杂程度，他们最感兴趣的是实际使用能否产生效益，也就是在日常事务中对决策和管理的支持。

（7）安全可靠性。这也是信息系统建造者的一个指标，对用户来说同样重要。

（8）信息量。所谓信息量是指信息系统能提供的信息数量。信息量太少，信息系统效率不高，实用性也随之下降。从用户角度考虑应有尽可能多的信息量。

（9）效益性。从用户来说，信息系统能产生的经济效益和社会效益越大越好。由于信息系统效益评价的困难性，也许这个指标很难定量描述，定性描述也很困难，尤其是社会效益。

（10）服务程度。这里主要是指对各级管理人员和决策者的服务程度。对用户来说，信息系统应是他们最好的服务工具。信息系统应积极、主动地做好服务工作，犹如其他服务业一样，信息系统应全心全意的热情为用户服务。

以上 10 个指标主要是从用户角度考虑的，可能有遗漏或重复，指标之间存在相关性或矛盾性，但这不影响评分。

11.4.2.3 从信息系统对外部影响考虑的指标

任何一个信息系统的建设必然对外部产生影响，这种影响也是很难用定量描述，需要定性打分，是定性问题定量化，共有 6 个指标：

（1）共享性。即本系统信息的共享程度。信息系统之间的共享性是一个重要指标，目前我国对这方面的重视不够，重复建造的现象不少。一个信息系统的信息主要为本系统服务，自产自销，缺乏市场效果。信息必须走向市场，如其他商品一样，只有放到市场上去才能增加其附加值。

（2）引导性。这里讲的引导性是指示范引导的意思。某一信息系统的建设应对未建系统产生示范引导作用，这从一定意义上来说也具有市场性质。无论是建造经验、开发方法以及具体的技术方案，都应放到市场上去，供大家借鉴、使用。

（3）重要性。重要性是指对外部环境而言的。有些信息系统，如气象信息系统对外部环境的影响很大，对农业、交通、航海、人民生活等等几乎所有领域产生影响。又如人口信息系统，对国民经济、社会发展、治安、交通、供应等产生影响。

（4）效益性。指本系统对外部社会产生的社会效益和经济效益。

（5）信息量。本系统对社会提供的信息量。

（6）服务程度。本系统对社会服务的态度及程度。

11.5 信息系统监理、审计及评价

信息系统监理重在对系统规划与开发过程监督和管理，而信息系统审计不但要对开发过程审计，还要对运行过程审计，如对内部控制制度审计和数据文件审计等。

信息系统测试主要是测试系统是否实现了设计的逻辑模型，并且主要是从技术上进行测试，而信息系统审计更重要的是测试系统是否忠实于企业的实际运作原型，是否符合国家的法律法规，如应用程序审计。

信息系统的评价是信息系统审计的延伸，信息系统的评价更带有主观性，与评价指标的选取有关，而信息系统的审计更客观，强调的是数据的真实性和系统性能的客观性，如处理系统的综合审计。

11.6 综合案例——北京市电子政务网上审批监理项目

北京市电子政务网上审批一期试点工程监理介入时，项目招投标工作已结束，已进入到需求调研阶段，这一项目建设内容以软件开发为主，系统集成和网络建设为辅。负责7个委办局政务信息化的监理任务，涉及的业务范围广泛，各委办局项目的开发商在项目实施中采用的技术各不相同，开发商派出的项目人员技术水平也参差不齐，对监理人员素质的要求高，监理工作任务非常艰巨。

目前我国信息化水平参差不齐，不仅很多建设单位的信息化储备力量相对薄弱，即使在专门从事信息化建设的公司中，也有可能由于其涉足专业领域不同而具有局限性。因此在为建设单位提供项目监理服务的同时，监理人员经常还充当着咨询顾问的角色。

在这一项目中，涉及的委办局多，各委办局的信息系统建设基础又各不相同，而且这一项目的承建单位多以软件开发见长，系统集成能力相对较弱。为了把握工程质量，本监理公司派出了一批有丰富系统集成经验的监理工程师，对系统集成的各个阶段严格把关。在监理的同时，还充当了建设单位和承建单位的咨询顾问。所做的工作如表11-10所示。

表11-10 信息系统实施监理过程中质量控制过程

系统	阶段	质量控制要点	质量控制手段	相关文档
网络平台整合搭建、计算机主机系统、存储区域网络系统	设计及设备采购阶段	各系统详细设计方案审核、具体实施进度审批	确认方案与进度的可实施性、合理性	设计方案、计划书签字确认
	系统场地环境准备阶段	网络布线、通信链路、计算机机房、设备间、中心机房位置、设备的安放环境、电力系统建筑接地	现场检查、督导	验收报告、异常报告
	到货清点、设备加电验收	货物数量和类型应与合同相符、在运输过程中外观无损坏，资料齐全、产品序列号记录、设备加电、软件详细点验	现场检查	设备清点验收报告、设备加电验收报告
	设备安装与调试阶段	实施方案审核、制定验收标准及规范、审查设备安装与调试记录、督导设备安装及调试过程	评审、现场检查、随工抽查、督导	监理意见； 监理报告； 设备安装及调试报告
	系统集成联调	网络、服务器、工作站、存储设备的配置、整体网络主机系统调试、实施进度检查	随工检查、抽查	监理报告； 监理联系单； 设备分配清单、安装调试全过程记录； 相关配置说明
	验收	验收报告审核、自验结果报告审核、核定工程结果是否完成设计及合同规定的功能	观察、评审、督导	测试和验收报告； 分项工程总结报告

这一项目中，各委办局的应用系统开发采用的技术各不相同，有用J2EE技术的，也有采用微软的.NET技术的；开发的应用软件除审批系统外，还包括各委办局的内部业务系统及办公自动化系统。这些都给监理工作带来了很大的难度，要求监理人员不仅专业技术要过硬，而且知识面要广；不仅要了解通用的应用系统，而且要了解用户的业务和办公流程，这样才能确保监理工作的顺利完成。为此，在人员配置上予以高度重视，从项目管理上下大力气，在项目各阶段做了大量的工作确保项目顺利进行，具体如表11-11所示。

表11-11 信息系统开发过程中监理师质量控制过程

部分	阶段	质量控制要点	质量控制手段	相关文档
应用系统（包括统一数据库结构设计、原有系统数据整合与迁移、各应用软件系统开发）	需求分析	调研提纲，包括：调研的对象、内容、程序和时间； 需求分析报告，包括：业务流程图、数据流程图、软件规格说明书和初步用户手册； 软件规格说明书包括系统目标、软件功能描述、软件性能及软件安全需求说明、软件规则描述和关键数据项的编码标准	甲方确认； 技术评审	甲方签字； 评审意见
	系统设计	系统概要、详细设计报告，包括：数据库设计、数据字典； 功能模块划分； 功能模块说明； 模块接口说明； 与现行系统接口说明； 界面设计； 编程规范； 测试标准	技术评审	评审意见
	程序编写	编程的质量控制； 编程计划	进度报告； 技术评审	监理意见； 评审意见
	系统测试	培训安排、培训教材、培训考核； 测试模型； 测试用例	技术评审	评审意见
	系统试运行	出现的问题修改	汇总问题清单	程序修改确认
	系统验收	竣工文件； 验收方案	参加验收工作	监理意见

11.7 扩展学习模块——CISA考试内容及应试对策

CISA考试要求应试者具有扎实的审计理论和审计实践经验，具有较丰富的企业运营及管理知识和经验，同时更要具有全面的、有一定深度的计算机信息系统方面的理论和实践经验。CISA考试分为信息系统审计和信息系统相关知识两个方面七大内容。

对于CISA考试的报考条件，ISACA未做严格的限制。但考生具备以下条件能够增加通过考试的机会：大学专科以上，或在校本科生、研究生；建议英语四级以上；建议具备一定的审计知识和计算机知识（计算机基础知识、操作系统、网络、数据库、电子商务等）。

（1）信息系统审计程序（10%）：

1）考核要点。实施信息系统审计要与一般公认的信息系统审计标准和准则一致，以确保对组织采用的信息技术和业务系统进行充分的控制、监控和评价。主要包括：审计计划和审计战略及目标；一般公认的审计标准；信息的收集和分析；风险管理和控制等。

2）应试对策。这部分考试涉及的主要知识有：有关信息系统审计的标准和准则；审计实务和技术；风险分析方法、原则和标准；战略和计划过程；信息系统及技术发展趋势；质量管理、财务管理和业务管理等。

考生必须具备现代审计理论和实务、企业管理、项目管理和信息系统及信息技术发展脉络方面的知识。

（2）信息系统的管理计划和组织（11%）：

1）考核要点。评价有关信息系统管理、计划和组织的战略、政策、标准、过程和有关实务。主要包括：评价信息系统战略和过程；评价信息系统政策、标准和过程的开发、部署和维护；评价信息系统组织和结构等。

2）应试对策。这部分考试涉及的主要知识有：有关信息系统战略、政策、标准和过程的主要实践；信息系统战略开发、部署和维护的方法和步骤；信息系统项目管理、风险管理、变动管理、质量管理、安全管理；信息系统组织结构和设计原则；软件质量管理等。

考生必须具备信息系统开发与管理、项目管理及软件工程方面的知识。

（3）技术基础和操作实务（13%）：

1）考核要点。评价组织技术和操作基础的实施及正在进行的管理功效和效率，确保它们充分地支持组织的业务目标。主要包括：评价硬件的取得、安装和维护；评价系统软件和应用软件的获取、实施及维护；评价网络基础设施的获得、安装和维护；评价信息系统操作实务；评价系统执行和监控过程、工具和技术等。

2）应试对策。这部分考试涉及的主要知识有：有关硬件平台、系统软件和实用软件以及网络基础设施和信息系统操作实务的风险和控制；系统运行和监控过程、工具和技术；IT基础设施的获取、开发、实施和维护的过程；网络拓扑等知识。

考生必须具备一定的计算机硬件和软件、计算机网络（尤其是互联网等）基础和运行管理等方面的知识。

（4）信息资产的保护（25%）：

1）考核要点。评价逻辑的、环境的和IT基础设施的安全，确保系统满足组织的业务需求，保护信息资产以防非授权使用、披露、修改、破坏和损失。主要包括：评价逻辑访问控制的设计、实施和监控；评价网络基础设施的安全；评价环境控制的设计、实施和监控；评价物理访问控制的设计、实施和监控等。

2）应试对策。这部分考试涉及的主要知识有：计算机访问控制原理和技术；物理安全控制；密码技术；网络安全概念；安全体系结构；安全评估工具；病毒及探测、预防和反应机制；黑客攻击方法和技术等。

考生必须具备扎实的计算机网络理论知识和实践经验、计算机加密解密技术、计算机病毒及网络黑客技术、计算机及网络安全体系结构方面的知识等。

(5) 灾难恢复和业务持续计划（10%）：

1）考核要点。评价在系统发生不测时，为使业务运转和信息系统处理能正常进行，而采取的备份和恢复等措施。主要包括：文件及数据的备份和恢复机制；不测发生后保证组织业务持续进行和继续提供信息系统处理的能力等。

2）应试对策。这部分考试涉及的主要知识有：关于灾难恢复和业务持续的概念和方法、灾难恢复和业务持续技术等。

考生必须具备数据库理论中关于数据恢复技术和灾难应对措施方面的知识。

(6) 业务应用系统的开发、取得、实施和维护（16%）：

1）考核要点。通过业务应用系统的开发、取得、实施和维护来评价采用的方法和过程，以确保与组织的业务目标一致。主要内容包括：对应用系统的开发、取得、实施和维护中采用技术和方法进行评价。

2）应试对策。这部分考试涉及的主要知识有：系统开发方法和工具；软件质量保证方法；程序设计原理和技术；系统实施后的评价技术等。

考生必须具备软件工程的理论及实务、各种程序设计技术、信息系统实施和评价等方面的知识。

(7) 业务过程的评价和风险管理（15%）：

1）考核要点。评价业务系统和过程，确保风险被控制且与组织业务目标相一致。主要内容包括：通过诸如难测试程序的测试、最优方法分析、业务流程重组（BPR），评价信息系统支持业务过程的效率和效力，确保业务结果最优；评价自动化和手工控制的设计和实施；评价组织的风险管理和控制的实施等。

2）应试对策。这部分考试涉及的主要知识有：最优方法业务过程；业务过程控制；业务设计机构、管理和控制实务；业务流程设计、重组和改进的方法等。

考生必须具备企业管理、企业生产经营和电子商务方面的理论及实务知识。

思考题

1. 简述信息系统监理的主要工作内容。
2. IT 信息系统监理和其他监理工作的区别是什么？
3. 信息系统监理有哪些主要业务？
4. 简述信息系统监理的费用标准。
5. 简述信息系统监理在信息系统建设中的作用。
6. 简述信息系统审计的主要工作内容。
7. 简述 IT 审计和其他审计工作的区别及联系。
8. 请比较分析信息系统监理与信息系统审计。
9. 简述信息系统审计的职业教育和认证体系基本情况。

12 信息技术中的伦理

12.1 概 述

信息科技的发展将人类文明带进了信息时代，但也带来了一系列新的伦理问题，如信息隐私权、信息产权及信息资源存取权等。社会信息化的深入，使信息产品的影响力也随之扩大。无论信息产品的开发、生产、交易或使用，决策者都可能因为信息行为不当而引起伦理问题。

信息伦理是指涉及信息开发、信息传播、信息管理和利用等方面的伦理要求、伦理准则、伦理规约，以及在此基础上形成的新型伦理关系。它是调整人们之间以及个人和社会之间信息关系行为规范的总和。信息伦理不是由国家强行制定和强行执行的，是在信息活动中以善恶为标准，依靠人们的内心信念和特殊社会手段维系的。信息伦理结构的内容可概括为两个方面，三个层次。

所谓两个方面，即主观方面和客观方面。前者指人类个体在信息活动中以心理活动形式表现出来的道德观念、情感、行为和品质，如对信息劳动的价值认同，对非法窃取他人信息成果的鄙视等，即个人信息道德；后者指社会信息活动中人与人之间的关系以及反映这种关系的行为准则与规范，如扬善抑恶、权利义务、契约精神等，即社会信息道德。

所谓三个层次，即信息道德意识、信息道德关系、信息道德活动。信息道德意识是信息伦理的第一个层次，包括与信息相关的道德观念、道德情感、道德意志、道德信念、道德理想等。它是信息道德行为的深层心理动因。信息道德意识集中地体现在信息道德原则、规范和范畴之中；信息道德关系是信息伦理的第二个层次，包括个人与个人的关系、个人与组织的关系、组织与组织的关系。这种关系是建立在一定的权利和义务的基础上，并以一定信息道德规范形式表现出来的。如联机网络条件下的资源共享，网络成员既有共享网上资源的权利（尽管有级次之分），也要承担相应的义务，遵循网络的管理规则。成员之间的关系是通过大家共同认同的信息道德规范和准则维系的。信息道德关系是一种特殊的社会关系，是被经济关系和其他社会关系所决定、所派生出的人与人之间的信息关系；信息道德活动是信息伦理的第三层次，包括信息道德行为、信息道德评价、信息道德教育和信息道德修养等。这是信息道德的一个十分活跃的层次。信息道德行为即人们在信息交流中所采取的有意识的、经过选择的行动。根据一定的信息道德规范对人们的信息行为进行善恶判断即为信息道德评价。按一定的信息道德理想对人的品质和性格进行陶冶就是信息道德教育。信息道德修养则是人们对自己的信息意识和信息行为的自我解剖、自我改造。信息道德活动主要体现在信息道德实践中。

总的来说，作为意识现象的信息伦理，它是主观的东西；作为关系现象的信息伦理，它是客观的东西；作为活动现象的信息伦理，则是主观见之于客观的东西。换言之，信息伦理是主观方面即个人信息伦理与客观方面即社会信息伦理的有机统一。

(1) 信息伦理的提出是信息社会发展的必然产物。1986 年，美国管理信息科学专家梅森提出信息时代有 4 个主要伦理议题：信息隐私权、信息准确性、信息产权、信息资源存取权，通常被称为 PAPA 议题。20 世纪 90 年代，“信息伦理学” 这一概念在国外出现，信息社会的伦理问题，特别是网络环境下的信息伦理问题受到全球的关注。

信息时代，信息的存在形式与以往的信息形态不同，它是以声、光、电、磁、代码等形态存在。这使它具有“易转移性”，即容易被修改、窃取或非法传播和使用。侵犯个人隐私权、侵犯知识产权、非法存取信息、信息责任归属、信息技术的非法使用、信息的授权等问题就凸显出来，加之，软件的行为具有不可见性，信息相关人的行为难以用传统的伦理准则去约束。为此制定的信息化相关法律和法规又具有相对的滞后性。因此信息社会需要倡导一种信息伦理文化来指导人们的行为。

(2) 信息伦理是对信息法律的补充。“信息伦理” 作为一种伦理，主要还是要依赖于社会个体的自律。同时，只有借助于信息伦理标准提供的行为指导，个体才能比较容易地为自己所实施的各种信息社会行为做出伦理道德判断。在伦理标准 “他律” 的氛围下和自身反复实践的过程中，个体就可能将这种外在的准则自律为自己的道德意识。如果更多的个体将基本的伦理准则化为自己自觉的道德意识，则可以推而广之，推断出信息社会的行为是非标准，这同时也是信息素养的体现。

同 “网络伦理” 相比，信息伦理包括网络伦理，但又不限于网络伦理。因为，以数字化信息为中介的伦理关系不仅存在于网络之中，而且也存在于许多非网络的信息领域。因此，信息伦理的要求、准则、规约，不仅要指导网络行为，而且要作用于网络以外的其他各种形式的信息行为。

伦理、道德毕竟是一种软性的社会控制手段，在信息领域，仅仅依靠信息伦理并不能完全解决问题，它还需要硬性的法律手段支撑。因此，信息立法就显得十分重要。通过有关的信息立法，依靠国家强制力的威慑，不仅可以有效地打击那些在信息领域造成严重恶果的行为者，而且为信息伦理的顺利实施构建了一个较好的外部环境。信息领域的法律手段也需要信息伦理的补充，只有信息立法与信息伦理形成良性互动，才可能使信息领域、信息社会在有序中实现发展。

12.2　道德、伦理和法律

12.2.1　信息伦理道德的概念

信息伦理道德是指：在信息的开发、传播、检索、获取、管理和利用过程中，调整人与人之间、人与社会之间的利益关系，规范人们的行为准则，指导人们在信息社会中做出正确的或好的选择和评价。20 世纪 70 年代，人们开始以 “计算机伦理学” 来讨论计算机技术的发展所带来的伦理问题，1976 年，美国应用伦理学家 Walter Maner 正式提出了 “计算机伦理学” 这一术语，80 年代末，网络被大量使用，计算机伦理学的发展进入第二代，被称为 “信息伦理学”，1986 年，美国管理信息科学专家梅森提出信息时代有 4 个主要伦理议题：信息隐私权、信息准确性、信息产权、信息资源存取权。

在我国，学者也多信息伦理学进行了广泛的研究，沙勇忠（2004）在《信息伦理学》一书中提到：信息伦理学主要研究社会信息生产、组织、传播与利用等信息活动中的伦理要求与伦理规范，以及在此基础上形成的新型伦理关系，其他学者与吕耀怀在《信息伦理学》中也有相似的表述。

12.2.1.1 信息伦理道德的特征

（1）开放性。信息社会的开放性决定了信息伦理道德不再是一个封闭的系统，而是一个与社会紧密联系的开放系统，在这个开放的系统中，信息伦理道德规范、指导制约着人们的信息活动，人们可以在网络环境里进行学习、交友、购物……信息社会中存在由于不同的宗教信仰、道德意识、价值观念、文化、风俗习惯和生活方式所引起的冲突、碰撞和融合，并很容易通过开放的网络世界被显性化和表面化，因此需要建立一些被人们普遍认可的伦理道德来规范和制约这些冲突。

（2）多元性。信息社会的道德更具兼容性，呈现多元化的特征。表现在：1）人们生活方式的多样化和个性化，人们可以借助通讯工具和软件找到志趣相同的一群人，共同讨论彼此关心的问题，交换各自的思想和观点。2）文化的多元性，多元化的文化模式取代了一元化的文化模式，多种文化之间互容、互助和交融，形成一种文化多元性的信息世界。3）价值的多元化和多层次，人们在继承遵守本国伦理道德的同时，也可以接受不同国家和民族的伦理道德。

（3）自由性。人们可以自由地建立网站、使用网络、浏览信息、发表言论并且使用不同的ID登录不同的网站，从事网络活动，人们选择信息完全自由，可以浏览任意网站，任意浏览其内容，自由地发表言论、传达思想，无论谁，在思想上完全是一个自由的人。但是，绝对的自由是没有的，人们的自由必须以不损害公众利益为前提，增强自主和自律。

12.2.1.2 信息伦理道德的原则

（1）无害原则。无害原则是信息伦理道德的最基本的原则，指人们在制造和利用信息技术的过程中应该尽量避免给他人和社会造成不必要的损失和伤害。对于利用计算机技术散播病毒，获取经济利益的行为，违反了信息伦理道德的无害原则，给他人和社会造成了巨大损失，必将受到法律的严惩。

（2）公平参与原则。在信息社会里，无论是信息的发布者、传播者，还是信息的使用者，都平等地享有各项权利和履行义务，得到一视同仁的对待，信息活动的参与都必须以公平为前提，一旦有人在网络上阐述不公平言论，宣传歧视观点，马上就会受到其他人的一致讨伐。

（3）知情同意原则。知情同意是调节人与人之间关系的准则，在一个价值多元化和全球一体化的信息社会，需要有这个原则来解决持有不同道德观和价值观的人们之间的争议和矛盾。

（4）尊重知识产权原则。该原则指在信息的开发、传播和利用的过程中必须以法律为准绳，尊重著作权、专利权、商标权等知识产权，信息社会催生的各种创新成果和知识产品无不凝聚了人们大量的智力劳动和心血，但由于信息的开放性和自由性，这些劳动成果很容易被他人剽窃和恶意传播，影响了人们探索科学和进行创新的积极性，因此要求每一位信息参与者必须尊重他人的劳动成果，尊重知识产权。

12.2.1.3　信息伦理道德的规范

（1）国外制定的信息伦理规范。国外许多组织都制定了信息伦理规范，如美国计算机协会基本道德准则，美国计算机伦理协会“计算机伦理十诫”，加拿大信息处理协会伦理准则，英国计算机协会伦理准则。

（2）国内制定的信息伦理规范。目前我国的一些部门和行业组织借鉴了西方国家在信息伦理规范方面的成功做法与经验，结合本国国情，建立了一系列行为准则和规范。如共青团、教育部等部门发布的《全国青少年网络文明公约》；中国互联网协会公布的《中国互联网行业自律公约》。

12.2.1.4　信息伦理是对信息法律的补充

“信息伦理”作为一种伦理，主要还是要依赖于社会个体的自律。同时，只有借助于信息伦理标准提供的行为指导，个体才能比较容易地为自己所实施的各种信息社会行为做出伦理道德判断。在伦理标准“他律”的氛围下和自身反复实践的过程中，个体就可能将这种外在的准则自律为自己的道德意识。如果更多的个体将基本的伦理准则化为自己自觉的道德意识，则可以推而广之，推断出信息社会的行为是非标准，这同时也是信息素养的体现。

同“网络伦理”相比，信息伦理包括网络伦理，但又不限于网络伦理。因为，以数字化信息为中介的伦理关系不仅存在于网络之中，而且也存在于许多非网络的信息领域。因此，信息伦理的要求、准则、规约，不仅要指导网络行为，而且要作用于网络以外的其他各种形式的信息行为。

伦理、道德毕竟是一种软性的社会控制手段，在信息领域，仅仅依靠信息伦理并不能完全解决问题，它还需要硬性的法律手段支撑。因此，信息立法就显得十分重要。通过有关的信息立法，依靠国家强制力的威慑，不仅可以有效地打击那些在信息领域造成严重恶果的行为者，而且为信息伦理的顺利实施构建了一个较好的外部环境。信息领域的法律手段也需要信息伦理的补充，只有信息立法与信息伦理形成良性互动，才可能使信息领域、信息社会在有序中实现发展。

12.2.2　网络犯罪及相关法律

12.2.2.1　网络犯罪的概念

网络犯罪，是指行为人运用计算机技术，借助网络对其系统或信息进行攻击，破坏或利用网络进行其他犯罪的总称。既包括行为人运用其编程，加密，解码技术或工具在网络上实施的犯罪，也包括行为人利用软件指令，网络系统或产品加密等技术及法律规定上的漏洞在网络内外交互实施的犯罪，还包括行为人借助于其居于网络服务提供者特定地位或其他方法在网络系统实施的犯罪。简言之，网络犯罪是针对和利用网络进行的犯罪，网络犯罪的本质特征是危害网络及其信息的安全与秩序。

12.2.2.2　网络犯罪的表现形式

（1）影响互联网运行安全的表现形式：

1）侵入国家事务、国防建设、尖端科学技术领域的计算机信息系统；

2）故意制作、传播计算机病毒等破坏性程序，攻击计算机系统及通信网络；

3）擅自中断计算机网络或者通信服务，造成网络或者通信系统不能正常运行。

（2）危害国家安全和社会稳定的表现形式：

1）利用互联网造谣、诽谤或者发表、传播其他有害信息；

2）通过互联网窃取、泄露国家秘密、情报或者军事秘密；

3）利用互联网煽动民族仇恨、民族歧视，破坏民族团结；

4）利用互联网组织邪教组织、联络邪教组织成员，破坏国家法律、行政法规实施。

（3）扰乱市场经济运行秩序和社会管理秩序的表现形式：

1）利用互联网销售伪劣产品或者对商品、服务作虚假宣传；

2）利用互联网损害他人商业信誉和商品声誉；

3）利用互联网侵犯他人知识产权；

4）利用互联网编造并传播影响证券、期货交易或者其他扰乱金融秩序的虚假信息；

5）在互联网上建立淫秽站点链接服务，或者传播淫秽书刊、影片、音像、图片。

（4）侵害个人、法人和其他组织的人身、财产等合法权利的表现形式：

1）利用互联网侮辱他人或者捏造事实诽谤他人；

2）非法截获、篡改、删除他人电子邮件或者数据资料，侵犯公民通信自由和通信秘密；

3）利用互联网进行盗窃、诈骗、敲诈勒索。

（5）网络犯罪的发展趋势：

1）危害国家安全案件持续上升，危害性大；

2）侵犯公私财物的案件呈多发趋势；

3）危害计算机信息网络安全案件增幅较大；

4）侵犯公民人身权利和民主权利案件增多；

5）利用计算机制作、复制、传播色情淫秽物品案件十分突出；

6）青少年网络犯罪增多。

12.2.2.3 网络犯罪的特点

（1）智能性。计算机犯罪的犯罪手段的技术性和专业化使得计算机犯罪具有极强的智能性。实施计算机犯罪，罪犯要掌握相当的计算机技术，需要对计算机技术具备较高专业知识并擅长实用操作技术，才能逃避安全防范系统的监控，掩盖犯罪行为。所以，计算机犯罪的犯罪主体许多是掌握了计算机技术和网络技术的专业人士。他们洞悉网络的缺陷与漏洞，运用丰富的电脑及网络技术，借助四通八达的网络，对网络系统及各种电子数据、资料等信息发动进攻，进行破坏。由于有高技术支撑，网上犯罪作案时间短，手段复杂隐蔽，许多犯罪行为的实施，可在瞬间完成，而且往往不留痕迹，给网上犯罪案件的侦破和审理带来了极大的困难。而且，随着计算机及网络信息安全技术的不断发展，犯罪分子的作案手段日益翻新，甚至一些原为计算机及网络技术和信息安全技术专家的职务人员也铤而走险，其作奸犯科所采用的手段则更趋专业化。

（2）隐蔽性。由于网络的开放性、不确定性、虚拟性和超越时空性等特点，使得计算机犯罪具有极高的隐蔽性，增加了计算机犯罪案件的侦破难度。据调查已经发现的利用计算机或计算机犯罪的仅占实施计算机犯罪或计算机犯罪总数的5%～10%，而且往往很多犯罪行为的发现是出于偶然，例如同伙的告发或计算机出了故障，用于手工作业的处理业务是偶尔发现的。大多数的计算机犯罪，都是行为人经过狡诈而周密的安排，运用计算机专业知识，所从事的智力犯罪行为。进行这种犯罪行为时，犯罪分子只需要向计算机输入错误指令，篡改软件程序，作案时间短且对计算机硬件和信息载体不会造成任何损害，作案不留痕迹，使一般人很难觉察到计算机内部软件上发生的变化。

（3）复杂性。计算机犯罪的复杂性主要表现为：第一、犯罪主体的复杂性。任何罪犯只要通过一台联网的计算机便可以在电脑的终端与整个网络合成一体，调阅、下载、发布各种信息，实施犯罪行为。而且由于网络的跨国性，罪犯完全可来自各个不同的民族、国家、地区，网络的“时空压缩性”的特点为犯罪集团或共同犯罪又提供了极大的便利。第二、犯罪对象的复杂性。计算机犯罪就是行为人利用网络所实施的侵害计算机信息系统和其他严重危害社会的行为。其犯罪对象也是越来越复杂和多样。有盗用、伪造客户网上支付账户的犯罪；电子商务诈骗犯罪侵犯知识产权犯罪；非法侵入电子商务认证机构、金融机构计算机信息系统犯罪，破坏电子商务计算机信息系统犯罪，恶意攻击电子商务计算机信息系统犯罪；虚假认证犯罪；网络色情、网络赌博、洗钱、盗窃银行、操纵股市等。

（4）跨国性。网络冲破了地域限制，计算机犯罪呈国际化趋势。因特网络具有“时空压缩化”的特点，当各式各样的信息通过因特网络传送时，国界和地理距离的暂时消失就是空间压缩的具体表现。这为犯罪分子跨地域、跨国界作案提供了可能。犯罪分子只要拥有一台联网的终端机，就可以通过因特网到网络上任何一个站点实施犯罪活动。而且，可以甲地作案，通过中间结点，使其他联网地受害。由于这种跨国界、跨地区的作案隐蔽性强、不易侦破，危害也就更大。

（5）匿名性。罪犯在接受网络中的文字或图像信息的过程是不需要任何登记，完全匿名，因而对其实施的犯罪行为也就很难控制。罪犯可以通过反复匿名登录，几经周折，最后直奔犯罪目标，而作为对计算机犯罪的侦查，就得按部就班地调查取证，等到接近犯罪的目标时，犯罪分子早已逃之夭夭了。

（6）损失大，对象广泛，发展迅速，涉及面广。计算机犯罪始于20世纪60年代，70年代迅速增长，80年代形成威胁，美国因计算机犯罪造成的损失已在千亿美元以上，年损失达几十亿，甚至上百亿美元，英、德的年损失也达几十亿美元。随着社会的网络化，计算机犯罪的对象从金融犯罪都个人隐私、国家安全、信用卡密码、军事机密等等，无所不包。近几年利用计算机犯罪的案件以每年30%的速度递增，其中金融行业发案比例占61%，平均每起金额都在几十万元以上，单起犯罪案件的最大金额高达1400余万元，每年造成的直接经济损失近亿元，而且这类案件危害的领域和范围将越来越大，危害的程度也更严重。计算机犯罪涉及面广。据统计，在美国计算机及计算机犯罪造成的损失，每年接近上百亿美元。计算机犯罪从原来的金融犯罪发展为现在的生产、科研、卫生、邮电等几乎所有计算机联网的领域。

（7）持获利和探秘动机居多。计算机犯罪作案动机多种多样，但是最近几年，越来越多计算机犯罪活动集中于获取高额利润和探寻各种秘密。据统计，金融系统的计算机犯罪占计算机犯罪总数的60%以上。全世界每年被计算机犯罪直接盗走的资金达20亿美元。我国计算机犯罪比例比较大。

（8）低龄化和内部人员多。主体的低龄化是指计算机犯罪的作案人员年龄越来越小和低龄的人占整个罪犯中的比例越来越高。从目前发现的计算机犯罪来看，犯罪分子大多是具有一定学历，知识面较宽的，了解某地计算机系统的，对业务比较熟练的年轻人。我国对某地的金融犯罪情况的调查，犯罪的年龄在35岁以下的人占整个犯罪人数的比例：1989年是69.9%，1990年是73.2%，1991年是75.8%。其中年龄最小的只有18岁。

此外，在计算机犯罪中犯罪主体为内部人员也占有相当的比例。据有关统计，计算机犯罪的犯罪主体集中为金融、证券业的“白领阶层”，身为银行或证券公司职员而犯罪的占78%，并且绝大多数为单位内部的计算机操作管理人员；从年龄和文化程度看，集中表现为具有一定专业技术知识、能独立工作的大、中专文化程度的年轻人，这类人员占83%，案发时最大年龄为34岁，利用电脑搞破坏绝大多数是对心怀不满的企业内部人员，通常他们掌握企业计算机系统内情。

（9）巨大的社会危害性。网络的普及程度越高，计算机犯罪的危害也就越大，而且计算机犯罪的危害性远非一般传统犯罪所能比拟，不仅会造成财产损失，而且可能危及公共安全和国家安全。据美国联邦调查局统计测算，一起刑事案件的平均损失仅为2000美元，而一起计算机犯罪案件的平均损失高达50万美元。据计算机安全专家估算，近年因计算机犯罪给总部在美国的公司带来的损失为2500亿美元。

在科技发展迅猛的今天，世界各国对网络的利用和依赖将会越来越多，因而网络安全的维护变得越来越重要，因此也越来越多地受到来自世界各地的攻击。美国每年因信息与网络安全造成的经济损失高达75亿美元，企业电脑安全受到侵犯的比例为50%，1998年我国公安部破获黑客案件近百起，其中以经济为目的的计算机犯罪占70%，计算机犯罪能使一个企业倒闭，个人隐私的泄露，或是一个国家经济的瘫痪，这些绝非危言耸听。

12.2.2.4 计算机网络犯罪的构成

（1）计算机网络犯罪主体。刑法学理论认为：犯罪主体是达到法定责任年龄，具有承担刑事责任能力的人。笔者认为网络犯罪的主体是一般主体，既可以是自然人，也可以是法人。从网络犯罪的具体表现来看，犯罪主体具有多样性，各种年龄、各种职业的人都可以进行网络犯罪，对社会所造成的危害都相差不大。一般来讲，进行网络犯罪的主体必须是具有一定计算机专业知识水平的行为人，但是并不能认为具有计算机专业知识的人就是特殊的主体。特殊主体是指具有特定职务、从事特定业务、具有特定法律地位以及具有特定人身关系的人视为特殊主体。

（2）计算机网络犯罪客体。刑法学理论认为：犯罪客体是指为犯罪行为所侵害的又为我国刑法所保护的一切社会关系。就网络犯罪所侵犯的客体而言，自然是为刑法所保护的而为网络犯罪所侵犯的一切社会关系。电脑网络的实体形态有点类似于公路网，所以有称之为信息高速公路的。笔者认为，网络犯罪所侵犯的客体正是信息交流与共享得以正常进行的公共秩序。计算机犯罪客体是多种多样的，是复杂客体，如：侵害计算机系统、管理秩序和计算机系统安全保护制度，危害国家和公众生命财产安全等等。

（3）计算机网络犯罪客观方面。刑法理论认为：犯罪客观方面是指行为人实施了什么样的行为，侵害的结果怎样，以及行为和结果之间的因果关系。表现为违反有关计算机网络管理法律、法规，侵入国家事务、国防建设、尖端科学技术领域的计算机系统，对计算机信息系统功能、数据和应用程序进行删除、修改，或者破坏计算机系统软件、硬件设备等侵害计算机系统安全的行为，以及利用计算机实施偷窥、复制、更改或者删除计算机信息的行为。这是由于网络犯罪的物质基础在于由硬件和相应软件构成的计算机系统，而计算机系统的各种程序功能，需要通过人直接或者间接操作输入设备输入指令才能执行。

（4）计算机网络犯罪主观方面。刑法理论认为：犯罪主观方面是指行为人实施犯罪时，对其实施的严重危害社会的行为及其造成的危害结果所持的心理态度。网络犯罪在主观方面表现为故意，因为在这类犯罪中，犯罪行为人进入系统以前，需要通过输入输出设备打入指令或者利用技术手段突破系统的安全保护屏障，利用计算机信息网络实施危害社会的行为，破坏网络管理秩序。这表明犯罪主体具有明显的犯罪故意，而且这种故意常常是直接的。即使是为了显示自己能力的侵入系统的犯罪，行为人也具备明显的“非要侵入不可”等等的念头，显示了极强的主观故意。

12.2.2.5 计算机网络犯罪的预防

计算机犯罪的巨大危害性决定了加强犯罪预防的紧迫性、重要性和必要性。计算机网络犯罪越来越普遍，数量迅速增长，每年给全球带来极大的经济损失。去年全球计算机犯罪造成的损失达150亿美元，预计到今年这一数字将高达2500亿美元。

其次，预防打击计算机犯罪保护人民的根本利益，符合人民群众的意愿。计算机网络犯罪直接损害着当今人民群众的正常生活，与人民的根本利益相抵触。因此，预防打击计算机犯罪也就是忠实的践行党的“三个代表”，代表人民的根本利益，同这种犯罪行为作斗争。特别是近些年来，计算机网络犯罪日益猖獗，特别是像网络色情、侵犯知识产权 、金融信用卡犯罪等行为，严重地干扰了老百姓的正常生活，所以人们对有效预防计算机犯罪，大力打击计算机网络犯罪的呼声很大。因此预防计算机犯罪是人民利益的体现符合广大人民群众的意愿。

第三，有利于保证市场经济正常运行。计算机犯罪能够严重威胁市场经济秩序的正常发展，国外有专家断言“计算机犯罪可能会导致世界经济的崩溃”。我认为这绝不是危言耸听，也不是杞人忧天，而一切皆有可能。总部设在旧金山的美国信息安全专业协会曾经调查了503家企业公司和政府机构，其中47%的单位与因特网相连的系统受到侵扰。所以预防计算机犯罪对于减少经济损失，保证经济的正常快速健康发展意义重大。

第四，加强计算机犯罪预防是维护国际形象、维护国家安全的保障。犯罪的猖獗直接有损我们的大国形象，这是不言而喻的。而计算机犯罪的跨国性巨大危害性的特点决定了其很可能攻击他国政府或非政府组织企业的信息系统。而同时黑客行为以及各种侵犯知识产权的盗版的肆虐都会损害国家在国际上的声誉，严重地损害了我国的外交经贸活动的正常进行。随着社会信息化时代的到来，计算机网络在各国政治、经济、军事、文化教育等领域扮演起了举足轻重的作用，控制着国家的财政系统、经济系统、交通运输系统、能源系统、行政乃至整个国防系统。

12.2.2.6 网络犯罪的法律适用

网络犯罪适用于以下法律：

（1）《计算机信息网络国际联网安全保护管理办法》；

（2）《中国互联网络域名管理办法》；

（3）《非经营性互联网信息服务备案管理办法》；

（4）《互联网IP地址备案管理办法办法电子认证服务管理办法》；

（5）《互联网新闻信息服务管理规定》；

(6)《互联网新闻信息服务管理规定》;

(7)《互联网著作权行政保护办法》;

(8)《信息网络传播权保护条例》;

(9)《互联网电子公告服务管理规定》;

(10)《中华人民共和国信息产业部第三号令》。

12.3 信息技术中的伦理问题

信息的全球化既给人们带来了很大的便利,同时也给社会带来了许多的伦理道德问题。主要涉及以下几个方面的内容:

(1) 隐私保护。隐私保护是计算机伦理学最早的课题。传统的个人隐私包括:姓名、出生日期、身份证号码、婚姻、家庭、教育、病历、职业、财务情况等数据,现代个人数据还包括电子邮件地址、个人域名、IP 地址、手机号码以及在各个网站登录所需的用户名和密码等信息。随着计算机信息管理系统的普及,越来越多的计算机从业者能够接触到各种各样的保密数据。这些数据不仅仅局限为个人信息,更多的是企业或单位用户的业务数据,它们同样是需要保护的对象。

(2) 计算机犯罪。信息技术的发展带来了以前没有的犯罪形式,如电子资金转账诈骗、自动取款机诈骗、非法访问、设备通讯线路盗用等。我国《刑法》对计算机犯罪的界定包括:违反国家规定,侵入国家事务、国防建设、尖端科学技术领域的计算机信息系统的;违反国家规定,对计算机信息系统功能进行删除、修改、增加、干扰,造成计算机信息系统不能正常运行的;违反国家规定,对计算机信息系统中存储、处理或者传输的数据和应用程序进行删除、修改、增加的操作,后果严重的;故意制作、传播计算机病毒等破坏性程序,影响计算机系统正常运行的。

(3) 知识产权。知识产权是指创造性智力成果的完成人或商业标志的所有人依法所享有的权利的统称。所谓剽窃,简单地说就是以自己的名义展示别人的工作成果。随着个人电脑和互联网的普及,剽窃变得轻而易举。然而不论在任何时代任何社会环境,剽窃都是不道德的。计算机行业是一个以团队合作为基础的行业,从业者之间可以合作,他人的成果可以参考、公开利用,但是不能剽窃。

(4) 软件盗版。软件盗版问题是一个全球化问题,几乎所有的计算机用户都在已知或不知的情况下使用着盗版软件。我国已于1991年宣布加入保护版权的伯尔尼国际公约,并于1992年修改了版权法,将软件盗版界定为非法行为。然而在互联网资源十分丰富的今天,软件反盗版更多依靠的是计算机从业者和使用者的自律。

12.3.1 知识产权的概念

知识产权(Intellectual Property)是指人们创造性智力成果依照知识产权法所享有的权利。宁立志在《知识产权法》一书中综合了各家的观点,确定了知识产权所包含的内容:

(1) 著作权及邻接权;

(2) 专利权;

(3) 业标识权；至少应包括商标权、商号权和产地识别标志权；

(4) 成电路布图设计权；

(5) 商业秘密权；

(6) 生物多样化权，至少应包括植物新品种权；

(7) 发现权；

(8) 传统知识权；

(9) 反不正当竞争权；

(10) 其他无体财产权，至少应当包括域名权、形象权和商誉权。

12.3.2 知识产权的特征

(1) 无形性。无形性主要指知识产权的客体（对象）——智力成果。知识产权的无形性使得其容易被侵权，加大了保护的困难。

(2) 专有性。知识产权的专有性主要指它具有独占性、排他性和垄断性。权力人有权依法独占智力成果，并有权禁止其他人未经许可或没有法律依据就使用智力成果。

(3) 法定性。知识产权必须经过专门的法律确定才能产生，主要体现在范围法定和程序法定。范围法定指各种知识产权法都会规定该法的主体和课题范围；程序法定，即知识产权的取得必须按照法律规定的程序执行。

(4) 地域性。知识产权的地域性是指一国或地区法律取得的知识产权，仅在该国或地区领域内有效，在其他国家或地区不发生效力，除非根据其他国家或地区的法律已经取得了授权。

(5) 时间性。知识产权的时间性指知识产权仅在一个法定的期限内受到保护，一旦超过这个期限，就不再受到法律保护，有关知识产品随之进入共有领域，成为社会的共有财富，人们都可以自由地使用。

12.3.3 著作权

著作权也称版权。狭义上的著作权指文学、艺术和科学作品的作者及其他著作权人依法享有的权利。包括著作人身权和著作财产权。著作人身权指著作权人享有的主张自己的发表权、署名权、修改权和保护作品完整权等于人生紧密联系但却没有财产内容的权利；著作财产权指著作权人主张复制权、发行权、表演权、广播权、展览权、改编权、放映权、信息网络传播权、摄制权、翻译权、汇编权等具有财产内容的权利。广义著作权不仅指作者的权利、还包括与著作权有关的权利，如艺术表演者、录音录像制作者和广播电视节目制作者等依法享有的权利。

(1) 著作权的主体。著作权的主体指依法对文学、艺术和科学作品享有著作权的人，也称为著作权人。这里的人包括自然人、法人和其他组织。

1) 作者。根据《著作权法》规定：“创作作品的公民是作者。如无相反证明，在作品上署名的公民、法人或者其他组织为作者。”虽然法人和其他组织不具有自然人的特征，但由法人或者其他组织主持，代表法人或者其他组织意志创作，并由法人或者其他组织承担责任的作品，法人或者其他组织视为作者。

2) 其他著作权人。其他著作权人指通过继承、转让、委托关系获得著作权的公民、法人和其他组织、国家。

（2）著作权的客体。著作权的客体指著作权法所保护的文学、艺术和科学作品。

（3）不受著作权保护的对象。由于有些作品的内容具有社会危害性，违背社会的基本伦理道德，或者有些作品是国家的共有资源，所以《著作权法》规定著作权人行使著作权，不得违反宪法和法律，不得损害公共利益。

（4）著作权的取得和保护对象：

1）取得。著作权自作品创作完成之日起产生。作品一经产生，即享有著作权，不要求登记和发表。

2）保护期限。署名权、修改权和保护作品完整权是著作人身权，对此保护没有时间限制，公民的作品，发表权和著作财产权的保护期为作者终生及其死亡后50年，截止于作者死亡后的第50年的12月31日。合作作品的，截止于最后死亡作者死后的第50年的12月31日。

（5）邻接权。邻接权是作品的传播者在传播作品过程中享有的权利。

（6）侵犯著作权的行为。《著作权法》规定了侵犯著作权的行为包括：

1）未经著作权人的许可，发表其作品的；

2）未经合作作者许可，将与他人合作创作的作品当做自己单独创作的作品发表的等相关行为。

（7）侵犯著作权的行为的法律责任。

1）民事责任：包括停止侵害、消除影响、赔礼道歉、赔偿损失等四种。

2）行政责任：指著作权行政管理部门对侵权人依法作出的行政处罚，包括责令停止侵权行为，没收违法所得，没收、销毁侵权复制品，并处以罚款；情节严重的，著作权行政管理部门还可以没收主要用于制作侵权复制品的材料、工具、设备等。

3）刑事责任：对于以盈利为目的，侵犯著作权的行为，违法所得数额较大或者有其他严重情节的，我国刑法有处以罚金、有期徒刑或者拘役等处罚。

（8）信息检索和利用过程中涉及的著作权问题：

1）主要文献信息源的著作权保护。图书、期刊、专利文献等主要信息源，所记载的内容为文学、艺术和科学作品，其纸质作品都属于《著作权法》的保护范围。一旦出现剽窃、歪曲、篡改他人等侵权行为，便要承担相应的责任。因此，在进行信息检索和利用的过程中，如果要引用他人的观点或科学成果，都必须标明来源和出处。我国《著作权法》规定了对作品合理使用的范围，赋予信息服务机构和用户一定的权限，允许开发利用文献信息资源。

2）电子文献信息源的著作权保护。不管是电子出版物，还是网络信息源，生产者都需要大量的经济和智力投入，但其本身又极其容易被复制，所以许多数据库会声明其拥有著作权等权利，利用法律来保护自身的权利。我国《著作权法》规定汇编若干作品、作品的片段或者不构成作品的数据或者其他材料，对其内容的选择或者编排体现独创性的作品，为汇编作品，其著作权由汇编人享有，但行使著作权是不得侵犯原作品的著作权。

12.3.4 专利权

广义的专利包括专利权、受专利法保护的发明创造、专利文献。狭义的专利概念，即是指专利权。

(1) 专利权的主体。专利权的主体，包括发明人或设计人、专利申请人、专利权人都可以作为专利信息检索的字段。

1) 发明人或设计人。发明人或设计人指对发明创造的实质性特点作出创造性贡献的人。包括发明人、实用新型创造人和外观设计人。负责组织工作提供物质技术条件、法人或其他组织不能成为发明人或设计人。

2) 专利申请人和专利申请权人。专利申请人是有权申请专利的人，指依法享有就某项发明创造而向国家专利行政主管部门提出专利申请的自然人、法人或其他组织。专利申请人依法提出专利申请之后，就变成专利申请权人。

3) 专利权人。专利权人是依法获得专利权，并承担相应义务的人。根据专利法的相关规定，专权人可以是单位，也可以是个人，专利权人的资格可以通过申请直接取得而成为原始专利权人，也可以通过继承、转让、合同约定等方式从他人处获得，称为继受专利权人。

(2) 专利权的客体。专利权的客体是指专利权保护的对象，即依法可以被授予专利权的发明创造，包括发明、使用新型和外观设计。

(3) 取得专利权的条件。我国《专利法》规定：授予专利权的发明和实用新型，应当具备新颖性，创造性和实用性。

1) 新颖性。新颖性是指在申请日以前没有同样的发明或者实用新型在国内外出版物上公开发表过、在国内公开使用过或者以其他方式为公众所知，也没有同样的发明或者实用新型有他人向国务院专利行政部门提出过申请并且记载在申请日以后公布的专利申请文件中。

2) 创造性。创造性是指同申请日以前已有技术相比，该发明有突出的实质性特点和显著的进步，该实用新型有实质性特点和进步。

3) 实用性。实用性是指该发明或者实用新型能够制造或者使用，并且能够产生积极效果。

(4) 不授予专利权的情况。我国《专利法》规定："对违反国家法律、社会公德或者妨害公共利益的发明创造，不授予专利权。"另外《专利法》对一下各种情况，也不授予专利权：1) 科学发现；2) 智力活动的规则和方法；3) 疾病的诊断和治疗方法；4) 动物和植物的品种；5) 用原子核变化方法获得的物质。

(5) 专利权的申请、审查和授权

1) 申请。专利权的取得首先要经过申请程序。但专利的申请并非意味着专利权取得。在申请专利前，申请人必须注意保密。专利权的申请要遵守以下三大原则：书面申请原则；先申请原则；一件发明创造一件申请原则。

2) 审查和授权。专利审查指国务院专利行政部门对受理的专利申请在形式和实质方面进行的审核，以决定是否授予申请人专利权。国务院专利行政部门在授权时根据先申请原则，当有两个以上的申请人分别就同样的发明创造申请专利的，专利权授予最先申请的人。同时专利行政部门设置登记不登记授予事项，定期出版专利公告。

(6) 专利权的内容。专利权的内容包括专利权人的权利和义务。

1) 专利权人的权利包括：制造权；使用权；许诺销售权；销售权；进口权；标

记权。

2）专利权人的义务包括：全面公开专利内容；依法缴纳专利年费。

由于专利的内容全面公开，如果需要获取专利的全文，可以在提供专利检索的网站和数据库中检索，下载和浏览专利内容的全文。

(7) 专利权的保护期限。专利法规定：发明专利权的期限为20年，实用新型专利权和外观设计专利权的期限为10年，均自申请日起计算。

(8) 对侵犯专利权行为的处理。未经专利权人许可而擅自实施专利的行为即为专利侵权行为。在信息检索和利用的过程中，要避免侵犯专利权行为的发生。一旦出现专利侵权行为，可以通过协商处理、诉讼处理和行政处理的方式解决。根据《专利法》规定：未经专利权人许可，实施其专利，即侵犯其专利权，引起纠纷的，由当事人协商解决；不愿协商或者协商不成的，专利权人或者利害关系人可以向人民法院起诉，也可以请求管理专利的工作部门处理。

12.4 伦理和信息服务

信息网络直接进入千家万户，对社会的影响力在广度和深度上都极其深远。随着互联网的扩展和延伸，有关网络的负面伦理问题也逐渐突显出来，引起了众多专家学者的高度关注。

12.4.1 信息技术伦理道德问题的表现形式

信息技术伦理道德是人们通过电子信息网络进行社会交往时表现出来的道德关系，以及在开发和使用计算机相关技术和产品、IT系统时的行为规范和道德指引。它主要探讨人与网络之间的关系，以及在网络社会（虚拟社会）中人与人之间的关系。电子信息网络实现的是人类信息交流方式的全球化和全面化，由于信息交流本身对人类存在着本质意义和网络对社会生活各方面的重要影响，使得它成为从具有技术创新意义扩展到具有全面社会意义的新事物。其具体表现在以下几个方面：

(1) 发布或传播虚假信息，这既包括虚假承诺，也包括在网站上的以讹传讹。

(2) 剽窃他人的劳动成果，这包括营销企业在网站或电子刊物上未经允许便采用他人制作的网页背景图案，图片，外观设计，程序代码，转载其他媒体（包括书籍）上的信息资料等。

(3) 违背他人意愿强行发布商业信息。这类行为最典型的事例是发布垃圾邮件（SPAM），主要包括不请自来的商业邮件（UCE）和不请自来的群发邮件（UBE）滋扰邮件接收者。

(4) 不分对象地发布或传播受限制的信息。涉及暴力、色情、迷信和违反通常道德法则的信息，一旦被缺乏鉴别能力的未成年人阅读，会对他们的身心造成损害，也要避免未成年人涉足富有赌博性质的网络游戏。

(5) 为了商业目的无节制地占用免费或廉价的网络资源。互联网上有许多免费资源供公众利用，例如共享软件交流区，BBS讨论区，新闻组以及免费登录的搜索引擎等，但大部分营销企业却滥用这些免费资源。

（6）滥用跟踪和信息记录技术。现在网站广泛采用的客户跟踪和信息记录技术（如Cookies）使访问者的隐私受到了威胁。

（7）出卖、转让或泄露网民个人资料，这些资料可能包括网民的通讯地址、电子信箱地址、电话号码等私人信息。

（8）单方面随意或频繁变更承诺过的交易条件，利用用户转移成本盘剥用户。例如，将原本免费提供给用户的电子信箱更改为收费信箱，更改信箱容量的大小，改变交货时间或者忽然让用户承担货物的运输费用等。

（9）通过恶意编码违背他人意愿在他人的计算机上安装程序或篡改他人计算机上的设置，这包括有意或无意地向网民传播计算机病毒，也包括强行更改用户浏览器的起始页面浏览器图标栏上公司信息。

（10）侵犯知识产权。这主要包括著作权和专利权。主要表现为3种形式：1）网络主体对网络外社会中知识产权的侵犯；2）网络主体对网络主体知识产权的侵犯；3）社会对网络主体知识产权的侵犯。

（11）网上恋情、网上交友在年轻网民中十分流行和时髦。可是在其网络交往中掺杂了很多欺骗和隐瞒事实的行为，在其心理上造成了一定程度的伤害，甚至也给他们的学习和家庭造成了很大的负面影响。

（12）利用网络的虚拟性和网络主体的难以确定性进行商业犯罪、商业欺诈，给许多网民带来了财产的损失和精神上的伤害。例如，有人在网络上利用计算机技术盗用他人财物，进行网络犯罪。

12.4.2　解决网络伦理问题的对策

（1）加强相关法律的建设。由于传统的传播法规已不适应网络时代的发展，世界上信息技术发达的国家都在对旧的传播法规进行修订或制定新的法规条例，以保障网络信息传播者的权利。我国在1996年2月1日发布了《中华人民共和国计算机信息网络国际联网暂行规定》；2005年颁布并实施了《互联网新闻信息服务管理规定》，该规定对互联网服务提供者和网站应承担的法律责任和社会义务作了明确的规定，为依法管理互联网提供了法制基础，成为我国规范互联网新闻信息服务的一个重要规章；另外，我国《信息网络传播权保护条例》即将出台，这个条例主要解决的问题是，在新技术条件下如何明确规定传播权的范围主体以及对哪些传播行为违法与不违法进行详细的界定。虽然我国在法律法规建设方面取得了较大的成就，但是需要做的工作还很多，主要在培养立法、司法、执法部门的专门人才和加强网络传播准则、规范的全民教育等方面进行大量的研究与实际工作。

（2）加强网络道德的建设。道德和法律一样都是社会控制必不可少的工具，特别是在信息技术高度发展的信息社会中，法律建设表现出明显的滞后性，在这种情况下应发挥道德的作用。在网络传播道德建设中要重视道德教育以及发挥社会舆论的作用。加强道德教育一是要求网络主体对自身的道德责任有发自内心的认同，同时也能感受到外界要求自己遵守各种道德规范的无处不在的强烈压力以及违约责任。二是要加强网络文化的引导和管理，规范网络行为，维护网络道德。社会舆论的广泛性特点能够使其不必在意评价对象的自愿与不自愿，也不存在传播场景的限制，它无所不在的强制性压力不得不使个体放弃不道德的想法与行动，因此社会舆论具有定向、调节和催化的作用。

(3) 加强网络安全的建设。网络安全问题是当今世界面临的最大安全挑战。伴随着互联网络的发展，网络犯罪率也呈现出持续上升的趋势，计算机病毒的危害"黑客"的攻击等安全隐患日趋严重。为了保障信息传播的安全性，必须采取一系列网络安全技术对网络上的信息进行保护和控制。比如数据加密技术、防火墙技术、网络反病毒技术等等。在一些发达国家已加大了对网络安全技术研究力度，美、日、德等国将信息安全技术列为国防、科研的重点，并形成了相当规模的信息安全产业。而我国在这方面的研究还比较薄弱，没有形成信息安全保障体系，面对当前网络技术整体发展水平不高的现状，我国应加强信息安全技术特别是核心技术的研发工作，以防止其他国家利用先进的技术对我国信息主权的侵犯。

(4) 加强网民伦理意识的培养。由于互联网络的特殊性，仅仅依靠法律或技术途径进行网络信息管理效果不会很明显，根本解决之道在于提高互联网用户的网络道德素质。要建立一个有序的、安全的、净化的互联网络，不仅需要法律和技术上的不断完善，更需要网络中每个人的自律与自重。因此在网络传播活动中强化网民的伦理意识尤为重要，通过这种意识的培养可以使网民在上网时能够自觉地遵守网络传播道德和法律，使其能够抵御住来自各方面不利因素的影响。

(5) 加强网络管理的建设：

1) 组建网络行业协会。由行业内最有影响力、最有号召力的企业带头组建网络行业协会，协会会员单位的义务和权利通过协会章程明确的加以规定，章程的义务条款中明确规定协会成员不允许出现不道德的网络行为，协会受理网络消费者投诉，一旦发现成员单位有违反规定的不道德的网络行为，则立即将其开除出会，这样该协会确立的行业行为规范就会在行业中树起一面旗帜，协会也会因此成为网络伦理中不道德行为斗争的堡垒。

2) 加强各个网站管理者的责任意识。各个网站的管理者有责任维护好其管辖网站的网络环境，对不道德的网络行为及时的发现并进行清理，以维护网络环境健康向上。

网络伦理建设是随着网络技术的出现和发展而产生的新的伦理道德建设问题。网络本身的虚拟性和网络交往范围的跨越时空性决定了网络伦理建设是一项复杂而困难的工作，是一项长期艰巨的社会系统工程。它有赖于网络社会每一个人的积极参与，又有赖于全社会的共同努力。唯有如此，方能建立适应网络发展的网络伦理，促进网络健康有序运行，造福人类。

12.5 伦理和CIO

CIO不仅要对计算资源的运用、计算中心的正常运行负责，更重要的是要参与企业的核心管理层的决策，决定企业的信息战略，保证信息战略与企业战略相配合，并对企业信息化的发展做出长远规划。由于这些工作是在决策层的活动，因此CIO必须对企业的发展战略和发展目标有清楚的理解，同时懂得信息技术在企业中的作用，才能做好企业信息战略的设计工作。

CIO必须有相应的权限，才能对企业的信息资源进行全面的管理。因此，CIO与计算中心主任最大的不同是：计算中心主任的工作是服务性的，其服务的对象是企业各个职能部门，其管理的对象是信息技术部门。而CIO的工作是决策性的，他要为企业整体信息化的发展负责，其管理的对象是整个企业。

在我国企业中，目前CIO职位的设置已经引起了企业领导的重视。根据国家经贸委在2000年做的一次调查表明：80%以上的国家重点企业已经设置了CIO或相应的职位。但是，即使企业已经设置了CIO职位，但并不一定能够保证CIO有相应的权力和职责。如果CIO仅仅是一个名义，而他做的工作却是负责计算机技术工作和数据处理工作，那么CIO职位就形同虚设。根据我们的调查，许多企业中CIO仍然只是技术主管的角色，他们对于企业的信息化建设没有决策权和资金控制权，这与CIO原本的意义有很大的差距。

美国信息产业协会（IIA）在20世纪70年代末曾为信息经理制定了明确的职业标准要求。其中规定，信息经理的一般工作职责包括“规划、设计、完善、安装、运行、维护和控制人工信息系统和自动化信息系统；在不同管理层次上为团体用户和个人用户提供信息管理方面的建议和帮助”。为此，要求信息部门的经理应具备以下一些素质：

（1）具有广博的多学科和交叉领域的职业技能，能运用信息科学的理论基础为各种层次的管理者和用户服务。

（2）具有一种或多种信息技术专长。

（3）具有经济方面的，规划预算信息密集、资本密集、劳动密集产品的基本知识，以及在各种竞争性组织资源之间及内部进行权衡的能力。

CIO在企业管理中的地位和职能决定了他应该具备比信息经理要高得多的素质要求。一个合格的CIO必须是管理与技术两方面的全能型人物。而且总的来说，CIO的组织管理水平比他的信息技术才能更重要。这似乎有悖于传统信息管理人员的素质要求。究其原因，主要在于两者职责的不同。传统信息管理人员的工作重点是对信息进行采集、加工和传播，信息经理的主要任务是控制企业内部的信息流动，与之相应的是要求他们具备相当扎实的信息技术知识和信息系统开发能力；CIO的工作重点在于通过充分开发和有效利用企业内外的信息资源来强化企业的竞争优势，改进高层管理的战略决策活动，因此，经营管理与决策能力对于CIO来说显得更为重要一些。日本曾对CIO适任者情况进行调查，在有效回答的259家企业中，“计算机出身且通晓经营者”从1989年的17.1%提高到1993年的31%，“非计算机出身而通晓计算机者”却从46.1%下降至27.1%，另外，已是企业高级CIO的任职者比例变化不大（1989年为33.9%，1993年为34.8%）。这表明，不懂计算机的人不能成为CIO，只懂计算机的人也不能担任CIO。理想的CIO应是兼具经营管理与信息技术两种能力的复合型人才。而“计算机出身且通晓经营者”比重升高及“已是企业高层管理者”比重居高不下说明经营管理能力对于CIO来说尤为重要。综上所述，CIO应具备的基本素质要求是：

（1）管理经验。作为一个高层管理者，CIO必须对本行业的发展背景有全面的了解，对企业管理的目标有明确的认识，对经营决策和竞争环境的基本情况有充分的掌握，并且有丰富的管理实践经验。实践证明，一个成功的CIO，至少需要5~8年的管理经验积累。

（2）技术才能。通晓信息技术是CIO安身立命的根本。CIO应具备为企业经营管理与竞争战略发展的需要推荐与开发新技术的能力，对信息技术的发展动向及其对企业的影响有敏锐的洞察力，富有远见和技术创新精神。

（3）经营头脑。CIO 的工作必须以提高企业的效益和竞争力为目标。因此，CIO 要有精明的商业经营头脑，应了解信息技术何时何地何种情况下在哪些方面能为达成这一目标起到关键作用，能够把信息技术投资及时转变成对企业的回报，方可为自己在企业中树立起公认的有重大贡献的角色形象。

（4）信息素养。CIO 应具有强烈的信息意识和较高的信息分析能力，能够为企业高层的战略决策发挥信息支持作用。特别是对来自外界环境的大量模糊、零碎而杂乱的信息，应有高度的判别能力和挖掘信息价值的艺术，才能使自己的决策能力达到战略决策的水平。

（5）应变能力。面对日新月异的信息技术和急剧变化的竞争环境，CIO 要有较强的应变能力，能够抓住一瞬即逝的机遇，对各种变化作出迅捷及时的反应。CIO 还应有良好的心理素质，能承担得起来自技术和环境变化的压力，具有敢于迎接各种困难和挑战的勇气。

（6）表达能力。CIO 必须具备良好的口头和文字表达能力，能够把看起来是高深莫测的信息技术向高层管理决策者和基层业务人员都解释清楚，消除企业中的“高技术恐惧症”。特别是对于非技术型用户，要尽量避免采用技术性术语。

（7）协调能力。作为企业信息流的规划者，CIO 要善于协调企业内部各层次、各部门、各环节的关系以及企业与其协作伙伴的关系。要有良好的人际关系和广泛的亲和能力，善于对话和沟通，能够适应企业的文化和传统，使信息技术与管理体制相得益彰。

（8）领导能力。CIO 要有领导威信和支配企业信息资源的权力，能建立一个有效的信息资源管理班子，既能指挥信息部门的工作，也能对企业的信息政策和策略起领导作用。

12.6 综合案例——网瘾少年跳楼自杀引发公益诉讼

12.6.1 案例分析

2004 年 12 月 27 日清晨，家住在天津市塘沽区悦海花园的 13 岁少年张潇艺像往常一样穿上校服、背着书包走出家门。两个小时以后，张潇艺的父亲老张在家中接到噩耗，他的儿子张潇艺从他们家所居住的 24 层大厦顶楼跳楼身亡。

他一个 13 岁的孩子哪来的那么大的勇气？

张潇艺生长在一个幸福的家庭，父亲老张在建材行业做生意，母亲是一名护士。张潇艺的聪明过人也给父母带来了无数的欢乐。三岁时，他就能背诵唐诗三百首，上幼儿园时，他被挑选出来表演英语话剧。在邻居、亲戚、同学当中都特别有礼貌，给人家的印象都特别好。

然而，从初中二年级开始，张潇艺的学习成绩明显下降，除了数学外，其他学科的成绩几乎都不及格。最初老张夫妇以为是孩子贪玩影响了学习，后来一次偶然的发现，使老张意识到了问题的严重性。

老张说：“那天他在屋里写作业，我进去拿东西，一进他一藏，我就发现有问题。我说我看看是什么，一看是网络游戏。”

老张发现，儿子藏起来的是三本写得满满的笔记，笔记的内容竟然是他根据电子游戏改编的魔幻小说，其中，他以第一人称描述了他作为电子游戏《魔兽争霸》中的虚拟角色“守望者”所参与的惊险战斗和拯救濒临毁灭的世界的复杂历程。

老张说：“我看到他写的笔记，他已经写了四本了，我发现了三本，当时我发现以后，特别生气，他有时不按时完成作业，有时开家长会老师就点这个问题；我一看，气得我给撕了三本。”

张潇艺的家里没有电脑，那么他又是如何写出了长达6万字的网络游戏笔记的呢？父亲发现，他早在一年前就开始迷恋上了网络游戏《魔兽争霸》。经过与父母的交流，张潇艺承诺今后不再去网吧，好好学习。然而，事情并不如老张所愿，2004年11月末，老张夫妇的熟人打来电话，说看到张潇艺又去上网了。于是，一天下午放学后，他们悄悄地跟在儿子后面，果然看到儿子和几个同学兴冲冲地进了一家网吧。在位于天津海河外滩的一家网吧内，张潇艺和另外一位同学刚开机，就被父亲截住了。老张当时看到儿子刚办了一张上网卡，里面已经充上了50元钱。儿子坦白，上网的钱是从每月100元的饭钱里省下来的。由于长期营养不良，身高1.75m的张潇艺瘦得只有43kg重。

然而，悲剧的发生总是令人猝不及防。2004年12月25日星期六，学校组织知识竞赛，张潇艺早早地离开了家，可是，张潇艺并没有去参加知识竞赛，而是和另外几个同学去了网吧。这一次，张潇艺在网吧里玩了两天一夜，由于四处找不到孩子，老张夫妇和其他孩子的家长甚至报了警，直到周日傍晚，在网吧里熬得疲惫不堪的张潇艺才被同学的家长发现并送回了家。张潇艺的母亲说，一进门，小脸煞白，眼睛睁不开了，看着就是困，肯定是疲惫了，一进屋说妈我错了，我说哎呀你可是，多少人在找你呀，他说我错了，自己一玩，钻进去就忘乎所以了。

看到儿子疲惫和自责的样子，老张没有责骂他，决定先让他好好休息，以后再找机会和他谈。当天晚上，洗了澡吃过晚饭的张潇艺作完作业就早早睡下了。

转天早晨正常上课，早晨六点照样起来，洗漱完毕吃完早点背着书包就走了，这一走就没回来。

从大厦监控系统的录像资料可以看出，2004年12月27日早晨，张潇艺先是坐电梯从21层下到15层，然后又转乘大厦的另外一部电梯直接上了顶楼。

一个年轻的生命就这样陨落了，是什么样的思想支配他下了必死的决心？也许人们可以从他留下的4份遗书和网络游戏笔记中寻找答案。除了留给父母的一份遗书外，还分别写给暗夜小组、师父和新唱片公司各一份，只有在写给父母的遗书中，使用了本名，其他三份落款都是守望者或小徒弟。在写给父母的遗书中，张潇艺并没有直接写出自杀的动机，遗书的第一句话是“我是个垃圾，真正的垃圾，什么都干不好的垃圾”，这表明了这个少年的自责与自弃。在其他三份遗书中，则充斥着“角鹰骑士”、“复仇天神”、“转世重生”等字眼，事后，老张找了儿子的几位同学，才知道儿子提到的“角鹰骑士”、“复仇天神”都是网络游戏中的人物。“暗夜”是张潇艺玩的网络游戏中的一个种族名称，“守望者”则是这一种族中的英雄，也是他在游戏中的虚拟角色。而“暗夜小组”是他和其他四位爱玩网络游戏同学的代称，“师父”则是教会张潇艺玩游戏的一位同学。

除了遗书，张潇艺还留下4本笔记，其中有他根据电子游戏《魔兽争霸》改编的小说《守望者传》，前后35章，6万余字。“守望者”是他在游戏中的所扮演的虚拟角色。

“我死了，我又来到了那个地方，那些天使都在注视着我，赛娜也十分悲伤。”——《守望者传》。小说多次记录了“我”肉体死亡、灵魂升天和死而复生的经历，这些生死“感悟”，与遗书中的“转世”、“另一个世界”等说法不谋而合。通过对张潇艺的遗书和生前留下的网络游戏笔记研究后，北京军区总医院医学成瘾科开出了一份关于张潇艺死亡的医学证明：张潇艺生前因过度沉溺不健康网络游戏，患有严重的“网络成瘾综合征”。

张潇艺玩的到底是一个怎样的游戏呢？和他一起玩这个游戏的同学说，游戏就是要求游戏者杀死游戏中的一些怪兽，获得游戏装备并升级，再和自己的同伴形成“家族”，与其他家族在游戏中拼杀。从一个成年人的角度很难判断，这样的游戏会让一个13岁的少年如何痴迷。

北京军区总医院网络成瘾咨询中心主任陶然教授说，网络成瘾综合征的临床表现，第一从情感上来说，冷漠孤僻，爱发脾气，和家长没有任何沟通和交流，我们从医学上叫诉情障碍，另外再伴有抑郁的一些表现，比如说自我评价低，自杀，不想活了，他（张潇艺）是一个典型的抑郁网络成瘾综合征。

与虚拟空间中网络游戏争夺儿子，让老张感到无助，他看不见也不知道他的对手在哪里。一年的时间内，经历着丧子之痛的老张一直在想，谁该对孩子的死负责，2005年11月，老张选择拿起法律的武器，起诉游戏软件开发商，一个少年的自杀引起了对一个产业的诉讼。

老张的诉讼代理人张春良提出，张潇艺之死，主要原因在于他所沉迷的网络游戏所带来的潜在危害。

张春良：“张父的一句话给我的印象非常深刻，说他儿子生前是网络游戏的忠实玩家，而死后网络游戏商却仍然猖獗，我走了全国240多个网吧，掌握了700多个案例。每个案件几乎都触目惊心，但没有人为他们受到的伤害承担责任。往往人们在探讨青少年的网络成瘾现象时，更关注家庭教育、学校教育和青少年自身的原因，而较少反思网络游戏本身的缺陷。通过打斗让玩家不断升级，实现虚幻的满足，是他们销售沉溺的方法之一。在研究这个事情的过程中，我发现了一个概念——‘销售沉溺’，也就是网游公司销售的东西就是让人上瘾。我认识的一些在网游公司工作的人，他们告诉我很多网游的开发商都说他们的东西就是要让青少年上瘾，如果不上瘾的话这就不是好的产品。因为如果不让青少年上瘾的话就得不到更多的客户群，所以他们就挖空心思如何让青少年上瘾。为什么那么多孩子沉迷于它，他们知道不好为什么他还去玩，编写网络游戏程序的可是够缺德的，他抓住了青少年的这种心理。我们是想通过这场公益诉讼来唤醒更多的人对网络成瘾问题的关注，我也希望政府能够制定相关政策，及早的规范网络朝着健康有序的方向去发展，让网游产业为自己制造的社会负效应承担相应的责任。”

张潇艺生前所玩的网络游戏《魔兽争霸》的生产厂家是美国暴雪娱乐公司，凭借几款著名的网络游戏，暴雪公司征服了不计其数的网络玩家。张春良认为，网络游戏也是一种产品，作为产品的消费者，张潇艺无疑在心灵上受到了极大的伤害，而暴雪公司必须为张潇艺跳楼自杀的后果负责。

李刚，法学博士，将作为张潇艺父母的诉讼代理人参加这起公益诉讼活动。据他介绍，原告方将首先状告《魔兽争霸》的设计商美国暴雪公司，请求法院确认《魔兽争霸》这款游戏与受害人张潇艺因网络成瘾而自杀的损害结果之间存在着必然的因果关系。据目前掌握的资料显示，如果法院受理原告的起诉，这将是世界上首例针对网络游戏产业展开的诉讼。李刚认为，我国还没有专门约束网络游戏的立法，但网络游戏作为一种文化产品或精神产品，可以适用《民法通则》关于损害赔偿的原则和《产品质量法》及《消费者权益保护法》的相关规定。如果导致成瘾是网络游戏开发所导致的一个效果的话，那么，我们认为这种产品就内含着一种缺陷。而且这种缺陷是故意形成的，那么这样的责任应该是很明确的。

然而，事隔两年多经过漫长的诉讼之后，老张得到的结果却令他心寒。

法院以“证据不足”为由，驳回了老张要求游戏制作商赔偿200万元的诉讼请求。而老张起诉游戏销售商的案子，则因为张潇艺在网吧玩的魔兽争霸是盗版产品，法院认为起诉主体有误，而以撤诉告终。

之所以会是这样的结果，张春良归之于“目前法律上存在太多的空白”。

难点之一：让人成瘾是否属于产品缺陷。

“人体健康既包括生理上的健康，也包括心理上的健康，网络游戏本身所具有的让人成瘾的特征，就是一种产品缺陷，游戏制作商应该对此承担产品责任。”张春良表明了他的基本看法。

按照我国产品质量法的规定，一个产品的生产者须对自己的产品质量负责，在其产品存在缺陷、不具有产品应当具备的使用性能、产品质量与其表明的质量状况不符等三种情况下，必须承担产品质量责任。

然而，要让法院直接认定某款网络游戏产品存在质量缺陷，并判决网络游戏开发商承担产品质量责任，这在当前是很困难的。

北京邮电大学网络法律研究中心主任刘德良说，在一般理解上，产品质量法并不适用于网络产品，网络产品应由出版法调整。“如同我们不能指控某本黄色小说的质量不合格一样，我们也不能说某个网络游戏产品质量不合格，顶多只能说它的内容不健康。”

事实上，正如刘德良所言，目前政府有关部门对网络产品的管理也是从网络产品的出版方面来进行的，如已颁布的《互联网出版管理暂行规定》、《互联网文化管理暂行规定》、《出版管理条例》等，均明确规定，出版物不得含有宣扬淫秽、赌博、暴力或教唆犯罪的内容。

法律界人士指出，有关出版方面的法律法规只规定了非法出版物的刑事责任和行政责任，基本上没有涉及到出版商的民事赔偿责任。而且，当前较为全面规定产品民事责任的法律只有产品质量法，加之消费者权益保护法是与产品质量法配套实施的，如果网络游戏产品不适用产品质量法，那么，网络游戏消费者也就难以得到消费者权益保护法的全面保护。

难点之二：精神自主能否成为消费者权利。

张春良认为，网络成瘾患者向网络开发商索赔，提出了一个重大的法律问题——消费者有无精神自主权，即消费者是否享有其精神独立、不被误导的权利。

按照我国消费者权益保护法规定，消费者享有九大权利，其中与精神有关的仅有一项，即消费者在购买、使用商品和接受服务时，享有其人格尊严、民族风俗习惯得到尊重的权利。显然，消费者权益保护法并没有对消费者的精神自主权利作出明确规定。那么，消费者在购买商品或接受服务时是否享有精神自主权？

对此，刘德良认为，从消费者权益保护法关于消费者权利的规定来看，消费者的人身、财产安全不受侵犯的权利与人格尊严、民族风俗习惯得到尊重的权利是并列的，彼此独立，因此，消费者的人身、财产安全不受侵犯主要是指不受物质力量的侵犯，而非指不受精神性力量的侵犯。

“如果当初的消费者权益保护法能确认消费者享有精神不被误导的权利，那么张潇艺案的胜数就非常大了。”张春良认为，1993年制定的消费者权益保护法不可能预见到今天网络世界的状况，不过，作为法律与时俱进的要求，消费者权益保护法也应该考虑这个问题。

“精神的问题必须通过精神解决。民法只能解决物质利益关系，不能越位去解决精神问题。”中国政法大学教授李显冬认为，保护消费者的精神不受误导，应由出版法等行政法律来处理，因为这是政府的一个管理问题。

难点之三：诉讼成本高昂调查取证困难。

由于游戏公司主要集中在上海、北京、广州等有限几个地方，各地往往没有分支机构或者不具有独立法人资格，因此一打官司，按地域管辖权规定，玩家们就得到游戏公司总部所在地去打官司，成本和时间代价高昂。

“管辖根本不应该是个难点。”李刚说，网游损害作为侵权行为的一种，可以按照诉讼法关于侵权诉讼的规定确定管辖，因侵权行为提起的诉讼，由侵权行为地或者被告住所地人民法院管辖。如果被告所在地不是方便的诉讼地，可以选择侵权行为地，侵权行为地又包括侵权行为发生地和侵权结果发生地。在网络游戏状态下，任何上网地都可以是侵权行为发生地。

中国青少年网络协会项目部负责人邵德海也建议，将地域管辖权改为原告所在地为宜。

“但是在现实中，由于种种关系，家长需要证明孩子的问题与本案有直接利害关系，在目前我国相当多的法院对网游案件采取回避态度的情况下，往往对此类案件设置种种障碍，不予受理，才造成了管辖之难。”北京义派律师事务所律师王振宇说。

王振宇认为，理论上，家长可以通过心理学家、医学家以及医院等专家和机构提供专家证言证据。“但实践中，我国对于网瘾的心理学、医学研究水平落后，这类证据往往难以取得，即便取得了也难以被法官所采纳。”

一些网瘾少年的家长说，他们之所以没有选择诉诸法律，是因为他们不知道该如何取证。比如，如果孩子是冒用大人的身份进入了游戏，又该怎么从身份上证明实际上是孩子在玩游戏？即使证明了某网游中确实存在色情、暴力等不良成分，由于我国对暴力和色情的标准缺乏明确界定，又该如何证明其对未成年人有害？

李刚认为，要证明某一游戏的暴力或色情已经构成对未成年人的危害，这一点不是说完全做不到，而是对受害人个体而言难度太大，成本太高。

专家支招：尽快完善现有法律法规相关规定。

网游受害者大量存在却无人提起诉讼，这种怪状如何破解呢？

李刚认为，可以采用举证责任倒置的方法，同时鼓励代表人诉讼，允许团体诉讼，即允许保护消费者团体和未成年人利益团体直接作为原告提起诉讼，允许法院判决惩罚性赔偿金，加大惩罚力度。

邵德海认为，解决这个问题需要对我国具体的法律法规进行必要的弥补和修改。

他建议，将民法通则里的人身权明确延伸至网络游戏中，即玩家在网络游戏中扮演的角色，由于是真实玩家在网络游戏里的映射，是玩家在网络游戏里的化身，因此同样享受明确的人身权、名誉权等不受侵犯的权利。将物权法的保护明确延伸至网络游戏虚拟货币和道具中，当然是特定环境下的物权，类似于股票、债券和期货。

"在以上两条法理基础调整工作完成的情况下，还有更多的工作要做。"邵德海说。

很多网络游戏制造仇恨，设置抢劫、劫狱、悬赏杀人，人为制造通货膨胀、使玩家财富大幅贬值，还搞网络游戏传销等，这些不良行为的危害性已经上升到触犯刑法的程度。而网络游戏的盗号、盗装备之所以泛滥成灾，就是因为巨大的需求下违法成本却可忽略不计。"因此，我认为应该将刑法的调整范围扩大到网络游戏公司的一些不良行为和网络游戏玩家之间的一些不良行为上。"邵德海说。

"同时需要将管理范围扩大到网络游戏的还有价格法和价格违法行为行政处罚规定、消费者权益保护法、反垄断法和反不正当竞争法。"邵德海说，这样就可以对游戏公司欺骗性销售游戏道具、刻意制造通货膨胀牟取暴利的行为进行严厉处罚；可以要求网络游戏公司妥善保护玩家的虚拟财产，不得进行强迫性买卖甚至蛮横销毁玩家虚拟财产等行为。

邵德海认为，同时需要修订或增加司法解释的还有预防未成年人犯罪法、出版管理条例、禁止传销条例，以便将那些未主动区分未成年人、但又很容易被未成年人使用的网络游戏产品，纳入被监管范畴。（摘自《关注网瘾少年：网游受害者如何闯过道道诉讼难关》，http：//www. law-lib. com）

12.6.2 案例目的及分析

本案例的目的一方面在于教育学生认识到网游的危害性，远离网络游戏，远离网络游戏产业。另一方面，使学生了解到法律法规在规范软件产品方面还存在许多空白，在这样的情况下信息伦理教育就显得非常重要，不做违反道德的事，不做有害于他人的事，如果网络游戏行业都严格遵守这样的伦理操守，那么就会避免类似悲剧的发生。

为了玩网络游戏，有的孩子失去了学业，有的孩子走上犯罪道路，还有的像张潇艺那样选择了自杀……，其实，网络成瘾已经不仅仅是属于未成年人的问题，许多在校大学生也摆脱不了网络游戏的魔爪，有的学生天天逃课玩游戏，导致学习成绩直线下降，连续留级两年，最后被学校劝退。有的公司职员沉迷于网络游戏，利用晚上休息时间彻夜玩游戏，导致白天上班精力不济，甚至缺勤，被公司解雇……。这样的例子虽属极端，但是沉迷网络游戏，影响正常的学习、工作，影响身心健康的情况却是比比皆是。

因此，作为青年学生，要注意培养自己对科学知识的浓厚兴趣，专心于学业，培养自己在现实生活中广泛的爱好，就会远离网络游戏，远离网瘾，因为，你会发现在现实生活中有许多比玩电子游戏更有意义的事情。当我们参加工作，成为一个公司的信息主管或CIO之后，要注意在公司范围内倡导正确的信息伦理，意识到公司的社会责任，不做不符合信息伦理的事情。

另一方面，我们呼吁相应的政府部门和监管机构，尽快加强监管力度，加强立法，让那些一心想让青少年沉迷于网游而从中获取利益的相关公司为此付出代价。

思考题

1. 什么是网络隐私权，网络隐私权的特征是什么？
2. 什么是公民信息自由权，主要指哪些权利？
3. 信息伦理有哪些功能？
4. 评述如何协调公民信息自由与国家信息安全之间的关系。
5. 请分别从信息伦理角度、法律角度，谈谈如何保障互联网行业的秩序。
6. 简述知识产权的概念和特征。
7. 简述 CIO 在信息技术企业伦理文化中的作用。
8. 计算机伦理为什么重要，计算机伦理涉及哪些方面的问题，作为公司的 CIO 怎么在公司中倡导计算机伦理？

参 考 文 献

[1] 左美云. 信息系统开发与管理教程［M］. 2 版. 北京：清华大学出版社，2006.
[2] 薛华成. 管理信息系统［M］. 6 版. 北京：清华大学出版社，2012.
[3] Grady Booch，等. 面向对象分析与设计［M］. 3 版. 王海鹏，潘加宇，译. 北京：人民邮电出版社，2009.
[4] 左美云. 信息系统项目管理［M］. 北京：清华大学出版社，2008.
[5] 刘鲁. 信息系统：原理方法与应用［M］. 北京：高等教育出版社，2006.
[6] 斯蒂芬. 哈格. 梅芙. 卡明斯，埃米. 菲利普斯. 信息时代的管理信息系统［M］. 严建援，译. 北京：机械工业出版社，2007.
[7] Kenneth C. Laudon. 管理信息系统（原书第 9 版）［M］. 薛华成，译. 北京：机械工业出版社，2007.
[8] 慕静. 管理信息系统开发方法、工具与应用［M］. 北京：清华大学出版社，2010.

冶金工业出版社部分图书推荐

书　　名	作　者	定价(元)
项目融资理论与实务	张正华　编著	26.00
工程经济学理论与实务	张正华　杨先明　编著	48.00
创新思维、方法和管理	张正华　雷晓凌　编著	26.00
服务供应链的理论与实践	甘卫华　著	25.00
综采工作面人—机—环境系统安全性分析	王玉林　杨玉中　著	32.00
中小企业信息化管理实践	宋建军　编著	20.00
煤矿生产仿真技术及在安全培训中的应用	黄力波　张顺堂　著	20.00
制造企业资源整合管理	周晓晔　著	20.00
建筑工程经济与项目管理	李慧民　主编	28.00
PLM 需求流动链及其决策控制	崔　剑　著	30.00
基于监管的审计定价研究	李补喜　著	22.00
煤业集团绿色供应链管理	杨玉中　等著	25.00
矿山重大危险源辨识、评价及预警技术	景国勋　杨玉中　著	42.00
高校后勤社会化改革理论与实务	王立国　编著	22.00
企业年金方案设计实务	宋效中　王立国　等著	25.00
中华文化——学与行	苏　峰　主编	18.00
中西文化比较	贺　毅　主编	23.00
中小企业群体组织创新——虚拟组织的实施	方志梅　李国富　等著	20.00
产业政策与产业竞争力研究	张泽一　著	25.00
产业集群专业化分工形态与管理	赫连志巍　著	20.00
货币国际化进程中的金融风险与对策	傅　冰　著	32.00